广西县域竞争力报告

(2014)

REPORT ON THE COMPETITIVENESS
OF GUANGXI COUNTIES (2014)

主　编／杨　鹏
副主编／袁珈玲　曹剑飞　宁常郁

社会科学文献出版社
SOCIAL SCIENCES ACADEMIC PRESS (CHINA)

2014年广西蓝皮书编委会名单

主　　　任　吕余生

副　主　任　刘建军　黄志勇　黄天贵　黄信章

委　　　员　（按姓氏笔画排序）
　　　　　　韦朝晖　农立夫　刘汉富　张永平　杨亚非
　　　　　　陈洁莲　林智荣　周可达　冼少华　姚　华
　　　　　　赵明龙　袁珈玲　蒋　斌　覃振峰　覃卫军
　　　　　　覃黎宁　曾家华　廖　欣

编辑部主任　蒋　斌

编　　　辑　杨　鸣　莫朝荣　黄丹娜　伍　丹

《广西县域竞争力报告（2014）》编委会名单

主　　　编　杨　鹏

副　主　编　袁珈玲　曹剑飞　宁常郁

编　　　辑　吴　坚　刘若景　粟庆品　凌云志　雷志强
　　　　　　刘　波　吴碧波　覃　虎　陈秋月　张鹏飞
　　　　　　尚毛毛　韦杏霖　文建新

目 录

前 言 ………………………………………………………………… 001

第一部分 主报告 …………………………………………………… 001
  一 县域竞争力评价概述 ………………………………………… 001
  二 民族县域和边境县域：年度典型分析 ……………………… 004
  三 深化改革，释放县域发展能量 ……………………………… 006
  四 产城互动发展：县域两化新导向 …………………………… 010

第二部分 指标建设 ………………………………………………… 013
  一 指标体系的设计与选择 ……………………………………… 013
  二 广西县域竞争力指标体系 …………………………………… 014
  三 广西县域竞争力测评方法 …………………………………… 024

第三部分 竞争力评价 ……………………………………………… 027
  一 广西县域竞争力的总体评价 ………………………………… 027
  二 "两区一带"格局下广西县域竞争力评价 ………………… 043

第四部分 类型县域的比较评价 …………………………………… 206
  一 民族县域 ……………………………………………………… 206
  二 边境县域 ……………………………………………………… 215

第五部分 专题研究·· 224
  一 广西城镇布局与产业布局关联问题研究··· 224
  二 广西支持培育发展经济强县政策研究·· 245

第六部分 县域研究与发展规划··· 265
  一 县域问题研究评述·· 265
  二 县域问题研究硕博士论文评述·· 273
  三 广西县域问题研究评述··· 280
  四 县域改革问题研究评述··· 283

附录1 2014年国家及各省（区、市）政府工作报告县域经济
       发展内容摘录·· 286

附录2 相关省（区、市）加快县域经济发展政策性文件汇编
       （2002~2013年）·· 291

附录3 广西县域竞争力原始数据表·· 302

CONTENTS

Preface　　　　　　　　　　　　　　　　　　　　　　　　　　　　/ 001

Part One　General Report　　　　　　　　　　　　　　　　　　/ 001
1. The Overview of Counties Competitiveness Evaluation　　　　　　/ 001
2. The Minority Counties and the Border Counties:
   The Annual Typical Analysis　　　　　　　　　　　　　　　　　/ 004
3. Deepening the Reform, Released the Energy of
   Development　　　　　　　　　　　　　　　　　　　　　　　/ 006
4. The Interactive Development between Industry and Counties:
   The New Orientation of Counties Develop New
   Industrialization and New Urbanization　　　　　　　　　　　　/ 010

Part Two　The Construction of Indicators　　　　　　　　　　　/ 013
1. The Design and Selection of the Index System　　　　　　　　　/ 013
2. The Competitiveness Index System of Guangxi Counties　　　　　/ 014
3. The Evaluation Method for Competitiveness of Counties　　　　　/ 024

Part Three　Competitiveness Appraisal　　　　　　　　　　　　/ 027
1. The Overall Appraisal of Guangxi County Competitiveness　　　　/ 027
2. Research on Competitiveness of Guangxi Counties under
   the "Two Areas and One Belt"　　　　　　　　　　　　　　　/ 043

Part Four　Comparative Research about Different Types of Counties　/ 206
  1. The Minority Counties　/ 206
  2. The Border Counties　/ 215

Part Five　Specific Topic Research　/ 224
  1. The Study of Associated Problems between Guangxi Towns' Layout and Industrial Layout　/ 224
  2. Policy Research of Fostering Strong Economic County in Guangxi　/ 245

Part Six　Research on Counties and Development Planning　/ 265
  1. The Commentary on the Research of Counties　/ 265
  2. The Commentary on the PhD Thesis and Master Dissertation of Counties　/ 273
  3. The Commentary on the Research of Guangxi Counties　/ 280
  4. The Commentary on the Reform of Counties　/ 283

Appendix 1: Relevant Excerpts about Counties' Economy Development from State and Provincial Government Work Report in 2014　/ 286

Appendix 2: The Policy Document Collections of Relevant Provinces and Cities to Speed up the County Economic Development (2002-2013)　/ 291

Appendix 3: The Raw Data of Guangxi Counties Competitiveness　/ 302

前　言

当前，广西县域经济社会发展所面临的环境正在发生深刻而长远的变化。一是以打造21世纪海上丝绸之路和中国－东盟自贸区"升级版"、建设我国西南中南地区开放发展新的战略支点和全面深入实施"双核驱动"战略等为代表的区域合作变革；二是以加快发展战略性新兴产业、培育发展特色优势产业为导向，以及以制造业变革和新的技术革命为代表的第三次工业革命的产业发展变革。我们认为，这两大变革将对未来广西县域经济的发展带来深刻而长远的影响，必须给予足够而清晰的认识。在全球区域开放格局发生深刻变化和新的技术革命带来长久变革的背景下，加快县域经济发展的机遇"稍纵即逝"，必须紧紧抓住实现县域转型升级、长效发展的"机会窗口"，牢牢夯实实现"两个建成"目标和富民强桂广西梦的基础。

县域作为转变发展方式、调整经济结构的主战场，必须通过工业化、信息化、城镇化和农业现代化的"四化"联动，全面提高县域经济发展的质量和效益。"十二五"后期，是广西实现与全国同步全面建成小康社会、基本建成我国西南中南地区开放发展新的战略支点"两个建成"目标的重要时期，具有典型的承前启后的阶段性特征。县域经济发展面临新的机遇，也面临着经济下行压力增大、经济社会发展不确定因素增多以及用工难、用地难、融资难"三难"问题的挑战。结合新的战略定位和新的发展目标，在全区深入实施"双核驱动"发展战略的背景下，县域发展必须按照主体功能区划的发展思路，进一步明确新型城镇化建设思路，以培育特色产业、壮大优势产业、促进产城融合、统筹城乡发展等为重要切入点，加快推进经济发展、社会改善、基础提升、收入倍增等目标的实现，以县域经济的科学发展和跨越发展，为"两个建成"目标的实现奠定坚实的基础。

改革已进入攻坚期和深水区，转变发展方式、调整经济结构，必须根据县域发展的现状和县域工业化与信息化水平较低、城镇化率不高、现代农业发展相对滞后等具体实际来制定相应的政策措施,选择科学的发展路径。《广西县域竞争力报告(2014)》是广西社会科学院组织编写的系列蓝皮书之一,其编写的初衷首先就是为决策部门提供最直接的智库咨询,更好地服务于自治区各级政府的战略部署,服务于县域经济的发展;其次,旨在形成一本理论与实践相互融合的蓝皮书,强化科学性、客观性和特色性,提高蓝皮书的参考价值,进一步提升蓝皮书的社会影响力;最后,努力寻找提升县域发展的切入点,破解发展瓶颈,为县域发展提供最直接、最现实的参考。

《广西县域竞争力报告(2014)》的撰写延续往年的基本风格,依然突出以研究性内容为主题的基本格局。《广西县域竞争力报告(2014)》以县域竞争力评价和分析为前提,采用了竞争力研究、专题研究、经验研究、政策研究和文献研究等方法。本年度报告共分七个部分:第一部分是主报告,重点依据广西县域竞争力评价结果进行主题式论述及环境分析;第二部分是指标建设,重点提出广西县域竞争力指标体系构建的基本思路和具体指标;第三部分是竞争力评价,包括广西县域竞争力的总体评价和"两区一带"①格局下广西县域竞争力评价;第四部分是类型县域的比较研究,重点包括民族县域和边境县域的比较研究;第五部分是专题研究,包括城镇布局与产业布局关联问题研究和支持培育发展经济强县政策研究两个专题研究;第六部分是县域研究与发展规划,包括有关县域问题和广西县域问题的相关文献以及硕博士论文的综合评述与概要;第七部分是附录,包括相关地区加快县域发展政策性文件内容摘录、2014年国家及各省(区、市)政府工作报告中有关县域经济发展的基本内容,以及广西县域竞争力原始数据表。

感谢广西社会科学院领导集体和相关部门的负责人,他们对这本蓝皮书给予了高度重视和一贯支持,使得本蓝皮书得以顺利出版发行。囿于精力、时间

---

① 当前,广西正在全面实施"双核驱动"战略,这一战略是"两区一带"区域发展格局的"升级版"。考虑到蓝皮书的延续性,本年度对县域竞争力的区域性研究仍以"两区一带"为格局,今后的报告将逐步向"双核驱动"发展格局转变。

和水平，以及统计数据存在的部分缺失和偏差，本蓝皮书难免有疏漏和不足，恳请各位读者和专家批评指正，并赐予宝贵建议，我们将持之以恒地开展好有关广西竞争力的研究，以打造品牌蓝皮书为目标，把这本蓝皮书做得更好，做出特色，做出品质，做出亮点。

杨　鹏

2014 年 5 月

Preface

At present, the environment that Guangxi county economic and social development face with is undergoing profound and long-term change. The first is the change of regional cooperation, including building the maritime silk road in the 21st century and the "upgraded version" of China-ASEAN Free Trade Area, the construction of new strategic fulcrum for the open and development of Chinese southwest and central south area, in-depth implementating of the strategy of "Dual-core driver". The second is the change of the industrial development that represented by speeding up the development of strategic emerging industries, fostering industries with local advantages, reforming of manufacturing and new technological revolution. We believe that these two changes will bring profound and long-term impact to the development of county economy in the future, we must give enough and clear understanding. On the background of the global regional opening-up pattern occur profound change and new technology bring long revolution, the opportunities of speeding up the county economy is "fleeting", so counties must seize the "window of opportunity" of realizing transformation and upgrading and long-term development, realize the goal of "two built" and consolidate the foundation of the dream of enriching people and strengthening Guangxi.

County is the main battlefield of transformation of development mode and adjusting economic structure, comprehensively improve the quality and efficiency of county economy must be based on the interactive development of industrialization and informatization, urbanization and agricultural modernization. The late stage of the 12th Five Year Plan Periods is the important period that Guangxi builds a well-off society in an all-round way synchronously, basically build new strategic fulcrum. The development of counties face new opportunities and downward pressure on the economy, increasing factors of uncertainty in development of economic and social, such as "three big problems" that means difficult employment, hard to financing, lack of land. On the background of further implement of the strategy of "Dual-core Driver", the development of county must be according to the requiremet of main function division, further clarifying the direction of building new urbanization, cultivating characteristic industry, expanding the advantage industry, promoting the city integration, taking balance urban and rural development as important breakthrough point, accelerating to realize those goals of economic development, social improvement, infrastructure improvement and revenue doubled, lay a solid foundation for achieving the objectives of "two built".

Reform has entered into a critical period, in the process of changing development pattern and adjusting economic structure, the measures must be according to the status of counties and the fact of the low level informatization, low urbanization rate and relatively lagged modern agricultural development. *The Report on the Competitiveness of Guangxi Counties* (2014) is one of the Blue Books composed by Guangxi Academy of Social Sciences. About the original intention of this writing, firstly, we hope to provide most direct advises for policymaking body, support the strategic plan of local governments at all levels and the development of county economy. Secondly, we aim at forming a Blue Book in which theory and practice fuses, and strengthening its scientific soundness, objectivity and characteristic, enhancing its reference value, and further improving its social influence. Thirdly, we intend to look for the entry point and the core point to promote the competitiveness of Guangxi counties, break the bottleneck, and provide the most direct and realistic reference for the development of counties.

The Report on the Competitiveness of Guangxi Counties (2014) continues the basic writing style of former blue book, still highlights research characteristic. This Blue Book is based on the county competitiveness evaluation and analyses. It uses some research methods such as competitiveness research, demonstration research, empirical research and literature research etc. This annual report is divided into seven parts: the first part is *General Report*, focusing on the basic competitiveness appraisal of Guangxi counties and making the thematic expositions as well as related theoretical explanations. The second part is *Construction of Indicators*, highlighting the basic ideas of the competitiveness of Guangxi counties index system and specific indicators. The third part is the *Competitiveness Appraisal*, including the overall competitiveness appraisal of Guangxi counties, as well as research on competitiveness of Guangxi counties under the "Two Areas and One Belt". The fourth part is *Comparative Research about Different Types of Counties*, including the study on the minority counties and the border counties. The fifth part is the *Specific Topic Research*, including the study of associated problems between Guangxi towns layout and industrial layout and policy research of fostering strong economic county in Guangxi. The sixth part is *The Commentary about Latest Research on County Problem*, including academic literature and dissertation in the field of county research. The seventh part is the *Appendix*, including relevant excerpts about county economy development from state and provinces Government Work Report in 2014 and raw data of Guangxi counties competitiveness.

Many thanks to the great attention and strong support from the leadership of Guangxi Academy of Social Science and relevant departments to the Blue Book, so that the Blue Book has been completed successfully to publish and distribute. Due to limits of energy, time, research level and statistical data is part loss and deviation, this Blue Book will inevitably have omissions and deficiencies. We sincerely wish for appraisal and valuable suggestions from readers and experts. We will consistently carry our better research on the competitiveness of Guangxi, aiming at building Brand Blue Book to promote the Blue Book to a higher level, not only the characteristic, but also the quality.

Yang Peng
May, 2014

第一部分
主报告

作为后发展欠发达地区,广西加快县域发展,必须转变传统的发展理念和发展思路,必须实施差异化政策,必须坚持走特色化道路,要按照国家加快工业化、信息化、城镇化、农业现代化的总体战略部署,统筹推进县域发展,强基础、兴产业、提民生、安基层,不断创新县域发展政策体系,加快县域新兴产业和特色产业的培育发展,不断优化县域产业结构,推动县域发展的转型升级。

一 县域竞争力评价概述

广西县域竞争力评价研究持续开展以来,通过年度性对比分析,有助于进一步深入认识县域竞争力的发展演变轨迹。在《广西县域竞争力报告(2012)》中综合竞争力评价居前10位的县域依次为玉州区、兴宾区、岑溪市、右江区、东兴市、钦南区、临桂区、港北区、武鸣县和北流市;在《广西县域竞争力报告(2014)》中综合竞争力评价居前10位的县域依次为玉州区、临桂区、横县、武鸣县、岑溪市、兴宾区、北流市、右江区、东兴市和苍梧县(见表1-1)。总体来看,目前广西县域经济发展较为成熟的依然集中在北部湾经济区和西江经济带(分别为3个和6个),其中玉州区连续3年居县域综合竞争力第1位,横县和苍梧县发展态势良好[①],综合竞争力显著增强,临桂区和武鸣县综合竞争力也提升了不少。

[①] 2013年3月,根据《国务院关于同意广西壮族自治区调整梧州市部分行政区划的批复》(国函〔2013〕25号),以苍梧县南部的龙圩镇、新地镇、广平镇、大坡镇等及原万秀区的旺甫镇构成龙圩区,而新的苍梧县经济实力大幅下降,因此,从2013年以后的统计数据调整结果来看,今后的苍梧县在全区县域综合竞争力中的排名将会大幅下降。

表1-1 广西县域综合竞争力评价前10位的县域排名变动

排名	2012年评价结果	2014年评价结果	排名变动
1	玉州区	玉州区	—
2	兴宾区	临桂区	↑5
3	岑溪市	横县	↑12
4	右江区	武鸣县	↑5
5	东兴市	岑溪市	↓2
6	钦南区	兴宾区	↓4
7	临桂区	北流市	↑3
8	港北区	右江区	↓4
9	武鸣县	东兴市	↓4
10	北流市	苍梧县	↑11

注：2014年县域竞争力排名以2012年各县域统计数据评价结果为准。

在《广西县域竞争力报告（2012）》中综合竞争力评价居后10位的县域依次为乐业县、环江毛南族自治县、巴马瑶族自治县、罗城仫佬族自治县、都安瑶族自治县、凤山县、西林县、凌云县、东兰县和那坡县；在《广西县域竞争力报告（2014）》中综合竞争力评价居后10位的县域依次为乐业县、西林县、那坡县、环江毛南族自治县、凤山县、都安瑶族自治县、罗城仫佬族自治县、大化瑶族自治县、巴马瑶族自治县和东兰县（见表1-2）。总体来看，这些县域全部集中在桂西资源富集区，属于国家集中连片扶贫开发地区，经济发展比较滞后，资源优势亟待转化为经济优势，同时，这些县域也将是广西与全国同步全面建成小康社会的攻坚县域。

规模竞争力的评价指标主要包括县域人口、地区生产总值、农林牧渔业产值等规模性指标，由于县域规模性指标往往取决或决定于县域人口规模和经济规模，因此规模竞争力评价前10位变动不会很大（见表1-3）。在《广西县域竞争力报告（2014）》中玉州区规模竞争力仍列第1位，岑溪市、临桂区和藤县进入前10位。发展竞争力的评价指标主要包括地区生产总值、工业增加值、财政收入等指标的增长速度。在实际经济活动中，个别县域增长速度会放缓，甚至稍有回落，而部分县域处于经济高速发展期，发展竞争力评价结果好于往年，因此，各县域发展竞争力的升降幅度要明显大于其他竞争力。同时，

表 1-2　广西县域综合竞争力后 10 位县域排名变动

排名	2012 年评价结果	2014 年评价结果	排名变动
81	乐业县	乐业县	—
82	环江毛南族自治县	西林县	↑5
83	巴马瑶族自治县	那坡县	↑7
84	罗城仫佬族自治县	环江毛南族自治县	↓2
85	都安瑶族自治县	凤山县	↑1
86	凤山县	都安瑶族自治县	↓1
87	西林县	罗城仫佬族自治县	↓3
88	凌云县	大化瑶族自治县	↓8
89	东兰县	巴马瑶族自治县	↓6
90	那坡县	东兰县	↓1

注：2014 年县域竞争力排名以 2012 年各县域统计数据评价结果为准。

由于 2012 年和 2014 年之间有关基础竞争力的原始数据存在较大的调整，因此，有关基础竞争力的评价结果变动幅度很大，但综合来看，对县域综合竞争力评价结果的影响较小，尤其是对排名靠前的县域。

表 1-3　广西县域竞争力前 10 位县域排名变动

排名	规模竞争力		排名变动	发展竞争力		排名变动
	2012 年	2014 年		2012 年	2014 年	
1	玉州区	玉州区	—	靖西县	横县	↑21
2	桂平市	兴宾区	↑1	三江侗族自治县	武宣县	↑12
3	兴宾区	横县	↑2	阳朔县	临桂区	↑8
4	博白县	博白县	—	德保县	苍梧县	↑2
5	北流市	桂平市	↓3	东兴市	兴安县	↑20
6	横县	北流市	↓1	苍梧县	武鸣县	↑25
7	平南县	武鸣县	↑2	岑溪市	平桂区	↑80
8	灵山县	岑溪市	↑3	防城区	凭祥市	↑35
9	武鸣县	临桂区	↑4	邕宁区	灵川县	↑42
10	合浦县	藤县	↑5	蒙山县	田阳县	↑69

续表

排名	质量竞争力		排名变动	工业竞争力		排名变动
	2012年	2014年		2012年	2014年	
1	天峨县	临桂区	↑4	岑溪市	岑溪市	—
2	东兴市	东兴市	—	钦南区	横县	↑26
3	玉州区	玉州区	—	兴宾区	临桂区	↑5
4	右江区	武鸣县	↑7	玉州区	兴宾区	↓1
5	临桂区	兴安县	↑2	天峨县	靖西县	↑1
6	凭祥市	凭祥市	—	靖西县	苍梧县	↑12
7	兴安县	永福县	↑1	宁明县	玉州区	↓3
8	永福县	柳江县	↑2	临桂区	天峨县	↓3
9	港北区	江州区	↑12	桂平市	武鸣县	↑7
10	柳江县	天峨县	↓9	平果县	右江区	↑9

排名	民生竞争力		排名变动	基础竞争力		排名变动
	2012年	2014年		2012年	2014年	
1	玉州区	玉州区	—	凭祥市	东兴市	↑2
2	右江区	右江区	—	东兴市	金城江区	↑3
3	东兴市	钦南区	↑1	右江区	凭祥市	↓2
4	钦南区	东兴市	↓1	玉州区	宾阳县	↑15
5	港北区	港北区	—	金城江区	岑溪市	↑1
6	兴安县	兴安县	—	岑溪市	合浦县	↑1
7	金城江区	金城江区	—	合浦县	武鸣县	↑20
8	防城区	防城区	—	港北区	苍梧县	↑2
9	灵川县	灵川县	—	福绵区	兴业县	↑47
10	荔浦县	荔浦县	—	苍梧县	柳城县	↑30

注：此表为2012年与2014年的评价结果排名，不代表当年的实际情况。

二 民族县域和边境县域：年度典型分析

与往年报告有所不同，《广西县域竞争力报告（2014）》没有再对工业县域和农业县域进行类型研究，而是将重点集中于有关民族县域和边境县域的比较评价。民族县域的发展是广西县域发展的重要构成，广西作为我国5个民族自治区之一，共有12个民族县域（融水苗族自治县、三江侗族自治县、龙胜各族自治县、恭城瑶族自治县、富川瑶族自治县、金秀瑶族自治县、隆林各族自治县、罗城仫佬族自治县、环江毛南族自治县、巴马瑶族自治县、都安瑶族自治县和大化瑶族自治县)。西南和中南地区是我国少数民族分布最多、人口密度最大的聚集区域。为了更好地进行县域发展的综合比较分析,本报告选择广西壮族自治区(12个)、四川省(4个)、云南省(29个)、贵州省(11个)、重庆市(4个)、湖南省(7个)六省(区、市)共67个民族自治县进行民族县域的对比分析。目前,广西民族县域土地面积共35189平方公里,年末总人口达到447万人,实现地区生产总值近500亿元,行政面积占全区的14.87%,总人口约占全区的8.53%,地区生产总值约占全区的3.62%。2013年,广西民族县域人均地区生产总值约为11600元/人。总体来看,广西民族县域的平均发展水平在西南、中南六省(区、市)中处于中等偏下水平。

有关边境县域的比较研究是本年度报告在以往年度报告基础上的进一步延伸,《广西县域竞争力报告(2014)》不仅仅对广西边境县域进行了分析研究,更进一步对全国边境县域进行了综合比较分析。边境县域是我国实施陆海开放战略的重要构成,也是边境省份实施开放战略的重要载体,在我国县域发展中具有独特的、战略性的地位。就全国而言,边境县域是边疆之边疆,其经济社会发展长期滞后于内地尤其是东部沿海地区。在区域经济一体化的背景下,有关边境县域发展的研究正在成为国内学术界新的"兴奋点"。我国同14个国家毗邻,陆路边境总长2.28万公里,沿边139个县级行政区国土面积合计约200万平方公里,居住着45个少数民族。根据初步统计,2012年,包括广西壮族自治区、内蒙古自治区、辽宁省、吉林省、黑龙江省、云南省、西藏自治区、甘肃省和新疆维吾尔自治区在内的9省(区)共有139个边境县域,年末总人口为2603万人,实现地区生产总值7456.16亿元,地方财政一般预算收入506.67亿元,规模以上工业总产值586.19亿元,社会消费品零售总额1840.37亿元。9省(区)边境县域主要经济社会指标在全国的占比分别为:行政面积占全国的22.85%,总人口占全国的1.769%,地区生产总值占全国的1.439%,地方财政一般预算收入占全国的0.830%,规模以上工业总产值占全国的0.678%,社会消费品零售总额占全国的0.878%。目前,广西8个边境县总面积为17971.42平方公里,总人口为260.5万人,实现地区生产总值531.66亿元,分别约占全区的7.59%、4.97%和4.1%。总体来看,广西边境县域发展在全国边境县域中处于平均水平，今后应充分发挥区位优势，紧抓打造中国-东盟自由贸易区"升级版"等重大机遇，加快沿边开放开发进程，设立边境经济合作区，促进边境县域区域合作，积极开展边境贸易，加快建设面向东盟开放合作的区域性新兴城市。初步研究表明，就国土面积与经济总量在全国的占比来说，我国边境县域与沿海县域可能存在显著的"倒挂"现象，有关沿海县域的比较研究，将是2015年县域竞争力报告的一个新的研究点。

值得注意的是，民族县域和边境县域往往属于传统的资源富集区和生态敏感区或生态维护区，其整体发展水平处于工业化初期或中前期阶段，商品经济不活跃，居民点自给自足特征明显，城镇的产生和发展速度缓慢，人均经济指标落后，县域财力非常有限，基础设施较为薄弱，此类县域可以被称为"减负发展型"县域[1]。在人口数量增长和经济发展提速的同时，人口素质没有得到同步提高，往往只关注经济的发展，而忽略了公共利益的维护，导致此类县域以"资源消耗型"和"环境破坏型"的发展模式促进经济发展，这也是其人地矛盾突出的关键所在。因此，作为实现与全国同步全面建成小康社会目标关键性构成的边境县域和民族县域，必须控制人口数量和提高人口素质，要以资源保护为重点，注重资源减负和人口减负；以经济发展为重点，注重特色经济增长点；以园区和城镇建设为重点，注重要素集聚发展；以人口发展为重点，注重提高人口素质，努力实现人口发展与县域经济、社会、资源、环境的承载力相适应。

三 深化改革，释放县域发展能量

我国早期县级政府的主要职责是"导扬风化、抚黎民、审察冤屈、躬亲狱讼、养鳏寡、恤孤穷，务知百姓之疾苦"（《唐六典》卷三十《三府督护州县官吏》），仅相当于今天县级政府的司法、民政职能。明清以后县级政府职能才逐步扩大到政治、经济、社会事务等领域，并演变成为中央政府在基层的"微缩体"[2]。改革和创新是推动县域经济发展的强大动力，在改革进入攻坚期

---

[1] 范建红、陈烈：《"减负发展型"县域可持续发展规划探析》，《生态经济》2014年第5期，第13~16页。

[2] 张海军、胡仪元：《山区县域经济研究综述》，《开发研究》2014年第1期，第23~26页。

和深水区的同时，县域经济发展必须立足于改革，向改革发展要红利，充分释放县域发展能量。改革开放以来，广西县域经济实现了迅速发展，但与发达地区相比仍存在显著差距，广西县域经济总量规模小、人均水平低、可支财力弱、特色产业少、弱县贫县多、强县富县少等状况还没有根本改变，土地、能源、人才、科技、体制等方面的瓶颈仍然在很大程度上制约着县域发展。随着现代市场经济的深化发展，广西县域必须在开放中参与竞争，在竞争中求生存、促发展。

（一）进一步强化和发挥好政府的统筹引导作用

要进一步着力加强改革，做到改革切切实实，措施扎扎实实，要在政务改革、体制改革上实现尽早突破。要充分发挥政府在推动工业转型升级、大力发展现代服务业、提升发展现代农业、统筹城乡基础设施建设、优化配置城乡公共服务资源、推进城乡居民收入倍增等领域的规划统筹和公共服务作用。要善于通过规划的手段和充分运用政策调控引导的方法，积极调整本地区的产业结构与产品结构，有效减少和努力防止有限资源的浪费、无序的市场竞争和低效率的金融运行，努力引导县域经济逐步融入统一的市场体系。"十二五"后期及"十三五"期间，要把统筹规划作为城乡一体化发展的龙头来抓，把"城市规划"变革为"城乡规划"，把"空间规划"拓展为"顶层设计"，形成城乡统筹的"全地域、全领域"规划体系，引导城乡融合发展。结合县域发展的传统优势、资源禀赋等实际情况，创新规划县域发展战略，按照主体功能区划的思路，推动县域内不同经济板块的差异化协调发展。

（二）充分发挥市场在资源配置中的决定性作用

要实施以开放为主导的县域发展战略，不仅是对外开放，更是对内开放，要全面放开竞争性领域，降低准入门槛和创业成本，创造更加公平的市场环境、政策环境和社会环境，加快发展民营经济。深入推进行政体制改革，进一步简政放权，深化投资审批制度改革。县级政府应适当取消或简化前置性审批，充分落实企业投资自主权，推进投资创业便利化，促使市场主体焕发新的活力。推进县域体制改革，要坚持强县与富民并重。积极探索省县乡管理体制改革，简化行政审批手续，下放经济、社会管理权限，赋予县域更多的经济发展空间。要着力推进县域经济的"四大转型"，即由传统产业体系向现代产业体系转型，由资源驱动向创新驱动转型，由做大做强向做精做优转型，由传统经营机制向现代企业制度转型。要坚持以民营经济为主体，加速推动工业化、农业产业化和城镇化进程的"一主三化"方针，与时俱进抓好"三化"与"三民"（民营、民创、民生），大力推进和实施特色强县战略。随着生产社会化、专业化的发展，优势企业纷纷将非核心产业向外扩散，给中小企业带来了大量的配套空间。要把发展配套经济作为对内对外开放的主攻方向，采取多种形式，积极引导中小企业加入大企业集团和优势企业的产业分工协作体系，围绕主导产品生产配套零部件，加工品牌产品，扩大市场占有率。各县都搞主导产品不现实、不必要、不可行，县域经济要当好配角，主动配合工业化程度高的中心城市进行产业产品配套，发展配套产品和下游产品，带动相关产业发展。

（三）要实施"微刺激"和"强刺激"相结合的县域提振措施

2014年4月以来，国务院实施了继续减少小微企业税负、吸引社会资本加快铁路建设、筹措资金进行棚户区改造等"微刺激"举措，但从广西来看，还需要一些"强刺激"举措，才能有效提振县域经济，而这种"强刺激"必须和深度改革、创新改革进行有效结合。目前，在项目推进和产业发展过程中，面临着用工难、用地难、融资难的"三难"问题，这三个问题也是目前广西各市、各县所面临的共性问题。从项目资金来源渠道看，主要还是依靠银行信贷和自筹资金，银行信贷资金面紧张。因此，要实现县域经济的持续发展，必须拿出创新性举措，有效解决"三难"问题。土地问题目前已经成为县域项目建设和经济发展的重要制约因素，但从对县域经济发展的长期跟踪来看，实际上依然存在明显的土地利用不集约问题。土地利用指标问题将是一个长期的问题，必须从土地利用模式和利用效率（开发强度和产出强度）上进行挖潜。尤其是在国家提出"占优补优、占水田补水田"等更严格的耕地占补平衡和保护补偿机制后，土地利用问题将更为严峻。从实际情况来看，在项目实施过程中，土地节约集约利用水平仍有待极大提升，否则难有实质性突破。

（四）必须在总结自我和先验学习的基础上，不断深化和创新县域发展模式

要高度重视在国民经济和社会发展过程中对发达地区先行经验的学习。作为后发展欠发达地区，广西后发优势的一个关键性体现在于经验学习。在信息化、网络化背景下，必须高度重视对发达地区先行经验的学习，要学好经验、用好经验，汲取教训。同时，要加强和突出精细学习，从细微之处学习。这里举一个与县域经济关联度不大的例子：上海市在市管干部的任命公示过程中，将干部的照片一并向社会公布。这种做法就非常好，一方面，可以让群众更多地认识和了解我们的干部，另一方面，也能够起到社会监督的作用。这种看似细微琐碎的做法，往往是我们事业成功的关键和基础。当前的改革实质上是一种授权性改革，但还远远不够，必须鼓励一些县域先行先试，允许试错，要给予这些县域先行先试的勇气和担当。要把县域经济发展作为区、市共同谋划的重大战略，而给地位、给权力、给政策则是国家层面对县域发展的战略思考和深层探索。

（五）尽早转变做大做强县域经济的传统理念，坚定不移地走特色化、品牌化的县域发展之路

随着经济下行压力的不断增大，必须清醒认识到，未来县域经济发展所面临的做大做强的空间正在逐步缩减，建立在特色和创新基础之上的特色发展和精细发展模式将是必然选择。要高度重视特色产业的培育和优势品牌的打造，要高度重视加快发展大米加工、食用菌加工、马蹄加工、辣味加工、水果加工、茶叶加工、肉禽精深加工、水产养殖等特色农产品加工业，山泉水、中药材、养生酒、山茶油等特色养生资源加工业，服装加工、衣架加工、陶瓷制造、茧丝绸加工等特色加工业，要注重这些领域的品牌培育，提升特色产业的发展质量和发展水平。目前，自治区发展改革委已编制完成了《广西县域特色优势产业及品牌培育发展规划》，应进一步完善提升，作为自治区级专项规划统筹推进实施。旅游业以及养生健康产业将是县域经济实现可持续发展的一大"潜力股"。目前，广西共拥有16个"中国长寿之乡"（巴马、东兰、凤

山、永福、东兴、昭平、岑溪、金秀、上林、凌云、容县、扶绥、蒙山、阳朔、天等、富川）。但长期以来，广西的旅游业尤其是养生健康产业缺乏高端规划、高端企业、高端项目，旅游品质较低，管理不够规范，甚至造成一些负面效应。以瓶装饮用水为例，目前广西拥有60多个牌子，鱼龙混杂，良莠不齐，严重影响了广西"水"产业的发展。从长远来看，将广西的"水"产业打造成为"云南的烟、贵州的酒、广西的水"的中国西南三宝之一，是一个值得研究、值得期待的潜在领域。

四 产城互动发展：县域两化新导向

在当前实施新型工业化和新型城镇化战略、加快转变经济发展方式的背景下，协调工业化与城镇化的发展关系，促进产业布局与城镇布局的关联协调发展，提升产城互动发展和融合发展水平，成为县域工业经济转型升级和城镇建设转型发展的新方向。产城互动发展是指在特定发展阶段，产业、城市（城镇）及人口三者围绕城市（城镇）功能互动融合发展，最终实现人口、产业、城市（城镇）的均衡协调及可持续发展，是产业定位与城镇功能的高度匹配。产城融合与产城互动在本质上是相同的，但在发展水平、发展层次和适用范围上存在一定的差别。而从县域层面来看，讲"产城互动"可能更加符合当前广西县域经济的发展阶段和发展水平[①]。

（一）选择产城互动发展是推进县域新型工业化、新型城镇化的必由之路

作为衡量工业化进程和城镇化进程的核心指标，工业化率和城镇化率是判

[①] 新型城镇化和同城化建设是下一阶段全区经济发展的重要引擎。目前，我国已进入全面建成小康社会的决定性阶段，正处于经济转型升级和城镇化深入发展的关键时期。2014年3月，国务院发布《国家新型城镇化规划（2014~2020年）》，明确了城镇化的发展路径、主要目标和战略任务。2013年，广西城镇化率达到45%，依然比全国城镇化率（53.73%）低8个多百分点，必须按照新型城镇化的建设要求稳步推进城乡统筹发展。同时，以同城化为代表的区域经济发展一体化进程正在积极推进，但必须在制度一体化方面加强改革，以改革带动同城化的内生发展，而同城化的推进将进一步增强县域发展后劲，拓展县域发展空间。

断推进产城互动发展水平的关键性指标。通过对1990年以来全国、广东和广西的工业化进程和城镇化进程相关数据的系统梳理和比较研究,我们发现:1990年以来,由于受到1998年亚洲金融危机和2008年全球金融危机的影响,我国工业化率在1998~2002年和2008~2009年出现了停滞。广东由于其出口导向型的经济构成,受到的影响更为明显。而城镇化进程则从未放缓,全国城镇化率从1990年的26.2%提高到2012年的52.5%,预计到2015年,全国城镇化率达到55%;广东省的城镇化率从1990年的约32.7%提高到2012年的67.4%,到2015年将达到69%,甚至超过70%。目前,广西工业化率和城镇化率两项指标不如预期,2012年广西全区工业化率仅为40.5%,难以实现2015年45.6%的规划目标;2012年的城镇化率为43.6%,难以实现2015年50%的规划目标。从全国、广东以及佛山市的工业化和城镇化发展历程来看,从区域层面而言,工业化与城镇化的交叉拐点位于40%左右,即当工业化率达到40%的时候,将与城镇化率形成交叉,之后城镇化率将进入加速阶段,工业化与城镇化进入高度关联发展阶段。结合广西实际,2010年,广西工业化率为40.3%,城镇化率为40.1%。到2012年,广西城镇化率已经超过工业化率3.1个百分点,完成了工业化与城镇化的"拐点"阶段,进入了工业化与城镇化高度关联发展阶段,选择产城互动发展战略将是推进新型工业化与新型城镇化的必由之路。

(二)加快推进一批产城互动发展试点园区

重点围绕产业园区、产业集聚、产业新城三个层次,充分发挥产业集聚发展对城镇建设的带动效应,稳步推进园区管理体制机制创新,加大园区合作开发建设力度,全力推进园区上规模、上档次、上水平。在全区选择30个产业基础好、配套条件完善、发展潜力大的工业园区作为产城互动发展建设试点。到2017年,在全区范围内建成一批先进制造业和现代服务业相互交融、互为支撑的产城互动发展效果显著的新型产业园区[①]。围绕园区综合实力明显增强、城镇

[①] 参见《广西壮族自治区人民政府关于印发工业跨域发展十大行动计划的通知》(桂政发〔2013〕40号)。

承载能力明显增强、集约发展水平明显提升、绿色环保水平明显提升、基础设施建设明显完善、配套设施建设明显完善"两增强两提升两完善"的发展目标，按照"双核驱动"战略的总体部署，优化提升一批试点园区，培育壮大一批试点园区，建设一批综合型试点园区，打造一批特色型试点园区，培育一批都市型试点园区，加快形成"双核驱动、多点支撑"的产城互动发展格局。

（三）在更高层面、更宽领域谋划和推进产城互动发展

当前，国家全面部署和推进新型城镇化工作，在新的发展阶段和历史时期，新型城镇化是未来中国经济发展的重要增长点，产城互动发展恰恰为新型城镇化提供了重要的抓手。推进产城互动发展，为解决产业布局与城镇建设分割问题提供了一个很好的切入点，方向准确，意义重大，必须在自治区层面给予极大力度的推进。要尽早编制《广西产城互动发展规划》，鼓励试点园区申报国家新型城镇化综合试点，结合产业发展、创业创新、公共服务、绿色低碳等要求，开展综合与分类相结合的试点探索，为全区产城互动发展提供可复制、可推广的经验和模式。从试点园区的现实基础来看，产城互动发展的基础和水平各有差异，路径和方向各有不同，在园区未来发展定位和功能分区上要进行差异化处理。

（四）推进产城互动发展的三个层面

产城互动发展应当从三个层面来统筹考虑，第一个层面是产业园区内部自身的产城互动，即如何改善和优化园区产业发展与配套设施建设的问题，这个层面在一定程度上倾向于融合发展。第二个层面是产业园区与所在城镇（或依托城镇）和县城之间的互动发展，即以产带城、以城促产、产城一体的问题。举例而言，宾阳黎塘工业集中区与县城宾州镇之间一级路改造问题，涉及公共交通和互联互通，在这个层面要注重解决一些瓶颈性的互联互通问题。第三个层面是产业园区与中心城市之间的互动发展，涉及产业转移、交通物流以及人才引进、技术外溢等问题。例如，规划建设武鸣县连接南宁市地铁2号线的城市轻轨，将有助于促进东盟经济开发区、伊岭工业集中区与南宁中心城区的同城化和一体化建设。

第二部分
指标建设

一 指标体系的设计与选择

县域竞争力是一个综合范畴意义上的概念，包括县域经济、社会、民生和环境等方面。县域竞争力指标的选取应体现县域竞争力的综合性与系统性，应充分体现县域竞争力的内涵和外延，融合科学发展要义。县域竞争力是一个具有复杂系统的有机整体，是由一系列相互联系、相对独立、互为补充的指标构成的有机整体。县域竞争力指标必须体现这种综合性与系统性，县域各个分类指标之间，要形成有机、有序的联系，从多方面反映县域的综合实力与整体水平。

县域竞争力评价不仅要衡量县域经济发展质量与内涵，更要反映县域的可持续发展能力。因此，选择指标时不仅要考虑县域竞争力的全面性，更要考虑县域竞争力的本质内涵，同时还应注意指标体系的可操作性、可比性，进而构建一套系统完善、科学客观且便于操作的指标体系。广西县域竞争力的指标选择应集中体现以下四个原则。

（1）全面性。衡量县域竞争力必须综合考虑各方面的影响因素，县域竞争力是县域内多种因素和各子系统综合作用的结果。每一个指标都应反映出县域的某一层面，这就要求评价体系要尽可能体现综合性和全面性。所建立的指标体系在结构上应包括不同层次，体现出指标体系的内涵。

（2）可比性。指标体系的可比性主要包括两方面：一是指标体系应尽量选择可比性较强的相对指标及人均指标；二是指标体系中每一个指标的含义、统计口径和范围、计算方法与获取途径等应尽量一致，以使其具有动态可比性和横向可比性。

（3）独立性。所选择的各个指标应是相对独立的，从而使每个指标的作用得以充分发挥，但实际上经济社会发展的所有指标都具有一定的相关性，应尽量避免高度相关性指标。同时，指标体系中不应出现同一指标反复使用的情形。换言之，指标之间不应存在严重的多重共线性问题。

（4）可行性。评价指标应具有可计量性和可操作性，既要考虑指标体系的完整、科学，又要从实际出发，充分考虑资料获取的可能性，如不可能取得统一、全面的资料，则只能采用相近指标来代替或舍弃。评价指标应尽可能利用现有统计数据和便于收集的数据，以现有统计制度为基础进行指标筛选①。

二　广西县域竞争力指标体系

县域竞争力反映了一个县域及县域经济发展的水平和层次，其评价结果是对县域经济社会发展的一种综合评价和分析，评价指标体系是由一组相互联系、相互影响的指标组成的统计指标。广西县域竞争力指标体系共包括3个层次，第一层次是目标层，即县域的综合竞争力评价；第二层次为竞争力层次，即各类竞争力评价，包含6类竞争力；第三层次是基本要素层面，即具体构成要素。具体的评价体系如图2-1所示。

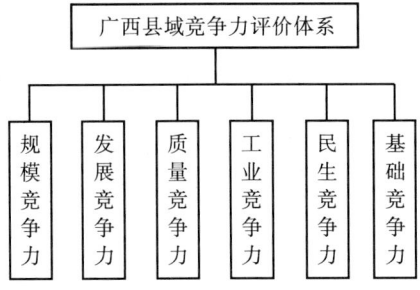

图2-1　广西县域竞争力评价体系

---

① 从近两年的评价结果对比来看，统计源和统计数据的准确性往往对县域竞争力的评价结果及各县的排序产生较大的影响，同时，还存在一些统计口径的问题。

广西县域竞争力评价体系共包含6类竞争力和36项基本指标。

1. 规模竞争力

规模竞争力是一种总量性竞争力，体现了一个县域的整体规模和实力状况，是衡量县域竞争力最主要的指标之一，包括：X_1——年末总人口，X_2——地区生产总值，X_3——农林牧渔业产值，X_4——社会消费品零售总额，X_5——财政收入，X_6——全社会固定资产投资。

——年末总人口。通常是指一定时点、一定地区范围内常住人口总和。人口规模的大小在某种程度上反映了县域整体规模的大小，客观上也是评价县域规模水平的主要指标[①]。

——地区生产总值。是指按照市场价格计算的一个县域所有常住单位在一定时期内生产活动的最终成果。地区生产总值等于各产业增加值之和，是反映一个县域整体经济实力的重要指标，在县域竞争力评价中有着重要的作用。

——农林牧渔业产值。是指以货币表现的农林牧渔业全部产品和对农林牧渔业生产活动进行的各种支持性服务活动的价值总量，反映一定时期内县域农林牧渔业生产总规模和总成果。

——社会消费品零售总额。是反映各行业通过多种商品流通渠道向居民和社会供应的生活消费品总量，是县域零售市场变动情况、经济景气变化程度、县域消费能力、县域居民生活水平的重要测评指标。

——财政收入[②]。是衡量县域财力的重要指标。政府在社会经济活动中提供公共物品和服务的范围和数量，在很大程度上取决于财政收入的充裕状况。该指标直观地反映了县域经济发展情况，是县域竞争力评价中不容忽视的重要指标。

---

① 作为县域规模竞争力关键性指标的人口指标，往往存在常住人口和户籍人口的统计偏差。事实上，广西的一些人口大县，往往也是劳务输出大县，这些县的人口统计可能存在一定的偏差，相对而言，人口普查年份的结果更接近现实。

② 财政总收入包括财政部门组织的收入、国税组织的收入、地税组织的收入等，是财政大收入的概念。一般预算收入是指地方实际可用财力，扣除了上缴中央部分的税收，比如上缴中央财政75%的增值税、上缴中央财政60%的所得税等属于财政总收入的盘子，没有计入一般预算收入。一般预算收入包括国税、地税扣除上缴中央财政部分的地方留存部分再加财政部门组织的收入。从客观角度而言，一般预算收入比财政总收入更具比较价值，但考虑到广西县域及县域经济发展的现实水平，评价选择采用财政收入作为评价指标。

——全社会固定资产投资。是以货币形式表现的一定时期内县域全社会建造和购置固定资产的工作量以及与此有关的费用总称，该指标是反映县域固定资产投资规模和发展速度的综合性指标。全社会固定资产投资在整体上反映了建造和购置固定资产的活动，并能进一步调整经济结构和生产力布局，对于未来时期县域经济增量的形成具有重要作用。

2. 发展竞争力

发展竞争力通过县域发展主要经济要素指标的增长速度来衡量县域竞争力的强弱[①]，包括：X_7——地区生产总值增长速度，X_8——工业增加值增长速度，X_9——财政收入增长速度，X_{10}——社会消费品零售总额增长速度，X_{11}——全社会固定资产投资增长速度，X_{12}——银行存贷款比例评级。本年度县域发展竞争力相关指标的报告期采用2012年数据，基期采用2010年数据，增长速度为2年平均增长速度，这对各县域的发展竞争力形成了一定的差异影响。

——地区生产总值增长速度。是指县域地区生产总值报告期的增长量与基期地区生产总值总量之比，反映某一时期（或年度之间）县域地区生产总值的发展态势和发展潜力。在县域竞争力评价中可以动态地衡量地区生产总值的发展水平，对县域竞争力评价具有重要作用。

——工业增加值增长速度。是指工业增加值报告期的增长量与基期工业增加值总量之比，表示在某一时期（或年度之间）县域工业增长水平和态势，用以分析研究县域工业发展的变化规律。在县域竞争力评价中此指标客观地反映了工业增加值的动态变化程度。

——财政收入增长速度。是指财政报告期的收入增长量与基期财政收入总量水平之比，反映在某一时期（或年度之间）县域财政收入的变化趋势，用以分析财政收入的变化规律。在县域竞争力评价中财政收入增长速度是衡量地区政府财力水平动态变化的重要指标。

——社会消费品零售总额增长速度。是指社会消费报告期零售总额的增长量与基期社会消费品零售总额之比，反映了社会消费水平的发展趋势，是研究

---

① 本报告评价中的增长速度均为名义增长速度，不做可比价增长速度比较。从实际情况来看，对发展竞争力的评价结果并不存在明显差别。

县域居民生活水平、社会零售商品购买力（或居民消费能力）、货币流通和物价动态发展变化的重要指标。

——全社会固定资产投资增长速度。是指全社会固定资产投资报告期投资增长量与基期投资水平总量之比，可从客观上反映建造和购置固定资产活动与调整经济结构和生产力地区分布的动态变化趋势。在县域竞争力评价中全社会固定资产投资增长速度在某种意义上对县域经济未来增长具有重要的参考价值。

——银行存贷款比例评级。所谓存贷款比例，是指将银行的贷款总额与存款总额进行对比，存贷款比例＝各项贷款总额/各项存款总额×100%。从银行赢利的角度讲，存贷比越高越好，因为存款是要付息的，即所谓的资金成本，如果一家银行的存款很多，贷款很少，就意味着它的成本高，而收入少，银行的赢利能力就较差[①]。县域银行存贷款比例评级是以银行存贷款比例为分析对象，通过专家评分来判断县域经济活跃程度或所面临的风险水平。

3. 质量竞争力

质量竞争力是从人均型指标、单位土地面积产出以及单位能源消耗产出的角度对县域及县域经济发展进行评价，这类指标在很大程度上体现了县域经济发展的质量水平和实际绩效，也充分体现了县域经济的可持续发展能力，包括：X_{13}——人均地区生产总值，X_{14}——人均财政收入，X_{15}——人均工业增加值，X_{16}——单位面积地区生产总值，X_{17}——单位面积粮食产量，X_{18}——单位电力消耗地区生产总值。

——人均地区生产总值。是指一个县域核算期内（一年）实现的地区生产总值与县域内常住人口（或户籍人口）之比。反映了县域人民生活水平的总体标准，也是了解和把握县域经济运行状况的有效指标。因此，该指标可以直观地反映出县域经济的发展绩效水平。

[①] 从银行抵抗风险的角度讲，存贷款比例不宜过高，因为银行还需应对客户日常现金支取和日常结算，这就需要银行留有一定的库存现金——存款准备金。如果存贷比过高，存款准备金就会不足，会导致银行的支付危机，如支付危机扩散，有可能导致金融危机，对地区或国家经济的危害极大。因此，银行存贷款比例不是越高越好，央行为防止银行过度扩张，目前规定商业银行最高的存贷款比例为75%。注：本书根据《广西统计年鉴》公开数据计算，附表中部分县域存贷比超过这一比例。

——人均财政收入。是指一个县域核算期内（一年）实现的财政收入与地区常住人口（或户籍人口）之比。该指标可以反映出某一县域与其他县域之间的富裕程度差异与该县域的经济实力。

——人均工业增加值。是指一个县域核算期内（一年）实现的工业增加值与县域内常住人口（或户籍人口）之比。该指标反映了某一县域在一定时期内工业生产和提供服务的人均市场价值，对于比较评价不同县域工业发展水平具有直接作用。

——单位面积地区生产总值。是指在单位面积县域内所有常住单位在一定时期内生产活动的最终成果。单位面积地区生产总值反映了县域整体经济发展的质量水平和单位面积经济产出量，在可持续发展和土地资源集约利用的背景下，单位面积地区生产总值对于衡量一个县域的科学发展、可持续发展具有重要的评价意义。

——单位面积粮食产量[①]。是指单位面积内一年的粮食产量。粮食问题关乎国家及地区发展的生存之本，因此单位面积粮食产量是评价县域农业经济发展的重要指标，是衡量县域农业经济发展质量与可持续性的重要指标。

——单位电力消耗地区生产总值。是指在单位电力消耗范围内县域地区生产总值的整体情况。该指标反映了一个县域对资源的集约利用程度，也是反映县域质量竞争力的重要指标[②]。

4. 工业竞争力

从县域经济的发展规律来看，对于欠发达后发展的广西而言，工业强则县域经济强依然具有较强的代表性。工业的发展和增长对于县域竞争力的影响极为关键，工业竞争力评价指标包括：X_{19}——工业增加值，X_{20}——规模以上工

[①] 粮食产量包括全民所有制经营的、集体统一经营的和农民家庭经营的粮食产量，还包括工矿企业家属办的农场和其他生产单位的粮食产量。粮食除包括稻谷、小麦、玉米、高粱、谷子及其他杂粮外，还包括薯类和大豆，其产量计算方法为：豆类按去豆荚后的干豆计算；薯类（包括甘薯和马铃薯，不包括芋头和木薯）1963年以前按每4公斤鲜薯折1公斤粮食计算，从1964年以后按5公斤鲜薯折1公斤粮食计算；其他粮食一律按脱粒后的原粮计算。同时，单位面积粮食产量也被称为"粮食单产"，从广西县域粮食产量的具体情况来看，由于土地耕种条件差异较大，不同县域的适宜性作物存在差异，这对县域经济发展水平产生了直接或间接的影响。

[②] 电力消费弹性系数也是衡量县域发展质量的重要指标，电力消费弹性系数＝电力消费量年平均增长速度/国民经济年均增长速度。

业总产值，X_{21}——人均规模以上工业总产值（工业生产率），X_{22}——规模以上企业平均规模，X_{23}——规模以上工业外向度水平，X_{24}——单位电力消耗工业增加值。

——工业增加值。是指工业企业在报告期内以货币表现的工业生产活动的最终成果，反映了一个县域在一定时期内所生产和提供的全部工业最终产品和服务的市场价值总和，同时也反映了生产单位或部门对地区生产总值的贡献。

——规模以上工业总产值。是指国有企业以及工业产值在2000万元以上的规模工业企业在报告期内以货币表现的工业活动成果①，代表一个县域整体工业规模发展水平与方向。在县域竞争力评价中，该指标有很强的代表性。

——人均规模以上工业总产值（工业生产率）。是指单位从业人员的平均工业产值产出，是反映一个县域人均工业生产力水平的综合经济指标，同时也反映了一个县域工业企业的投入－产出水平，是衡量一个县域工业经济发展质量和产出水平的重要指标。

——规模以上企业平均规模。规模以上工业企业可分为特大型企业、大型企业、中型企业、小型企业等，以一个县域规模以上工业总产值与规模以上工业企业个数的比值作为衡量标准，该指标是衡量一个县域工业经济发展实力的重要指标。

——规模以上工业外向度水平。规模以上工业外向度水平 =（港澳台投资企业产值 + 外商投资企业产值）/规模以上工业总产值，县域规模以上工业总产值中包括内资企业、港澳台投资企业和外商投资企业的工业产值，以港澳台投资企业和外商投资企业工业产值在县域规模以上工业总产值中所占比例作为评价依据。该指标充分体现了一个县域工业经济的开放程度②。

---

① 2011年，国家统计局对规模以上工业总产值的统计口径进行了调整，由之前的500万元调整为2000万元。但规模以上工业总产值具有较大的地方标准差别，广东省以5000万元为标准，江苏省、山东省之前以1500万元为标准，东北三省、四川省、湖南省之前以300万元为标准，广西与江西省、福建省、陕西省之前则以500万元为标准，因此，规模以上工业总产值同样并不具有很强的区域对比性，但在同一区域内对于研究县域问题依然具有测评价值。此外，特大型企业主要分布在钢铁、有色金属、煤炭、化工、石油、电力等领域，县域层面此类企业明显较少。

② 由于实际统计中，一些县域的港澳台投资企业产值和外商投资企业产值数据存在一定的缺失或年度之间存在较大的变动，因此，对于规模以上工业外向度水平的评价赋权较低，以便尽可能降低数据上的"先天不足"。

——单位电力消耗工业增加值。是指相对于居民单位用电量而言,工业企业单位用电量的工业增加值产出,反映了县域经济发展的可持续性,尤其是对于广西这样一个"贫煤少油无气"的能源匮乏地区而言,单位电力消耗工业增加值直接关系到工业生产的效率与产出,是评价县域工业低碳节能减排能力、可持续发展能力的重要指标。

5. 民生竞争力

在广西努力实现与全国同步全面建成小康社会这一目标的背景下,民生建设已经成为广西各县域经济社会发展的重中之重。县域经济作为广西宏观经济的微观层面,承担着加快社会主义新农村建设、解决"三农"问题、实现"倍增计划"目标的重任,直接关系到民生幸福指数的提升。民生竞争力评价指标包括:X_{25}——人均社会消费品零售额,X_{26}——城镇居民人均可支配收入,X_{27}——农村居民人均纯收入,X_{28}——城乡居民收入统筹系数,X_{29}——每万人医院、卫生院床位数,X_{30}——每万人医院、卫生院技术人员数。

——人均社会消费品零售额。是指各种经济类型的批发零售贸易业、餐饮业、制造业及其他行业对城乡居民、社会集团的消费品零售额和农民对非农业居民零售额的总和与县域常住人口(或户籍人口)之比。反映一个县域人民群众生活水平尤其是消费水平的高低,也体现了县域民众生活的富裕程度,是研究县域人民生活、社会消费品购买力、货币流通等的重要指标。

——城镇居民人均可支配收入。是指城镇居民家庭人均可用于最终消费的支出和其他非义务性支出以及储蓄的总和,即居民家庭可以用来自由支配的收入,是家庭总收入扣除缴纳的所得税、个人缴纳的社会保障费以及调查户的记账补贴后的收入。城镇居民人均可支配收入反映了城镇居民的富裕程度。

——农村居民人均纯收入。是指农村居民家庭全年总收入中,扣除从事生产和非生产经营费用支出、缴纳税款和上交承包集体任务金额后剩余的,可直接用于进行生产性或非生产性建设投资、生活消费和积蓄的那一部分收入按照农村人口进行平均。农村居民人均纯收入反映了农村居民的富裕程度。

——城乡居民收入统筹系数①。城乡居民收入统筹系数＝农村居民人均纯收入/城镇居民人均可支配收入。是指城乡居民收入之间的差距水平，反映了城市与乡村之间收入的内在协调关系。一般情况下，可以认为城乡居民收入统筹系数越高，则城乡统筹发展水平越高，但这并不具有绝对意义，一些县域城乡居民收入差距相对较小，是处于一种低位发展水平的统筹。

——每万人医院、卫生院床位数。是指每万人所拥有的医院、卫生院床位数量，该指标用来说明县域医疗资源的情况。医疗资源的富裕程度是关系到民生建设的一个重要方面，因此，该指标在民生竞争力评价中尤为重要。

——每万人医院、卫生院技术人员数。是指每万人口中医院、卫生院拥有的技术人员数量。医务人员的素质能力和整体水平关乎县域民生建设的质量水平，该指标是反映一个县域医疗资源情况的重要指标，其高低与否在一定程度上体现了一个县域医疗保障水平的高低，在民生竞争力评价中具有重要作用。

6. 基础竞争力

基础竞争力主要从单位与人均的角度来反映县域基础设施建设和相关基础要素水平，直接关系到县域发展的空间和后劲。基础竞争力评价指标包括：X_{31}——单位面积公路里程，X_{32}——单位面积高等级公路里程，X_{33}——单位面积铁路里程，X_{34}——每万人移动电话用户数，X_{35}——每万人互联网用户数，X_{36}——每万人口中中学生数。

——单位面积公路里程。是指在单位面积下一定时期内实际达到《公路工程技术标准（JTGB01－2003）》规定的技术等级的公路，并经公路主管部门正式验收交付使用的公路里程数。包括高速公路、国道和省道以及公路通过小城镇（指县城、集镇）街道的公路里程和公路桥梁长度、隧道长度、渡口的宽度以及分期修建的公路已验收交付使用的里程，不包括县城街道、厂矿、林区生产用道和农业生产用道的里程。在基础竞争力评价中该指标反映了县域公路建设的发展规模与发展质量，也反映了县域公路运输网的密集程度。

——单位面积高等级公路里程。是指在单位面积下根据公路的使用任务、

---

① 与恩格尔系数不同，城乡居民收入统筹系数反映的是城乡之间的收入与生活水平差距，而恩格尔系数则主要反映群体内的生活消费支出分布情况。

功能和流量进行划分的高等级公路里程数。高等级公路里程数反映了县域高等级公路建设的发展规模与发展质量，单位面积下更能反映出高等级公路网络的密集程度。对于广西县域而言，在基础竞争力评价中该指标能客观地反映出基础建设中交通的通达性与发达程度。

——单位面积铁路里程。是指单位面积下的铁路长度（包括正式营业和临时营业里程），也就是办理客货运输业务的铁路正线总长度。该指标反映铁路运输业基础设施的发展水平，同时也是计算客货周转量、运输密度和机车车辆运用效率等指标的重要依据。

——每万人移动电话用户数。是指每万人中在一定时期内所使用的移动电话数量，是以价值量形式表现的移动电话为社会提供通信服务的总数量。该指标综合反映了一定时期一个县域移动电话通信的发展成果，是反映一个县域移动通信业务发展规模、水平的重要指标，很大程度上体现了县域信息化发展水平。

——每万人互联网用户数。是指每万人口中办理登记手续且已接入互联网的用户数，包括局域网、城域网和广域网，包括拨号上网用户和专线上网用户。中国互联网络信息中心将中国网民定义为平均每周使用互联网 1 小时以上的中国公民。该指标反映出县域发展的信息化水平和县域群众掌握信息的能力、程度与范围，潜在地影响着县域经济社会的发展。

——每万人口中中学生数。是指每万人口中接受中等教育的学生数量，年龄一般为 11～19 岁，我国大陆中学教育由初级中学（初中）和高级中学（高中）组成。该指标反映地区潜在劳动力的人员素质高低，在基础教育方面，构成县域竞争力的重要源泉。从长远来看，一个县域教育水平的高低很大程度上影响乃至决定了未来数十年该县域能否向高素质经济结构转换①。

广西县域综合竞争力指标体系如表 2-1 所示。

---

① 从县域教育发展来看，每万人口中中学生数量是一项总体上反映发展后劲的重要测评指标，但由于目前县域教育发展水平普遍滞后，县域中大量优质生源转移到中心城市就学，一定程度上影响了评价结果，但总体上这一指标能够较好地体现一个县域的人才储备基础。同时，衡量县域教育水平和劳动力素质还有一项重要的指标，即新增劳动力受教育年限，但此项指标广西一直缺失，难以进行更全面的评价。总体来看，要加快县域经济发展，全面建成小康社会，实现县域内生增长，必须高度重视教育强县的培育。

表2-1 广西县域综合竞争力指标体系

类别	具体指标	单位	序号	代号
规模竞争力	年末总人口	万人	1	G01
	地区生产总值	万元	2	G02
	农林牧渔业产值	万元	3	G03
	社会消费品零售总额	万元	4	G04
	财政收入	万元	5	G05
	全社会固定资产投资	万元	6	G06
发展竞争力	地区生产总值增长速度	%	7	F01
	工业增加值增长速度	%	8	F02
	财政收入增长速度	%	9	F03
	社会消费品零售总额增长速度	%	10	F04
	全社会固定资产投资增长速度	%	11	F05
	银行存贷款比例评级	无量纲	12	F06
质量竞争力	人均地区生产总值	元/人	13	Z01
	人均财政收入	元/人	14	Z02
	人均工业增加值	元/人	15	Z03
	单位面积地区生产总值	万元/平方公里	16	Z04
	单位面积粮食产量	吨/公顷	17	Z05
	单位电力消耗地区生产总值	元/千瓦时	18	Z06
工业竞争力	工业增加值	万元	19	I01
	规模以上工业总产值	万元	20	I02
	人均规模以上工业总产值(工业生产率)	万元/人	21	I03
	规模以上企业平均规模	万元/个	22	I04
	规模以上工业外向度水平	%	23	I05
	单位电力消耗工业增加值	元/千瓦时	24	I06
民生竞争力	人均社会消费品零售额	元/人	25	M01
	城镇居民人均可支配收入	元	26	M02
	农村居民人均纯收入	元	27	M03
	城乡居民收入统筹系数	无量纲	28	M04
	每万人医院、卫生院床位数	张/万人	29	M05
	每万人医院、卫生院技术人员数	人/万人	30	M06
基础竞争力	单位面积公路里程	公里/平方公里	31	J01
	单位面积高等级公路里程	公里/平方公里	32	J02
	单位面积铁路里程	公里/平方公里	33	J03
	每万人移动电话用户数	户/万人	34	J04
	每万人互联网用户数	户/万人	35	J05
	每万人口中中学生数	人/万人	36	J06

三 广西县域竞争力测评方法

本蓝皮书对县域竞争力的评价与分析以公开统计数据为基础,重点揭示县域竞争力的发展规律和发展特点,蓝皮书数据资料主要来源于国家统计局2013年公开出版的各种统计资料,包括《中国统计年鉴》《广西统计年鉴》和《云南统计年鉴》《湖南统计年鉴》《贵州统计年鉴》《重庆统计年鉴》《四川统计年鉴》以及《新疆统计年鉴》《甘肃统计年鉴》《内蒙古统计年鉴》《黑龙江统计年鉴》《吉林统计年鉴》《辽宁统计年鉴》等。

本蓝皮书采用竞争力指数的评价方法,每个指数数值的范围区间为0~100。在单项指数中,每一个指数代表一个县域在该领域的水平高低,指数越高则代表一个县域在该领域的竞争力越强。在综合竞争力中,每一个指数值代表一个县域在该年度全面发展竞争力的水平和程度。

由于对县域各项指标进行了无量纲化处理,即将各项指标进行调整后转化为标准值,使生成的标准值能够更好地反映县域相对竞争优势的强弱。同时,将所有县域竞争力标准值直接进行排序也具有科学的比较意义(见图2-2)。

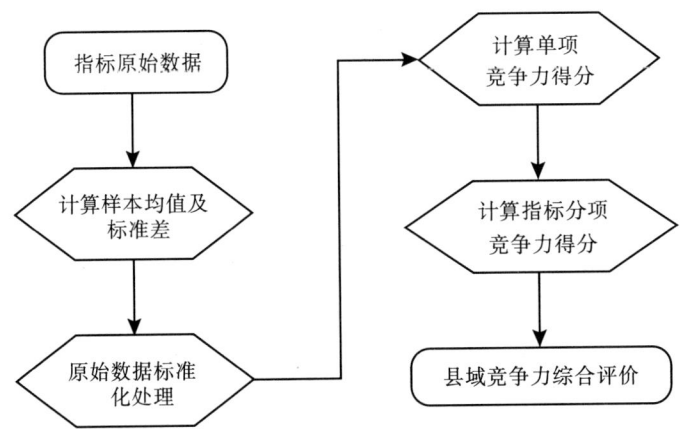

图2-2 县域竞争力评价流程

1. 评价指标的无量纲化

对单一客观指标原始数据的无量纲化处理可以采用标准化，评价指标数据的标准化即无量纲化，常用的方法有如下几种。

（1）标准化变换：

$$x'_{ij} = \frac{x_{ij} - \bar{x}_j}{s_j} = \frac{x_{ij} - \bar{x}_j}{\sqrt{\frac{1}{n-1}\sum_{j=1}^{n}(x_j - \bar{x}_j)^2}} \qquad (2-1)$$

式（2-1）中：x_{ij} 为指标值，$\bar{x}_j$ 为第 j 个指标的算术平均数，s_j 为第 j 个指标的标准差。$i = 1, 2, \cdots, n$，为样品号；$j = 1, 2, \cdots, n$，为指标号。

（2）极差变换（规格化或正规化变换）：

$$x'_{ij} = \frac{x_{ij} - \bar{x}_j}{x_{j\max} - x_{j\min}} \qquad (2-2)$$

式（2-2）中：x_{ij} 为指标数据，$x_{j\max}$ 为第 j 个指标的最大值，$x_{j\min}$ 为第 j 个指标的最小值。$i = 1, 2, \cdots, n$，为县域序号；$j = 1, 2, \cdots, n$，为指标序号。

（3）均匀变换：

$$x'_{ij} = \frac{x_{ij}}{\bar{x}_j} \qquad (2-3)$$

广西县域竞争力的原始数据无量纲化选择极差变换，由于参加计算的统计数据非常繁杂，难免会发生个别数据有误，尤其是一些数值的奇异点（奇大或奇小）会严重扭曲测评结果。为了保证测评结果的科学性和合理性，避免受奇异点影响，将极差公式改为：

$$z = \begin{cases} \dfrac{x}{Max} & x \geqslant 0 \\ \dfrac{x}{abs(Min)} & x < 0 \end{cases} \qquad (2-4)$$

其中，Max 为该指标数据中的最大值，Min 为该指标数据中的最小值，x 为该指标的具体值，z 为该指标标准化以后的值。

经过上述标准化处理，原始数据均转换为无量纲化指标测评值，各指标都处于同一个数量级别上（0~1或0~100等），进而可以开展县域竞争力的综合测评分析。

2. 指标权重的确定

使用标准化处理后的数据进行广西县域竞争力的综合测评，还需要对各参评指标做出较为科学的权重确定，合理反映各个测评指标的影响和作用程度，以便得出科学合理的综合测评结果。指标权数确定方法主要有两种类型，一种是主观赋权，另一种是客观赋权。主观赋权也称德尔菲法（Delphi法），即通过一定方法综合领域内专家对各项指标给出的权重进行赋权；客观赋权法是从原始数据本身出发，经过一定的数学转换取得指标权重的一种赋权方法，如主成分分析法等。广西县域竞争力评价采用专家赋权与客观赋权相结合的方法，为降低主观影响，采用了多轮赋权方法，最终确定各子指标和各项竞争力的权重。此外，在赋权过程中对于一些统计来源缺失的指标，则适当降低该项指标的权重，尽可能减少统计因素对评价结果的不确定性影响。

第三部分
竞争力评价

县域及县域经济发展是广西深入实施"双核驱动"战略的基础性、战略性支撑点。在新型工业化、新型城镇化提速发展的同时,县域经济作为广西经济社会发展的重要组成部分,正在进入新的发展阶段,具有很大的发展空间和很强的潜在能量,是广西同步推进工业化、信息化、城镇化和农业现代化的关键所在,也是广西与全国同步全面建成小康社会和基本建成我国西南中南开放发展新的战略支点的重要支撑。

一 广西县域竞争力的总体评价

本部分对广西县域及县域经济的规模竞争力、发展竞争力、质量竞争力、工业竞争力、民生竞争力和基础竞争力6项基本竞争力进行评价,在此基础上进一步形成对广西县域综合竞争力的评价。

(一)规模竞争力

规模竞争力的评价指标主要包括县域人口、地区生产总值、农林牧渔业产值、社会消费品零售总额、财政收入和全社会固定资产投资6个规模性指标。综合广西经济社会发展的现状分析,基于上述指标的规模竞争力的评价结果符合广西县域发展的基本现实。

从规模竞争力来看,处于前10位的县域依次为玉州区、兴宾区、横县、博白县、桂平市、北流市、武鸣县、岑溪市、临桂区和藤县(见图3-1)。总体上,这些县域基本集中在桂东地区及桂东南地区,其中玉林市3个,南宁市2个,梧州市2个,来宾市1个,贵港市1个,桂林市1个。与2013年的评价结果相比,排名没有发生较大的变动,玉州区仍保持第1位,兴宾区仍居第2位,横县由第5位上升至第3位,博白县仍居第4位,桂平市由第3位下降至第5位,北流市仍保持第6位,武鸣县仍处第7位,岑溪市由第11位上升至第8位,临桂区由第13位上升至第9位,藤县由第14位上升至第10位;同时,合浦县、宾阳县、平南县跌出规模竞争力前10位,合浦县由第9位下降至第11位,宾阳县由第10位下降至第13位,平南县由第8位下降至第14位(见图3-2)。

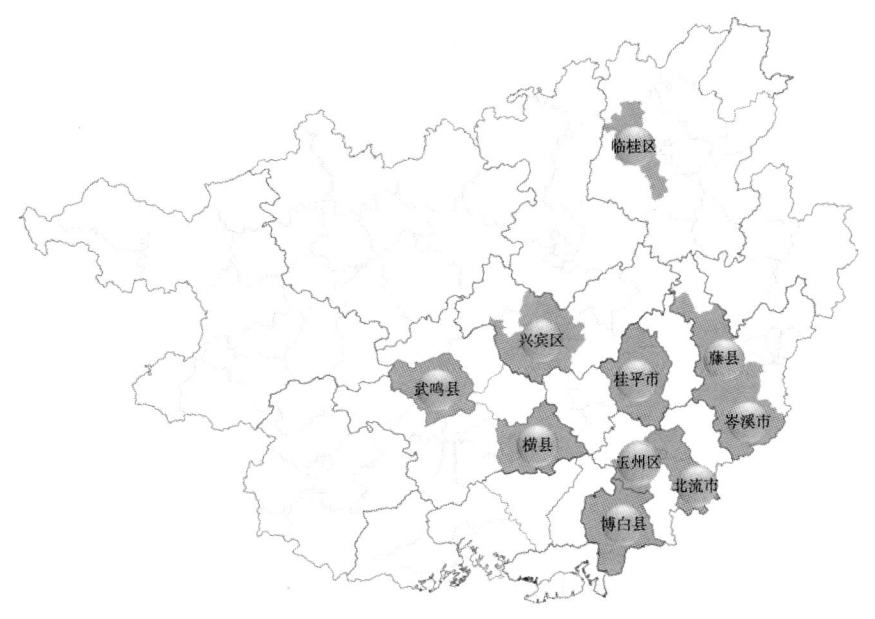

图3-1 广西县域规模竞争力十强县空间分布

总体来看,广西县域规模竞争力十强县大多为人口大县,如桂平市总人口接近200万人(191.81万人,出自《2013广西统计年鉴》,下文同),其余如博白县(179.42万人)、北流市(142.73万人)、横县(121.17万人)、兴宾区(109.84万人)、玉州区(104.43万人)、藤县(103.57万人)均是超百万人口大县,仅岑溪市(91.87万人)、武鸣县(69.16万人)、临桂区(49.17万人)人口未超过百万人,但岑溪市人口规模也接近百万人,而武鸣县和临桂区的人口规模在广西也分别处在第21位和第36

位。因此，作为一个县域而言，人口规模以及相应形成的产值规模、消费规模、市场规模等决定了县域经济的总量规模大小，为县域综合竞争力的发展提升奠定了基础。

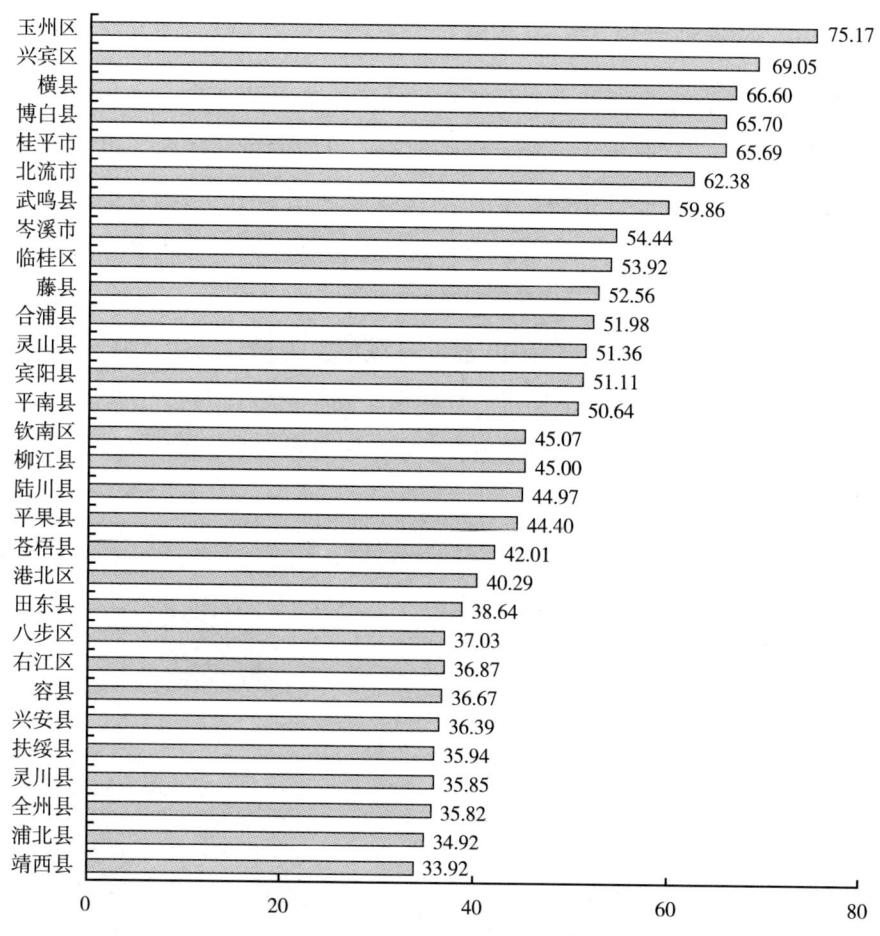

图3-2　广西县域规模竞争力评价结果及排序（前30名）

从县域规模竞争力的空间分布来看，桂西资源富集区县域的规模竞争力普遍偏弱，其中规模竞争力排名后10位的县域中有8个属于桂西地区，凌云县、那坡县、乐业县、西林县和凤山县居广西县域规模竞争力的后5位。规模竞争力明显偏弱，决定了这些县域的发展方向将必须有别于具有较强规模竞争力的县域，培育特色产业、发展特色经济将是这些县域经济发展的重心。如全区人口规模最小凭祥市（11.18万人）和东兴市（13.54万人）在充分发挥区位条件和特色优势的基础上实现了规模竞争力的较大提升，在广西县域中的规模竞争力分别列第67位和第47位。

（二）发展竞争力

发展竞争力的指标评价主要包括县域地区生产总值、工业增加值、社会消费品零售总额、财政收入、全社会固定资产投资的增长速度，以及银行存贷款比例评级6个发展性指标，其中增长速度采用2010～2012年县域年均增长速度，银行存贷款比例评级主要体现县域经济发展活力程度，属于无量纲指标。

从发展竞争力来看，处于前10位的县域依次为横县、武宣县、临桂区、苍梧县、兴安县、武鸣县、平桂区、凭祥市、灵川县和田阳县（见图3-3）。总体来看，这些县域呈分散布局状态，其中，桂林市3个，南宁市2个，来宾

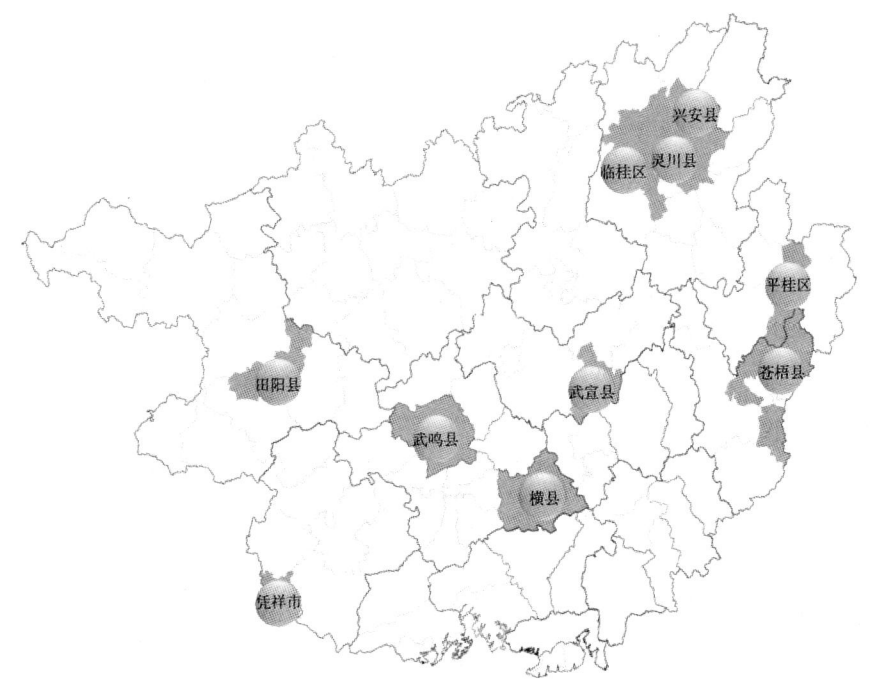

图3-3 广西县域发展竞争力十强县空间分布

市1个,梧州市1个,百色市1个,贺州市1个,崇左市1个。与2013年的评价结果相比,排名变动相对较大,横县发展竞争力提升明显,由第10位上升至第1位,武宣县由第1位下降至第2位,临桂区由第14位上升至第3位,发展势头良好,苍梧县由第2位下降至第4位,兴安县仍居第5位,武鸣县发展竞争力提升相当明显,由第21位上升至第6位,平桂区由第13位上升至第7位,凭祥市由第23位上升至第8位,灵川县由第33位上升至第9位,田阳县凭借良好的发展态势从第63位跃升至第10位,而宁明县由第4位下降至第11位,蒙山县由第3位下降至第14位(见图3-4)。

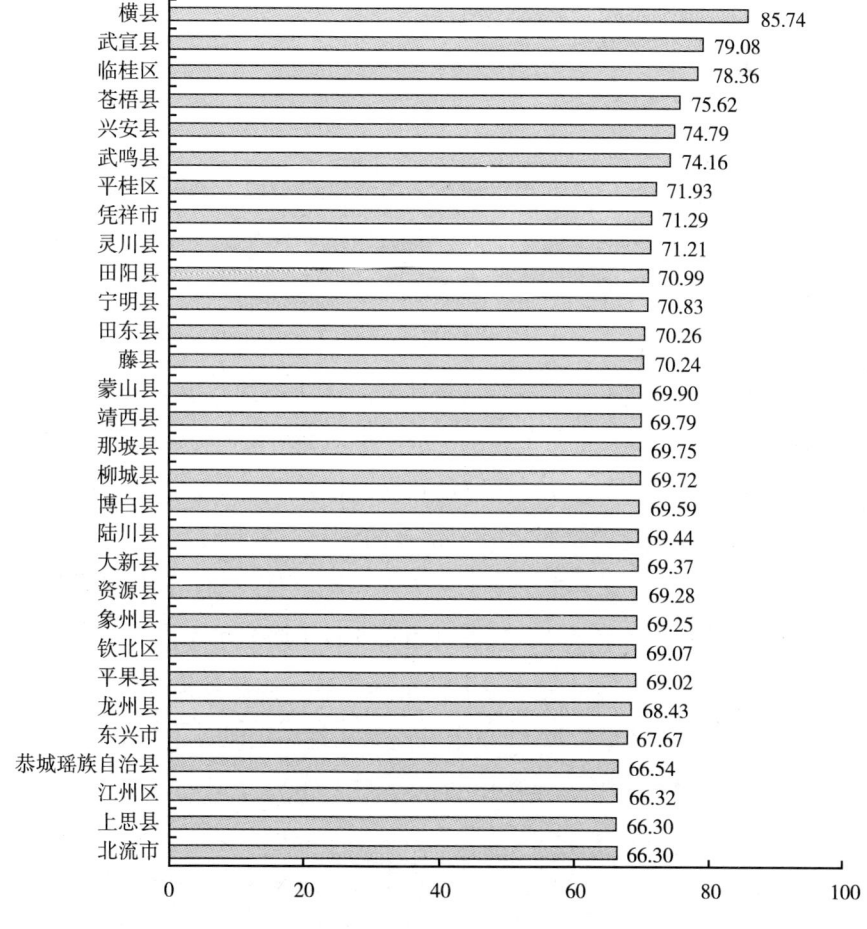

图3-4 广西县域发展竞争力评价结果及排序(前30名)

总体来看，发展竞争力表现较为强劲的县域主要集中在西江经济带（武宣县、临桂区、苍梧县①、兴安县、平桂区、灵川县、兴宾区，共7个），桂西资源富集区2个（凭祥市、田阳县），北部湾经济区1个（横县）。其中横县地区生产总值增长28.46%和工业增加值增长51.72%，平桂区财政收入增长40.1%，田阳县全社会固定资产投资年均增长44.9%，分别居县域各指标增速第1位。

发展竞争力排名后5位的县域为南丹县、环江毛南族自治县、大化瑶族自治县、金城江区和天峨县。天峨县地区生产总值增速为-5.69%，财政收入增速为-20.07%，全社会固定资产投资年均增速为-32.26%，居广西各县域末位；金城江区工业增加值增速为-24.54%，居各县域末位。

（三）质量竞争力

质量竞争力的评价指标主要包括人均地区生产总值、人均财政收入、人均工业增加值、单位面积地区生产总值、单位面积粮食产量和单位电力消耗地区生产总值6个人均型、投入-产出型指标。

从质量竞争力来看，处于前10位的县域依次为临桂区、东兴市、玉州区、武鸣县、兴安县、凭祥市、永福县、柳江县、江州区和天峨县（见图3-5）。其中，桂林市3个，崇左市2个，南宁市1个，柳州市1个，河池市1个，防城港市1个，玉林市1个，总体呈分散布局，相对集中于桂北和桂南地区。与2013年的评价结果相比，排名有一定幅度的变动。如临桂区的质量竞争力由第5位上升为第1位，东兴市由第1位下降至第2位，玉州区仍保持第3位，武鸣县由第7位上升为第4位，兴安县由第4位下降至第5位，凭祥市由第8位上升至第6位，永福县由第9位上升至第7位，柳江县提升明显，由第17位上升至第8位，江州区由第13位上升至第9位，天峨县由第2位下降至第10位，右江区由第6位下降至第13位（见图3-6）。

---

① 2013年2月，国务院下发《关于同意广西壮族自治区调整梧州市部分行政区划的批复》，批准设立梧州市龙圩区，该区以原苍梧县的龙圩镇、大坡镇、广坪镇、新地镇作为行政区域，共辖4个镇70个行政村，2013年10月，梧州市龙圩区正式成立。由于新的龙圩区划入了原苍梧县的主要经济区域，预计新的苍梧县在全区县域竞争力中的排名将明显下滑。

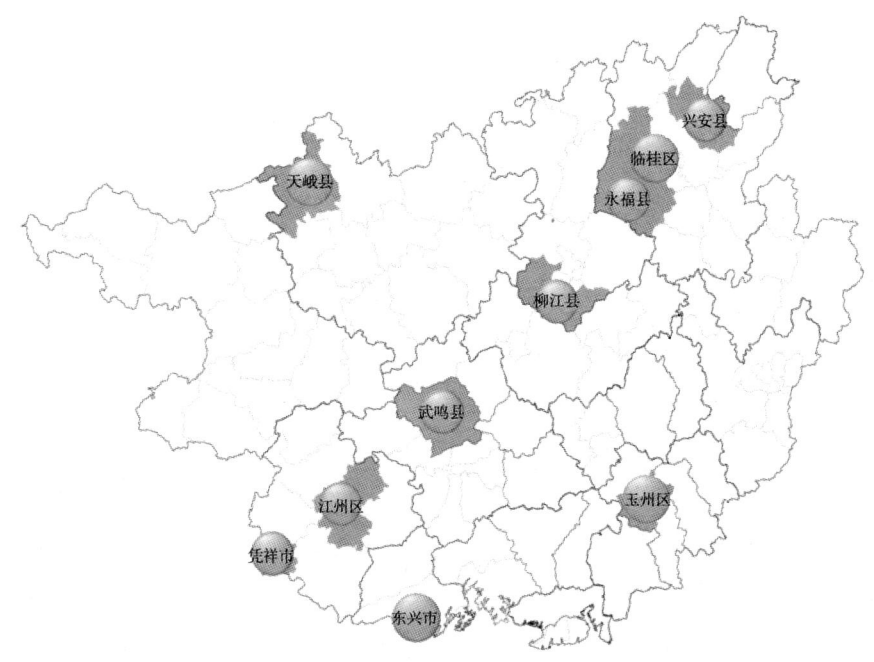

图3-5 广西县域质量竞争力十强县空间分布

临桂区的质量竞争力在广西各县域中排名第一。其各项指标排名相对靠前，凭借人均地区生产总值第2位、人均财政收入第4位、人均工业增加值第2位、单位电力消耗地区生产总值第3位等指标排名，质量竞争力指数（65.64）略高于第2名的东兴市（64.95）。

质量竞争力排名后5位的县域为隆林各族自治县、大化瑶族自治县、凌云县、那坡县和都安瑶族自治县。总体来看，质量竞争力排名居后的县域主要集中分布在桂西地区。经济总量规模普遍偏小，工业发展还处在起步阶段，粮食产量相对较少，是质量竞争力偏弱的主要原因。

（四）工业竞争力

工业竞争力的评价指标主要包括工业增加值、规模以上工业总产值、人均规模以上工业总产值、规模以上企业平均规模、规模以上工业外向度水平和单位电力消耗工业增加值等总量型和质量型指标。

从工业竞争力来看，处于前10位的县域依次为岑溪市、横县、临桂区、

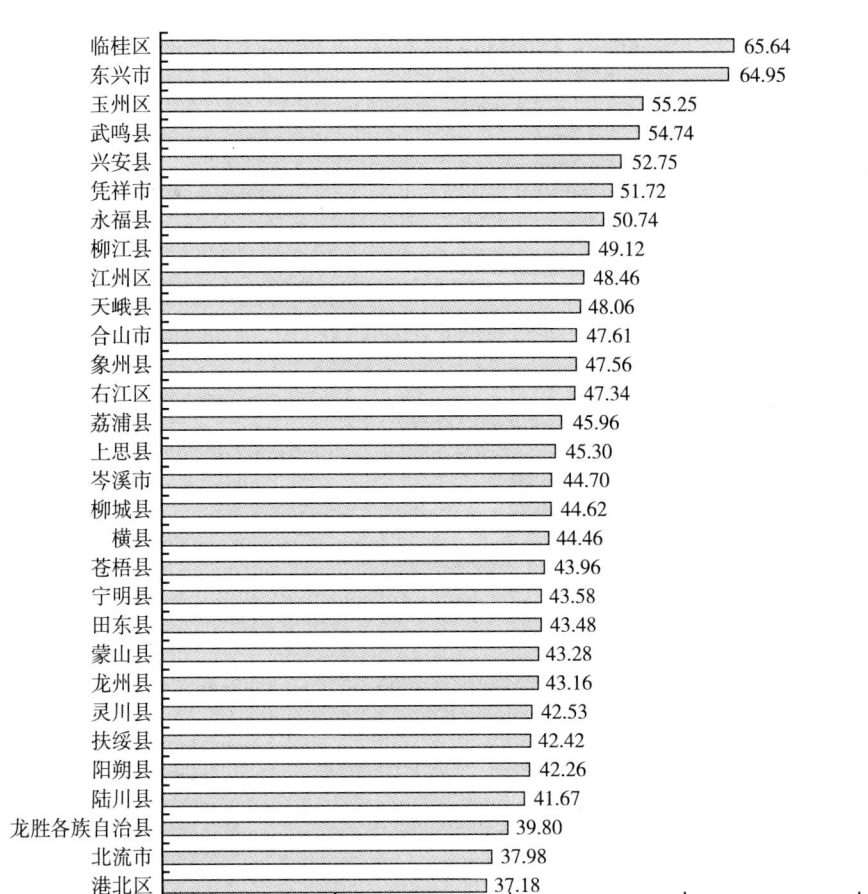

图3-6 广西县域质量竞争力评价结果及排序（前30名）

兴宾区、靖西县、苍梧县、玉州区、天峨县、武鸣县和右江区（见图3-7）。其中，梧州市2个，南宁市2个，来宾市1个，桂林市1个，百色市2个，玉林市1个，河池市1个，总体呈分散布局。与2013年的评价结果相比，工业竞争力排名变动较大，岑溪市由第3位上升至第1位，横县由第18位上升至第2位，临桂区由第6位上升至第3位，兴宾区由第1位下降至第4位，靖西县由第20位上升至第5位，苍梧县由第11位上升至第6位，玉州区由第4位下降至第7位，天峨县由第12位上升至第8位，武鸣县由第13位上升至第9位，右江区由第17位上升至第10位（见图3-8）。宁明县由第5位下降至第

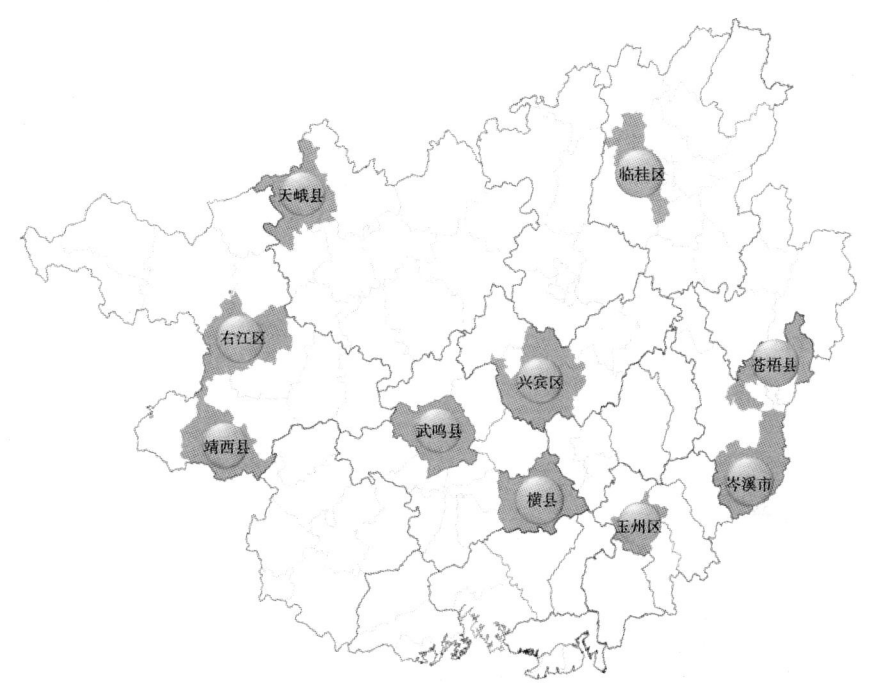

图3-7 广西县域工业竞争力十强县空间分布

12位,北流市由第8位下降至第13位,桂平市由第7位下降至第14位,江州区由第9位下降至17位,陆川县由第10位下降至第16位。值得注意的是,钦南区由第2位下降至第56位①。

岑溪市工业增加值(118.9亿元)、规模以上工业总产值(303.6亿元)位居县域第一。天峨县人均规模以上工业总产值(227万元/人)、单位电力消耗工业增加值(152.76元/千瓦时)位居县域第一,与其他县域相比,该项指标严重偏高,其中存在统计口径差别的问题,横县单位电力消耗工业增加值(110.51元/千瓦时)也可能有类似问题。

工业竞争力排名后5位的县域为那坡县、环江毛南族自治县、东兰县、乐业县和西林县。从分布来看,这些县域全部分布在桂西资源富集区,其排名偏

---

① 《2013广西统计年鉴》中钦南区的规模以上工业总产值为819.89亿元,与《2013年钦南区政府工作报告》中的81.99亿元数据偏差过大,可能存在统计口径偏差。

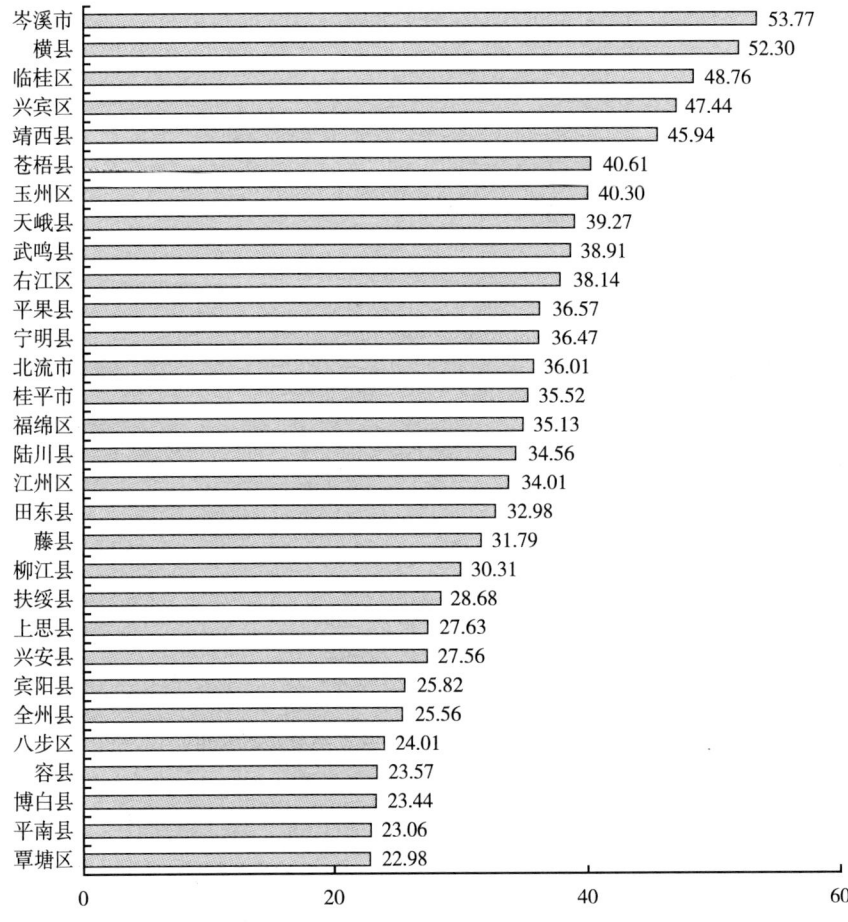

图 3-8 广西县域工业竞争力评价结果及排序（前 30 名）

后的原因是工业发展较为滞后，企业规模较小，龙头带动型企业明显匮乏，如西林县的工业增加值和人均规模以上工业总产值在各县域中居最后一位。

（五）民生竞争力

民生竞争力的评价指标主要包括人均社会消费品零售额，城镇居民人均可支配收入，农村居民人均纯收入，城乡居民收入统筹系数，每万人医院、卫生院床位数和每万人医院、卫生院技术人员数 6 个人均型指标。

从民生竞争力来看，处于前 10 位的县域依次为玉州区、右江区、钦南区、东兴市、港北区、兴安县、金城江区、防城区、灵川县和荔浦县（见图 3-9）。

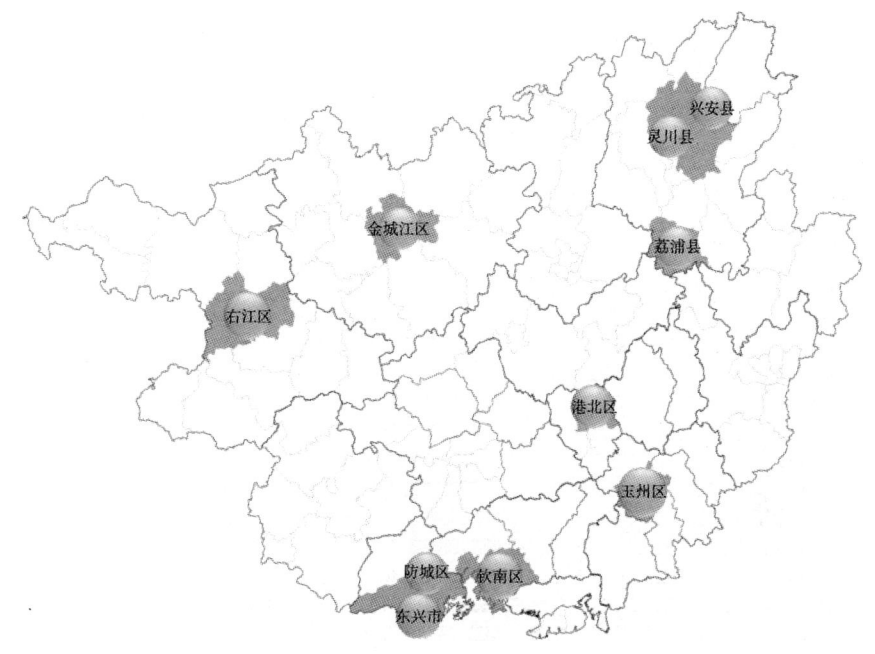

图3-9 广西县域民生竞争力十强县空间分布

其中玉林市1个，百色市1个，桂林市3个，钦州市1个，贵港市1个，河池市1个，防城港市2个，这些县域布局较为分散。与2013年的评价结果相比，民生竞争力排名变动不大，除了兴安县由第7位上升至第6位，金城江区由第6位下降至第7位，荔浦县由第11位上升至第10位（见图3-10）。

在民生竞争力排名前10位的县域中，玉州区人均社会消费品零售额（17497.96元/人）位居各县域第一，消费市场依然活跃；东兴市农村居民人均纯收入（9263.91元/人），位居各县域第一，农业产业化效益明显，与农村居民的副业收入有较大关系；右江区每万人医院、卫生院床位数（87.43张/万人）和每万人医院、卫生院技术人员数（97.24人/万人）位居各县域第一，医疗卫生保障能力相对较强，这与百色市的主要医疗资源集聚在中心城区有直接关系。

民生竞争力排名后5位的县域为乐业县、凌云县、都安瑶族自治县、巴马瑶族自治县和那坡县，全部集中在桂西资源富集区，个别县域石漠化现象严重，农业生产生活条件差，产业发展较为缓慢，民生设施建设明显滞后，城乡

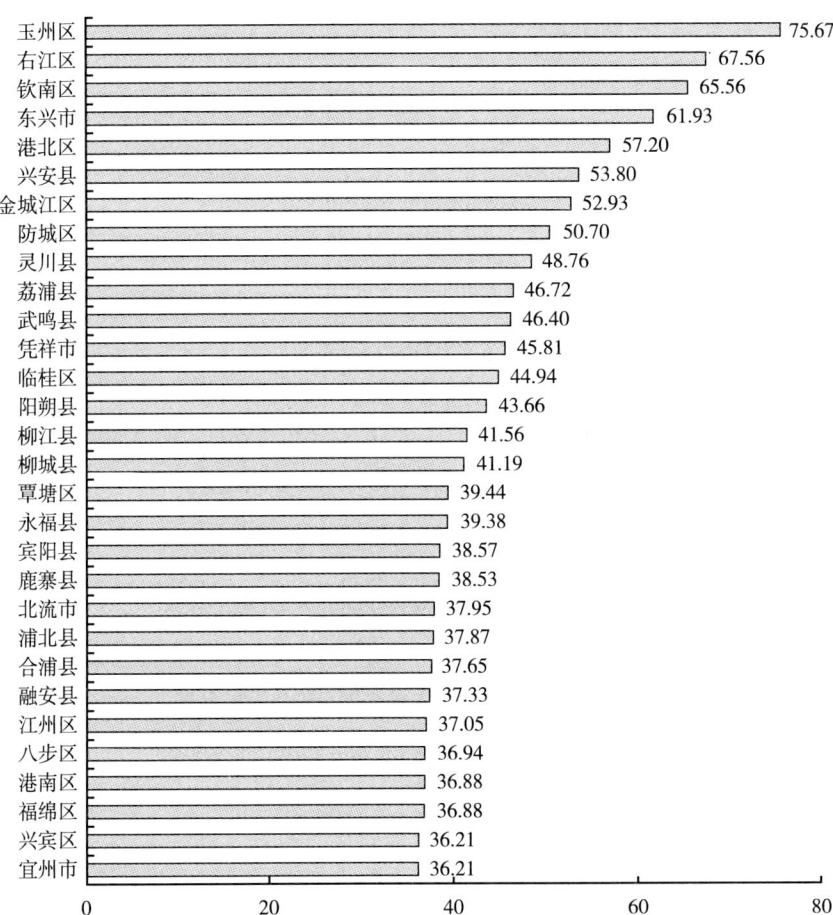

图 3-10 广西县域民生竞争力评价结果及排序（前 30 名）

居民收入水平和消费水平明显偏低，如那坡县农村居民人均纯收入仅为 3558.61 元/人，列各县域末位。

（六）基础竞争力

基础竞争力的评价指标主要包括单位面积公路里程、单位面积高等级公路里程、单位面积铁路里程、每万人移动电话用户数、每万人互联网用户数和每万人口中中学生数。

从基础竞争力来看，处于前 10 位的县域依次为东兴市、金城江区、凭祥市、宾阳县、岑溪市、合浦县、武鸣县、苍梧县、兴业县和柳城县（见图 3-11）。

其中，南宁市 2 个，梧州市 2 个，防城港市 1 个，河池市 1 个，崇左市 1 个，柳州市 1 个，玉林市 1 个，北海市 1 个。与 2013 年的评价结果相比，部分县域基础竞争力排名变动幅度较大。东兴市由第 17 位上升至第 1 位，金城江区由第 1 位下降至第 2 位，凭祥市仍保持第 3 位，宾阳县由第 19 位上升至第 4 位，岑溪市由第 10 位上升至第 5 位，合浦县由第 14 位上升至第 6 位，武鸣县由第 48 位上升至第 7 位，苍梧县由第 22 位上升至第 8 位，兴业县由第 38 位上升至 9 位，柳城县由第 51 位上升至第 10 位（见图 3 - 12）。右江区由第 4 位下降至第 12 位，邕宁区由第 6 位下降至第 21 位，田东县由第 5 位下降至 32 位，凌云县由第 2 位下降至第 36 位，乐业县由第 7 位下降至第 45 位（这些县域统计来源中的每万人移动电话用户数、每万人互联网用户数数据跳动较大是排名变动的根本原因，比较而言，2014 年的评价结果更接近实际情况）。

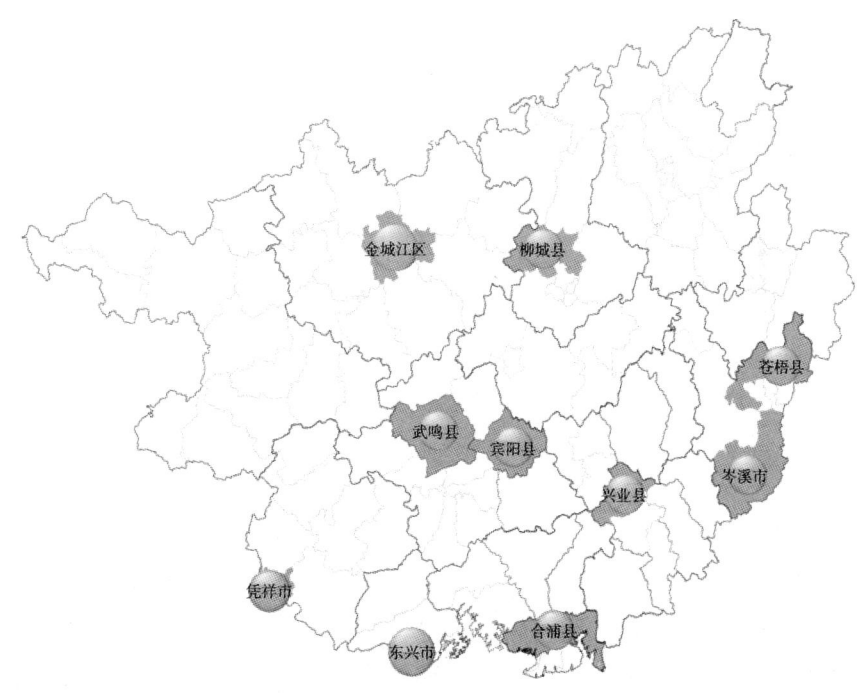

图 3 - 11　广西县域基础竞争力十强县空间分布

基础竞争力排名前 10 位的县域中，东兴市单位面积高等级公路里程（0.0556 公里/平方公里）和每万人移动电话用户数（18544 户/万人）均位居各

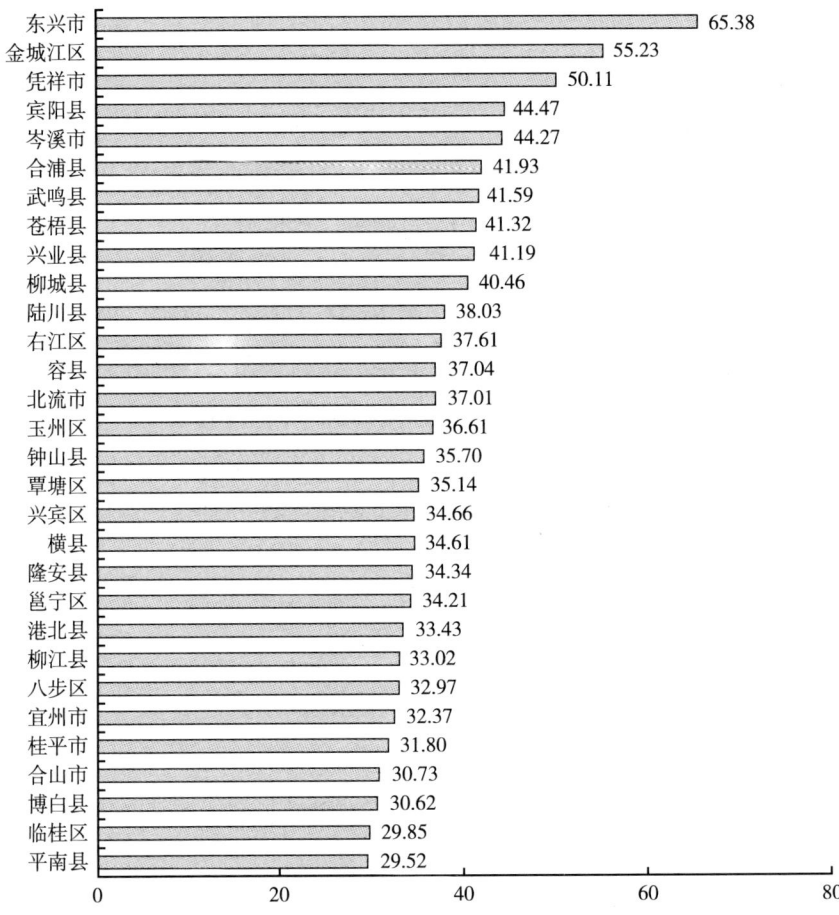

图3-12 广西县域基础竞争力评价结果及排序（前30名）

县域第一，柳城县每万人互联网用户数（5578.34户/万人）位居各县域第一，东兴市、八步区、金城江区、玉州区的每万人移动电话用户数均超过万户①。

基础竞争力排名后5位的县域为那坡县、江州区、龙州县、大新县和天等县，这些县域的单位面积高等级公路里程和铁路里程均普遍偏低，这在一定程度上制约了县域经济的发展，加强基础建设仍是这些县域未来发展的关键所在。

---

① 这种情况可能是数据统计存在问题，但更多的原因可能是上述县域由于均为设区市行政所在地，或重要的边境城市，外来人口集聚和人口流动性较大所致。

（七）综合竞争力

综合竞争力是在规模竞争力、发展竞争力、质量竞争力、工业竞争力、民生竞争力和基础竞争力的评价基础上，进一步对广西县域竞争力进行的综合性评价。

从综合竞争力的评价结果来看，处于前10位的县域依次为玉州区、临桂区、横县、武鸣县、岑溪市、兴宾区、北流市、右江区、东兴市和苍梧县（见图3-13）。西江经济带有6个，分别为玉州区、临桂区、岑溪市、兴宾区、北流市、苍梧县；北部湾经济区有3个，分别为横县、武鸣县、东兴市；桂西资源富集区仅有右江区1个。与2010年相比，综合竞争力排名变动较大，玉州区综合竞争力仍保持第1位，临桂区由第4位上升至第2位，横县由第8位上升至第3位，武鸣县由第3位下降至第4位，岑溪市由第6位上升至第5位，兴宾区由第2位下降至第6位，北流市由第5位下降至第7位，东兴市由第18位上升至第9位，右江区由第7位下降至第8位，苍梧县由第12位上升至第10位（见图3-14）。

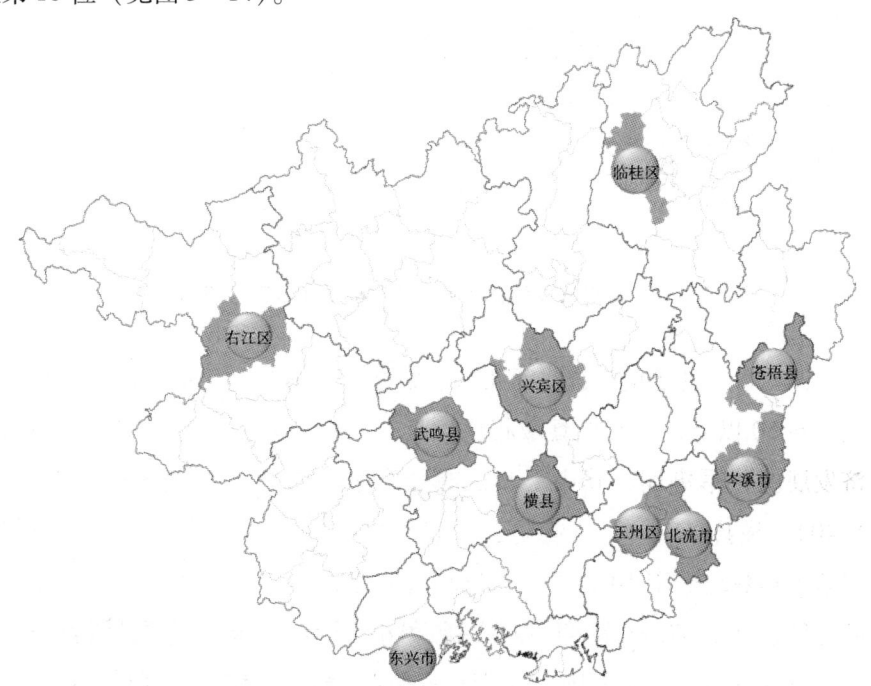

图3-13 广西县域综合竞争力十强县空间分布

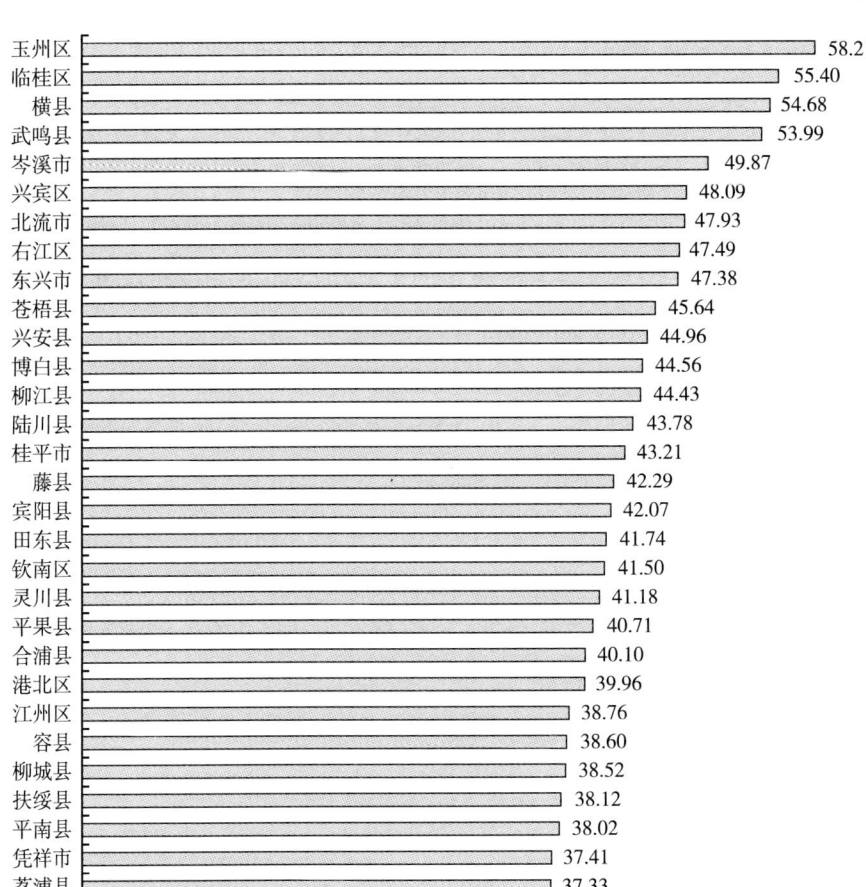

图3-14 广西县域综合竞争力评价结果及排序（前30名）

总体来看，处于前4位的玉州区、临桂区、横县、武鸣县的综合竞争力指数均在50以上，与其他县域相比，具有一定的差距优势，成为广西县域经济发展的领军集团，其中玉州区综合竞争力指数高达58.21，与临桂区（55.40）、横县（54.68）、武鸣县（53.99）拉开一定差距；其他县域的综合竞争力指数均处于50以下，数值较为接近，如北流市和右江区的竞争力指数分别达到了47.93和47.49，差距很小。因此，未来广西县域竞争力将表现出更为激烈的竞争态势。值得注意的是，柳州市作为广西乃至我国西南地区的工业重镇，目前其所辖县域尚无进入广西县域竞争力前10位。但是，柳江县的综合竞争力居第 13 位，从发展趋势来看，进入广西县域竞争力前 10 位值得期待。

处于综合竞争力后 10 位的县域为乐业县、西林县、那坡县、环江毛南族自治县、凤山县、都安瑶族自治县、罗城仫佬族自治县、大化瑶族自治县、巴马瑶族自治县和东兰县，这些县域全部位于桂西资源富集区，资源优势还没有转化为经济优势。如何在主体功能区划背景下推进特色产业发展，提升县域内生发展能力将是这些县域的工作重心。同时这些县域的发展也为县域特色竞争力评价提出了新的命题。

二 "两区一带"格局下广西县域竞争力评价

"两区一带"即指北部湾经济区、西江经济带和桂西资源富集区，"两区一带"的正式确立源于 2009 年 12 月国务院出台的《国务院关于进一步促进广西经济社会发展的若干意见》（国发〔2009〕42 号）（简称《若干意见》），"两区一带"总体布局的形成是广西区域经济发展的必然，在"两区一带"格局下对广西县域经济发展竞争力进行分析有助于进一步理清当前广西县域及县域经济发展的空间布局和区域性差距。

从行政区划来看，全区共有 113 个县域单位。北部湾经济区包括 24 个县级单位，其中南宁市 12 个，钦州、北海和防城港各 4 个。24 个县级单位中，市辖区 13 个，县级市 1 个，县 10 个。西江经济带包括 59 个县级单位，其中柳州市 11 个，桂林市 17 个，梧州市 7 个，贵港市 5 个，玉林市 8 个，贺州市 5 个，来宾市 6 个。59 个县级单位中，市辖区 21 个，县级市 4 个，县 26 个，自治县 6 个，管理区 2 个。桂西资源富集区包括 30 个县级单位，其中百色市 12 个，河池市 11 个，崇左市 7 个。30 个县级单位中，市辖区 3 个，县级市 2 个，县 19 个，自治县 6 个。目前广西公开性统计数据即《广西统计年鉴》公布的经济社会发展数据比较全面的县域共 90 个，其中北部湾经济区 15 个，西江经济带 45 个，桂西资源富集区 30 个。本报告中的县域竞争力评价范围见表 3-1。

表3-1 本报告中县域竞争力评价范围

区域	市	县（市、区）
北部湾经济区	南宁市(7)	邕宁区、武鸣县、隆安县、马山县、上林县、宾阳县、横县
	钦州市(4)	钦南区、钦北区、灵山县、浦北县
	北海市(1)	合浦县
	防城港市(3)	防城区、上思县、东兴市
西江经济带	柳州市(6)	柳江县、柳城县、鹿寨县、融安县、融水苗族自治县、三江侗族自治县
	桂林市(12)	临桂县、阳朔县、灵川县、全州县、兴安县、永福县、灌阳县、龙胜各族自治县、资源县、平乐县、荔浦县、恭城瑶族自治县
	梧州市(4)	苍梧县、藤县、蒙山县、岑溪市
	贵港市(5)	港北区、港南区、覃塘区、平南县、桂平市
	玉林市(7)	玉州区、容县、陆川县、博白县、兴业县、北流市、福绵管理区
	贺州市(5)	八步区、昭平县、钟山县、富川瑶族自治县、平桂管理区
	来宾市(6)	兴宾区、忻城县、象州县、武宣县、金秀瑶族自治县、合山市
桂西资源富集区	百色市(12)	右江区、田阳县、田东县、平果县、德保县、靖西县、那坡县、凌云县、乐业县、田林县、西林县、隆林各族自治县
	河池市(11)	金城江区、南丹县、天峨县、凤山县、东兰县、罗城仫佬族自治县、环江毛南族自治县、巴马瑶族自治县、都安瑶族自治县、大化瑶族自治县、宜州市
	崇左市(7)	江州区、扶绥县、宁明县、龙州县、大新县、天等县、凭祥市

资料来源：《2013广西统计年鉴》。

（一）北部湾经济区

广西北部湾经济区是在南钦北防城沿海经济区的基础上逐步发展形成的，2006年2月成立北部湾（广西）经济区规划建设管理委员会，2008年1月《广西北部湾经济区发展规划》获得国务院批准，正式确立了北部湾经济区的国家战略地位。北部湾经济区共包括24个县（市、区），按照广西公开性的县域统计数据，共有15个县域有比较全面的公开性统计数据，并参与此次县域竞争力评价（见图3-15）。

2012年，北部湾经济区15个参与评价的县域的土地面积共36370平方公里（考虑到文字精练，下文中无论是"全区县域""北部湾经济区县域""西江经济带县域"，还是"桂西资源富集区县域"均仅指具体参与评价的县域），年末总人口达到1049.5万人，实现地区生产总值1662.73亿元，工业增加值

图 3-15 广西北部湾经济区县域分布

515.45 亿元、财政收入 108.42 亿元、全社会固定资产投资 1819.88 亿元、社会消费品零售总额 568.93 亿元。

2012 年，北部湾经济区县域主要经济社会指标在全区县域中的占比分别为：行政区域土地面积占全区县域的 15.94%，年末总人口占全区县域的 21.77%，地区生产总值占全区县域的 20.42%，工业增加值占全区县域的 16.51%，财政收入占全区县域的 17.80%，全社会固定资产投资占全区县域的 20.93%，社会消费品零售总额占全区县域的 23.48%（见图 3-16）。2012 年，北部湾经济区县域人均地区生产总值达 15843.34 元。

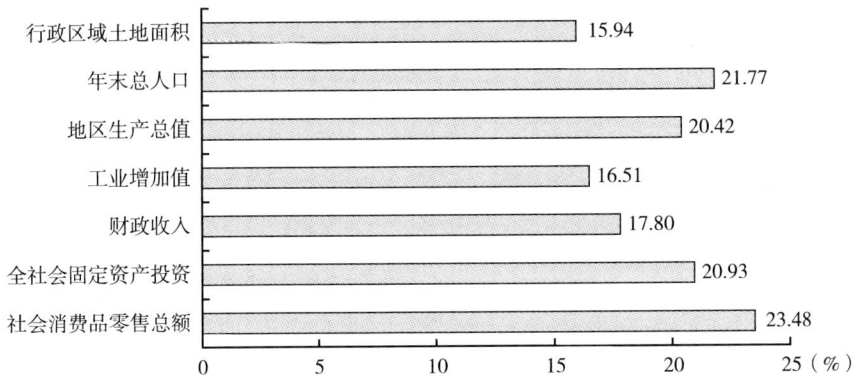

图 3-16 北部湾经济区县域经济占全区县域经济比重

总体来看，北部湾经济区县域以 15.94% 的县域面积和 21.77% 的县域人口创造了 20.42% 的县域地区生产总值、16.51% 的县域工业增加值、17.80% 的县域财政收入、20.93% 的县域全社会固定资产投资和 23.48% 的县域社会消费品零售总额。从以上数据可以看出，北部湾经济区县域经济发展总体领先于全区县域经济发展。

1. 南宁市

由于良庆区的相关统计数据缺失较多，因此，在本次县域竞争力中对其不作考虑，南宁市评价县域包括邕宁区、武鸣县、隆安县、马山县、上林县、宾阳县和横县。2012 年，上述县域土地总面积 16883.2 平方公里，总人口 473.58 万人，实现地区生产总值 765.21 亿元，工业增加值达到 265.13 亿元，财政收入达到 52.52 亿元，全社会固定资产投资达到 846.02 亿元，社会消费品零售总额达到 224.31 亿元，分别占全区县域的 7.40%、9.82%、9.40%、8.49%、8.62%、9.73% 和 9.26%（见图 3-17）。2012 年，南宁市县域人均地区生产总值达到 16158 元。

（1）邕宁区

邕宁区位于南宁市区东南部，境内有邕江、八尺江等可通航千吨级货轮的河流，下辖 3 个镇、2 个乡，总人口 34.63 万人。2012 年，邕宁区县域综合竞争力评价指数为 27.18，在全区县域中排第 61 位，在北部湾经济区县域中排

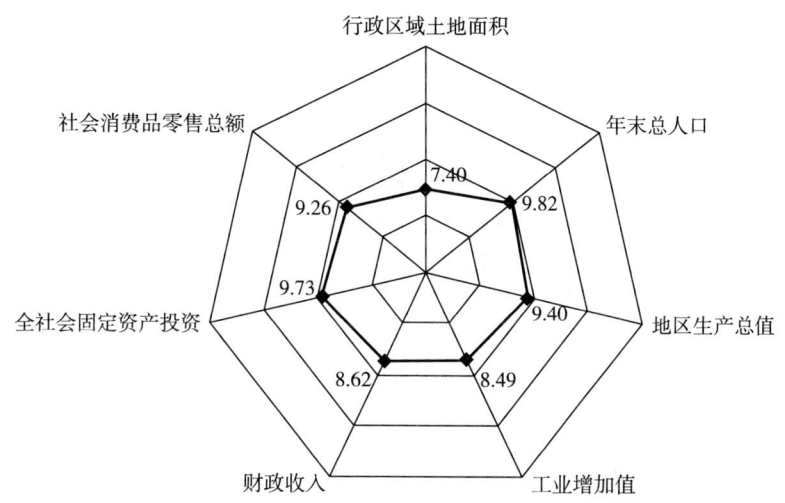

图3-17 南宁市县域经济占全区县域经济比重

第12位（见表3-2）。其中规模竞争力、发展竞争力、质量竞争力、工业竞争力、民生竞争力和基础竞争力的评价指数分别为15.27、58.19、25.26、6.78、34.28和34.21（见图3-18），在全区县域中分别列第61、第56、第63、第77、第34和第21位，在北部湾经济区县域中分别列第13、第11、第11、第13、第8和第7位。在各项竞争力中，邕宁区的基础竞争力具有较明显的优势，其中单位面积公路里程居全区县域第3位，每万人移动电话用户数和每万人互联网用户数分别居全区县域第8位和第12位。

表3-2 邕宁区县域竞争力评价结果及排序

序号	竞争力名称	评价指数	全区排序		北部湾经济区排序	
			2010年	2012年	2010年	2012年
1	规模竞争力	15.27	66	61	13	13
2	发展竞争力	58.19	9	56	3	11
3	质量竞争力	25.26	51	63	8	11
4	工业竞争力	6.78	74	77	13	13
5	民生竞争力	34.28	43	34	11	8
6	基础竞争力	34.21	21	21	5	7
7	综合竞争力	27.18	55	61	12	12

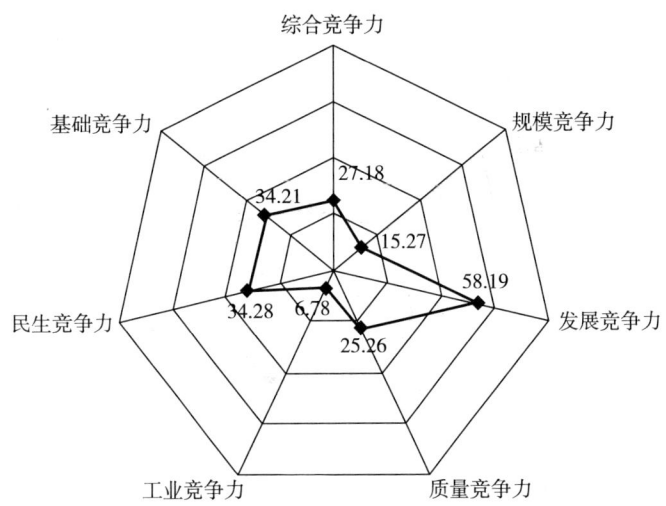

图 3-18 邕宁区县域竞争力评价结果解析

2012年,邕宁区发展竞争力排名下降明显,其原因在于工业增加值增速下降较多,由2010年的25.05%下降到-23.72%[①];社会消费品零售总额增速由28.11%下降到16.42%,地区生产总值增速和全社会固定资产投资增速均有一定程度的下降。同时,工业增加值增速下降也影响了质量竞争力的人均工业增加值指标评价,造成质量竞争力排名略有下降。

从综合竞争力来看,邕宁区在全区县域中处于中游偏下水平,影响其综合竞争力水平的主要是规模竞争力、发展竞争力、质量竞争力和工业竞争力,其中地区生产总值在全区县域仅列第65位,社会消费品零售总额列第62位,全社会固定资产投资列第70位,人均规模以上工业总产值列第65位,规模以上企业平均规模列第68位,工业增加值列第82位。

作为南宁市的市辖区,邕宁区应当进一步融入南宁市主城区建设和南宁特大型城市建设进程,深入实施"一港两江三区三带"发展战略,做好园区建设、产业培育、扶贫攻坚、城乡统筹、民生保障、美丽邕宁建设六大工作,进

---

① 由于《广西县域竞争力报告(2012)》所用的增速是2010年相对于2005年的年均增速,即为5年的平均增速,而《广西县域竞争力报告(2013)》中所用的增速是2011年相对于2010年的增速,故变化较大,而《广西县域竞争力报告(2014)》中所用的是2012年相对于2010年的年均增速。比较来看,两年增长速度更加客观,也更具代表性。

一步加快工业化、信息化、城镇化、农业现代化进程，为打造现代临港工业新城夯实基础。依托牛湾港作业区建设，加快临港和沿江工业发展，提升工业竞争力，积极推进现代物流、智能仓储、商贸配送等关联产业发展。

(2) 武鸣县

武鸣县位于广西中南部，贤能辈出，素有"首善之县"美誉，下辖13个镇，总人口69.16万人，其中壮族人口约占81%。2012年，武鸣县县域综合竞争力评价指数为53.99，在全区县域中排第4位，在北部湾经济区县域中排第2位（见表3-3）。其中规模竞争力、发展竞争力、质量竞争力、工业竞争力、民生竞争力和基础竞争力的评价指数分别为59.86、74.16、54.74、38.91、46.40和41.59（见图3-19），在全区县域中分别列第7、第6、第4、第9、第11和第7位，在北部湾经济区县域中分别列第2、第2、第2、第2、第4和第4位。在各项竞争力中，武鸣县的质量竞争力具有较为明显的优势，其中人均地区生产总值达40530元，居全区县域第3位；人均工业增加值达15379.38元，居全区县域第4位。

表3-3 武鸣县县域竞争力评价结果及排序

序号	竞争力名称	评价指数	全区排序		北部湾经济区排序	
			2010年	2012年	2010年	2012年
1	规模竞争力	59.86	9	7	3	2
2	发展竞争力	74.16	31	6	4	2
3	质量竞争力	54.74	11	4	2	2
4	工业竞争力	38.91	16	9	2	2
5	民生竞争力	46.40	11	11	4	4
6	基础竞争力	41.59	27	7	6	4
7	综合竞争力	53.99	9	4	3	2

从综合竞争力来看，武鸣县在广西县域中处于领先水平和县域经济发展的第一梯队，相对而言，影响其综合竞争力水平的主要是工业竞争力和民生竞争力，其中人均规模以上工业总产值在全区县域列第41位，规模以上企业平均规模仅列第56位，规模以上工业外向度水平列第36位。此外，基础竞争力中武鸣县每万人口中中学生数仅列第48位，作为一个经济大县，教育建设仍需加强。

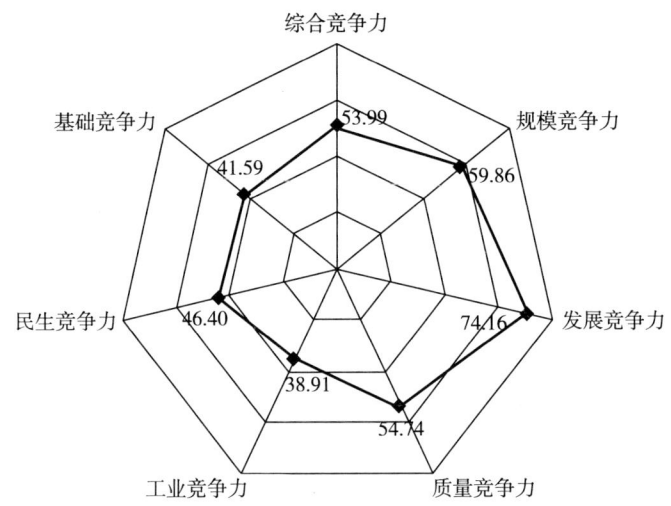

图3-19 武鸣县县域竞争力评价结果解析

为有效提升县域竞争力,武鸣县应紧紧围绕"加快推进更高水平中国西部强县建设,在全区率先全面建成小康社会"的目标,坚持"工业强县"战略,加强科技创新,推进产业优化升级,提升园区发展质量,实现工业发展新突破。培植、引进大型集团公司,重点对现有淀粉酒精、矿产资源加工、林产品加工、生物制药企业进行整合,推动企业加快转型升级,提高产品附加值。同时,应围绕农民收入倍增计划,加快发展糖料蔗、水果、蔬菜以及生猪、水产品、种桑养蚕等优势特色种养产业,加快形成一批特色产业带和优势农产品基地。以建设中国壮乡文化生态休闲旅游目的地为目标,大力开发革命老区红色旅游、武鸣历史文化名人旅游资源,打造具有影响力的特色旅游品牌,带动第三产业快速发展。

(3)隆安县

隆安县是大西南铁路、公路、水路的重要交通枢纽,下辖6个镇、6个乡,总人口40.53万人。2012年,隆安县县域综合竞争力评价指数为25.42,在全区县域中列第67位,在北部湾经济区县域中列第13位(见表3-4)。其中规模竞争力、发展竞争力、质量竞争力、工业竞争力、民生竞争力和基础竞争力的评价指数分别为15.92、60.76、18.84、8.60、25.60和34.34(见图3-20),在全区县域中分别列第59、第46、第74、第73、第62和第20位,在北部湾经济区县域中分别列第12、第7、第14、第12、第13和第6位。在各项竞争力中，隆安县的基础竞争力具有相对明显的优势。其中，每万人互联网用户数达到3567户，居全区县域第3位；单位面积铁路里程达0.028公里/平方公里，居全区县域第13位。

表3-4　隆安县县域竞争力评价结果及排序

序号	竞争力名称	评价指数	全区排序		北部湾经济区排序	
			2010年	2012年	2010年	2012年
1	规模竞争力	15.92	61	59	12	12
2	发展竞争力	60.76	68	46	10	7
3	质量竞争力	18.84	71	74	13	14
4	工业竞争力	8.60	71	73	12	12
5	民生竞争力	25.60	61	62	13	13
6	基础竞争力	34.34	49	20	10	6
7	综合竞争力	25.42	70	67	13	13

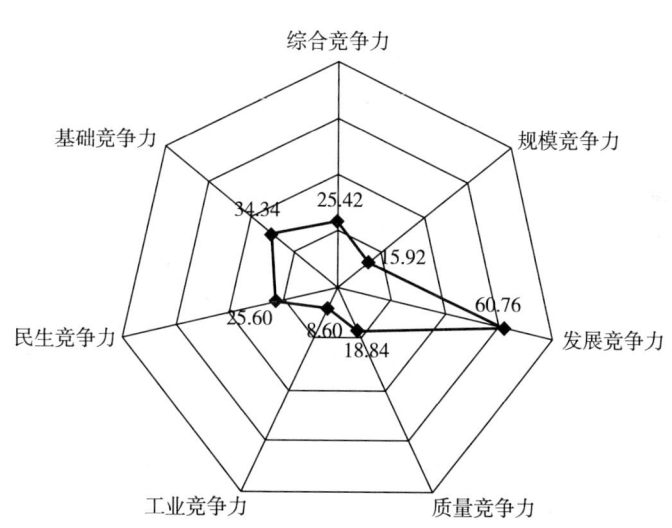

图3-20　隆安县县域竞争力评价结果解析

2012年，隆安县的基础竞争力较2010年上升较多，原因在于每万人互联网用户数较2010年有大幅增长，由2010年的264户上升至3567户，这其中存在统计源数据误差或行业统计标准变化等因素的影响。

从综合竞争力来看，隆安县在广西县域中处于下游水平，影响其综合竞争力水平的主要是质量竞争力和工业竞争力,其中人均地区生产总值在全区县域列第62位,人均财政收入列第52位,人均工业增加值列第70位,单位面积地区生产总值列第62位,单位面积粮食产量列第67位,单位电力消耗地区生产总值列第70位;单位电力消耗工业增加值列第81位,工业增加值列第72位,规模以上企业平均规模列第64位。

隆安县应着力加快推进工业化、信息化、城镇化、农业现代化,坚持"工业强县"战略,发展壮大制糖、建材、化工、矿产、电力等传统工业产业,加快制糖、建材等传统产业的技术改造,要着力加快宝塔生物产业园建设,打造现代生物制药集聚区。要加快建设华穗物流等物流基地以及右江"黄金水道"隆安港宝塔作业区和那桐作业区等内河港口物流中心,发展现代物流业。

(4) 马山县

马山县位于广西中部的大明山北麓和红水河中段南岸,境内多山,是广西主要的山区县之一,下辖7个镇、4个乡,总人口55.26万人。2012年,马山县县域综合竞争力评价指数为20.35,在全区县域中排第75位,在北部湾经济区县域中排第15位(见表3-5)。其中规模竞争力、发展竞争力、质量竞争力、工业竞争力、民生竞争力和基础竞争力的评价指数分别为12.94、58.89、16.08、4.37、17.19和18.25(见图3-21),在全区县域中分别列第66、第54、第78、第81、第76和第72位,在北部湾经济区县域中分别列第14、第10、第15、第15、第15和第15位。在各项竞争力中,马山县的发展竞争力具有相对明显的优势。其中,财政收入增速为21.81%,居全区县域第35位。

表3-5 马山县县域竞争力评价结果及排序

序号	竞争力名称	评价指数	全区排序		北部湾经济区排序	
			2010年	2012年	2010年	2012年
1	规模竞争力	12.94	72	66	14	14
2	发展竞争力	58.89	71	54	11	10
3	质量竞争力	16.08	85	78	15	15
4	工业竞争力	4.37	79	81	14	15
5	民生竞争力	17.19	73	76	15	15
6	基础竞争力	18.25	52	72	11	15
7	综合竞争力	20.35	78	75	14	15

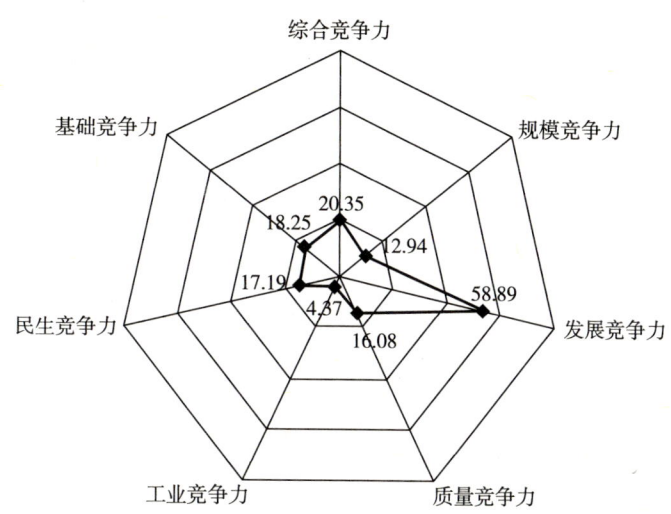

图 3-21 马山县县域竞争力评价结果解析

从综合竞争力来看，马山县在广西县域中处于下游水平，影响其综合竞争力水平的因素较多，并主要表现在质量竞争力、工业竞争力、民生竞争力和基础竞争力上，其中人均地区生产总值在全区县域仅列第 84 位，单位面积粮食产量仅列第 68 位，单位面积地区生产总值仅列第 70 位，人均财政收入仅列第 80 位，人均工业增加值仅列第 83 位；工业增加值列第 74 位，规模以上工业总产值列第 75 位，单位电力消耗工业增加值仅列第 89 位；人均社会消费品零售额列第 79 位，城镇居民人均可支配收入位列第 75 位，农村居民人均纯收入列第 71 位，每万人医院、卫生院技术人员数列第 71 位；每万人移动电话用户数仅列第 82 位，每万人互联网用户数仅列第 86 位。

"十二五"后期，马山县应深入实施"富民强县"战略，立足资源优势，改善交通条件，加快建设以循环、绿色、低碳为特征的绿色生态产业体系，优化产业布局，提高苏博工业集中区的产业集聚度，积极落实支持中小企业发展的政策，通过技术改造、企业联合、资产重组、招商引资、承接产业转移等方式，发展一批规模以上工业企业。支持企业实施节能技改，促进酒精、制糖、铁合金等产业转型升级，积极培育和引进电子信息、清洁能源、节能环保等新兴产业。重点发展优质粮、糖料蔗、桑蚕、金银花、旱藕以及黑山羊、土鸡、肉牛等特色优势种养业，延长产业链，提高特色农林产品附加值。加快商贸服务业集聚发展，打造集文化娱乐、休闲健身、旅游居住等功能于一体的沿江休闲商业带。

（5）上林县

上林县位于广西的中南部、大明山东麓，是以壮族为主的多民族聚居县，下辖7个镇、4个乡，总人口48.91万人。2012年，上林县县域综合竞争力评价指数为22.49，在全区县域中排第73位，在北部湾经济区县域中排第14位（见表3-6）。其中规模竞争力、发展竞争力、质量竞争力、工业竞争力、民生竞争力和基础竞争力的评价指数分别为12.63、58.17、19.91、6.51、18.87和28.18（见图3-22），在全区县域中分别列第68、第57、第72、第78、第74和第34位，在北部湾经济区县域中分别列第15、第12、第13、第14、第14和第8位。在各项竞争力中，上林县的基础竞争力具有较强的优势。其中，单位面积公路里程达0.4802公里/平方公里，居全区县域第37位；每万人互联网用户数达2924户，居全区县域第7位；每万人移动电话用户数达5295户，居全区县域第31位；每万人口中中学生数达450人，居全区县域第35位。

表3-6 上林县县域竞争力评价结果及排序

序号	竞争力名称	评价指数	全区排序		北部湾经济区排序	
			2010年	2012年	2010年	2012年
1	规模竞争力	12.63	73	68	15	15
2	发展竞争力	58.17	74	57	12	12
3	质量竞争力	19.91	82	72	14	13
4	工业竞争力	6.51	86	78	15	14
5	民生竞争力	18.87	72	74	14	14
6	基础竞争力	28.18	68	34	15	8
7	综合竞争力	22.49	80	73	15	14

从综合竞争力来看，上林县在广西县域中处于下游水平，影响其综合竞争力水平的主要是质量竞争力、工业竞争力和民生竞争力，其中人均地区生产总值在全区县域仅列第78位，人均财政收入列第75位，人均工业增加值列第

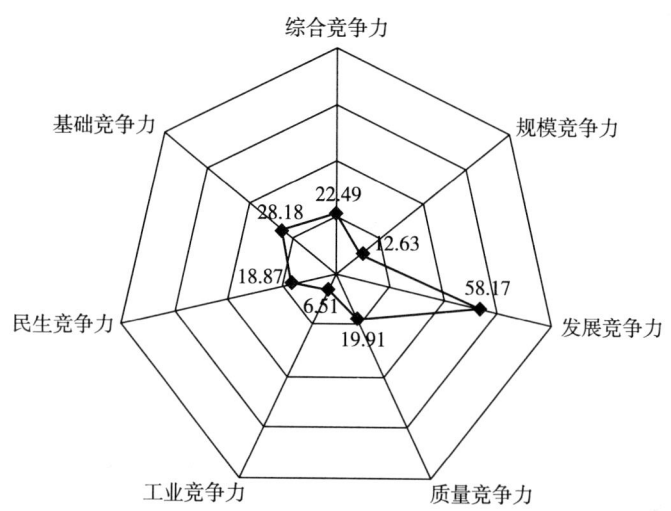

图 3-22　上林县县域竞争力评价结果解析

82 位；工业增加值列第 75 位，规模以上工业总产值列第 71 位，单位电力消耗工业增加值仅列第 85 位；人均社会消费品零售额列第 78 位，城镇居民人均可支配收入列第 77 位，每万人医院、卫生院床位数列第 73 位。

上林县应以创建广西特色旅游名县为目标，依托"中国长寿之乡"浓郁的生活氛围、独特的人居环境和旖旎的自然风光，提高上林生态文化旅游养生品牌的影响力和知名度，把万寿节[①]和中国长寿之乡品牌结合起来，使万寿节成为以"寿"为核心的品牌节庆和非物质文化遗产的集中展示平台。同时，加快发展特色农林产品加工、养生健康长寿产品、特色加工制造业等，提升品牌效应，加快构建绿色生态工业体系，积极依托并融入首府经济圈，推进旅游文化产业与绿色生态工业的融合发展。要培育壮大优势特色农业，强化农业生产保障，发展优势特色农业，拓宽农民增收渠道。

（6）宾阳县

宾阳县位于广西中部偏南，素以"百年商埠"的美誉闻名于桂中南，下辖 15

---

① 唐高祖时期，万寿公王韦厥被《壮族通史》认为是壮族文人的先驱，他将中原先进的汉族文化与上林少数民族文化融合，使当时的智城（唐代澄州州址）成为民族团结、宗教团结的壮族都城。每年农历二月十一日，当地壮族同胞为纪念韦厥而举行万寿节祭祀庙会，延续至今已有 1000 多年的历史。2012 年，上林万寿节被列入广西非物质文化遗产名录。

个镇、1个乡，全县总人口103.92万人。2012年，宾阳县县域综合竞争力评价指数为42.07，在全区县域中排第17位，在北部湾经济区县域中排第4位（见表3-7）。其中规模竞争力、发展竞争力、质量竞争力、工业竞争力、民生竞争力和基础竞争力的评价指数分别为51.11、60.03、30.90、25.82、38.57和44.47（见图3-23），在全区县域中分别列第13、第50、第46、第24、第19和第4位，在北部湾经济区县域中分别列第5、第8、第7、第4、第5和第2位。在各项竞争力中，宾阳县的规模竞争力和基础竞争力具有相对明显的优势。其中，地区生产总值约为140.13亿元，居全区县域第19位；农林牧渔业产值约为37.6亿元，居全区县域第13位；社会消费品零售总额约为63.74亿元，居全区县域第7位；财政收入约达12.67亿元，居全区县域第10位；全社会固定资产投资约达173.94亿元，居全区县域第12位。单位面积铁路里程为0.0522公里/平方公里，居全区县域第2位；每万人移动电话用户数达5325户，居全区县域第29位；每万人互联网用户数达3020户，居全区县域第5位；每万人口中中学生数达562人，居全区县域第13位。2012年，宾阳县工业竞争力和基础竞争力提升较为明显，其原因是其规模以上工业总产值和单位电力消耗工业增加值增长明显，规模以上工业总产值由2010年的65.7亿元上升至2012年的近95.41亿元，单位电力消耗工业增加值由2010年的5.11元/千瓦时上升至2012年的58.91元/千瓦时①。

表3-7 宾阳县县域竞争力评价结果及排序

序号	竞争力名称	评价指数	全区排序 2010年	全区排序 2012年	北部湾经济区排序 2010年	北部湾经济区排序 2012年
1	规模竞争力	51.11	14	13	6	5
2	发展竞争力	60.03	60	50	9	8
3	质量竞争力	30.90	55	46	9	7
4	工业竞争力	25.82	43	24	8	4
5	民生竞争力	38.57	26	19	7	5
6	基础竞争力	44.47	19	4	4	2
7	综合竞争力	42.07	28	17	7	4

① 《2012广西统计年鉴》中宾阳县工业用电为81500.95万千瓦时，而在《2013广西统计年鉴》中为6692万千瓦时。查找宾阳县相关公开资料后，仍没有得到具体数值来进行对比论证，故这一数值暂且保留。

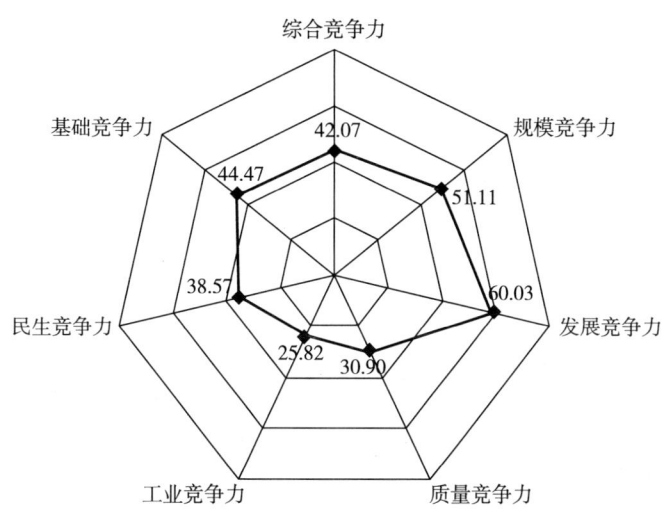

图 3-23 宾阳县县域竞争力评价结果解析

从综合竞争力来看，宾阳县在广西县域中处于上游水平，影响其综合竞争力水平的主要是发展竞争力和质量竞争力，其中地区生产总值增速在全区县域仅位列第 62 位，工业增加值增速位列第 67 位；人均地区生产总值仅列第 57 位，人均工业增加值仅列第 63 位。

作为广西传统的工业重镇，宾阳县应加快支持具有条件和实力的企业转型升级，引导培育一批建材、纸品加工、机械加工等优势产业。立足宾阳县 200 多个专业村及优势行业资源，从全局高度进行规划和引导，努力将宾阳打造成为南宁乃至广西的小商品生产基地和产品集散地。按照"南桑、北蔗、东菜、中粮、西部山区特色种养为主"的产业区域化布局，打造桑蚕、甘蔗、蔬菜、超级稻等生产基地，推动产业向集群化、规模化方向发展。提高宾阳炮龙节、四月八歌圩、端午节龙舟赛和葡萄节等文化节庆旅游活动的影响力，打造民俗文化旅游品牌。

（7）横县

横县位于广西东南部，享有"中国茉莉之乡"的美誉，下辖 17 个镇、5 个乡，总人口 121.17 万人。2012 年，横县县域综合竞争力评价指数为 54.68，在全区县域中排第 3 位，在北部湾经济区县域中排第 1 位（见表 3-8）。其中规模竞争力、发展竞争力、质量竞争力、工业竞争力、民生竞争力和基础竞争力的评价指数分别为 66.60、85.74、44.46、52.30、33.17 和 34.61（见图 3-24），在全区县域中分别列第3、第1、第18、第2、第40和第19位,在北部湾经济区县域中分别列第1、第1、第4、第1、第11和第5位。在各项竞争力中,横县的规模竞争力、发展竞争力和工业竞争力具有明显的优势。其中,地区生产总值约为222.61亿元,居全区县域第4位;农林牧渔业产值约为56.92亿元,居全区县域第4位;社会消费品零售总额约为58.06亿元,居全区县域第9位;财政收入约为13.6亿元,居全区县域第8位;全社会固定资产投资约达212.1亿元,居全区县域第5位。

表3-8 横县县域竞争力评价结果及排序

序号	竞争力名称	评价指数	全区排序		北部湾经济区排序	
			2010年	2012年	2010年	2012年
1	规模竞争力	66.60	6	3	1	1
2	发展竞争力	85.74	27	1	6	1
3	质量竞争力	44.46	50	18	7	4
4	工业竞争力	52.30	26	2	4	1
5	民生竞争力	33.17	42	40	10	11
6	基础竞争力	34.61	35	19	8	5
7	综合竞争力	54.68	15	3	4	1

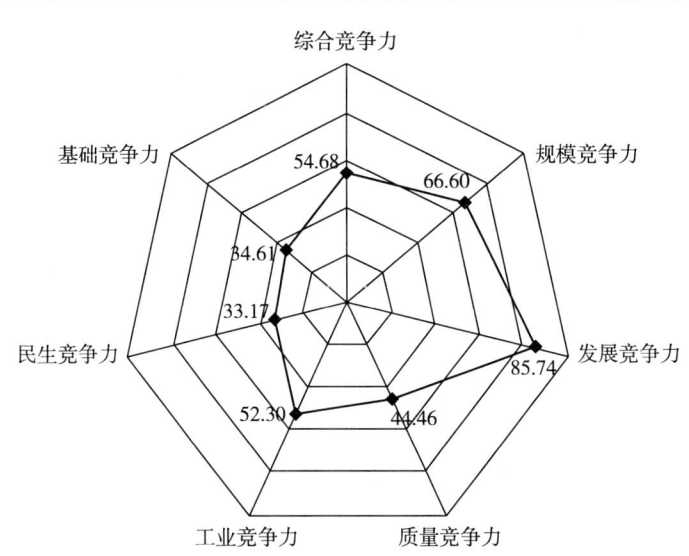

图3-24 横县县域竞争力评价结果解析

从综合竞争力来看,横县在广西县域中处于领先水平和县域经济第一梯队,影响其综合竞争力水平的主要是质量竞争力、民生竞争力和基础竞争力,其中人均财政收入在全区县域仅列第45位,人均工业增加值列第39位;每万人医院、卫生院床位数仅列第83位,每万人医院、卫生院技术人员数仅列第80位;每万人移动电话用户数列第43位,每万人人口中中学生数列第41位。

"十二五"后期,横县应坚持走新型工业化和新型城镇化道路,深入实施工业强县战略,推进工业扩量提质,进一步把电力、建材、糖浆纸、特色农产品加工等支柱产业做强做优,引进和培育发展装备制造业、生物医药、新能源、节能环保等新兴产业,促进产业结构进一步优化,尽早成为北部湾经济区的工业重镇。继续围绕"特色、绿色、品牌"方向,进一步巩固和发展优质稻、茉莉花、食用菌、甜玉米、桑蚕、甘蔗、蔬菜、水产畜牧、林业等特色优势产业,积极培育打造一批特色农产品品牌,进一步提高农业机械化和现代化水平。坚持把加快发展现代服务业作为建设广西经济强县新的经济增长点,提升服务业对产业结构优化的支撑能力,加大旅游资源保护和旅游产品开发力度,重点推进茉莉花文化旅游、百里郁江旅游、山水田园生态旅游等旅游精品线路,着力打造"茉莉横县、生态横县、文化横县"的旅游品牌。

2. 钦州市

钦州市包括钦南区、钦北区、灵山县和浦北县。2012年,上述县域土地面积10895.44平方公里,总人口391.7万人,实现地区生产总值521.88亿元,工业增加值达到132.73亿元,财政收入达到22.88亿元,全社会固定资产投资达到548.23亿元,社会消费品零售总额达到232.1亿元,分别占全区县域经济的4.78%、8.13%、6.41%、4.25%、3.75%、6.30%和9.58%(见图3-25)。2012年,钦州市县域人均地区生产总值达到13323元。

(1)钦南区

钦南区位于北部湾经济区的中心位置,属滨海丘陵地带,地形低矮,起伏较缓,下辖4个街道、12个镇①,总人口60.42万人。2012年,钦南区县域综

---

① 根据广西壮族自治区人民政府《关于同意调整钦州市钦南区与钦北区部分行政区域界线的批复》(桂政函〔2012〕75号),对钦南区与钦北区部分行政区域界线进行调整,将钦南区管辖的向阳街道沙坡社区、永福社区、南珠街道白水塘社区、北营社区、水东街道小江社区、山塘社区调整划归钦北区管辖。钦南区、钦北区行政区域调整以钦州城区子材东大街为界,子材东西大街以南的城区属钦南区管辖,子材东西大街以北的城区属钦北区管辖。

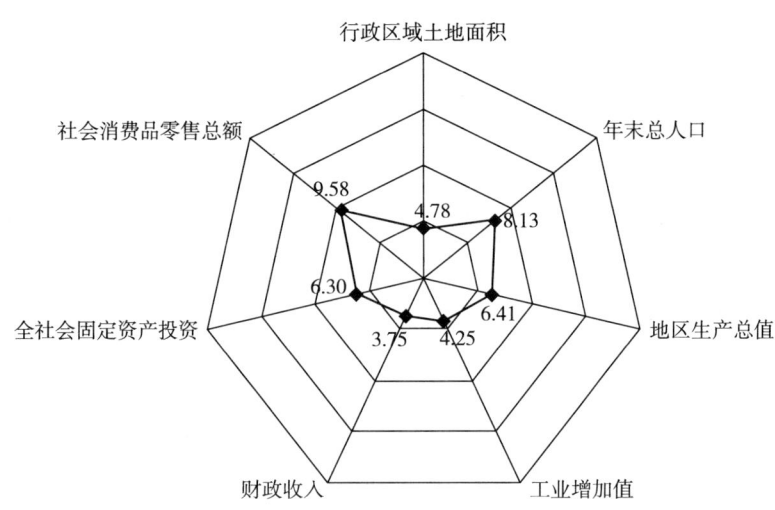

图3-25 钦州市县域经济占全区县域经济比重

合竞争力评价指数为41.50,在全区县域中排第19位,在北部湾经济区县域中排第5位(见表3-9)。其中规模竞争力、发展竞争力、质量竞争力、工业竞争力、民生竞争力和基础竞争力的评价指数分别为45.07、59.46、32.09、15.46、65.56和27.46(见图3-26),在全区县域中分别列第15、第51、第44、第56、第3和第39位,在北部湾经济区县域中分别列第6、第9、第6、第10、第1和第10位。在各项竞争力中,钦南区的规模竞争力和民生竞争力具有明显的优势。其中,农林牧渔业产值约达46.05亿元,居全区县域第8位;社会消费品零售总额约达79.41亿元,居全区县域第4位。人均社会消费零售

表3-9 钦南区县域竞争力评价结果及排序

序号	竞争力名称	评价指数	全区排序		北部湾经济区排序	
			2010年	2012年	2010年	2012年
1	规模竞争力	45.07	12	15	5	6
2	发展竞争力	59.46	59	51	8	9
3	质量竞争力	32.09	41	44	5	6
4	工业竞争力	15.46	2	56	1	10
5	民生竞争力	65.56	4	3	2	1
6	基础竞争力	27.46	13	39	3	10
7	综合竞争力	41.50	6	19	2	5

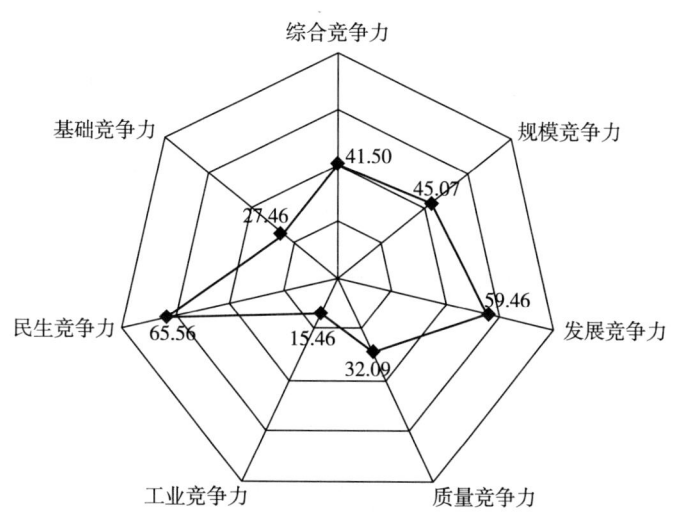

图 3-26　钦南区县域竞争力评价结果解析

额为 13142 元,居全区县域第 3 位;每万人医院、卫生院床位数约为 55 张,居全区县域第 3 位;每万人医院、卫生院技术人员数约为 64 人,居全区县域第 3 位。

从综合竞争力来看,钦南区在广西县域中处于上游水平,影响其综合竞争力水平的主要是发展竞争力和工业竞争力[①],其中地区生产总值增速在全区县域仅列第 55 位,社会消费品零售总额增速仅列第 70 位,社会固定资产投资增速仅列第 73 位;人均规模以上工业总产值仅列第 71 位,规模以上企业平均规模仅列第 69 位,单位电力消耗工业增加值仅列第 70 位。受钦南区规模以上工业总产值由 819.89 亿元调整为 81.99 亿元影响,工业竞争力相关指标下滑严重,导致工业竞争力排名由 2011 年的第 2 位下降至 2013 年的第 56 位。

钦南区是北部湾经济区乃至广西县域经济发展的"新生力量",应充分利用区位和资源优势,促进优势产业集聚发展,重点培育壮大冶金、化工、食品加工、新型建材、木材加工等产业集群,通过"产能互补、产融互补、产业互补"等模式,促进高能耗、技术落后企业转产、转行,实现产业转型升级。

---

① 钦南区的基础竞争力变化较大的原因与前面县域相同,2010 年的每万人电信业务量在全区县域列第 5 位,而 2012 年,用每万人移动电话用户数代替后,这一指标仅列第 48 位。

围绕进口资源及新材料加工园区、黎合江工业园，重点引进冶金、机械制造、新型建材等产业项目；围绕台湾农民创业园、东盟木材加工区，重点引进特色农产品种（养）植、农产品加工、木材加工等产业项目；围绕食品科技产业园，重点引进食品加工、食品存储等项目。按照"一镇一特色"培育发展特色农业示范基地，立足糖料蔗、火龙果、海产品等特色优势资源，发展一批产业关联度高、品牌知名度高、科技含量高的农产品深加工企业。突出滨海风光特色，充分利用三娘湾景区等现有旅游资源，打造精品旅游线路，加快推进千年古陶城、北部湾博物馆建设，打造文化旅游品牌。

（2）钦北区

钦北区位于广西南部，享有"中国黑叶荔之乡"和"中国果园鸡之乡"的美誉，下辖12个镇，总人口81.13万人。2012年，钦北区县域综合竞争力评价指数为33.27，在全区县域中排第43位，在北部湾经济区县域中排第11位（见表3-10）。其中规模竞争力、发展竞争力、质量竞争力、工业竞争力、民生竞争力和基础竞争力的评价指数分别为31.66、69.07、29.08、14.74、30.28和24.27（见图3-27），在全区县域中分别列第31、第23、第53、第58、第52和第46位，在北部湾经济区县域中分别列第8、第3、第9、第11、第12和第12位。在各项竞争力中，钦北区的规模竞争力和发展竞争力具有相对明显的优势。其中，农林牧渔业产值约为37.88亿元，居全区县域第12位。社会消费品零售总额增速为17.86%，居全区县域第15位；财政收入增速为30.58%，居全区县域第9位。

表3-10 钦北区县域竞争力评价结果及排序

序号	竞争力名称	评价指数	全区排序		北部湾经济区排序	
			2010年	2012年	2010年	2012年
1	规模竞争力	31.66	34	31	8	8
2	发展竞争力	69.07	40	23	7	3
3	质量竞争力	29.08	66	53	11	9
4	工业竞争力	14.74	64	58	11	11
5	民生竞争力	30.28	41	52	9	12
6	基础竞争力	24.27	58	46	12	12
7	综合竞争力	33.27	51	43	11	11

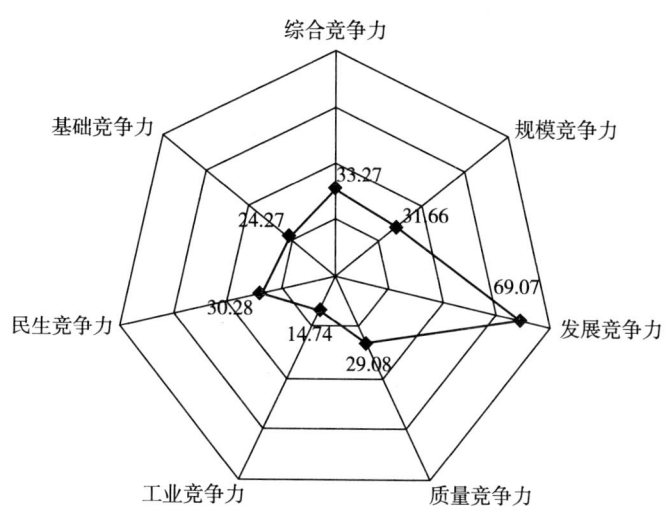

图 3-27 钦北区县域竞争力评价结果解析

从综合竞争力来看，钦北区在广西县域中处于中游水平，影响其综合竞争力水平的主要是质量竞争力、工业竞争力和民生竞争力，其中人均地区生产总值在全区县域仅列第 61 位，人均财政收入列第 78 位，人均工业增加值列第 67 位；规模以上企业平均规模仅列第 62 位；每万人医院、卫生院床位数仅列第 75 位，每万人医院、卫生院技术人员数列最后一位，医疗保障能力严重不足。

"十二五"后期，钦北区应进一步优化产业空间布局和产业结构，引导新材料、林木、建材加工、石材加工、轻工电子和钢材加工物流、食品加工等特色产业聚集发展，着力引进一批特色产业上下游项目，延长产业链，提高特色产业市场竞争力。推广应用先进实用农业技术，提升荔枝、火龙果、瓜皮等特色产业质量，培育钦北区农产品龙头企业、营销公司，打造特色农产品品牌，扶持农业产业化重点企业和专业合作社建立农产品加工基地，实施连锁经营，推动农业产业化发展。

(3) 灵山县

灵山县位于广西南部、钦州市东北部，是著名的"中国奶水牛之乡"和"中国荔枝之乡"，下辖 18 个镇，总人口 158.49 万人。2012 年，灵山县县域综合竞争力评价指数为 36.74，在全区县域中排第 31 位，在北部湾经济区县域中排第 7 位（见表 3-11）。其中规模竞争力、发展竞争力、质量竞争力、工业竞争力、民生竞争力和基础竞争力的评价指数分别为 51.36、57.39、24.98、18.89、34.00 和 23.66（见图 3-28），在全区县域中分别列第 12、第 61、第 64、第 46、第 36 和第 48 位，在北部湾经济区县域中分别列第 4、第 13、第 12、第 8、第 9 和第 13 位。在各项竞争力中，灵山县的规模竞争力具有较强的优势。其中年末总人口达到 158.49 万人，列全区县域第 3 位；农林牧渔业产值约达 49.59 亿元，列全区县域第 6 位；社会消费品零售总额约达 64.23 亿元，列全区县域第 6 位。

表 3-11 灵山县县域竞争力评价结果及排序

序号	竞争力名称	评价指数	全区排序		北部湾经济区排序	
			2010 年	2012 年	2010 年	2012 年
1	规模竞争力	51.36	8	12	2	4
2	发展竞争力	57.39	83	61	15	13
3	质量竞争力	24.98	67	64	12	12
4	工业竞争力	18.89	45	46	9	8
5	民生竞争力	34.00	39	36	8	9
6	基础竞争力	23.66	46	48	9	13
7	综合竞争力	36.74	38	31	8	7

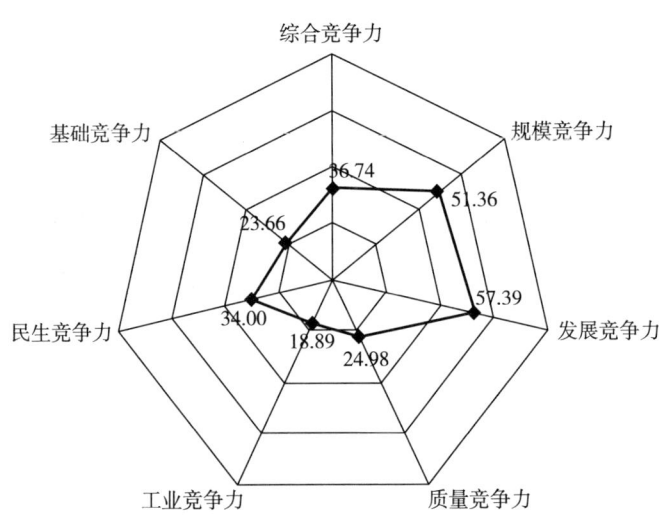

图 3-28 灵山县县域竞争力评价结果解析

从综合竞争力来看，灵山县在广西县域中处于中游偏上水平，影响其综合竞争力水平的主要是发展竞争力和质量竞争力，其中地区生产总值增速在全区县域列第61位，财政收入增速列第62位，银行存贷款比例评级列第76位；人均地区生产总值列第74位，人均财政收入列第87位，人均工业增加值列第75位。

应充分发挥灵山县处于"双核"腹地的优势，以国家产业政策和投资导向为基准，把握县域经济发展方向和优势，围绕电子信息、木材和矿产加工、农业产业化、商贸物流、旅游休闲及民生事业，精心策划一批带动能力强、投资规模大、财税贡献高的产业项目。充分利用中国"荔枝之乡"等品牌影响，加大对荔枝、奶水牛、茶叶、糖料蔗、名贵龟鳖蛇等传统特色农业的政策支持力度。加快灵山荔枝文化园、大东山生态旅游景区、烟墩霞山风景区等项目建设，加快完善旅游硬件和服务软环境，精心包装精品线路，推动旅游产业升级。

（4）浦北县

浦北县位于广西南部、钦州市东部，是"中国香蕉之乡"，下辖16个镇，总人口91.65万人。2012年，浦北县县域综合竞争力评价指数为35.79，在全区县域中排第33位，在北部湾经济区县域中排第8位（见表3-12）。其中规模竞争力、发展竞争力、质量竞争力、工业竞争力、民生竞争力和基础竞争力的评价指数分别为34.92、65.74、32.64、17.67、37.87和23.37（见图3-29），在全区县域中分别列第29、第34、第40、第53、第22和第49位，在北部湾经济区县域中分别列第7、第6、第5、第9、第6和第14位。在各项竞争力中，浦北县的规模竞争力和民生竞争力具有相对明显的优势。其中，农林牧渔业产值约为31.74亿元，居全区县域第21位；社会消费品零售总额约为54.51亿元，居全区县域第11位。人均社会消费品零售额为5948元，居全区县域第16位；农村居民人均纯收入达7329元，居全区县域第18位。

从综合竞争力来看，浦北县在广西县域中处于中游偏上水平，影响其综合竞争力水平的主要是工业竞争力和基础竞争力，其中人均规模以上工业总产值在全区县域列第76位，规模以上企业平均规模列第67位；每万人移动电话用户数仅列第60位，每万人互联网用户数仅列第81位。

表 3-12 浦北县县域竞争力评价结果及排序

序号	竞争力名称	评价指数	全区排序 2010年	全区排序 2012年	北部湾经济区排序 2010年	北部湾经济区排序 2012年
1	规模竞争力	34.92	28	29	7	7
2	发展竞争力	65.74	76	34	14	6
3	质量竞争力	32.64	65	40	10	5
4	工业竞争力	17.67	52	53	10	9
5	民生竞争力	37.87	24	22	5	6
6	基础竞争力	23.37	62	49	14	14
7	综合竞争力	35.79	48	33	10	8

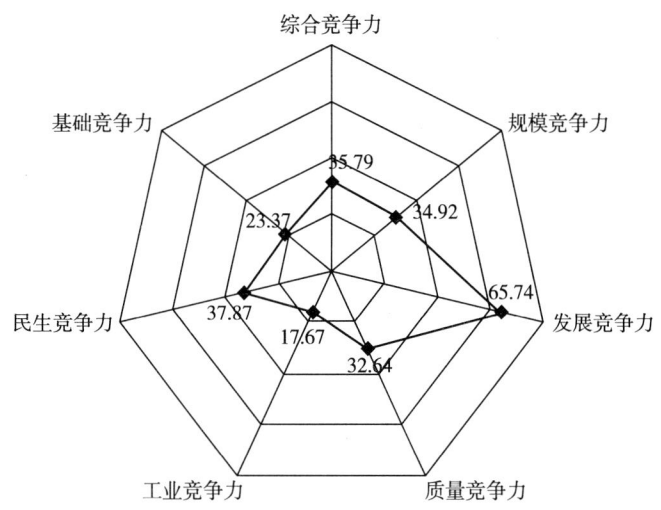

图 3-29 浦北县县域竞争力评价结果解析

浦北县应大力支持制糖、建材、矿产等传统产业进行技术改造和产能新扩张，继续扶持壮大烟花爆竹、制药、制糖、木业加工、建材、工艺编织、塑管、缫丝等产业，鼓励小微企业加快发展，支持企业拓展自营外贸出口业务，扩大丝制品、瓷器、胶合板出口规模。以苗木花卉产业为龙头，带动观光农业、休闲农业、会展农业、节庆农业发展，抓好红椎菌、官垌鱼、香蕉、荔枝、八角、黑猪、蜜蜂、马铃薯、苗木花卉等特色产业的规划建设，不断提升农业产业化水平。

3. 北海市

北海市参与县域竞争力评价的县域仅有合浦县。2012 年，合浦县行政区域面积2762平方公里,总人口105.62万人,实现地区生产总值约164.55亿元,工业增加值约达41.62亿元,财政收入约达8.72亿元,全社会固定资产投资约达149.63亿元,社会消费品零售总额约达55.45亿元,分别占全区县域经济的1.21%、2.19%、2.02%、1.33%、1.43%、1.72%和2.29%(见图3-30)。2012年,合浦县人均地区生产总值达到18580元。

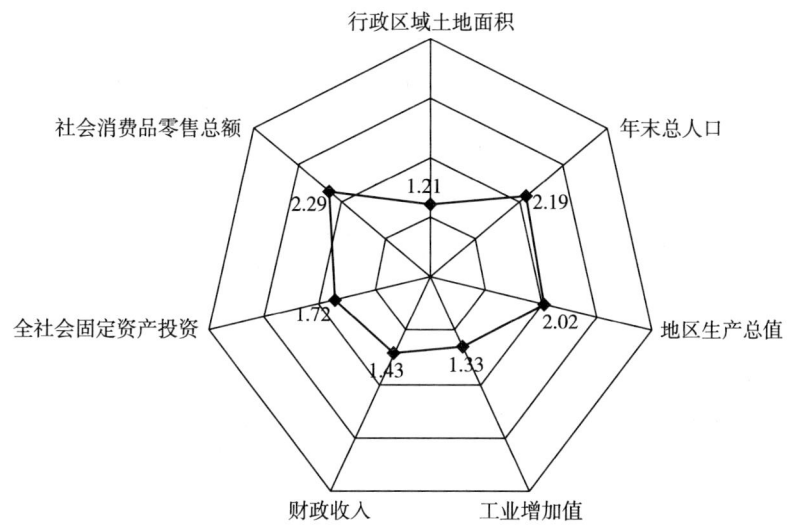

图3-30 北海市县域经济占全区县域经济比重

合浦县位于广西南端、北部湾东北岸,下辖13个镇、2个乡。2012年,合浦县县域综合竞争力评价指数为40.10,在全区县域中排第22位,在北部湾经济区县域中排第6位(见表3-13)。其中规模竞争力、发展竞争力、质量竞争力、工业竞争力、民生竞争力和基础竞争力的评价指数分别为51.98、53.18、29.61、22.45、37.65和41.93(见图3-31),在全区县域中分别列第11、第67、第51、第32、第23和第6位,在北部湾经济区县域中分别列第3、第15、第8、第5、第7和第3位。在各项竞争力中,合浦县的规模竞争力和基础竞争力具有明显的优势。其中,地区生产总值列全区县域第13位;农林牧渔业产值约为64.15亿元,列全区县域第2位;单位面积公路里程约为0.633公里/平方公里,列全区县域第8位;单位面积高等级公路里程约为0.04公里/平方公里,列全区县域第10位。

表 3-13　合浦县县域竞争力评价结果及排序

序号	竞争力名称	评价指数	全区排序		北部湾经济区排序	
			2010 年	2012 年	2010 年	2012 年
1	规模竞争力	51.98	10	11	4	3
2	发展竞争力	53.18	75	67	13	15
3	质量竞争力	29.61	43	51	6	8
4	工业竞争力	22.45	25	32	3	5
5	民生竞争力	37.65	25	23	6	7
6	基础竞争力	41.93	7	6	2	3
7	综合竞争力	40.10	18	22	5	6

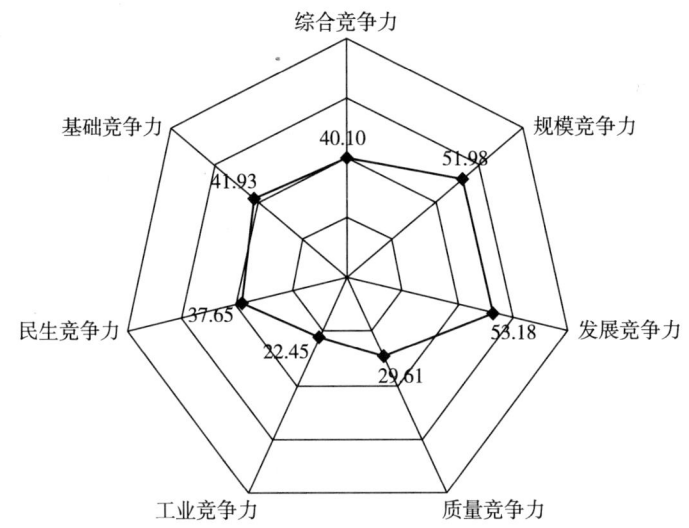

图 3-31　合浦县县域竞争力评价结果解析

从综合竞争力来看，合浦县在广西县域中处于上游水平，影响其综合竞争力水平的主要是发展竞争力和质量竞争力，其中地区生产总值增速和工业增加值增速在全区县域均仅列第 70 位，全社会固定资产投资增速列第 65 位；人均地区生产总值在全区县域列第 51 位，人均财政收入列第 65 位，人均工业增加值列第 61 位。

合浦县应围绕工业经济和港口经济发展需求，重点规划并抓好机电设备、石化配套、食品饮料、文化旅游、市场物流等产业招商，储备发展后劲。推动烟花爆竹、制糖等传统产业改造升级，打造生产集中、规模经营、效益显著的产业集群。重点发展优质粮食、高效经济作物、沿海养殖、绿色有机食品、林浆纸原料林等特色产业和农业基地，利用各种形式引进农业产业化投资者，引进一批经济实力强、科技含量高、带动能力强的农产品精深加工和流通型龙头企业，有效带动特色农业快速健康发展。扶持开发具有合浦文化特色和传统的南珠饰品、贝雕、角雕、乌木雕等特色旅游商品，积极融入大北海旅游圈，努力将旅游业发展成为新的支柱产业。

4. 防城港市

防城港市参与县域竞争力评价的有防城区、上思县和东兴市。2012年，上述县域土地面积5828.68平方公里，总人口78.58万人，实现地区生产总值211.1亿元，工业增加值达到75.96亿元，财政收入达到24.32亿元，全社会固定资产投资达到276亿元，社会消费品零售总额达到57.11亿元，分别占全区县域经济的2.56%、1.63%、2.59%、2.43%、3.99%、3.17%和2.36%（见图3-32）。2012年，防城港市县域人均地区生产总值达到26865元。

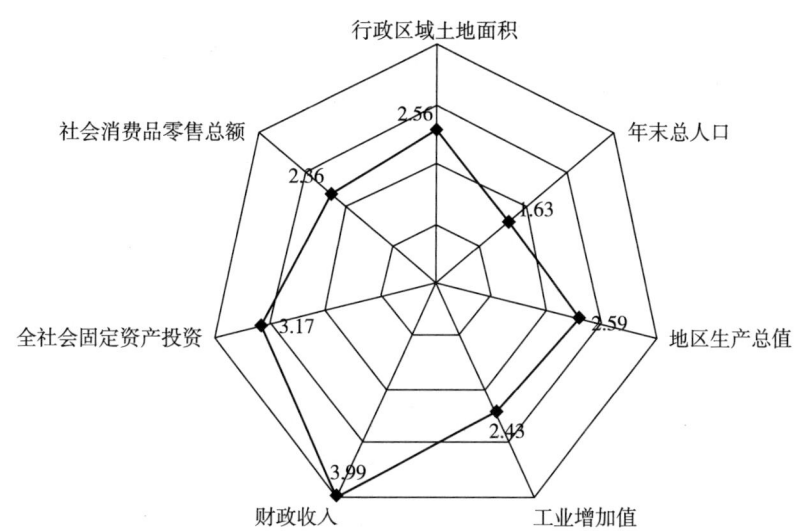

图3-32 防城港市县域经济占全区县域经济比重

（1）防城区

防城区地处广西南部，东南濒临北部湾，享有"中国金花茶之乡""八角之乡""肉桂之乡"的美誉，下辖6个镇、4个乡，总人口41.45万人。2012年，防城区县域综合竞争力评价指数为34.34，在全区县域中排第40位，在北部湾经济区县域中排第10位（见表3-14）。其中规模竞争力、发展竞争力、质量竞争力、工业竞争力、民生竞争力和基础竞争力的评价指数分别为27.38、56.07、28.49、20.08、50.70和27.72（见图3-33），在全区县域中分别列第36、第63、第54、第43、第8和第38位，在北部湾经济区县域中分别列第9、第14、第10、第7、第3和第9位。在各项竞争力中，防城区的民生竞争力具有明显的优势。其中，人均社会消费零售总额为6857元，列全区县域第12位；城镇居民人均可支配收入为23289元，列全区县域第8位；农村居民人均纯收入达7786元，列全区县域第11位；每万人医院、卫生院床位数约为39张，列全区县域第5位；每万人医院、卫生院技术人员数约为45人，列全区县域第6位。

表3-14 防城区县域竞争力评价结果及排序

序号	竞争力名称	评价指数	全区排序		北部湾经济区排序	
			2010年	2012年	2010年	2012年
1	规模竞争力	27.38	36	36	9	9
2	发展竞争力	56.07	8	63	2	14
3	质量竞争力	28.49	32	54	4	10
4	工业竞争力	20.08	32	43	6	7
5	民生竞争力	50.70	8	8	3	3
6	基础竞争力	27.72	28	38	7	9
7	综合竞争力	34.34	23	40	6	10

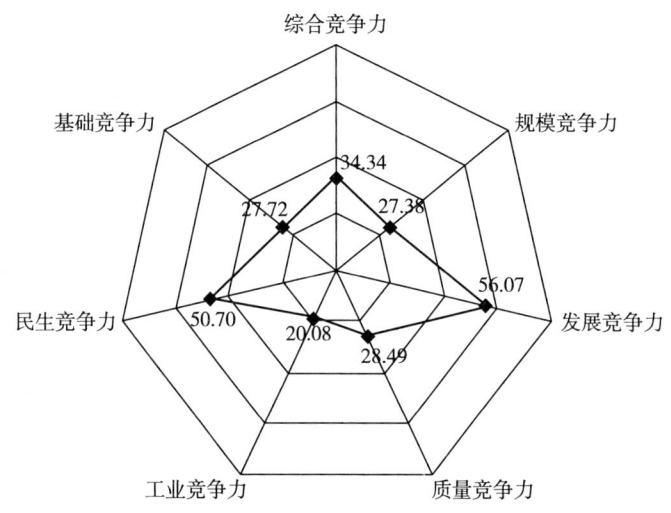

图3-33 防城区县域竞争力评价结果解析

2012年，防城区发展竞争力和质量竞争力下降较多，其中工业增加值增速从2010年29.88%下降至8.14%，社会消费品零售总额增速由2010年的19.63%下降至14.18%，财政收入增速由2010年的32.74%下降至16.92%，全社会固定资产投资增速由2010年的57.87%下降至16.37%。

从综合竞争力来看，防城区在广西县域中处于中游水平，制约其综合竞争力水平的主要是发展竞争力，其中地区生产总值增速在全区县域列第50位，工业增加值增速列第56位，社会消费品零售总额增速仅列第84位。

防城区应继续推进河西工业区、茅岭工贸小区和江山石角工业区建设，以龙头企业为引领，加快发展以香料、造纸、制糖、化工、医药、农产品加工、选矿为主的特色工业，构筑现代临海工业体系。同时，要继续推进海水养殖基地、水奶牛养殖基地、蛋鸭养殖基地、速生丰产林基地等基地建设，加快发展现代农业。依托与越南地缘相近的区位优势，积极构建对外开放合作平台，不断深化贸易、文化等领域的对外交流合作，发展边境经济。

（2）上思县

上思县地处广西西南部，坐落于十万大山北麓，下辖2个镇、7个乡、1个民族乡，总人口23.58万人。2012年，上思县县域综合竞争力评价指数为35.05，在全区县域中排第37位，在北部湾经济区县域中排第9位（见表3-15）。其中规模竞争力、发展竞争力、质量竞争力、工业竞争力、民生竞争力和基础竞争力的评价指数分别为16.92、66.30、45.30、27.63、33.64和26.25（见图3-34），在全区县域中分别列第55、第29、第15、第22、第38和第41位，在北部湾经济区县域中分别列第11、第5、第3、第3、第10和第11位。在各项竞争力中，上思县的质量竞争力具有明显的优势。其中，人均地区生产总值为28666元，列全区县域第15位；人均财政收入为2631.71元，列全区县域第10位。

从综合竞争力来看，上思县在广西县域中处于中游水平，影响其综合竞争力水平的主要是规模竞争力，其中年末总人口在全区县域仅列第77位，地区生产总值列第56位，社会消费品零售总额列第63位。

表 3-15　上思县县域竞争力评价结果及排序

序号	竞争力名称	评价指数	全区排序		北部湾经济区排序	
			2010 年	2012 年	2010 年	2012 年
1	规模竞争力	16.92	56	55	11	11
2	发展竞争力	66.30	16	29	5	5
3	质量竞争力	45.30	25	15	3	3
4	工业竞争力	27.63	30	22	5	3
5	民生竞争力	33.64	45	38	12	10
6	基础竞争力	26.25	60	41	13	11
7	综合竞争力	35.05	45	37	9	9

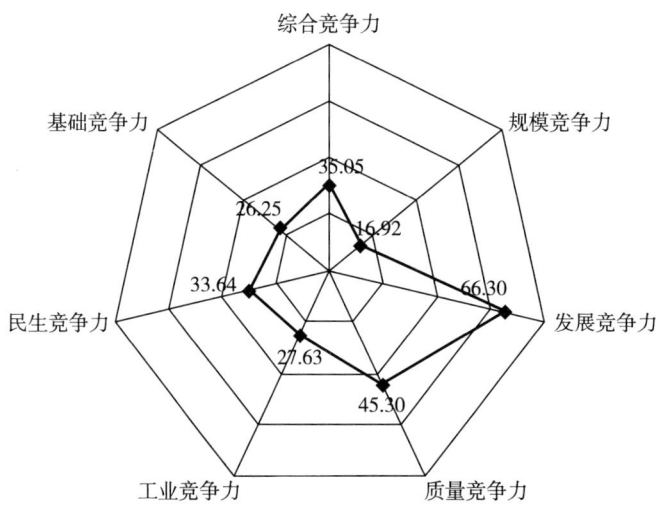

图 3-34　上思县县域竞争力评价结果解析

上思县应充分利用生态优势和资源优势，积极推进"北拓南融"的空间发展战略，向北打通关键交通瓶颈，全面融入南宁首府经济圈，向南要积极融入北部湾沿海经济带，拓展外向型发展空间，加快形成和提升区位优势。同时，坚持产业优先发展战略，做大做强蔗糖、林产、水泥建材三大产业，发展非金属矿产制药、农副产品加工等产业，加强工业集中区建设；促进农民增收和农村发展，大力发展优势特色产业。加快构筑十万大山产业新高地，全面打造北部湾生态后花园。

（3）东兴市

东兴市位于我国大陆海岸线最西南端，是中国与东盟唯一海陆相连的口岸城市，下辖3个镇，总人口13.54万人。2012年，东兴市县域综合竞争力评价指数为47.38，在全区县域中排第9位，在北部湾经济区县域中排第3位（见表3-16）。其中规模竞争力、发展竞争力、质量竞争力、工业竞争力、民生竞争力和基础竞争力的评价指数分别为20.68、67.68、64.95、21.61、61.93和65.38（见图3-35），在全区县域中分别列第47、第26、第2、第34、第4和第1位，在北部湾经济区县域中分别列第10、第4、第1、第6、第2和第1位。在各项竞争力中，东兴市的质量竞争力、民生竞争力和基础竞争力有明显的高位优势。其中，人均地区生产总值达到42125元，列全区县域第2位；人均财政收入约达7200元，列全区县域第1位；人均工业增加值达到14786.81元，列全

表3-16 东兴市县域竞争力评价结果及排序

序号	竞争力名称	评价指数	全区排序		北部湾经济区排序	
			2010年	2012年	2010年	2012年
1	规模竞争力	20.68	53	47	10	10
2	发展竞争力	67.68	5	26	1	4
3	质量竞争力	64.95	2	2	1	1
4	工业竞争力	21.61	39	34	7	6
5	民生竞争力	61.93	3	4	1	2
6	基础竞争力	65.38	2	1	1	1
7	综合竞争力	47.38	5	9	1	3

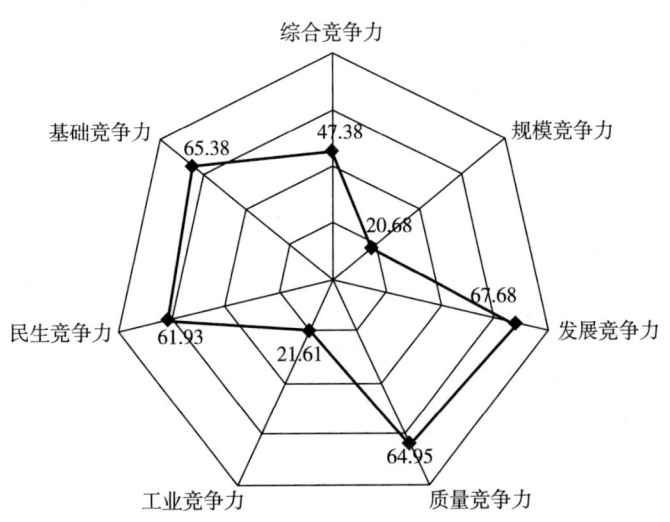

图3-35 东兴市县域竞争力评价结果解析

区县域第 5 位。人均社会消费品零售额达到 11582 元，列全区县域第 6 位；城镇居民人均可支配收入达到 26110 元，列全区县域第 3 位；农村居民人均纯收入达到 9264 元，列全区县域第 1 位。每万人互联网用户数达到 3345 户，列全区县域第 4 位。

从综合竞争力来看，东兴市在广西县域中处于领先水平，影响其综合竞争力水平的主要是规模竞争力、发展竞争力和工业竞争力，其中年末总人口在全区县域仅列第 89 位，农林牧渔业产值列第 70 位；社会消费品零售总额增速列全区县域第 57 位，全社会固定资产投资增速列全区县域第 50 位；工业增加值列第 57 位，规模以上工业总产值列第 44 位。

东兴市应充分利用重点开发开放试验区建设的重大机遇，要立足现有产业基础和发展条件，以现代工业为主导，推动红木精加工、海产品深加工等产业优化升级，积极实施"质量兴市"和创新驱动战略，突出抓好以企业为主体的产学研协同创新，提升企业自主创新能力，加快构建现代产业体系。要进一步加快中国东兴－越南芒街跨境经济合作区建设，积极推进跨境贸易人民币结算，加快专业市场建设，积极发展边境贸易和现代物流业。推进北部湾海产品加工区建设，实现进口、交易、加工一体化。打造高品位、高品质、高水准的边关魅力城市，将东兴市建设成为全国重点开发开放试验区的排头兵。

（二）西江经济带

西江经济带是广西在继国家批复《广西北部湾经济区发展规划》之后，进一步着眼于区域协调发展，培育区域新兴增长极而提出的重大区域发展战略。西江经济带共有县域单位 55 个，按照广西公开性的县域统计数据，共有 45 个县域有比较全面的公开性统计数据，并参与此次县域竞争力评价（见图 3-36）。

2012 年，西江经济带县域土地面积共 104723 平方公里，年末总人口达到 2696 万人，实现地区生产总值 4455.42 亿元，工业增加值达到 1919.37 亿元，财政收入达到 322.58 亿元，全社会固定资产投资达到 5065.92 亿元，社会消费品零售总额达到 1436 亿元。2012 年，西江经济带县域人均地区生产总值达到 17638 元。

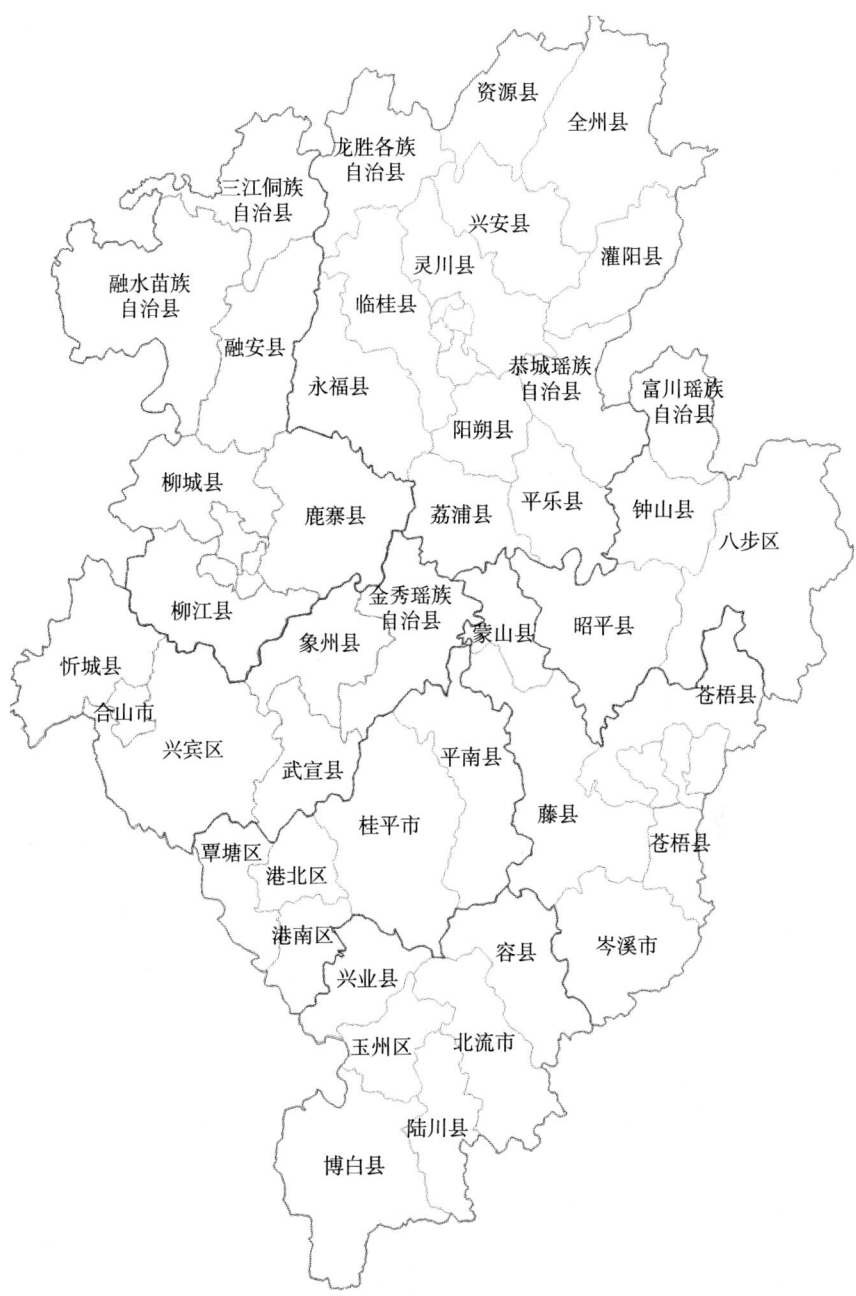

图 3-36 西江经济带县域分布

注：2013年6月，福绵管理区经国务院批复同意正式成为市辖区。现暂无福绵管理区和平桂管理区的行政区划图。

2012年，西江经济带县域主要经济社会指标在全区县域经济中的占比分别为：行政区域土地面积占全区县域的45.91%，年末总人口占全区县域的55.93%，地区生产总值占全区县域的58.40%，工业增加值占全区县域的61.48%，财政收入占全区县域的52.97%，全社会固定资产投资占全区县域的58.26%，社会消费品零售总额占全区县域的59.27%（见图3-37）。

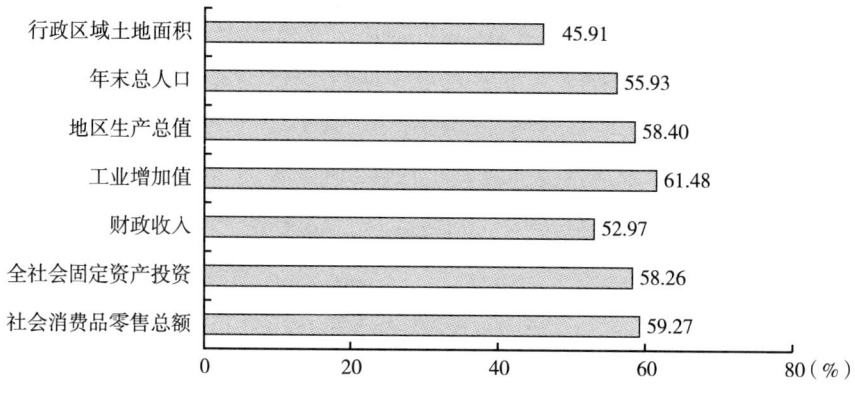

图3-37 西江经济带县域经济占全区县域经济比重

总体来看，西江经济带县域以45.91%的土地面积和55.93%的县域人口创造了58.4%的县域地区生产总值、61.48%的县域工业增加值、52.97%的县域财政收入、58.26%的县域全社会固定资产投资和59.27%的县域社会消费品零售总额。从以上数据可看出，除县域财政收入指标外，其余指标均高于人口或面积在全区县域中所占比重，表明西江经济带县域经济仍是广西县域经济发展的重点区域。

1. 柳州市

柳州市参与县域竞争力评价的有柳江县、柳城县、鹿寨县、融安县、融水苗族自治县和三江侗族自治县。2012年，上述县域土地总面积17579.88平方公里，总人口257万人，实现地区生产总值496.9亿元，工业增加值达到188.15亿元，财政收入达到37.63亿元，全社会固定资产投资达到594.1亿元，社会消费品零售总额达到123.27亿元，分别占全区县域的7.71%、5.34%、6.10%、6.03%、6.18%、6.83%和5.09%（见图3-38）。2012年，柳州市县域人均地区生产总值达到19299元。

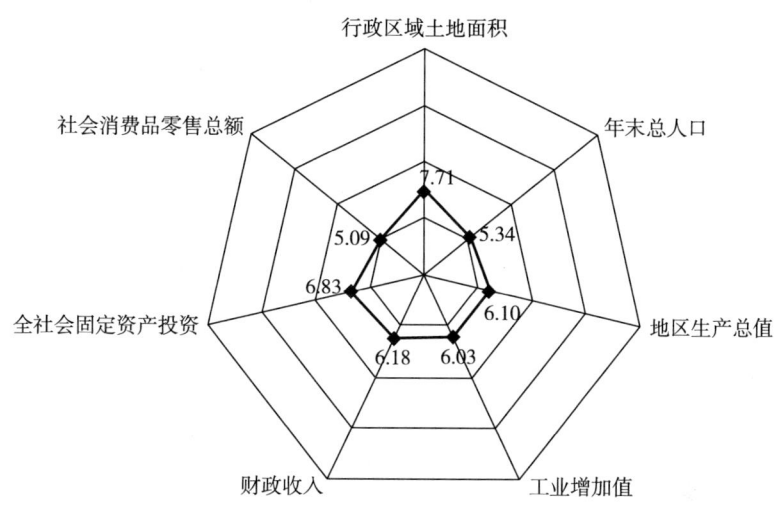

图 3-38 柳州市县域经济占全区县域经济比重

(1) 柳江县

柳江县位于广西中部,是举世闻名的"柳江人"遗址所在地,是全国瘦肉型猪生产基地之一,是广西唯一获得外贸出口权的县,下辖 11 个镇、1 个乡,总人口 55.1 万人。2012 年,柳江县县域综合竞争力评价指数为 44.43,在全区县域中排第 13 位,在西江经济带县域中排第 9 位(见表 3-17)。其中规模竞争力、发展竞争力、质量竞争力、工业竞争力、民生竞争力和基础竞争力的评价指数分别为 45.00、61.81、49.12、30.31、41.56 和 33.02(见图 3-39),在全区县域中分别列第 16、第 40、第 8、第 20、第 15 和第 23 位,在西江经济带县域中分别列第 10、第 24、第 5、第 11、第 8 和第 13 位。在各项竞争力中,柳江县的质量竞争力处于较高水平。其中,柳江县人均财政收入达到 2254.65 元,列全区县域第 15 位;人均工业增加值达到 12593.35 元,列全区县域第 11 位;单位电力消耗地区生产总产值达到 27.24 元/千瓦时,列全区县域第 9 位。

从综合竞争力来看,柳江县在广西县域中处于上游水平,基本进入县域发展的第一梯队,影响其综合竞争力水平的主要是发展竞争力,其中地区生产总值增速在全区仅列第 51 位,工业增加值增速在全区列第 51 位,社会消费品零

表 3-17 柳江县县域竞争力评价结果及排序

序号	竞争力名称	评价指数	全区排序		西江经济带排序	
			2010 年	2012 年	2010 年	2012 年
1	规模竞争力	45.00	16	16	10	10
2	发展竞争力	61.81	18	40	11	24
3	质量竞争力	49.12	10	8	6	5
4	工业竞争力	30.31	13	20	7	11
5	民生竞争力	41.56	17	15	10	8
6	基础竞争力	33.02	17	23	11	13
7	综合竞争力	44.43	12	13	8	9

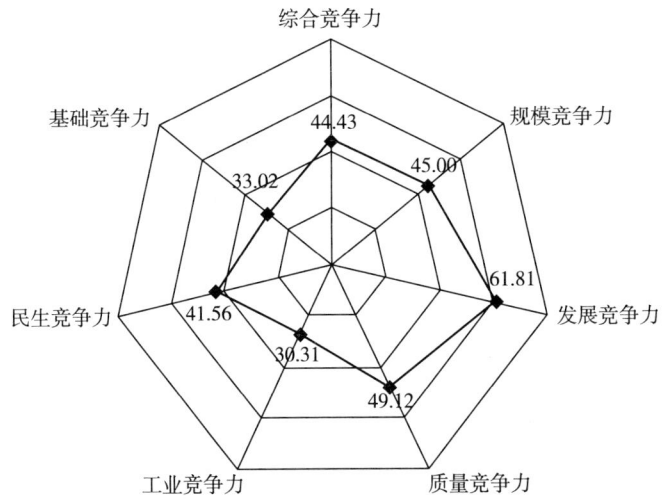

图 3-39 柳江县县域竞争力评价结果解析

售总额增速仅列第 56 位。总体来看，在各县域中柳江县各项竞争力的表现较为均衡，且具有较高的发展水平，随着柳州市工业布局的进一步优化，其发展潜力和发展空间依然较大。

柳江县是柳州工业基地的重要延伸空间，应紧抓柳（州）来（宾）河（池）一体化、柳州实施柳江同城化、柳州打造千亿元汽车产业等发展机遇，主动承接区内外汽车产业转移，引导和鼓励企业提升配套能力；扶持和培育一批以地方特色农产品为原料的食品深加工企业。以农业增效和农民增收为中心，加快发展现代农业，发挥城郊区位优势，大力推进特色农业品牌建设；建设一批标准化果蔬种植基地，积极培育新型农业经营主体，提高农民科技生产水平和市场营销能力。充分发挥区位优势和土地资源优势，加快推进物流园开发建设，培育发展一批物流龙头企业；大力发展高端休闲度假旅游，创建一批高端商务旅游产品，打造休闲度假旅游品牌。

（2）柳城县

柳城县位于广西中部偏北，下辖9个镇、3个乡，总人口41.23万人。2012年，柳城县县域综合竞争力评价指数为38.52，在全区县域中排第26位，在西江经济带县域中排第16位（见表3-18）。其中规模竞争力、发展竞争力、质量竞争力、工业竞争力、民生竞争力和基础竞争力的评价指数分别为25.87、69.72、44.62、16.33、41.19和40.46（见图3-40），在全区县域中分别列第39、第17、第17、第55、第16和第10位，在西江经济带县域中分别列第23、第9、第10、第34、第9和第4位。在各项竞争力中，柳城县的基础竞争力处于较高水平[①]，其中，柳城县单位面积公路里程达0.629公里/平方公里，在全区县域列第9位；单位面积铁路里程为0.035公里/平方公里，在全区县域列第8位；每万人互联网用户数达5578户，在全区县域位列第一。

表3-18 柳城县县域竞争力评价结果及排序

序号	竞争力名称	评价指数	全区排序		西江经济带排序	
			2010年	2012年	2010年	2012年
1	规模竞争力	25.87	43	39	24	23
2	发展竞争力	69.72	24	17	14	9
3	质量竞争力	44.62	31	17	19	10
4	工业竞争力	16.33	44	55	24	34
5	民生竞争力	41.19	22	16	14	9
6	基础竞争力	40.46	40	10	25	4
7	综合竞争力	38.52	40	26	22	16

---

① 2012年，柳城县基础竞争力增长较快，主要原因在于每万人移动电话用户数和每万人互联网用户数的统计数值增幅较大。

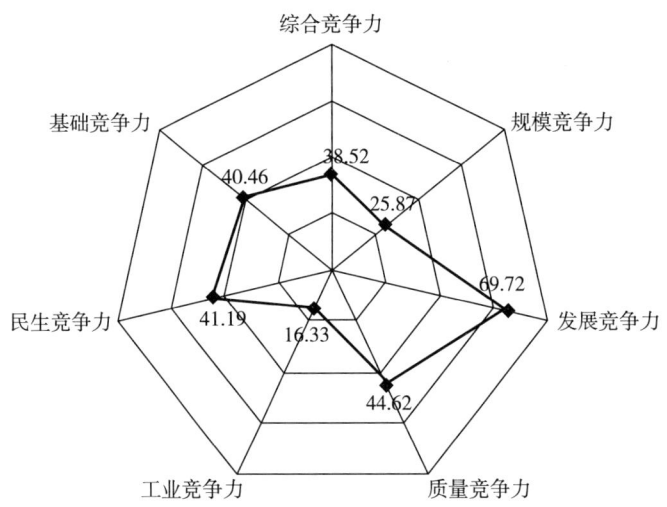

图 3-40 柳城县县域竞争力评价结果解析

从综合竞争力来看，柳城县在广西县域中处于中游偏上水平，影响其综合竞争力水平的是工业竞争力，其中规模以上工业总产值在全区县域仅列第 55 位，人均规模以上工业总产值列第 45 位，规模以上工业外向度水平在全区县域列第 61 位。

柳城县应依托作为柳州"北大门"的区位优势，发挥"背靠大柳州，联动大柳北"的优势，主动融入柳来河一体化和珠江-西江经济带发展。积极调整优化制糖、化工、机械等产业结构，大力发展食品制药、新能源汽车、新型材料、农林产品精深加工等新兴产业，培育新的经济增长点。坚持以创新驱动引领工业发展升级，积极扶持企业实施更新改造项目，重点推进鼎铭金属、东风化工等重点项目技术更新改造。加快特色水产养殖基地及生猪标准化规模养殖基地建设，提高规模养殖效益，不断提升丝绸、蜜橘、食用菌、茶叶、云片糕、牛腊巴等农产品竞争力，大力发展现代高效规模农业、现代循环农业和生态农业。全力打造柳州工业新的承载地，努力建设宜居宜业新柳城。

(3) 鹿寨县

鹿寨县地处桂中腹地，县境中部和南部地势低平，主要为和缓的丘陵、台地和小平原，下辖 4 个镇、5 个乡，总人口 40.59 万人。2012 年，鹿寨县县域综合竞争力评价指数为 32.63，在全区县域中排第 45 位，在西江经济带县域中排第26位（见表3-19）。其中规模竞争力、发展竞争力、质量竞争力、工业竞争力、民生竞争力和基础竞争力的评价指数分别为30.57、44.73、35.88、20.24、38.53和22.91（见图3-41），在全区县域中分别列第32、第77、第33、第42、第20和第50位，在西江经济带县域中分别列第19、第45、第21、第26、第12和第25位。在各项竞争力中，鹿寨县的民生竞争力具有一定优势。其中，鹿寨县城镇居民人均可支配收入达20520元，在全区县域列第35位；农村居民人均纯收入达7276元，在全区县域列第19位；每万人医院、卫生院技术人员数约达29人，在全区县域列第22位。

表3-19 鹿寨县县域竞争力评价结果及排序

序号	竞争力名称	评价指数	全区排序		西江经济带排序	
			2010年	2012年	2010年	2012年
1	规模竞争力	30.57	20	32	13	19
2	发展竞争力	44.73	36	77	20	45
3	质量竞争力	35.88	12	33	7	21
4	工业竞争力	20.24	27	42	14	26
5	民生竞争力	38.53	16	20	9	12
6	基础竞争力	22.91	33	50	21	25
7	综合竞争力	32.63	13	45	9	26

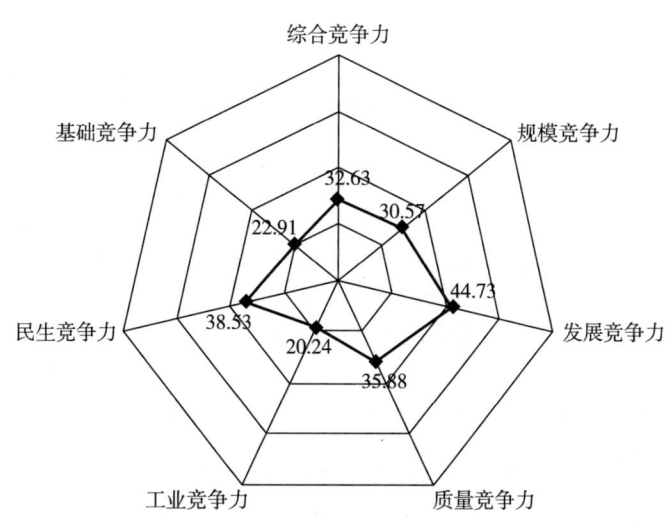

图3-41 鹿寨县县域竞争力评价结果解析

从综合竞争力来看，鹿寨县在广西县域中处于中游水平，影响其综合竞争力水平的主要是发展竞争力①和基础竞争力，其中地区生产总值增速在全区县域仅列第88位，工业增加值增速在全区县域列第76位；每万人移动电话用户数在全区县域列第54位，每万人口中中学生数在全区县域列第88位。

鹿寨县应紧抓柳州东拓机遇，主动承接柳州市产业转移和经济辐射，积极推进经济发展转型升级，重点围绕化工、建材、林木加工等优势产业和生物医药等新兴产业，加快企业引进培育，加强与区内外高等院校、科研院所及科技企业合作，积极引进研发中心或重点实验室项目，着重引进产学研合作项目，努力提升县域经济发展的协同创新能力。同时，要进一步提升特色农产品品牌知名度，巩固鹿寨县"优质桑蚕茧生产基地"地位。

（4）融安县

融安县位于广西北部，素有"金橘之乡"和"小柳州"之称，下辖6个镇、6个乡，总人口32.14万人。2012年，融安县县域综合竞争力评价指数为27.95，在全区县域中排第59位，在西江经济带县域中排第36位（见表3-20）。其中规模竞争力、发展竞争力、质量竞争力、工业竞争力、民生竞争力和基础竞争力的评价指数分别为13.72、62.64、30.17、10.14、37.33和19.68（见图3-42），在全区县域中分别列第65、第37、第49、第68、第24和第63位，在西江经济带县域中分别列第38、第21、第31、第40、第14

表3-20 融安县县域竞争力评价结果及排序

序号	竞争力名称	评价指数	全区排序		西江经济带排序	
			2010年	2012年	2010年	2012年
1	规模竞争力	13.72	70	65	38	38
2	发展竞争力	62.64	46	37	27	21
3	质量竞争力	30.17	59	49	36	31
4	工业竞争力	10.14	69	68	39	40
5	民生竞争力	37.33	31	24	18	14
6	基础竞争力	19.68	70	63	37	32
7	综合竞争力	27.95	63	59	35	36

① 政府工作报告与统计年鉴部分数据存在较大出入，经调整后排名会有较大变动。

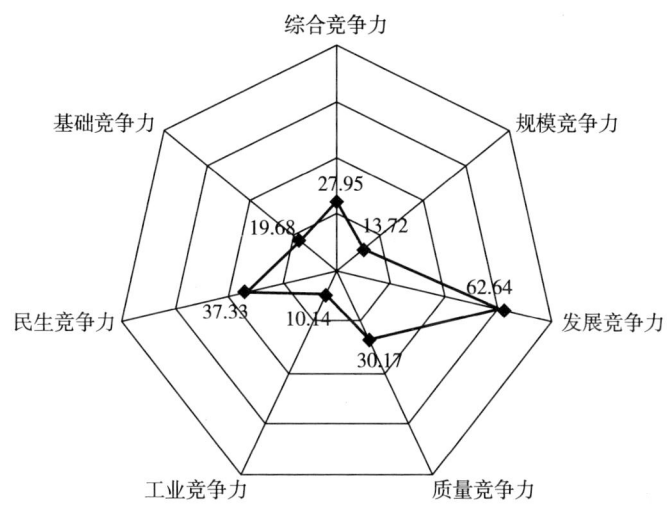

图3-42 融安县县域竞争力评价结果解析

和第32位。在各项竞争力中，融安县的民生竞争力处于相对较高水平。其中，融安县每万人医院、卫生院床位数约为33张，在全区县域列第13位；每万人医院、卫生院技术人员数约为34人，在全区县域列第12位。

从综合竞争力来看，融安县在广西县域中处于中游偏下水平，影响其综合竞争力水平的主要是规模竞争力、工业竞争力和基础竞争力，其中年末总人口在全区县域仅列第67位，地区生产总值列全区县域第63位，财政收入在全区县域列第69位；工业增加值列全区县域第61位，规模以上工业总产值列第64位，人均规模以上工业总产值列第62位，规模以上企业平均规模列第71位；单位面积公路里程仅列第83位，每万人口中中学生数列第50位。

融安县应坚持以项目投资为主导，推动传统产业升级转型，积极扶持竹木深加工、制糖、茧丝绸等传统优势产业做大做强，提高产业集中度和加工转化率，加大技改投入，延伸产业链，打造重要支柱产业和绿色经济示范产业。加快发展金橘特色产业，加强金橘生产基地建设，利用好"融安金橘国家地理标志保护产品"品牌，做大做强做深金橘产业。大力发展养生养老、生态休闲旅游业，打造桂北"民族风情旅游线"互补市场，加快推进桂北农副产品集散中心和建材综合园等项目建设。努力将融安建设成为"宜居宜业宜游柳州市域次中心城市"。

(5) 融水苗族自治县

融水苗族自治县位于广西东北部，县境地势为中部高四周低，是广西林业重点县之一，下辖4个镇、14个乡、2个民族乡，总人口50.06万人。2012年，融水苗族自治县县域综合竞争力评价指数为25.68，在全区县域中排第66位，在西江经济带县域中排第40位（见表3-21）。其中规模竞争力、发展竞争力、质量竞争力、工业竞争力、民生竞争力和基础竞争力的评价指数分别为17.44、66.15、24.82、11.18、18.96和19.15（见图3-43），在全区县域中分别列第54、第31、第67、第65、第72和第67位，在西江经济带县域中分别列第32、第16、第42、第38、第44和第35位。在各项竞争力中，融水的发展竞争力水平相对较高。其中，融水苗族自治县地区生产总值增速为17.98%，在全区县域列第23位；工业增加值增速为20.55%，在全区县域列第27位。

表3-21 融水苗族自治县县域竞争力评价结果及排序

序号	竞争力名称	评价指数	全区排序		西江经济带排序	
			2010年	2012年	2010年	2012年
1	规模竞争力	17.44	57	54	32	32
2	发展竞争力	66.15	29	31	17	16
3	质量竞争力	24.82	74	67	44	42
4	工业竞争力	11.18	76	65	42	38
5	民生竞争力	18.96	75	72	45	44
6	基础竞争力	19.15	81	67	42	35
7	综合竞争力	25.68	71	66	42	40

从综合竞争力来看，融水苗族自治县在广西县域中处于下游水平，影响其综合竞争力水平的主要是质量竞争力、工业竞争力、民生竞争力和基础竞争力，其中人均地区生产总值在全区县域列第69位，单位面积地区生产总值在全区县域列第78位；规模以上工业总产值列第65位，规模以上企业平均规模列第70位；人均社会消费品零售额列第65位，农村居民人均纯收入列第73位；单位面积公路里程列第66位，每万人互联网用户数列第71位。

融水苗族自治县应加大力度促进产业发展和转型升级，加快发展现代农

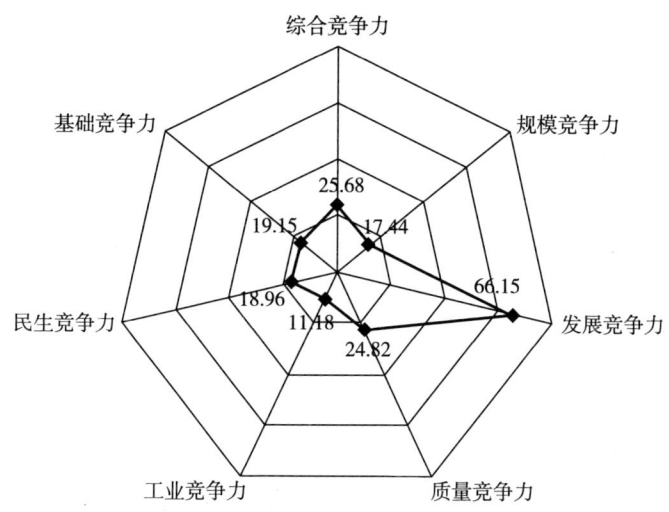

图 3-43 融水苗族自治县县域竞争力评价结果解析

业、大力推进工业化进程、加快发展旅游业和现代服务业。培育、壮大龙头企业、农业专业合作社等农业新型经营主体，不断提升农业产业化发展水平，打造高山蔬菜、高山水果、高山茶叶示范基地，培育地方特色品种，积极发展林下经济。将产业扶贫与加快推进工业化、城镇化、农业产业化相结合，抓好农民实用技术培训，坚持开发式扶贫，着力改善贫困村屯群众生产生活条件。加快建设高产高糖生产基地、特色中草药生产基地、优质桑蚕种养基地，打造特色无公害水果蔬菜产业带。

（6）三江侗族自治县

三江侗族自治县位于广西北部，享有"民间文化艺术之乡"的称号，下辖 4 个镇、14 个乡、2 个民族乡，总人口 38.35 万人。2012 年，三江侗族自治县县域综合竞争力评价指数为 19.29，在全区县域中排第 76 位，在西江经济带县域中排第 45 位（见表 3-22）。其中规模竞争力、发展竞争力、质量竞争力、工业竞争力、民生竞争力和基础竞争力的评价指数分别为 10.74、50.14、18.63、2.54、18.68 和 21.75（见图 3-44），在全区县域中分别列第 73、第 73、第 75、第 84、第 75 和第 57 位，在西江经济带县域中分别列第 41、第 42、第 45、第 45、第 45 和第 29 位。在各项竞争力中，三江的基础竞争力具有一定的相对优势。其中，单位面积铁路里程为 0.0327 公里/平方公里，在全区县域列第 9 位。

表3-22 三江侗族自治县县域竞争力评价结果及排序

序号	竞争力名称	评价指数	全区排序		西江经济带排序	
			2010年	2012年	2010年	2012年
1	规模竞争力	10.74	76	73	40	41
2	发展竞争力	50.14	2	73	1	42
3	质量竞争力	18.63	76	75	45	45
4	工业竞争力	2.54	83	84	44	45
5	民生竞争力	18.68	74	75	44	45
6	基础竞争力	21.75	72	57	38	29
7	综合竞争力	19.29	68	76	40	45

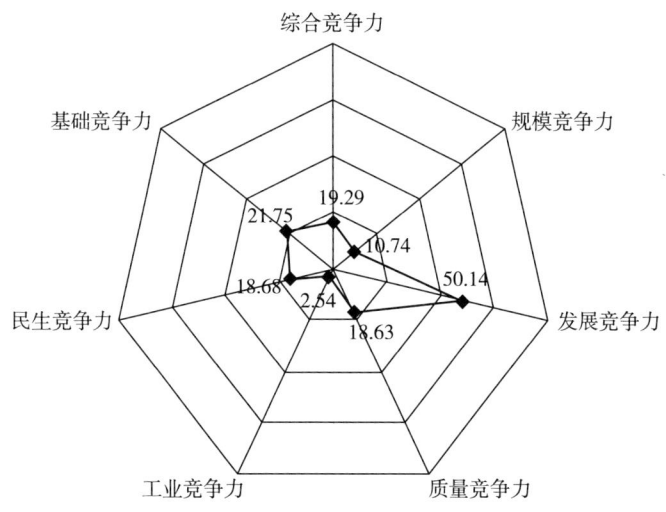

图3-44 三江侗族自治县县域竞争力评价结果解析

2012年,三江侗族自治县发展竞争力下降幅度较大,因其地区生产总值增速从2010年的19.44%下降至9.96%,工业增加值增速由2010年的44.92%下降至-11.06%,全社会固定资产投资增速从2010年的76.79%下降至17.93%。

从综合竞争力来看,三江侗族自治县在广西县域中处于下游水平,影响其综合竞争力水平的主要是工业竞争力,其中工业增加值列全区县域第76位,规模以上工业总产值列第85位,人均规模以上工业总产值列第77位,规模以上企业平均规模列第88位。同时,三江侗族自治县的规模竞争力、发展竞争力、质量竞争力和民生竞争力也明显偏弱。

三江侗族自治县应立足生态资源优势、民族文化优势、交通区位优势，将三江加快打造成珠三角、桂北地区重要生态农产品供应基地和桂湘黔民族旅游集散地。加快以"两茶一竹"为主导的特色农业产业转型升级，提高茶叶、油茶、竹木的综合利用率和附加值，因地制宜发展高山特色种养业，建立梅林黑猪和黄牛养殖示范基地，加大林溪红薯、韭菜基地建设。充分挖掘和弘扬民族文化，着力打造木构建筑文化、节庆文化品牌，合理开发休闲度假、生态养生等旅游新景区，推进特色民族文化旅游产业发展。同时，要积极迎接和应对贵广高铁开通后带来的发展机遇和潜在挑战。

2. 桂林市

桂林市参与县域竞争力评价的有阳朔县、临桂区、灵川县、全州县、兴安县、永福县、灌阳县、龙胜各族自治县、资源县、平乐县、荔浦县和恭城瑶族自治县。2012年，上述县域土地总面积27109.5平方公里，总人口446.26万人，实现地区生产总值1057.89亿元，工业增加值达到439.68亿元，财政收入达到82.9亿元，全社会固定资产投资达到1178.75亿元，社会消费品零售总额达到250.2亿元，分别占全区县域的11.88%、9.26%、12.99%、14.08%、13.61%、13.56%和10.33%（见图3-45）。2012年，桂林市县域人均地区生产总值达到23705元。

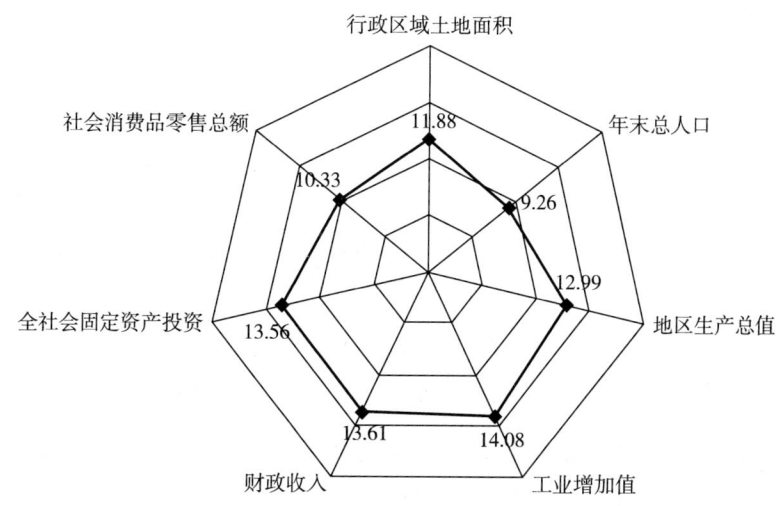

图3-45 桂林市县域经济占全区县域经济比重

（1）阳朔县

阳朔县位于广西东北部，有"阳朔堪称甲桂林"和"中国旅游名县"的美誉，下辖6个镇、3个乡，总人口31.76万人。2012年，阳朔县县域综合竞争力评价指数为32.92，在全区县域中排第44位，在西江经济带县域中排第25位（见表3-23）。其中规模竞争力、发展竞争力、质量竞争力、工业竞争力、民生竞争力和基础竞争力的评价指数分别为20.97、60.24、42.26、9.77、43.66和21.77（见图3-46），在全区县域中分别列第46、第49、第26、第69、第14和第55位，在西江经济带县域中分别列第27、第30、第14、

表3-23 阳朔县县域竞争力评价结果及排序

序号	竞争力名称	评价指数	全区排序		西江经济带排序	
			2010年	2012年	2010年	2012年
1	规模竞争力	20.97	45	46	25	27
2	发展竞争力	60.24	3	49	2	30
3	质量竞争力	42.26	27	26	15	14
4	工业竞争力	9.77	68	69	38	41
5	民生竞争力	43.66	12	14	6	7
6	基础竞争力	21.77	26	55	18	28
7	综合竞争力	32.92	35	44	19	25

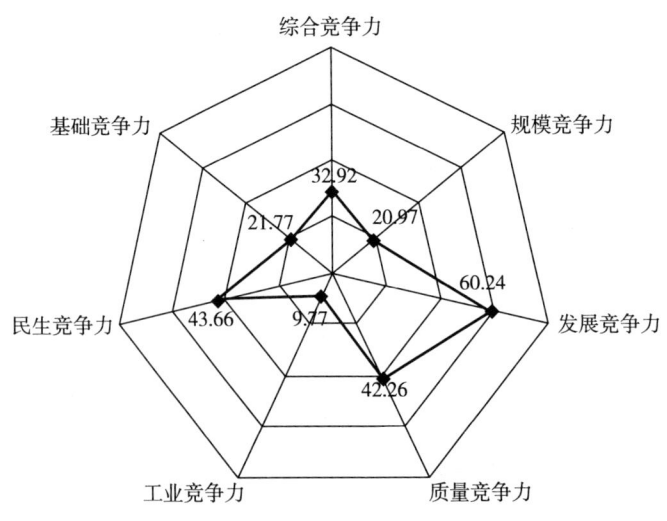

图3-46 阳朔县县域竞争力评价结果解析

第41、第7和第28位。在各项竞争力中，阳朔县民生竞争力具有相对明显的优势。其中，城镇居民人均可支配收入达到26584元，列全区县域第1位；农村居民人均纯收入达到8377元，列全区县域第4位。

2012年，阳朔县发展竞争力下降幅度较大，其原因在于财政收入增速和全社会固定资产投资增速下降幅度较大，分别从27.65%、57.47%下降至15.51%、12.15%。

从综合竞争力来看，阳朔县在广西县域中处于中游水平，影响其综合竞争力水平的主要是工业竞争力和基础竞争力，其中工业增加值在全区县域仅列第65位，规模以上工业总产值列第63位，人均规模以上工业总产值列第83位；每万人移动电话用户数列第84位，每万人口中中学生数列第71位。

阳朔县应在加快推进旅游转型升级和农业产业化发展的同时，积极推进新型工业化和新型城镇化进程。依托独特的山水田园风光、特色产业基地、生态文明新村、自然人文景观等资源优势，打造一批全国一流的休闲农业与乡村旅游精品项目，提升休闲旅游农业发展水平，合理开发旅游资源，完善旅游配套设施，加快旅游品牌建设进程。进一步转变观念，走高端、低碳、生态、环保的新型工业化发展道路，培育一批规模以上工业企业，提升企业协同创新能力，促进信息化和工业化融合，提高工业经济总量和质量。

（2）临桂区

临桂区位于桂林市西部，是桂林市重要的工业基地和交通枢纽，下辖5个镇、4个乡、2个民族乡，总人口49.17万人。2012年，临桂区县域综合竞争力评价指数为55.40，在全区县域中排第2位，在西江经济带县域中排第2位（见表3-24）。其中规模竞争力、发展竞争力、质量竞争力、工业竞争力、民生竞争力和基础竞争力的评价指数分别为53.92、78.36、65.64、48.76、44.94和29.85（见图3-47），在全区县域中分别列第9、第3、第1、第3、第13和第29位，在西江经济带县域中分别列第7、第2、第1、第2、第6和第18位。在各项竞争力中，临桂区的质量竞争力具有比较明显的优势。其中，人均地区生产总值达到36788元，在全区县域列第5位；人均财政收入约达3670元，列第4位；人均工业增加值约达18096元，列第2位。

表 3-24 临桂区县域竞争力评价结果及排序

序号	竞争力名称	评价指数	全区排序		西江经济带排序	
			2010年	2012年	2010年	2012年
1	规模竞争力	53.92	13	9	8	7
2	发展竞争力	78.36	11	3	6	2
3	质量竞争力	65.64	5	1	2	1
4	工业竞争力	48.76	8	3	4	2
5	民生竞争力	44.94	15	13	8	6
6	基础竞争力	29.85	18	29	12	18
7	综合竞争力	55.40	7	2	4	2

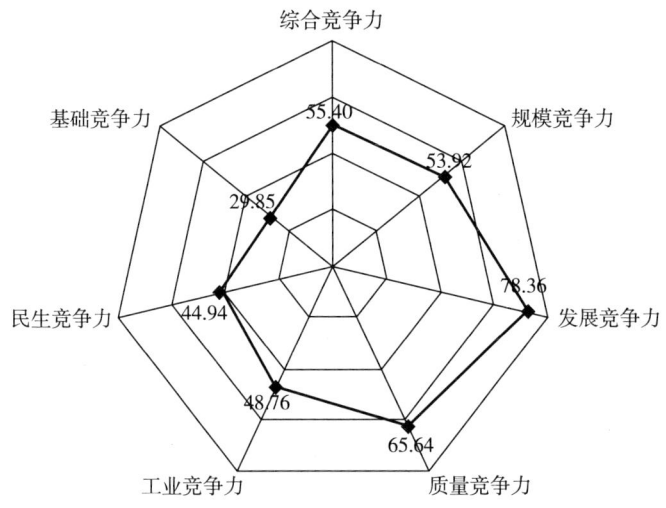

图 3-47 临桂区县域竞争力评价结果解析

从综合竞争力来看，临桂区是广西县域经济发展的排头兵之一，县域经济发展水平处于绝对领先地位，影响其综合竞争力水平的主要是民生竞争力和基础竞争力，每万人医院、卫生院床位数列最后一位，每万人医院、卫生院技术人员数列第44位；单位面积铁路里程列第46位，每万人互联网用户数列第56位，每万人口中中学生数列第51位。

临桂区应紧抓国家推进新型城镇化、自治区加快产城融合等发展机遇，促进临桂新区形成规模优势，以城市化带动工业化，实现信息化和工业化融合，构建以高新技术产业为主导的现代工业体系；运用现代经营方式、信息技术和管理手段，提升传统服务业，构建现代服务业，进一步提高第三产业在三次产业中的比重；围绕"农业增效、农民增收、农村发展"目标，以土地流转和科技创新为抓手，着力打造特色效益农业示范区、乡村旅游农业示范区、吨粮万元田示范区和生态循环农业示范区；进一步完善城镇基础设施建设，创新城市管理，提升临桂城市价值，建设经济发达、环境优美的现代化国际生态城市。

（3）灵川县

灵川县位于广西东北部，素以"地灵人杰山川秀，物华天宝五谷丰"而著称于世，下辖6个镇、5个乡、2个民族乡，总人口38.11万人。2012年，灵川县县域综合竞争力评价指数为41.18，在全区县域中排第20位，在西江经济带县域中排第13位（见表3-25）。其中规模竞争力、发展竞争力、质量竞争力、工业竞争力、民生竞争力和基础竞争力的评价指数分别为35.85、71.21、42.53、21.60、48.76和24.78（见图3-47），在全区县域中分别列第27、第9、第24、第35、第9和第44位，在西江经济带县域中分别列第17、第6、第13、第21、第4和第23位。在各项竞争力中，灵川县的发展竞争力[①]和民生竞争力具有相对明显的优势。其中，地区生产总值增速达20.54%，列全区县域第10位；工业增加值增速达24.23%，列全区县域第16位。人均社会消费品零售额达到9105元，列全区县域第9位；城镇居民人均可支配收入达到23297元，列全区县域第7位；农村居民人均纯收入达到7700元，列全区县域第13位。

表3-25 灵川县县域竞争力评价结果及排序

序号	竞争力名称	评价指数	全区排序		西江经济带排序	
			2010年	2012年	2010年	2012年
1	规模竞争力	35.85	32	27	19	17
2	发展竞争力	71.21	51	9	30	6
3	质量竞争力	42.53	17	24	10	13
4	工业竞争力	21.60	38	35	20	21
5	民生竞争力	48.76	9	9	4	4
6	基础竞争力	24.78	32	44	20	23
7	综合竞争力	41.18	26	20	16	13

[①] 2012年，各县域经济增速放缓，甚至稍有回落，而灵川县保持着相对稳定的增速，因而发展竞争力排名提升较大。

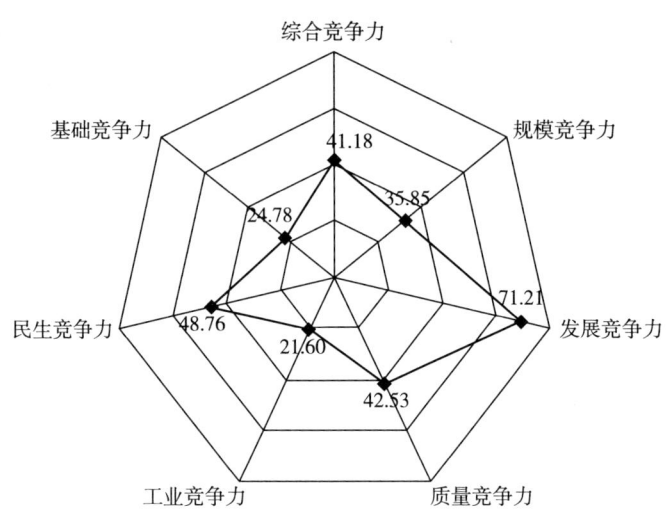

图 3-48 灵川县县域竞争力评价结果解析

从综合竞争力来看，灵川县在广西县域中处于上游水平，影响其综合竞争力水平的主要是工业竞争力和基础竞争力，其中规模以上企业平均规模列第43位，规模以上企业外向度水平列第51位，单位电力消耗工业增加值列第57位；单位面积公路里程仅列第75位，每万人口中中学生数列第74位。

灵川县应坚持把新型城镇化作为战略重点，着力在工业、交通基础设施、民生和社会事业、农业农村、科技创新、生态环保等领域引进一批重大项目；发展壮大灵川县机械装备制造、生态农产品加工、生物医药等重点产业，加快有色冶金、化工等传统产业的改造升级，不断提升工业发展水平；发展一批惠及广泛的乡村特色休闲旅游名镇、名村、星级旅游区和"农家乐"，把乡村旅游业培育发展成为繁荣和壮大农村经济的特色优势产业、农民致富新的增长点、新农村建设的支撑点。

(4) 全州县

全州县位于广西东北部，是桂林市行政区域面积最大、人口最多的县，有"中国金槐之乡"之称，下辖13个镇、3个乡、2个民族乡，总人口82.86万人。2012年，全州县县域综合竞争力评价指数为34.08，在全区县域中排第42位，在西江经济带县域中排第24位（见表3-26）。其中规模竞争力、发展竞争力、质量竞争力、工业竞争力、民生竞争力和基础竞争力的评价指数分别为35.82、59.08、26.64、25.56、32.53和22.15（见图3-48），在全区县域中分别列第28、第52、第59、第25、第43和第53位，在西江经济带县域中分别列第18、第31、第37、第13、第25和第27位。在各项竞争力中，全州县的规模竞争力和工业竞争力具有相对比较优势，其中年末总人口达到82.86万人，列全区县域第16位；农林牧渔业产值约达38.14亿元，列全区县域第11位。工业增加值约达45亿元，列全区县域第22位；人均规模以上工业总产值约达212万元，列全区县域第2位。

表3-26　全州县县域竞争力评价结果及排序

序号	竞争力名称	评价指数	全区排序 2010年	全区排序 2012年	西江经济带排序 2010年	西江经济带排序 2012年
1	规模竞争力	35.82	27	28	17	18
2	发展竞争力	59.08	77	52	40	31
3	质量竞争力	26.64	52	59	59	37
4	工业竞争力	25.56	37	25	19	13
5	民生竞争力	32.53	38	43	24	25
6	基础竞争力	22.15	30	53	19	27
7	综合竞争力	34.08	43	42	25	24

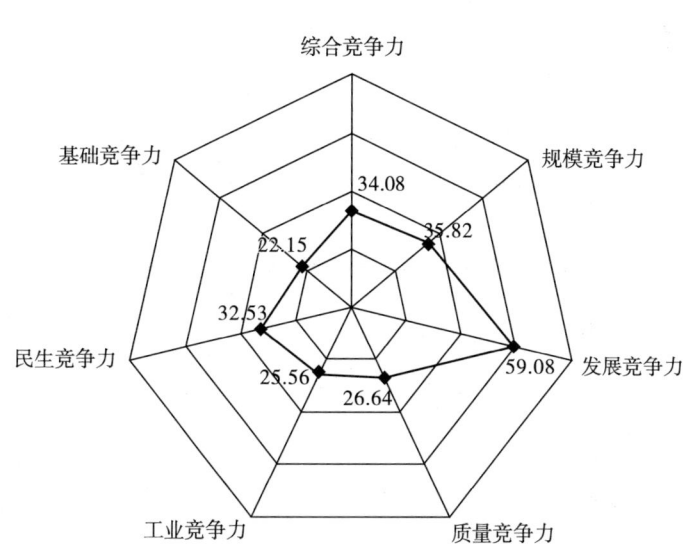

图3-49　全州县县域竞争力评价结果解析

从综合竞争力来看,全州县在广西县域中处于中游水平,影响其综合竞争力水平的主要是发展竞争力、质量竞争力和基础竞争力,其中工业增加值增速列第51位,社会消费品零售总额列第62位,财政收入增速列第68位;人均财政收入列第71位,人均工业增加值列第49位,单位电力消耗地区生产总值列第68位;每万人移动电话用户数列第72位,每万人互联网用户数仅列第87位,每万人口中中学生数列第75位。

全州县应坚持传统产业新型化、新兴产业规模化、支柱产业多元化,推动工业经济优化升级,推动铁合金等传统产业改造升级,大力发展新能源、新材料、中药制药等新兴产业,发展壮大翔云锰业、福达、湘山酒业、新宝铝等企业,打造一批各具产业特色的中小企业群。全力打造"中国金槐之乡",大力支持发展特色农产品加工龙头企业,推动金槐、食用菌等产业由基地建设向加工转化。

(5) 兴安县

兴安县位于广西东北部,是世界上最古老的运河——灵渠的所在地,自古以来就是楚越文化交会之区,下辖6个镇、3个乡、1个民族乡,总人口38.18万人。2012年,兴安县县域综合竞争力评价指数为44.96,在全区县域中排第11位,在西江经济带县域中排第7位(见表3-27)。其中规模竞争力、发展竞争力、质量竞争力、工业竞争力、民生竞争力和基础竞争力的评价指数分别为36.39、74.79、52.75、27.56、53.80和18.93(见图3-50),在全区县域中分别列第25、第5、第5、第23、第6和第68位,在西江经济带县域

表3-27 兴安县县域竞争力评价结果及排序

序号	竞争力名称	评价指数	全区排序		西江经济带排序	
			2010年	2012年	2010年	2012年
1	规模竞争力	36.39	30	25	18	16
2	发展竞争力	74.79	25	5	15	4
3	质量竞争力	52.75	7	5	3	3
4	工业竞争力	27.56	48	23	27	12
5	民生竞争力	53.80	6	6	3	3
6	基础竞争力	18.93	68	68	27	36
7	综合竞争力	44.96	16	11	10	7

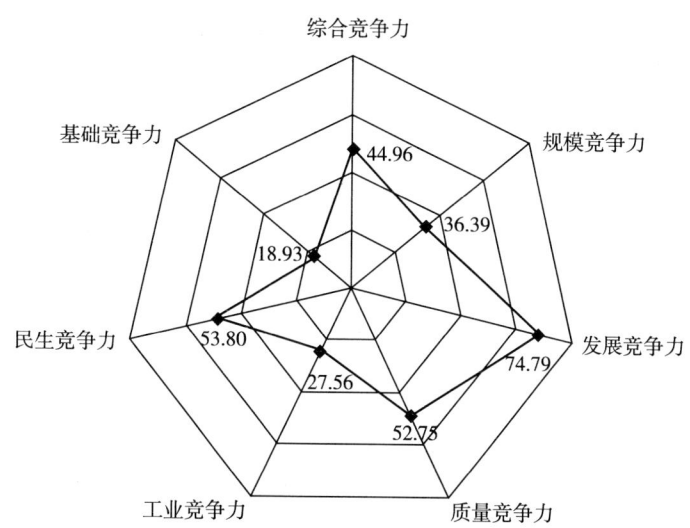

图 3-50 兴安县县域竞争力评价结果解析

中分别列第 16、第 4、第 3、第 12、第 3 和第 36 位。在各项竞争力中，兴安县的发展竞争力、质量竞争力和民生竞争力具有比较明显的优势。其中，地区生产总值增速达 23.11%，列全区县域第 4 位；工业增加值增速达 31.93%，列第 5 位。人均地区生产总值达到 37254 元，列全区县域第 4 位；人均工业增加值约达 16364 元，列第 3 位。农村居民人均纯收入达 9071 元，列第 2 位。

2012 年，兴安县发展竞争力和工业竞争力[①]上升幅度较大，其中工业增加值由 2010 年的 35.63 亿元上升至 62.48 亿元，规模以上工业总产值由 63.86 亿元上升至约 145.75 亿元，工业经济成为兴安县经济建设的中坚力量。

从综合竞争力来看，兴安县在广西县域中处于上游水平，影响其综合竞争力水平的主要是基础竞争力，其中每万人移动电话用户数在全区县域仅列第 86 位，每万人互联网用户数列第 60 位，每万人口中中学生数仅列第 84 位。

---

① 兴安县经济发展保持稳定增长，是其发展竞争力排名提升较大的重要原因。同时，兴安县出台《兴安县工业集中区工业项目投资优惠政策若干规定》，推动园区工业总产值突破 100 亿元。

兴安县应发挥优势，主动融入桂林国际旅游胜地建设，推动广西特色旅游名县建设；统筹推进产业转型升级、产品结构优化、装备水平提升、产业链延伸、创新能力提升重大项目；以强化特色为引擎，加快构建现代产业体系，坚持把新型工业化作为加快转变经济发展方式的主导方向和核心战略；充分发挥兴安县农林产品资源优势，大力发展柑橘、葡萄、竹木、食用菌等特色优势产业，积极发展农产品精深加工，培育农产品知名品牌。

（6）永福县

永福县位于广西东北部、桂林西南，素有"福寿之乡"之美称，下辖4个镇、5个乡，总人口28.47万人。2012年，永福县县域综合竞争力评价指数为35.46，在全区县域中排第35位，在西江经济带县域中排第20位（见表3-26）。其中规模竞争力、发展竞争力、质量竞争力、工业竞争力、民生竞争力和基础竞争力的评价指数分别为20.10、61.87、50.74、21.60、39.38和18.57（见图3-51），在全区县域中分别列第49、第39、第7、第36、第18和第70位，在西江经济带县域中分别列第29、第23、第4、第22、第11和第38位。在各项竞争力中，永福县的质量竞争力具有比较明显的优势。其中，人均地区生产总值达到35059元，在全区县域列第7位；人均工业增加值达到13646元，列第8位。

表3-28　永福县县域竞争力评价结果及排序

序号	竞争力名称	评价指数	全区排序		西江经济带排序	
			2010年	2012年	2010年	2012年
1	规模竞争力	20.10	52	49	30	29
2	发展竞争力	61.87	58	39	34	23
3	质量竞争力	50.74	8	7	4	4
4	工业竞争力	21.60	36	36	18	22
5	民生竞争力	39.38	13	18	7	11
6	基础竞争力	18.57	69	70	32	38
7	综合竞争力	35.46	36	35	21	20

从综合竞争力来看，永福县在广西县域中处于中游偏上水平，影响其综合竞争力水平的主要是规模竞争力和基础竞争力，其中年末总人口在全区县域仅

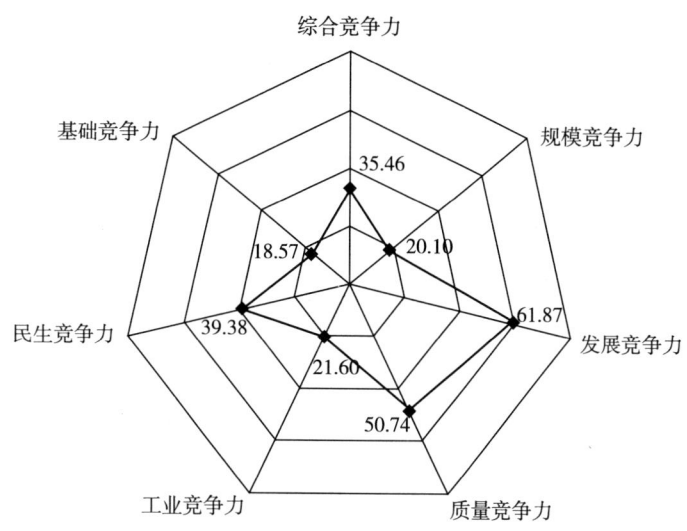

图3-51 永福县县域竞争力评价结果解析

列第73位,财政收入列第52位;单位面积公路里程列第88位,每万人移动电话用户数列第52位,每万人口中中学生数列第79位。

永福县应积极实施项目带动战略,增强经济发展后劲,充分利用桂林国际旅游胜地建设的政策和永福福寿养生品牌,围绕新能源、新材料、节能环保、健康养生等战略性新兴产业,有针对性地加大招商引资力度,不断提升引资数量和质量;加快推进新兴产业发展,增强经济发展牵引力,发展壮大汽车机械设备、医药及生物制品、先进装备制造、养生健康食品四大重点产业;积极推进现代农业发展,增强经济发展支撑力,推进农业产业化经营,培育优势特色产业专业大户、家庭农场、龙头企业和农民专业合作组织;全面推进现代服务业发展,增强经济发展竞争力,引进大企业大集团,建设养生环境、养生项目、养生居住和养生服务"四位一体"的精品项目,突出发展健康养生产业。

(7)灌阳县

灌阳县位于桂林东北部,素有"八山一耕地,半水半村庄"之说,是桂北农业强县之一,下辖3个镇、6个乡,总人口29.04万人。2012年,灌阳县县域综合竞争力评价指数为25.93,在全区县域中排第64位,在西江经济带县域中排第 38 位（见表 3-29）。其中，规模竞争力、发展竞争力、质量竞争力、工业竞争力、民生竞争力和基础竞争力的评价指数分别为 12.48、62.16、29.73、17.83、23.10 和 13.95（见图 3-52），在全区县域中分别列第 69、第 38、第 50、第 51、第 66 和第 84 位，在西江经济带县域中分别列第 39、第 22、第 32、第 32、第 40 和第 44 位。在各项竞争力中，灌阳县的发展竞争力有一定优势。其中，社会消费品零售总额增速达 17.33%，在全区县域列第 30 位；财政收入增速达 24.25%，在全区县域列第 22 位。

表 3-29 灌阳县县域竞争力评价结果及排序

序号	竞争力名称	评价指数	全区排序		西江经济带排序	
			2010 年	2012 年	2010 年	2012 年
1	规模竞争力	12.48	71	69	39	39
2	发展竞争力	62.16	45	38	26	22
3	质量竞争力	29.73	42	50	26	32
4	工业竞争力	17.83	57	51	34	32
5	民生竞争力	23.10	59	66	36	40
6	基础竞争力	13.95	88	84	45	44
7	综合竞争力	25.93	65	64	37	38

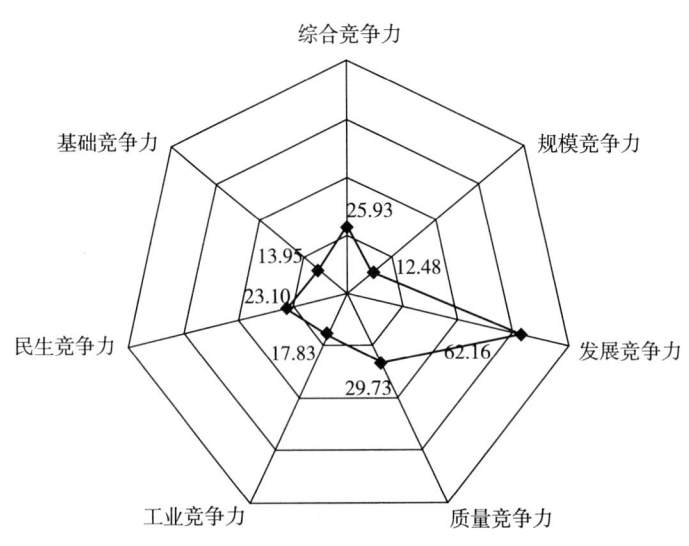

图 3-52 灌阳县县域竞争力评价结果解析

从综合竞争力来看，灌阳县在广西县域中处于中游偏下水平，影响其综合竞争力水平的主要是规模竞争力、民生竞争力和基础竞争力，其中年末总人口在全区仅列第72位，地区生产总值列第63位，社会消费品零售总额列第66位，财政收入列第67位；农村居民人均纯收入列第69位，城乡居民收入统筹系数列第77位；单位面积公路里程列第67位，每万人口中中学生数列第78位。

灌阳县应积极实施项目带动战略，以项目拉动投资、以项目培植财源、以项目支撑发展、以项目改善民生。坚持工业强县战略不动摇，大力发展园区经济，优化产业结构，加快推进新型工业化进程，鼓励和引导企业加快技术改造，积极开展创新活动，加快技术改造，推动传统工业向创新化、集约化和循环化发展；坚持产业优化升级，全力提升农业现代化水平，扶持壮大一批农业龙头企业，支持扩大生产规模，拓展新产品，抓好以天然食品公司为龙头的现代物流基地建设，将粮食深加工作为推进农业产业化的重要突破口。

（8）龙胜各族自治县

龙胜各族自治县位于广西东北部，旅游资源丰富，有"天下一绝"的国家一级景点——龙脊梯田景观，下辖3个镇、7个乡，总人口17.79万人。2012年，龙胜各族自治县县域综合竞争力评价指数为25.72，在全区县域中排第65位，在西江经济带县域中排第39位（见表3-30）。其中规模竞争力、发展竞争力、质量竞争力、工业竞争力、民生竞争力和基础竞争力的评价指数分别为8.75、58.12、39.80、12.16、21.43和18.17（见图3-53），在全区县域中分

表3-30 龙胜各族自治县县域竞争力评价结果及排序

序号	竞争力名称	评价指数	全区排序		西江经济带排序	
			2010年	2012年	2010年	2012年
1	规模竞争力	8.75	80	76	39	42
2	发展竞争力	58.12	42	58	26	33
3	质量竞争力	39.80	24	28	26	16
4	工业竞争力	12.16	70	63	34	37
5	民生竞争力	21.43	70	69	36	43
6	基础竞争力	18.17	84	73	45	39
7	综合竞争力	25.72	66	65	37	39

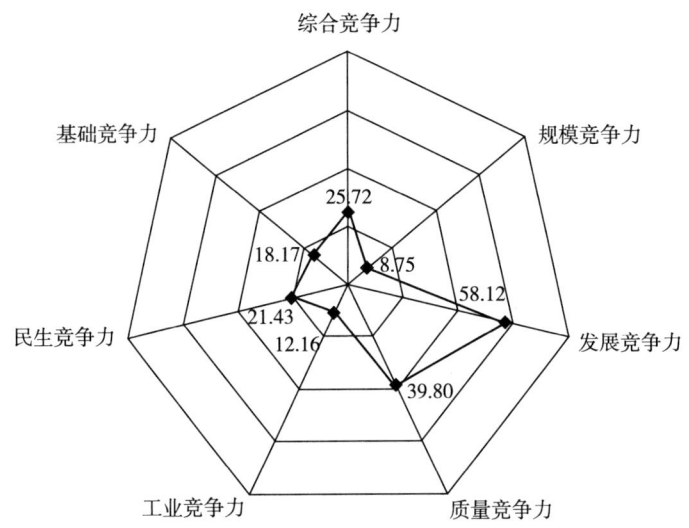

图3-53 龙胜各族自治县县域竞争力评价结果解析

别列第76、第58、第28、第63、第69和第73位,在西江经济带县域中分别列第42、第33、第16、第37、第43和第39位。在各项竞争力中,龙胜各族自治县的质量竞争力具有一定比较优势。其中,单位面积粮食产量达到5.97吨/公顷,在全区县域列第4位;人均财政收入约达2319元,在全区县域列第14位。

从综合竞争力来看,龙胜各族自治县在广西县域中处于中游偏下水平,影响其综合竞争力水平的主要是规模竞争力、民生竞争力和基础竞争力,其中年末总人口列全区县域第82位,地区生产总值列第70位;农村居民人均纯收入列第75位,城乡居民收入统筹系数列第85位;单位面积公路里程列全区县域第76位,每万人口中中学生数列第70位。

龙胜县是国家扶贫开发重点县和少数民族自治县,应当着力实施城乡居民收入倍增计划,突出抓好农民、企业职工、中低收入群体增收工作。加快山区特色农业产业发展,全面实施科教兴农战略,大力推动农业科技创新,加大凤鸡、翠鸭、龙脊辣椒等农产品开发力度,扶持一批带动能力强、品牌影响大、经济效益好的农产品加工龙头企业。着力推进旅游强县建设,以桂林国际旅游胜地建设的国家战略和广西"富民兴旅"三年计划为契机,坚持旅游与传统文化、民俗文化、绿色文化、红色文化紧密结合,着力打造以生态、观光、休闲、度假、少数民族风情游为主的旅游精品。

（9）资源县

资源县位于广西东北部，是广西八大重点风景开发区之一，境内有华南第一高峰——猫儿山，下辖1个镇、3个乡、3个民族乡，总人口17.52万人。2012年，资源县县域综合竞争力评价指数为25.42，在全区县域中排第68位，在西江经济带县域中排第41位（见表3-31）。其中规模竞争力、发展竞争力、质量竞争力、工业竞争力、民生竞争力和基础竞争力的评价指数分别为6.29、69.28、32.33、7.96、28.61和15.00（见图3-54），在全区县域中分别列第80、第21、第43、第74、第56和第82位，在西江经济带县域中分别列第43、第12、第28、第42、第34和第42位。在各项竞争力中，资源县的发展竞争力①具有一定的比较优势。其中，地区生产总值增速达到19.45%，在全区县域列第16位；工业增加值增速达到28.64%，列第10位。

表3-31 资源县县域竞争力评价结果及排序

序号	竞争力名称	评价指数	全区排序		西江经济带排序	
			2010年	2012年	2010年	2012年
1	规模竞争力	6.29	83	80	44	43
2	发展竞争力	69.28	56	21	32	12
3	质量竞争力	32.33	54	43	33	28
4	工业竞争力	7.96	81	74	43	42
5	民生竞争力	28.61	53	56	33	34
6	基础竞争力	15.00	79	82	41	42
7	综合竞争力	25.42	73	68	43	41

从综合竞争力来看，资源县在广西县域中处于下游水平，影响其综合竞争力水平的主要是规模竞争力、工业竞争力和基础竞争力，其中年末总人口和财政收入在全区县域均仅列第83位；工业增加值列第70位，规模以上企业平均规模列第72位；单位面积公路里程列第70位，每万人口中中学生数列第67位。

---

① 资源县经济发展增速保持稳定，其发展竞争力排名比较靠前。

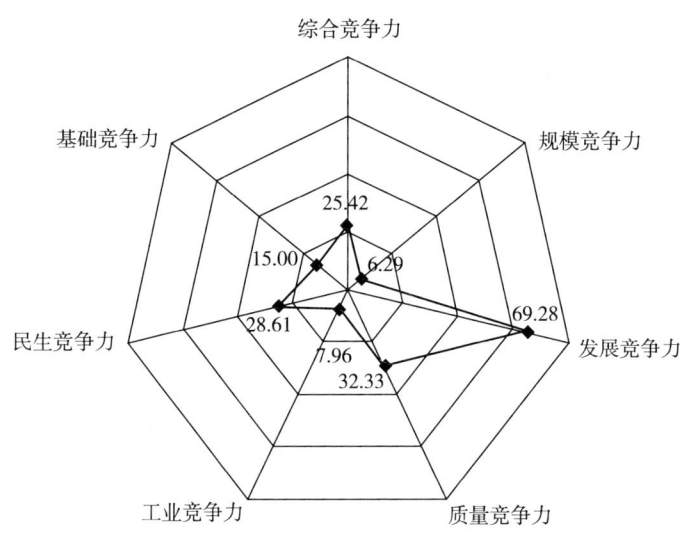

图 3-54 资源县县域竞争力评价结果解析

作为国家西部生态文明示范试点县,资源县应坚持"生态立县、农业稳县、工业富县、旅游强县"发展战略,鼓励扶持绿色香、江夏食品、南国天然食品、桂族竹制品、鸿达木业等农产品龙头企业做大做强。鼓励和引导外出务工、经商成功人士回乡投资创业,支持民间资本进入基础设施、公共事业等领域,鼓励社会资本以独资、合资、合作、联营、特许经营等方式参与建设和经营。依托丰富的自然旅游资源和良好的生态环境,大力发掘生态优势,开发休闲旅游资源,着力推动生态休闲旅游品牌建设。

(10) 平乐县

平乐县位于广西东北部、桂林市东南部,下辖 6 个镇、3 个乡、1 个民族乡,总人口 44.82 万人。2012 年,平乐县县域综合竞争力评价指数为 30.82,在全区县域中排第 54 位,在西江经济带县域中排第 32 位(见表 3-22)。其中规模竞争力、发展竞争力、质量竞争力、工业竞争力、民生竞争力和基础竞争力的评价指数分别为 19.84、60.26、34.76、17.93、32.83、22.51(见图 3-55),在全区县域中分别列第 50、第 48、第 34、第 49、第 41 和第 52 位,在西江经济带县域中分别列第 30、第 29、第 22、第 30、第 23 和第 26 位。在各项竞争力中,平乐县的质量竞争力具有一定比较优势。其中,单位面积粮食产量达 5.37 吨/公顷，列全区县域第 16 位；单位电力消耗地区生产总值达 21.07 元/千瓦时，列全区县域第 29 位。

表 3-32 平乐县县域竞争力评价结果及排序

序号	竞争力名称	评价指数	全区排序		西江经济带排序	
			2010 年	2012 年	2010 年	2012 年
1	规模竞争力	19.84	54	50	31	30
2	发展竞争力	60.26	72	48	39	29
3	质量竞争力	34.76	47	34	30	22
4	工业竞争力	17.93	47	49	26	30
5	民生竞争力	32.83	48	41	28	23
6	基础竞争力	22.51	57	52	31	26
7	综合竞争力	30.82	60	54	33	32

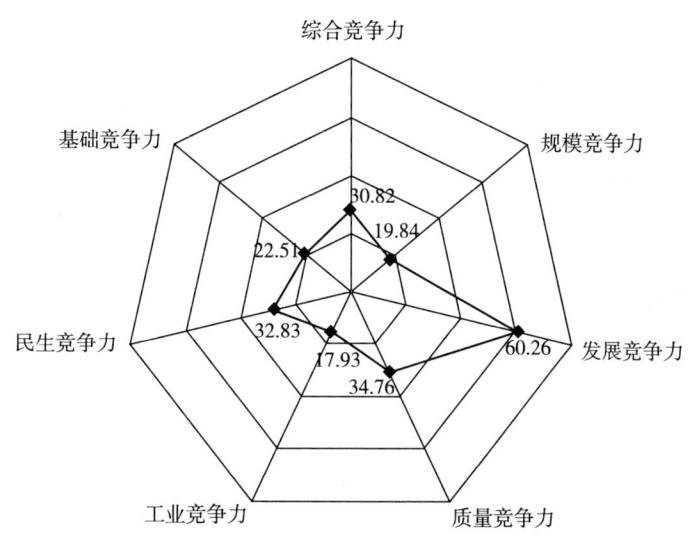

图 3-55 平乐县县域竞争力评价结果解析

从综合竞争力来看，平乐县在广西县域中处于中游偏下水平，影响其综合竞争力水平的主要是规模竞争力和基础竞争力。其中财政收入列第 68 位，全社会固定资产投资列第 58 位；单位面积公路里程列第 63 位，每万人口中中学生数仅列第 77 位。

平乐县应大力发展园区经济，扶持壮大现有企业，抓好工业项目建设，实施工业强县战略，着力发展工业经济；全力推进重大项目建设，鼓励和引导外出创业成功人士回归家乡、投资兴业，着力培植发展后劲；建设桂江生态旅游带，完善旅游基础设施建设，加快现代服务业发展，打响平乐旅游品牌；大力发展特色效益农业，推动农村产权制度改革，发展新型农业经营方式，着力发展现代农业。

（11）荔浦县

荔浦县地处广西东北部，是闻名中国的南方食品城，同时也是中国乃至世界最大的木衣架出口生产基地，荣获"中国衣架之都"称号，下辖10个镇、2个乡、1个民族乡，总人口38.49万人。2012年，荔浦县县域综合竞争力评价指数为37.33，在全区县域中排第30位，在西江经济带县域中排第18位（见表3-33）。其中规模竞争力、发展竞争力、质量竞争力、工业竞争力、民生竞争力和基础竞争力的评价指数分别为26.39、64.25、45.96、18.31、46.72、21.55（见图3-56），在全区县域中分别列第38、第36、第14、第47、第10和第58位，在西江经济带县域中分别列第22、第20、第8、第29、第5和第30位。在各项竞争力中，荔浦县的民生竞争力具有比较明显的优势。其中，人均社会消费品零售额达到9427元，在全区县域列第8位；城镇居民人均可支配收入达22310元，列全区县域第13位。此外，荔浦县的质量竞争力也处于较高水平。其中，人均地区生产总值达27992元，单位电力消耗地区生产总值达23.53元/千瓦时，均列全区县域第17位。

表3-33 荔浦县县域竞争力评价结果及排序

序号	竞争力名称	评价指数	全区排序		西江经济带排序	
			2010年	2012年	2010年	2012年
1	规模竞争力	26.39	40	38	22	22
2	发展竞争力	64.25	49	36	29	20
3	质量竞争力	45.96	16	14	9	8
4	工业竞争力	18.31	42	47	23	29
5	民生竞争力	46.72	10	10	5	5
6	基础竞争力	21.55	69	58	36	30
7	综合竞争力	37.33	36	30	20	18

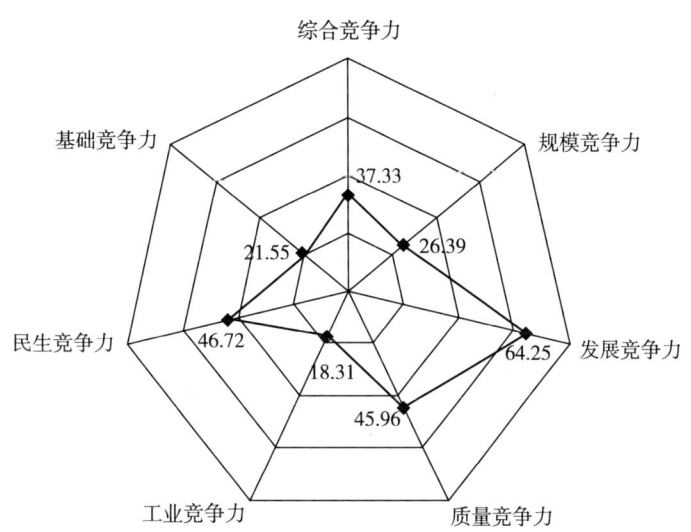

图 3-56 荔浦县县域竞争力评价结果解析

从综合竞争力来看,荔浦县在广西县域中处于中游偏上水平,影响其综合竞争力水平的主要是工业竞争力和基础竞争力,其中人均规模以上工业总产值在全区县域中仅列第 82 位,每万人口中中学生数列第 59 位。

荔浦县应坚持走农业稳县、工业强县、文化立县、旅游兴县、商贸富县道路,重点发展特色种植、食品加工、竹木制品、造纸及纸制品等产业,加快推进农业产业化、标准化、品牌化进程。实施项目带动战略,进一步增强经济发展后劲,继续抓好荔浦芋、荔浦马蹄、荔浦砂糖橘、花卉苗木、生猪等优势特色农产品标准化、规模化示范基地建设;鼓励企业开发绿色天然食品,发展荔浦芋、荔浦马蹄等特色系列产品,将荔浦打造成为广西绿色食品深加工产业基地。全面建设桂林南部中等城市,全国木衣架生产出口基地,全国兰花、荔浦芋、马蹄之乡。

(12) 恭城瑶族自治县

恭城瑶族自治县位于广西东北部、桂林市东南部,下辖 3 个镇、6 个乡,总人口 30.05 万人。2012 年,恭城瑶族自治县县域综合竞争力评价指数为 30.73,在全区县域中排第 55 位,在西江经济带县域中排第 33 位(见表 3-34)。其中规模竞争力、发展竞争力、质量竞争力、工业竞争力、民生竞争力和基础竞争力的评价指数分别为 16.66、66.54、33.31、20.71、34.02、17.14（见图 3-57），在全区县域中分别列第 58、第 27、第 38、第 41、第 35 和第 77 位，在西江经济带县域中分别列第 33、第 14、第 24、第 25、第 22 和第 40 位。在各项竞争力中，恭城瑶族自治县的发展竞争力处于较高水平。其中，地区生产总值增速达到 17.84%，在全区县域列第 24 位；工业增加值增速达 26.53%，列第 14 位。

表 3-34　恭城瑶族自治县县域竞争力评价结果及排序

序号	竞争力名称	评价指数	全区排序		西江经济带排序	
			2010 年	2012 年	2010 年	2012 年
1	规模竞争力	16.66	60	58	35	33
2	发展竞争力	66.54	44	27	25	14
3	质量竞争力	33.31	46	38	29	24
4	工业竞争力	20.71	55	41	32	25
5	民生竞争力	34.02	28	35	17	22
6	基础竞争力	17.14	74	77	39	40
7	综合竞争力	30.73	57	55	30	33

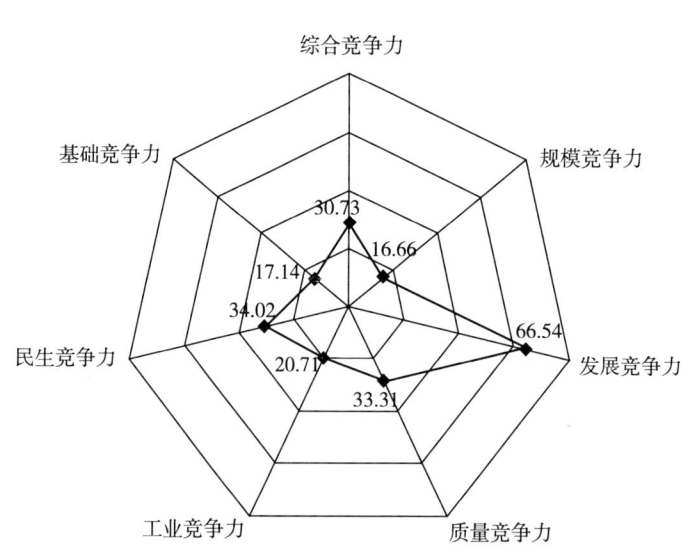

图 3-57　恭城瑶族自治县县域竞争力评价结果解析

从综合竞争力来看，恭城瑶族自治县在广西县域中处于中游偏下水平，影响其综合竞争力水平的主要是规模竞争力和基础竞争力。其中，年末总人口仅列第71位，全社会固定资产投资列第59位；单位面积公路里程列第71位，每万人互联网用户数列第53位。

恭城瑶族自治县应依托矿产品、月柿水果、生态旅游等资源优势，积极谋划和储备一批支撑作用明显、带动性较强的项目，大力发展有色金属精深加工和建材产业，突出发展水果深加工产业。创建月柿、沙田柚、槟榔芋、葡萄、茶叶、蔬菜、食用菌等产业化示范基地，加快现代农业发展，促进农业增效、农民增收。鼓励和扶持企业开展技术改造和产品开发，促进工业转型升级。以休闲农业和乡村旅游为重点，突出发展旅游产业，推动现代服务业发展。

3. 梧州市

梧州市参与县域竞争力评价的有苍梧县、藤县、蒙山县和岑溪市。2012年，上述县域土地总面积11473平方公里，总人口278万人，实现地区生产总值548.03亿元，工业增加值达到315.9亿元，财政收入达到42.89亿元，全社会固定资产投资达到583.19亿元，社会消费品零售总额达到139.73亿元，分别占全区县域的5.03%、5.77%、6.73%、10.12%、7.04%、6.71%和5.77%（见图3-58）。2012年，梧州市县域人均地区生产总值达到19719元。

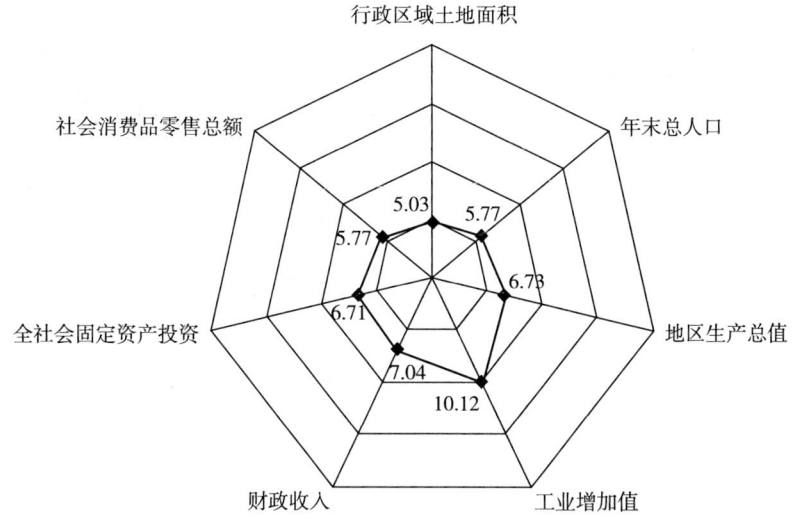

图3-58 梧州市县域经济占全区县域经济比重

(1) 苍梧县

苍梧县位于广西东部,"遥连五岭,总纳三江",素有"广西水上门户"之称,下辖13个镇,总人口60.79万人。2012年,苍梧县县域综合竞争力评价指数为45.64,在全区县域中排第10位,在西江经济带县域中排第6位(见表3-35)。其中规模竞争力、发展竞争力、质量竞争力、工业竞争力、民生竞争力和基础竞争力的评价指数分别为42.01、75.62、43.96、40.61、31.87和41.32(见图3-59),在全区县域中分别列第19、第4、第19、第6、第46和第8位,在西江经济带县域中分别列第12、第3、第11、第4、第28和第2位。在各项竞争力中,苍梧县的发展竞争力、工业竞争力和基础竞争力具有比较明显的优势。其中,地区生产总值增速达到21.78%,在全区县域列第6位;财政收入增速达36.27%,列全区县域第2位。工业增加值达88.132亿元,列全区县域第6位;人均规模以上工业总产值达148.26万元,列全区县域第9位;每万人中中学生数达637人,列全区县域第4位。

表3-35 苍梧县县域竞争力评价结果及排序

序号	竞争力名称	评价指数	全区排序		西江经济带排序	
			2010年	2012年	2010年	2012年
1	规模竞争力	42.01	26	19	16	12
2	发展竞争力	75.62	6	4	3	3
3	质量竞争力	43.96	26	19	14	11
4	工业竞争力	40.61	18	6	10	4
5	民生竞争力	31.87	51	46	31	28
6	基础竞争力	41.32	10	8	5	2
7	综合竞争力	45.64	21	10	13	6

从综合竞争力来看,苍梧县在广西县域中处于领先水平[①],影响其综合竞争力水平的主要是民生竞争力。其中每万人医院、卫生院床位数列第85位,每万人医院、卫生院技术人员数列第63位。

---

① 随着梧州市龙圩区和新苍梧县的成立,新苍梧县在全区县域竞争力中的排名预期将出现大幅下滑。

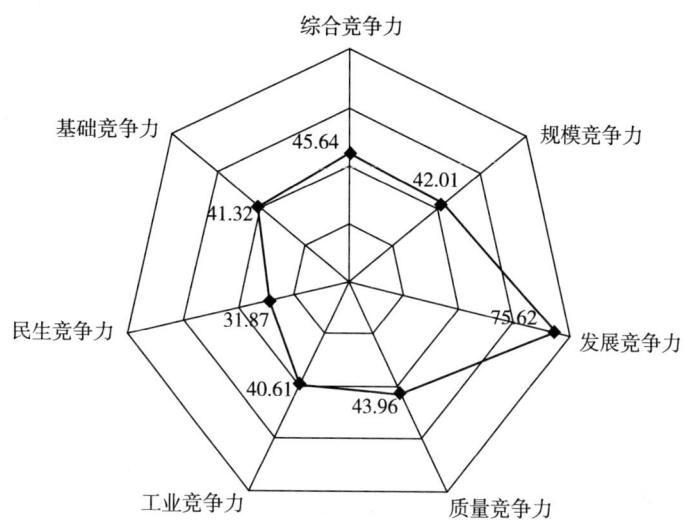

图 3-59　苍梧县县域竞争力评价结果解析

随着广西城镇化进程的加快，尤其是梧州市与南宁市、柳州市、桂林市并为广西四大中心城市后，梧州进一步加快辖区建设。苍梧县被一分为二，南部地区整体设立龙圩区，北部地区成为新的苍梧县，县城设在石桥镇，而北部地区长期以来经济发展明显滞后，底子薄、基础弱，因此，新苍梧在县域竞争力中的排名大幅下滑已成必然。因此，新的苍梧县必须立足实际，进行全新的规划，积极引进一批适宜发展的项目，着力发展绿色低碳项目和特色优势产业。同时要加快新县城的建设进度，完善城乡基础设施和县城建设。

(2) 藤县

藤县位于梧州市西部、浔江下游，下辖 15 个镇、1 个乡，总人口 103.57 万人。2012 年，藤县县域综合竞争力评价指数为 42.29，在全区县域中排第 16 位，在西江经济带县域中排第 12 位（见表 3-36）。其中规模竞争力、发展竞争力、质量竞争力、工业竞争力、民生竞争力和基础竞争力的评价指数分别为 52.56、70.24、34.73、31.79、29.04 和 25.40（见图 3-60），在全区县域中分别列第 10、第 13、第 35、第 19、第 54 和第 42 位，在西江经济带县域中分别列第 8、第 7、第 23、第 10、第 33 和第 22 位。在各项竞争力中，藤县的规模竞争力具有比较明显的优势。其中，藤县年末总人口达到 103.57 万人，列全区县域第 12 位;农林牧渔业产值约达 38.43 亿元,列第 10 位;财政收入约达 13.35 亿元,列第 9 位。另外,藤县的发展竞争力也具有较为明显的优势,其中,工业增加值增速达 21.10%,列全区县域第 26 位;财政收入增速达 36.14%,列全区县域第 3 位。

表 3-36 藤县县域竞争力评价结果及排序

序号	竞争力名称	评价指数	全区排序		西江经济带排序	
			2010 年	2012 年	2010 年	2012 年
1	规模竞争力	52.56	15	10	9	8
2	发展竞争力	70.24	23	13	13	7
3	质量竞争力	34.73	36	35	22	23
4	工业竞争力	31.79	14	19	8	10
5	民生竞争力	29.04	49	54	29	33
6	基础竞争力	25.40	48	42	29	22
7	综合竞争力	42.29	24	16	15	12

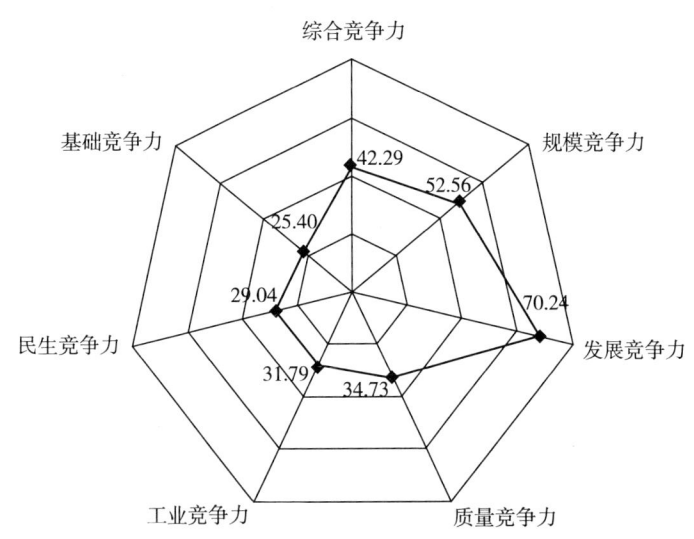

图 3-60 藤县县域竞争力评价结果解析

从综合竞争力来看,藤县在广西县域中处于上游水平,影响其综合竞争力水平的主要是民生竞争力和基础竞争力。其中每万人医院、卫生院床位数列第 84 位,每万人医院、卫生院技术人员数列第 81 位;每万人移动电话用户数列第 57 位，每万人互联网用户数列第 57 位。

藤县应充分发挥处于泛珠三角经济圈和泛北部湾经济区的交会节点、境内两条高速公路、两条铁路干线、一条黄金水道、一座机场、一条"西气东输"管道的区位优势，加大钛白、林产林化等传统优势企业的技改投入，扶持一批林产林化企业挖掘上下游产品，延长产业链，提高产品附加值，巩固主导产业地位，努力建成珠江－西江经济带新兴工业化城市；抓好优质稻、品牌蔬菜、高脂林、油茶、砂糖橘种植以及生猪养殖、林下养鸡等一批规模化、标准化示范基地建设；推进中和陶瓷集中区物流基地、赤水港物流园区、三坡码头以及直属粮库搬迁项目建设，加强商贸物流基础建设。

（3）蒙山县

蒙山县位于广西东部大瑶山之东，是太平天国开国之地，下辖6个镇、1个乡、2个民族乡，总人口21.69万人。2012年，蒙山县县域综合竞争力评价指数为30.93，在全区县域中排第53位，在西江经济带县域中排第31位（见表3-37）。其中规模竞争力、发展竞争力、质量竞争力、工业竞争力、民生竞争力和基础竞争力的评价指数分别为11.24、69.90、43.28、17.88、28.44和20.37（见图3-61），在全区县域中分别列第72、第14、第22、第50、第57和第60位，在西江经济带县域中分别列第40、第8、第12、第31、第35和第31位。在各项竞争力中，蒙山县的发展竞争力具有比较明显的优势。其中，社会消费品零售总额增速达19.49%，列全区县域第4位；财政收入增速达32.96%，列全区县域第6位。

表3-37 蒙山县县域竞争力评价结果及排序

序号	竞争力名称	评价指数	全区排序		西江经济带排序	
			2010年	2012年	2010年	2012年
1	规模竞争力	11.24	79	72	41	40
2	发展竞争力	69.90	10	14	5	8
3	质量竞争力	43.28	23	22	12	12
4	工业竞争力	17.88	51	50	29	31
5	民生竞争力	28.44	62	57	37	35
6	基础竞争力	20.37	53	60	30	31
7	综合竞争力	30.93	56	53	29	31

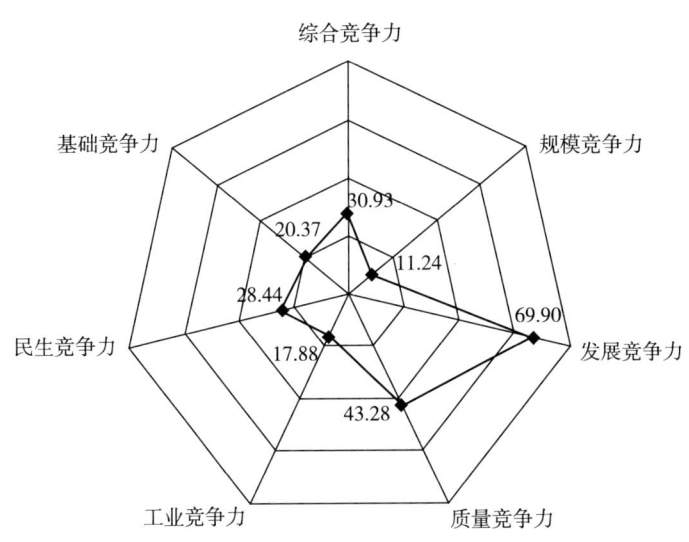

图 3-61 蒙山县县域竞争力评价结果解析

从综合竞争力来看，蒙山县在广西县域中处于中游偏下水平，影响其综合竞争力水平的主要是规模竞争力、工业竞争力、民生竞争力和基础竞争力。其中年末总人口在全区仅列第 79 位，农林牧渔业产值列第 74 位；人均规模以上工业总产值列第 72 位；城镇居民人均可支配收入列第 59 位，农村居民人均纯收入列第 66 位；单位面积公路里程列第 69 位，每万人互联网用户数列第 82 位。

蒙山县应围绕丝绸、水泥、水电、淀粉、制药、纺织等主导产业，通过培育壮大原料基地、优化服务环境等措施，延长企业的产业链，扩大企业规模，增强企业活力。继续推进集桑蚕饲养、蚕丝生产、丝绸加工、真丝服装、丝绸家纺于一体的丝绸综合产业基地建设，延伸茧、丝、绸及家纺产品加工产业链。抓好桑蚕、木薯、甘蔗、果蔬、肉兔等优势产业，着力培育发展中药材、竹藤、黄牛、瘦肉型猪等特色产业，形成主导产业带动、特色产业推动、种养业并重发展的产业发展格局。

(4) 岑溪市

岑溪市位于广西东南部，被誉为"花岗岩之都"。2012 年岑溪市被中国老年学会授予"中国长寿之乡"称号，下辖 14 个镇，总人口 91.87 万人。2012

年,岑溪市县域综合竞争力评价指数为49.87,在全区县域中排第5位,在西江经济带县域中排第3位(见表3-38)。其中规模竞争力、发展竞争力、质量竞争力、工业竞争力、民生竞争力和基础竞争力的评价指数分别为54.44、66.14、44.70、53.77、32.73和44.27(见图3-62),在全区县域中分别列第8、第32、第16、第1、第42和第5位,在西江经济带县域中分别列第6、第17、第9、第1、第24和第1位。在各项竞争力中,岑溪市的工业竞争力具有绝对优势。其中,岑溪市工业增加值约达118.93亿元,在全区县域列第1位;规模以上工业总产值约达303.62亿元,列全区县域第1位;单位电力消

表3-38 岑溪市县域竞争力评价结果及排序

序号	竞争力名称	评价指数	全区排序		西江经济带排序	
			2010年	2012年	2010年	2012年
1	规模竞争力	54.44	11	8	7	6
2	发展竞争力	66.14	7	32	4	17
3	质量竞争力	44.70	15	16	8	9
4	工业竞争力	53.77	1	1	1	1
5	民生竞争力	32.73	34	42	21	24
6	基础竞争力	44.27	6	5	2	1
7	综合竞争力	49.87	3	5	3	3

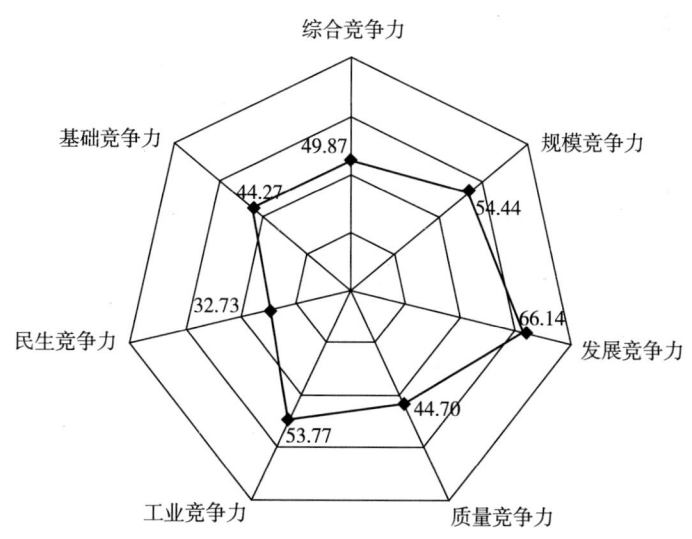

图3-62 岑溪市县域竞争力评价结果解析

耗工业增加值达到35.63元/千瓦时，列第5位。此外，岑溪市的规模竞争力和基础竞争力也处于较高水平，其地区生产总值列第8位，全社会固定资产投资列第7位；单位面积高等级公路里程列第3位，单位面积铁路里程列第15位，每万人口中中学生人口数列第5位。

从综合竞争力来看，岑溪市在广西县域中处于领先水平，影响其综合竞争力水平的主要是发展竞争力和民生竞争力。其中，社会消费品零售总额增速在全区县域仅列第77位，全社会固定资产投资增速列第62位；每万人医院、卫生院床位数列第74位，每万人医院、卫生院技术人员数列第72位。

岑溪市应以建成桂东南副中心城市为目标，积极实施"东向战略"，紧抓交通条件不断优化的机遇，重点引进不锈钢等再生资源深加工、稀土新材料、石材升级及废料综合利用、长寿养生休闲旅游等资源开发型及配套服务项目；重点推进西部农民创业园、稀土功能新材料产业园、4个石材加工区（糯垌三兴、三堡振兴、马路义垌、波塘南垌）及新塘石材废料综合利用加工区、泽仁现代商贸物流城等园区建设。依托"中国长寿之乡"品牌，大力发展长寿养生、金砂玉产业，着力打造休闲养生旅游目的地。推动高脂松、软枝油茶等特色产业发展，扶持外贸鸡场、智顺生猪养殖场、龙母种猪场等农业龙头企业做大做强，加快发展三黄鸡、瘦肉型猪等养殖及肉类深加工。

4. 贵港市

贵港市参与县域竞争力评价的有港北区、港南区、覃塘区、平南县和桂平市。2012年，上述县域土地总面积10602.36平方公里，总人口529.92万人，实现地区生产总值652.67亿元，工业增加值达到225.41亿元，财政收入达到37.58亿元，全社会固定资产投资达到552.24亿元，社会消费品零售总额达到284.05亿元，分别占全区县域的4.65%、10.99%、8.02%、7.22%、6.17%、6.35%和11.72%（见图3-63）。2012年，贵港市县域人均地区生产总值达到12316元。

（1）港北区

港北区位于浔郁平原中部，是广西重要的水泥生产和金银矿开采基地，下辖3个镇、4个乡、1个街道，总人口66.11万人。2012年，港北区县域综合竞争力评价指数为39.96，在全区县域中排第23位，在西江经济带县域中排第14位（见表3-39）。其中规模竞争力、发展竞争力、质量竞争力、工业竞

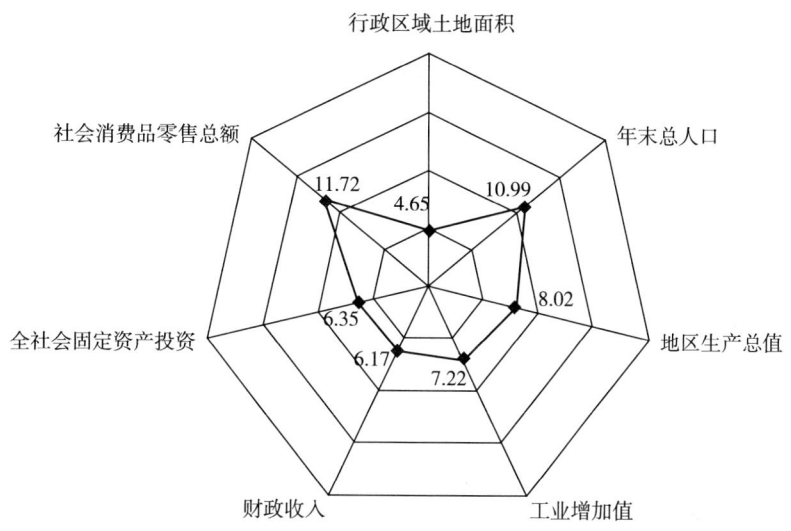

图 3-63 贵港市县域经济占全区县域经济比重

争力、民生竞争力和基础竞争力的评价指数分别为 40.29、48.43、37.18、21.78、57.20、和 33.43（见图 3-64），在全区县域中分别列第 20、第 75、第 30、第 33、第 5 和第 22 位，在西江经济带县域中分别列第 13、第 44、第 18、第 20、第 2 和第 12 位。在各项竞争力中，港北区的民生竞争力具有比较明显的优势。其中，人均社会消费品零售额达到 12698 元，在全区县域列第 5 位；农村居民人均纯收入达到 7883 元，列全区县域第 9 位；每万人医院、卫生院床位数约为 33 张，列全区县域第 14 位；每万人医院、卫生院技术人员数约为 36 人，列全区县域第 7 位。

表 3-39 港北区县域竞争力评价结果及排序

序号	竞争力名称	评价指数	全区排序		西江经济带排序	
			2010 年	2012 年	2010 年	2012 年
1	规模竞争力	40.29	18	20	11	13
2	发展竞争力	48.43	15	75	9	44
3	质量竞争力	37.18	9	30	5	18
4	工业竞争力	21.78	21	33	12	20
5	民生竞争力	57.20	5	5	2	2
6	基础竞争力	33.43	8	22	3	12
7	综合竞争力	39.96	8	23	5	14

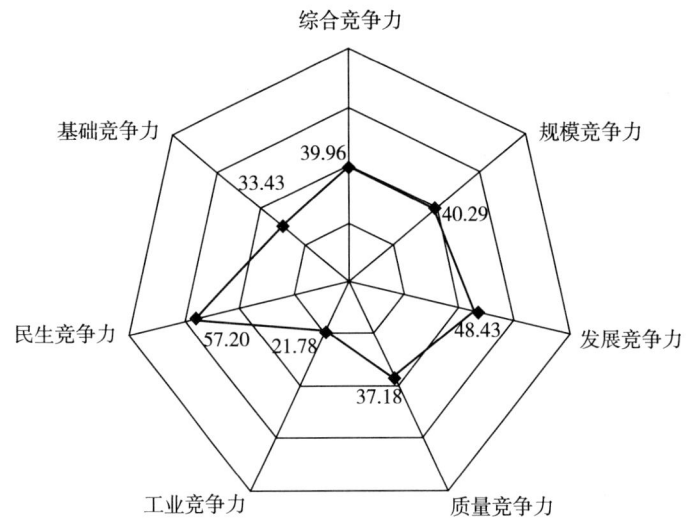

图3-64 港北区县域竞争力评价结果解析

2012年,港北区发展竞争力、质量竞争力和基础竞争力下降幅度较大,其中工业增加值增速由2010年的29.03%下降至2012年的-14.39%,社会消费品零售总额增速由2010年的21.24%下降至2012年的14.42%;人均工业增加值由2010年的6491元下降至2012年的约4778元,导致质量竞争力排名下滑较大;基础竞争力由于统计口径不同,排名变动较大。

从综合竞争力来看,港北区在广西县域中处于中游偏上水平,影响其综合竞争力水平的主要是发展竞争力,其中地区生产总值增速在全区县域列第81位,工业增加值增速列第85位,社会消费品零售总额增速列第81位。

港北区应充分发挥项目带动和投资拉动作用,加快益海嘉里项目一期、镁星镁业等重大产业项目建设进度,扶持贵糖集团、兴新纸业等企业进行技术改造升级。加快推进景泰物流、西南物流等物流园的基础建设,整合自然景观和历史文化资源,加大包装、宣传和开发力度,做大第三产业。加快生态环保养殖示范基地建设,扶持农业产业化龙头企业、农民专业合作组织发展壮大,提升新型农业现代化水平。

(2)港南区

港南区位于黄金水道西江流域郁江河畔、贵港市东南部,境内以平原、山丘为主，下辖6个镇、2个乡、1个街道，总人口67.14万人。2012年，港南区县域综合竞争力评价指数为28.92，在全区县域中排第57位，在西江经济带县域中排第34位（见表3-40）。其中规模竞争力、发展竞争力、质量竞争力、工业竞争力、民生竞争力和基础竞争力的评价指数分别为20.58、54.64、28.29、10.27、36.88和28.45（见图3-65），在全区县域中分别列第48、第65、第55、第67、第27和第33位，在西江经济带县域中分别列第28、第37、第34、第39、第16和第20位。在各项竞争力中，港南区的民生竞争力具有一定比较优势。其中，农村居民人均纯收入达到7684元，列全区县域第

表3-40 港南区县域竞争力评价结果及排序

序号	竞争力名称	评价指数	全区排序		西江经济带排序	
			2010年	2012年	2010年	2012年
1	规模竞争力	20.58	46	48	26	28
2	发展竞争力	54.64	61	65	35	37
3	质量竞争力	28.29	60	55	37	34
4	工业竞争力	10.27	62	67	37	39
5	民生竞争力	36.88	37	27	23	16
6	基础竞争力	28.45	45	33	28	20
7	综合竞争力	28.92	59	57	32	34

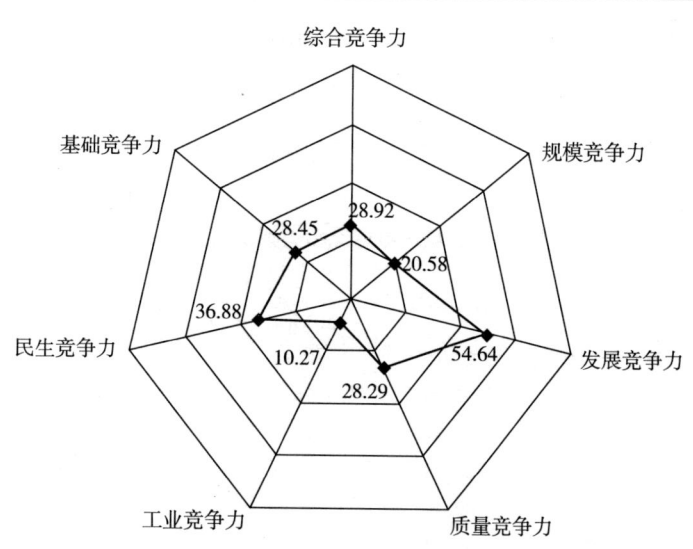

图3-65 港南区县域竞争力评价结果解析

14位；城乡居民收入统筹系数达到0.37，列全区县域第9位。此外，港南区的基础竞争力也具有较高水平，单位面积公路里程和单位面积铁路里程分别达0.677公里/平方公里和0.036公里/平方公里，均列全区县域第7位。

从综合竞争力来看，港南区在广西县域中处于中游偏下水平，影响其综合竞争力水平的主要是发展竞争力、质量竞争力和工业竞争力。其中地区生产总值增速列第79位，工业增加值增速列第83位；人均地区生产总值列第77位，人均财政收入列第85位；工业增加值列第63位，人均规模以上工业总产值列第74位。

港南区应积极推进蔬菜、中药材、红龙果、优质米、油茶等特色农业生产示范基地建设，开发一批优质农产品，实现农业增效农民增收；加快推进羽绒和木业深加工，拉长产业链，提高附加值，促进产业转型升级发展；做好旅游宣传包装，加快推进桥圩铜鼓湾温泉项目和亚计山森林生态观光旅游开发项目，进一步提高第三产业对经济发展的贡献。

（3）覃塘区

覃塘区位于贵港市西部，下辖6个镇、4个乡，总人口58.16万人。2012年，覃塘区县域综合竞争力评价指数为31.64，在全区县域中排第49位，在西江经济带县域中排第29位（见表3-41）。其中规模竞争力、发展竞争力、质量竞争力、工业竞争力、民生竞争力和基础竞争力的评价指数分别为23.15、52.73、25.34、22.98、39.44和35.14（见图3-66），在全区县域中分别列第42、第69、第62、第30、第17和第17位，在西江经济带县域中分

表3-41 覃塘区县域竞争力评价结果及排序

序号	竞争力名称	评价指数	全区排序		西江经济带排序	
			2010年	2012年	2010年	2012年
1	规模竞争力	23.15	38	42	21	24
2	发展竞争力	52.73	13	69	7	40
3	质量竞争力	25.34	37	62	23	40
4	工业竞争力	22.98	23	30	13	18
5	民生竞争力	39.44	19	17	11	10
6	基础竞争力	35.14	22	17	14	10
7	综合竞争力	31.64	32	49	17	29

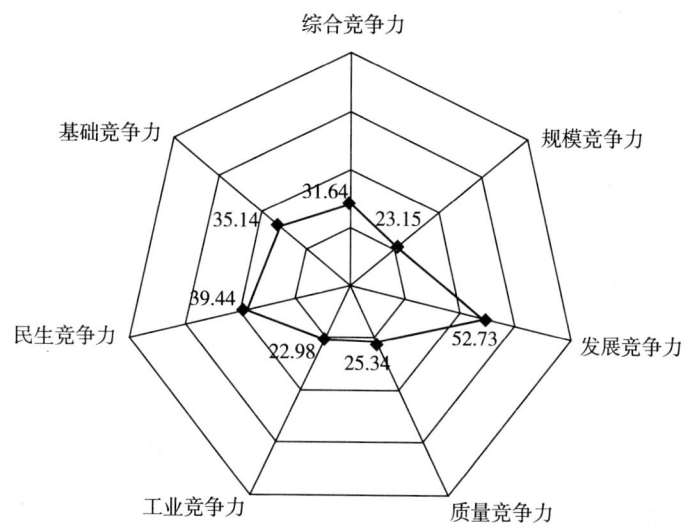

图3-66　覃塘区县域竞争力评价结果解析

别列第24、第40、第40、第18、第10和第10位。在各项竞争力中，覃塘区的民生竞争力和基础竞争力具有比较明显的优势。其中，农村居民人均纯收入达8086元，在全区县域第7位；城乡居民统筹系数达0.41，在全区县域第3位。单位面积公路里程达到0.903公里/平方公里，在全区县域列第2位；每万人口中中学生数达到658人，列第1位。

2012年，覃塘区发展竞争力下降幅度较大，地区生产总值增速由2010年的19.75%下降至2012年的9.37%，工业增加值增速由2010年的31.73%下降至2012年的3.29%，财政收入增速由2010年的37.44%下降至2012年的10.53%。

从综合竞争力来看，覃塘区在广西县域中处于中游偏下水平，影响其综合竞争力水平的主要是发展竞争力和质量竞争力。其中地区生产总值增速列第68位，社会消费品零售总额列第85位，财政收入增速列第71位；人均地区生产总值列第49位，人均财政收入列第62位，单位电力消耗地区生产总值列第82位。

覃塘区应坚持"工业强区"战略，加大对现有企业的技术改造、资金扶持、政策支持力度，突出抓好水泥建材、农林产品加工等支柱产业，拉长产业链，做大做强支柱产业；转变农业发展方式，加快农业标准化、规模化建设，大力发展甘蔗、茶叶、莲藕、蚕桑、食用菌等优势特色产业；抢抓珠江-西江经济带上升为国家战略和贵港市列入全国二级物流区布局城市的重大机遇，依托港口码头优势，以水泥建材、食糖、农副产品等大宗货物的运输、仓储、配送为重点，加快发展以港口物流为核心的现代物流业。

(4) 平南县

平南县位于广西东南部，下辖17个镇、2个乡、2个民族乡，总人口146.7万人。2012年，平南县县域综合竞争力评价指数为38.02，在全区县域中排第28位，在西江经济带县域中排第17位（见表3-42）。其中规模竞争力、发展竞争力、质量竞争力、工业竞争力、民生竞争力和基础竞争力的评价指数分别为50.64、52.91、30.76、23.06、32.37和29.52（见图3-67），在全区县域中分别列第14、第68、第47、第29、第44和第30位，在西江经济带县域中分别列第9、第39、第30、第17、第26和第19位。在各项竞争力中，平南县的规模竞争力具有比较明显的优势。其中，地区生产总值约达159.28亿元，在全区县域列第15位；农林牧渔业产值约达42.95亿元，在全区县域列第9位；社会消费品零售总额约达54.03亿元，在全区县域列第12位。

表3-42 平南县县域竞争力评价结果及排序

序号	竞争力名称	评价指数	全区排序		西江经济带排序	
			2010年	2012年	2010年	2012年
1	规模竞争力	50.64	7	14	6	9
2	发展竞争力	52.91	33	68	18	39
3	质量竞争力	30.76	57	47	34	30
4	工业竞争力	23.06	20	29	11	17
5	民生竞争力	32.37	50	44	30	26
6	基础竞争力	29.52	41	30	26	19
7	综合竞争力	38.02	22	28	14	17

2012年，平南县发展竞争力下降幅度较大，其中地区生产总值增速从2010年的18.87%下降至2012年的12.01%，工业增加值增速由2010年的30.64%下降至2012年的6.87%，社会消费品零售总额增速从2010年的21.41%下降至2012年的14.25%，全社会固定资产投资增速由2010年

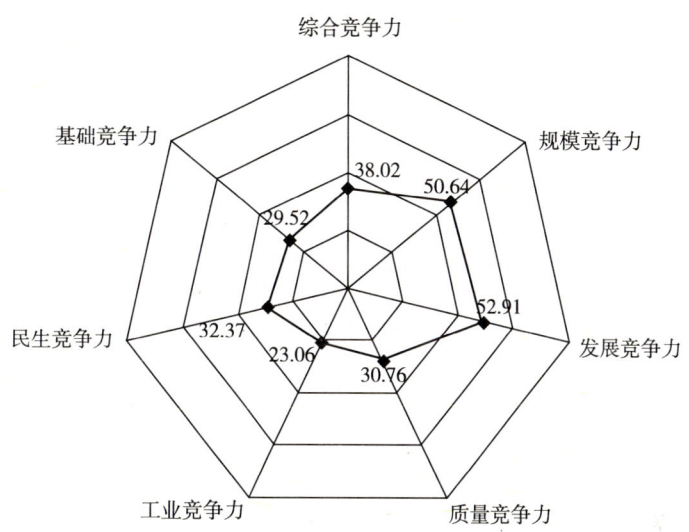

图3-67 平南县县域竞争力评价结果解析

31.93%下降至2012年的17.81%。

从综合竞争力来看，平南县在广西县域中处于中游偏上水平，影响其综合竞争力水平的主要是发展竞争力、质量竞争力和民生竞争力。其中社会消费品零售总额增速仅列第83位，全社会固定资产投资增速列第70位；人均地区生产总值列第71位，人均财政收入列第79位；人均社会消费品零售额列第56位，每万人医院、卫生院技术人员数列第68位。

平南县应大力推进武林港二期、宏朗铝业、特步鞋业服装业和西江流域文化城等重大项目建设，以项目带动经济发展。加大标准厂房招商推介力度，注重引进高效、环保的企业落户园区，突出发展一批优质企业，使园区形成"多而优"的工业发展格局。加大对纳米碳酸钙产业发展的规划、引导，进一步促进碳酸钙产业提质增效，打造百万吨轻质碳酸钙生产基地。大力发展林下经济和集中连片种植业，做强做大编织工艺出口型行业，以雄森养殖业为龙头推进生态养殖、特种养殖和规模养殖，建设西江沿岸特色农业示范带。

（5）桂平市

桂平市位于广西东南部，有"中国优秀旅游城市"和"国家地质公园"的称号，是华南地区首个以"佛教文化"为主导的旅游城市，下辖21个镇、

5个乡，总人口191.81万人。2012年，桂平市县域综合竞争力评价指数为43.21，在全区县域中排第15位，在西江经济带县域中排第11位（见表3-43）。其中规模竞争力、发展竞争力、质量竞争力、工业竞争力、民生竞争力和基础竞争力的评价指数分别为65.69、54.84、26.50、35.52、31.71和31.80（见图3-68），在全区县域中分别列第5、第64、第60、第14、第47和第26位，在西江经济带县域中分别列第4、第36、第38、第7、第29和第15位。在各项竞争力中，桂平市的规模竞争力具有比较明显的优势。其中，地区生产总值约达217.25亿元，列第5位；农林牧渔业产值约达49.24亿元，列第7

表3-43 桂平市县域竞争力评价结果及排序

序号	竞争力名称	评价指数	全区排序		西江经济带排序	
			2010年	2012年	2010年	2012年
1	规模竞争力	65.69	2	5	2	4
2	发展竞争力	54.84	38	64	22	36
3	质量竞争力	26.50	63	60	39	38
4	工业竞争力	35.52	9	14	5	7
5	民生竞争力	31.71	47	47	27	29
6	基础竞争力	31.80	39	26	24	15
7	综合竞争力	43.21	11	15	7	11

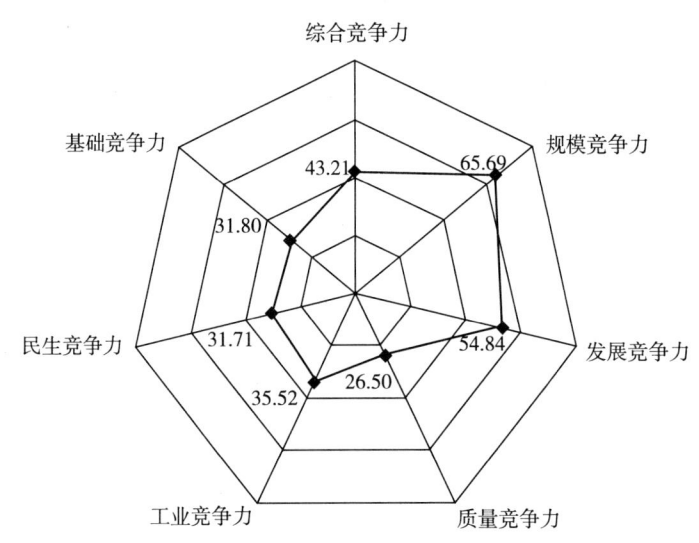

图3-68 桂平市县域竞争力评价结果解析

位；社会消费品零售总额约达83.79亿元，列第3位。此外，桂平市的工业竞争力也处于较高水平。其中，工业增加值在全区县域列第3位，规模以上工业总产值列第7位。

2012年，桂平市发展竞争力下降幅度较大，其中工业增加值增速由2010年的36.84%下降至2012年的15.29%，财政收入增速由2010年的15.42%下降至2012年的5.94%，全社会固定资产投资增速由2010年的34.88%下降至2012年的13.96%。

从综合竞争力来看，桂平市在广西县域中处于上游水平，影响其综合竞争力水平的主要是发展竞争力和质量竞争力。其中，社会消费品零售总额增速和财政收入增速在全区县域均列第78位，全社会固定资产投资增速列第74位；人均地区生产总值列第70位，人均财政收入仅列第86位。

桂平市应积极探索工业化、城镇化融合发展的新路子，加快交通基础设施建设，着力培育发展生物化工与制药、现代装备制造、建筑陶瓷和服装针织等优势产业；积极培育酒业、电子信息、矿产品深加工和农产品深加工等产业，提高入园项目质量，加快项目建设；引导民间资本积极参与发展商贸、流通、运输等产业，加快培育农民增收的新增长点；大力发展物流、金融保险、信息咨询等生产性服务业，大力发展餐饮、商贸、文化旅游、娱乐休闲等消费性服务业。

5. 玉林市

玉林市参与县域竞争力评价的有玉州区、福绵区、容县、陆川县、博白县、兴业县和北流市。2012年，上述县域土地总面积13611.19平方公里，总人口731.57万人，实现地区生产总值1092.75亿元，工业增加值达到421.4亿元，财政收入达到67.6亿元，全社会固定资产投资达到1004.3亿元，社会消费品零售总额达到422.83亿元，分别占全区县域的5.97%、15.18%、13.42%、13.50%、11.10%、11.55%和17.45%（见图3-69）。2012年，玉林市县域人均地区生产总值达到14937元。

（1）玉州区

玉州区位于广西东南部，玉林市政治、经济、文化的中心，下辖10个

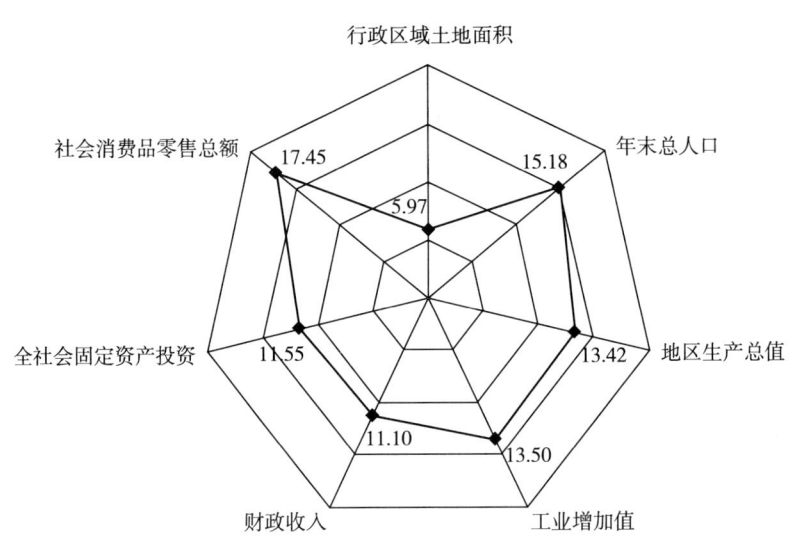

图 3-69 玉林市县域经济占全区县域经济比重

镇、5个街道,总人口104.43万人。2012年,玉州区县域综合竞争力评价指数为58.21,在全区县域中排第1位,在西江经济带县域中也排第1位(见表3-44)。其中规模竞争力、发展竞争力、质量竞争力、工业竞争力、民生竞争力和基础竞争力的评价指数分别为75.17、48.76、55.25、40.30、75.67、36.61(见图3-70),在全区县域中分别列第1、第74、第3、第7、第1和第15位,在西江经济带县域中分别列第1、第43、第2、第5、第1和第8位。在各项竞争力中,玉州区的规模竞争力和民生竞争力具有比较明显的优势。其中,玉州区地区生产总值约达244.81亿元,在全区县域列第2位;社会消费品零售总额约达182.74亿元,在全区县域列第1位;全社会固定资产投资约达255.14亿元,在全区县域列第2位。人均社会消费品零售额达到17498元,列全区县域第1位;城镇居民人均可支配收入达到25111元,列全区县域第4位;每万人医院、卫生院床位数约为53张,列全区县域第4位;每万人医院、卫生院技术人员数约为55人,列全区县域第4位。

表3-44 玉州区县域竞争力评价结果及排序

序号	竞争力名称	评价指数	全区排序 2010年	全区排序 2012年	西江经济带排序 2010年	西江经济带排序 2012年
1	规模竞争力	75.17	1	1	1	1
2	发展竞争力	48.76	62	74	36	43
3	质量竞争力	55.25	3	3	1	2
4	工业竞争力	40.30	4	7	3	5
5	民生竞争力	75.67	1	1	1	1
6	基础竞争力	36.61	4	15	1	8
7	综合竞争力	58.21	1	1	1	1

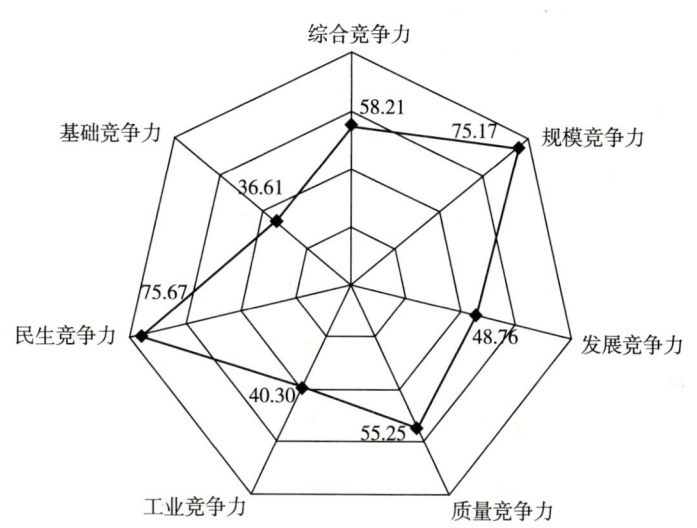

图3-70 玉州区县域竞争力评价结果解析

从综合竞争力来看，玉州区是广西县域经济发展的排头兵和领军者。但在发展竞争力的个别指标上，近两年有所下滑。其中地区生产总值增速在全区县域仅列第66位，工业增加值增速列第64位，社会消费品零售总额增速仅列第86位。此外，玉州区基础竞争力中的每万人口中中学生数处于最后一位，因此推进教育事业发展应是政府工作重点之一。

玉州区应以打造北部湾城市群商贸中心为目标，加快建设毅德国际商贸城等城市综合体，加快建设先进制造业配套产业基地、健康产业基地、特色农业生产基地和广西统筹城乡发展示范区、非公经济示范区，加快建设商贸物流中心城区和创业宜居城区，进一步发展壮大"南方药都"，在打造全国经济强县（区）的同时，不断深化改革，探索先行经验，为加快广西县域经济发展和全面建成小康社会步伐起到示范带动效应。

（2）福绵区

福绵区位于广西南部、玉林城区西南部，下辖6个镇，总人口39.7万人。2012年，福绵区县域综合竞争力评价指数为32.36，在全区县域中排第46位，在西江经济带县域中排第27位（见表3-45）。其中规模竞争力、发展竞争力、质量竞争力、工业竞争力、民生竞争力和基础竞争力的评价指数分别为15.33、58.01、36.58、35.13、36.88和17.05（见图3-71），在全区县域中分别列第60、第60、第32、第15、第28和第78位，在西江经济带县域中分别列第34、第35、第20、第8、第17和第41位。在各项竞争力中，福绵区的工业竞争力具有比较明显的优势。其中，福绵区规模以上工业总产值约达192.47亿元，在全区县域列第12位；规模以上企业平均规模约达76989万元/个，在全区县域列第2位。

表3-45 福绵区县域竞争力评价结果及排序

序号	竞争力名称	评价指数	全区排序		西江经济带排序	
			2010年	2012年	2010年	2012年
1	规模竞争力	15.33	58	60	33	34
2	发展竞争力	58.01	41	60	23	35
3	质量竞争力	36.58	49	32	31	20
4	工业竞争力	35.13	40	15	21	8
5	民生竞争力	36.88	21	28	13	17
6	基础竞争力	17.05	9	78	4	41
7	综合竞争力	32.36	46	46	27	27

从综合竞争力来看，福绵区在广西县域中处于中游水平，影响其综合竞争力水平的主要是规模竞争力、发展竞争力和基础竞争力[①]。其中，社会消费品

---

① 由于《2013广西统计年鉴》中关于福绵区的单位面积公路里程、年末移动电话用户数和互联网宽带接入用户等指标数据统计缺失，因此2012年福绵区的基础竞争力排名下滑严重。

零售总额在全区县域列第70位,财政收入列第71位;地区生产总值增速列第64位,工业增加值增速列第66位。

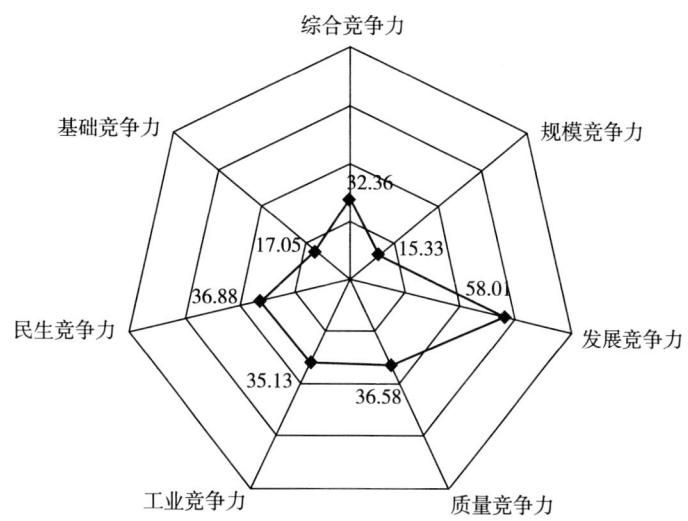

图3-71 福绵区县域竞争力评价结果解析

福绵区应继续抓好福绵服装工业区、阳岗工业集中区、石和工业区基础设施建设,引导服装企业、农林产品加工企业落户园区发展,提高产业集聚度,发展壮大园区经济。发挥好"中国休闲服装名城"品牌效应,大力引进国内外知名品牌服装企业落户福绵。支持重点企业运用新技术、新材料、新工艺、新装备进行改造升级,提升产品档次和核心竞争力。积极推广规模化、标准化养殖,大力发展中草药等高效特色种养业,加快农业现代化步伐。

(3)容县

容县古称容州,地处广西东南部,下辖15个镇,总人口83.07万人。2012年,容县县域综合竞争力评价指数为38.60,在全区县域中排第25位,在西江经济带县域中排第15位(见表3-46)。其中规模竞争力、发展竞争力、质量竞争力、工业竞争力、民生竞争力和基础竞争力的评价指数分别为36.67、64.37、36.72、23.57、34.59和37.04(见图3-72),在全区县域中分别列第24、第35、第31、第27、第33和第13位,在西江经济带县域中分别列第15、第19、第19、第15、第21和第6位。在各项竞争力中,容县的基础竞争力处于比较明显的优势。其中，容县单位面积高等级公路里程达 0.033 公里/平方公里，每万人口中中学生数达到 560 人，在全区县域均列第 15 位。

表 3-46　容县县域竞争力评价结果及排序

序号	竞争力名称	评价指数	全区排序		西江经济带排序	
			2010 年	2012 年	2010 年	2012 年
1	规模竞争力	36.67	25	24	15	15
2	发展竞争力	64.37	57	35	33	19
3	质量竞争力	36.72	35	31	21	19
4	工业竞争力	23.57	35	27	17	15
5	民生竞争力	34.59	33	33	20	21
6	基础竞争力	37.04	20	13	13	6
7	综合竞争力	38.60	34	25	18	15

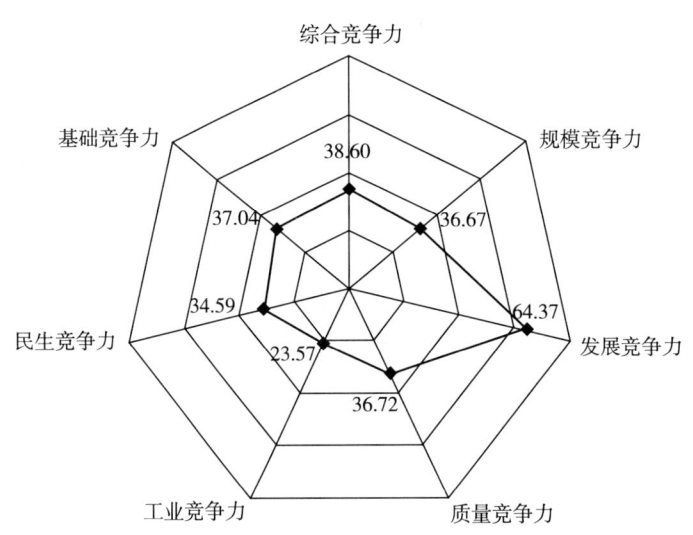

图 3-72　容县县域竞争力评价结果解析

从综合竞争力来看，容县在广西县域中处于中游偏上水平，但民生竞争力尤其是发展竞争力排序靠后。其中，全社会固定资产投资年均增速在全区县域列第 53 位，银行存贷款比例评级仅列第 78 位；城镇居民人均可支配收入列第 55 位，每万人医院、卫生院床位数列第 60 位。

容县应进一步培植壮大健康食品、电子信息、林产化工、机械制造、日用陶瓷、皮具六大产业,抓好对南方食品、雅视科技、高林林业、南山瓷器、兴鹏鞋业等骨干企业的服务,引导优质企业做好上市规划,扶持南方食品、佳佳食品等农业龙头企业发展,引导分散经营的种养户组建专业合作经济组织,形成"龙头企业+基地+农户""合作经济组织+农户+市场"的产业化发展格局。依托"中国长寿之乡"的品牌优势,积极发展医保和以休闲疗养为主题的长寿健康产业。

(4) 陆川县

陆川县地处桂东南端,享有"温泉之乡"的美誉,下辖11个镇、3个乡,总人口106.84万人。2012年,陆川县县域综合竞争力评价指数为43.78,在全区县域中排第14位,在西江经济带县域中排第10位(见表3-47)。其中规模竞争力、发展竞争力、质量竞争力、工业竞争力、民生竞争力和基础竞争力的评价指数分别为44.97、69.44、41.67、34.56、32.02和38.03(见图3-73),在全区县域中分别列第17、第19、第27、第16、第45和第11位,在西江经济带县域中分别列第11、第11、第15、第9、第27和第5位。在各项竞争力中,陆川县的基础竞争力具有比较明显的优势。其中,单位面积公路里程达到1.061公里/平方公里,在全区县域列第1位;每万人口中中学生数达到536人,在全区县域列第19位。

表3-47 陆川县县域竞争力评价结果及排序

序号	竞争力名称	评价指数	全区排序		西江经济带排序	
			2010年	2012年	2010年	2012年
1	规模竞争力	44.97	19	17	12	11
2	发展竞争力	69.44	34	19	19	11
3	质量竞争力	41.67	29	27	17	15
4	工业竞争力	34.56	12	16	6	9
5	民生竞争力	32.02	46	45	26	27
6	基础竞争力	38.03	16	11	10	5
7	综合竞争力	43.78	17	14	11	10

从综合竞争力来看,陆川县在广西县域中处于上游水平,质量竞争力和民生竞争力表现相对欠佳,其中人均地区生产总值在全区县域列第43位,人均

财政收入仅列第 63 位；人均社会消费品零售额列第 62 位，每万人医院、卫生院床位数列第 78 位，每万人医院、卫生院技术人员数列第 86 位。

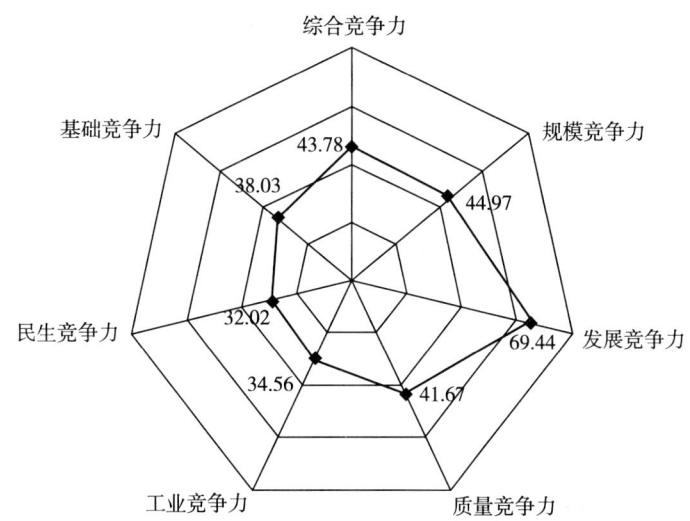

图 3-73 陆川县县域竞争力评价结果解析

陆川县应积极实施"工业强县"和"旅游活县"战略，把经济增长方式由以工业为主导调整优化为新型工业与旅游业齐头并进、双核驱动发展。重点发展服装、电子和旅游工艺品等劳动密集型产业和节能环保、商贸物流和饲料生产等产业。围绕"打造岭南客家民俗文化旅游目的地"的目标，加快"世客城"、谢仙嶂民俗文化旅游、龙珠湖升级改造等旅游大项目建设，加快建设具有岭南特色的客家温泉文化名城。

（5）博白县

博白县，古称白州，位于广西东南部，又称为"空心菜之乡"和"中国桂圆之乡"，下辖 27 个镇、1 个乡，总人口 179.42 万人。2012 年，博白县县域综合竞争力评价指数为 44.56，在全区县域中排第 12 位，在西江经济带县域中排第 8 位（见表 3-48）。其中规模竞争力、发展竞争力、质量竞争力、工业竞争力、民生竞争力和基础竞争力的评价指数分别为 65.70、69.59、31.87、23.44、31.63 和 30.62（见图 3-74），在全区县域中分别列第 4、第 18、第 45、第 28、第 48 和第 28 位，在西江经济带县域中分别列第 3、第 10、第 29、第 16、第 30 和第 17 位。在各项竞争力中，博白县的规模竞争力具有比较明显的优势。其中，地区生产总值约达199.14亿元，在全区县域列第7位；农林牧渔业产值约达68.11亿元，在全区县域列第1位；社会消费品零售总额达到65.88亿元，在全区县域列第5位。

表3-48 博白县县域竞争力评价结果及排序

序号	竞争力名称	评价指数	全区排序		西江经济带排序	
			2010年	2012年	2010年	2012年
1	规模竞争力	65.70	4	4	4	3
2	发展竞争力	69.59	48	18	28	10
3	质量竞争力	31.87	62	45	38	29
4	工业竞争力	23.44	31	28	15	16
5	民生竞争力	31.63	52	48	32	30
6	基础竞争力	30.62	34	28	22	17
7	综合竞争力	44.56	20	12	12	8

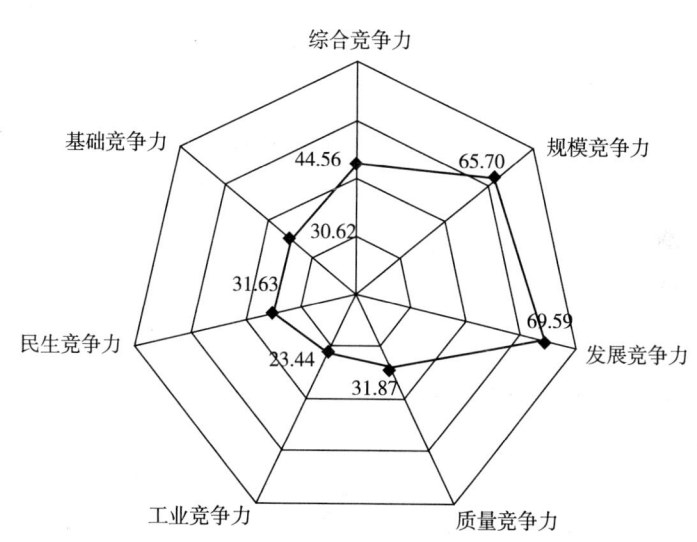

图3-74 博白县县域竞争力评价结果解析

从综合竞争力来看，博白县在广西县域中处于上游水平，影响其综合竞争力水平的主要是质量竞争力和民生竞争力。其中，人均地区生产总值在全区县域仅列第67位，人均财政收入列第82位，人均工业增加值列第62位；人均社会消费品零售额列第57位，每万人医院、卫生院床位数列第81位，每万人医院、卫生院技术人员数列第87位。

博白县应紧紧围绕交通、能源、节能环保、社会事业、改善民生等重点领域，统筹推进一批重大项目；完善城东工业园、旺茂新型建材产业园、文地产业转移园、龙潭产业园的基础设施建设，打造工业集聚平台；鼓励广西银亿、民族编织、亮亮食品等企业与高等院校、科研机构合作，建设工艺品研发中心、矿冶研发中心，把民族编织、广西银亿分别培育成为自治区级、国家级技术创新示范企业；重点发展蔬菜、糖蔗、马铃薯、香蕉、麻竹、中药材，推进"一村一品"特色产业基地建设；加快推进食品工业品市场、林产品市场、建材市场、桂东南农产品博览城等项目建设，加快发展商贸物流业。

（6）兴业县

兴业县位于广西东南部，是广西重要的粮食生产基地，下辖13个镇，总人口75.38万人。2012年，兴业县县域综合竞争力评价指数为34.15，在全区县域中排名第41位，在西江经济带县域中排第23位（见表3-49）。其中规模竞争力、发展竞争力、质量竞争力、工业竞争力、民生竞争力和基础竞争力的评价指数分别为30.36、61.34、32.58、19.03、25.79、41.19（见图3-75），在全区县域中分别列第33、第42、第41、第44、第61和第9位，在西江经济带县域中分别列第20、第26、第26、第27、第37和第3位。在各项竞争力中，兴业县的基础竞争力具有比较明显的优势。其中单位面积公路里程达到0.759公里/平方公里，列全区县域第5位；单位面积高等级公路里程达到0.046公里/平方公里，列全区县域第4位。

表3-49 兴业县县域竞争力评价结果及排序

序号	竞争力名称	评价指数	全区排序		西江经济带排序	
			2010年	2012年	2010年	2012年
1	规模竞争力	30.36	33	33	20	20
2	发展竞争力	61.34	26	42	16	26
3	质量竞争力	32.58	45	41	28	26
4	工业竞争力	19.03	53	44	30	27
5	民生竞争力	25.79	63	61	38	37
6	基础竞争力	41.19	15	9	9	3
7	综合竞争力	34.15	41	41	23	23

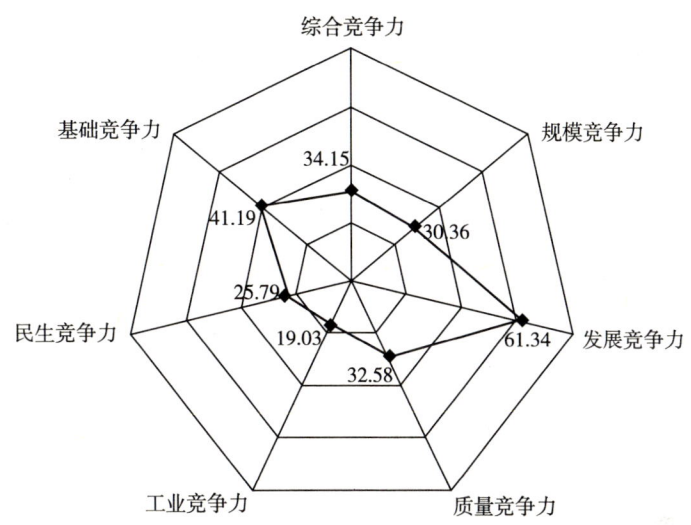

图3-75 兴业县县域竞争力评价结果解析

从综合竞争力来看，兴业县在广西县域中处于中游水平，影响其综合竞争力水平的主要是民生竞争力，其中人均社会消费品零售额在全区仅列第73位，城镇居民人均可支配收入列第67位，每万人医院、卫生院床位数和每万人医院、卫生院技术人员数均列第89位。

兴业县应加快发展建材、机械、轻化、食品四大支柱产业和新材料、新能源等新兴产业；推进大平山机械产业园、石南食品产业园、葵阳建材产业园、兴业轻化产业园建设，提高园区的承载力和竞争力；优化种养结构，推进规模养殖场标准化建设，大力发展水果、蔬菜、中草药等特色产业；加快推进桂东南农产品交易中心和玉柴物流等重点项目，努力培育成立外贸公司，大力发展商贸物流业。

（7）北流市

北流市位于广西东南部，素有"小佛山"和"金北流"之称，是世界铜鼓王的故乡、荔枝之乡、陶瓷之乡等，下辖22个镇，总人口142.73万人。2012年，北流市县域综合竞争力评价指数为47.93，在全区县域中排第7位，在西江经济带县域中排第5位（见表3-50）。其中规模竞争力、发展竞争力、质量竞争力、工业竞争力、民生竞争力和基础竞争力的评价指数分别为

62.38、66.30、37.98、36.01、37.95、37.01（见图3－76），在全区县域中分别列第6、第30、第29、第13、第21和第14位，在西江经济带县域中分别列第5、第15、第17、第6、第13和第7位。在各项竞争力中，北流市的规模竞争力具有比较明显的优势。其中，地区生产总值约为209亿元，在全区县域列第6位；社会消费品零售总额约达62.96亿元，在全区县域列第8位；财政收入约达13.95亿元，在全区县域列第6位。此外，北流市的工业竞争力和基础竞争力也具有较高水平。其中，工业增加值列第4位，规模以上工业总产值列第8位；单位面积公路里程列第10位，每万人口中中学生数列第8位。

表3－50　北流市县域竞争力评价结果及排序

序号	竞争力名称	评价指数	全区排序		西江经济带排序	
			2010年	2012年	2010年	2012年
1	规模竞争力	62.38	5	6	5	5
2	发展竞争力	66.30	53	30	31	15
3	质量竞争力	37.98	33	29	20	17
4	工业竞争力	36.01	15	13	9	6
5	民生竞争力	37.95	23	21	15	13
6	基础竞争力	37.01	14	14	8	7
7	综合竞争力	47.93	10	7	6	5

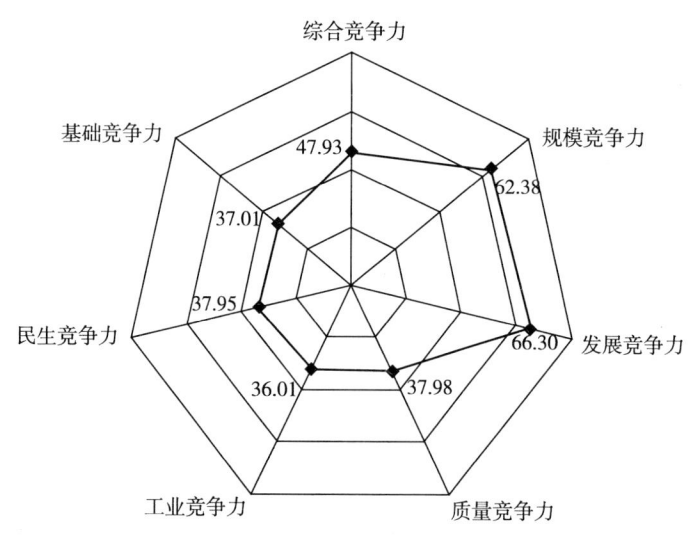

图3－76　北流市县域竞争力评价结果解析

从综合竞争力来看,北流市在广西县域中处于领先水平,影响其综合竞争力水平的主要是发展竞争力和质量竞争力。其中,全社会固定资产投资年均增速列第42位,银行存贷款比例评级列第43位;人均地区生产总值和人均财政收入均列全区县域第54位,人均工业增加值列第44位。

北流市应紧抓玉林市实施"东靠南下、通江达海"开放发展的战略机遇,重点加快陶瓷博物馆和日用陶瓷工业园区孵化器建设,培育发展以宏邦食品为龙头的健康食品产业、以丰沃林产品加工为龙头的林产化工产业、以创峰塑胶电子玩具为龙头的电子产业、以达志机械为龙头的机械制造产业;大力发展粮食、畜牧水产、林业、水果、蔬菜等特色优势产业和农产品加工业,积极发展花卉、高脂林、八角等林业优势特色产业和林下经济;加快龙翔农贸物流市场、浙江耀厦商贸城、粤桂工业品综合商贸城、区域性工业产业链配套市场等商贸物流项目建设。

6. 贺州市

贺州市参与县域竞争力评价的有八步区、平桂管理区、昭平县、钟山县和富川瑶族自治县。2012年,上述县域土地总面积13772.56平方公里,总人口247.48万人,实现地区生产总值381.7亿元,工业增加值达到134.67亿元,财政收入达到19.61亿元,全社会固定资产投资达到466.08亿元,社会消费品零售总额达到92.36亿元,分别占全区县域的6.04%、5.13%、4.69%、4.31%、3.83%、6.80%和4.39%(见图3-77)。2012年,贺州市县域人均地区生产总值达到15423元。

(1)八步区

八步区地处湘、粤、桂三省(区)交界处,是大西南通往粤、港、澳的便捷通道,下辖12个镇、1个瑶族乡、3个街道,总人口69.88万人。2012年,八步区县域综合竞争力评价指数为35.25,在全区县域中排第36位,在西江经济带县域中排第21位(见表3-51)。其中规模竞争力、发展竞争力、质量竞争力、工业竞争力、民生竞争力和基础竞争力的评价指数分别为37.03、58.07、24.21、24.01、36.94、32.97(见图3-78),在全区县域中分别列第22位、第59位、第69位、第26位、第26位和第24位,在西江经济带县域中分别列第14位、第34位、第43位、第14位、第15位和第14位。在各项

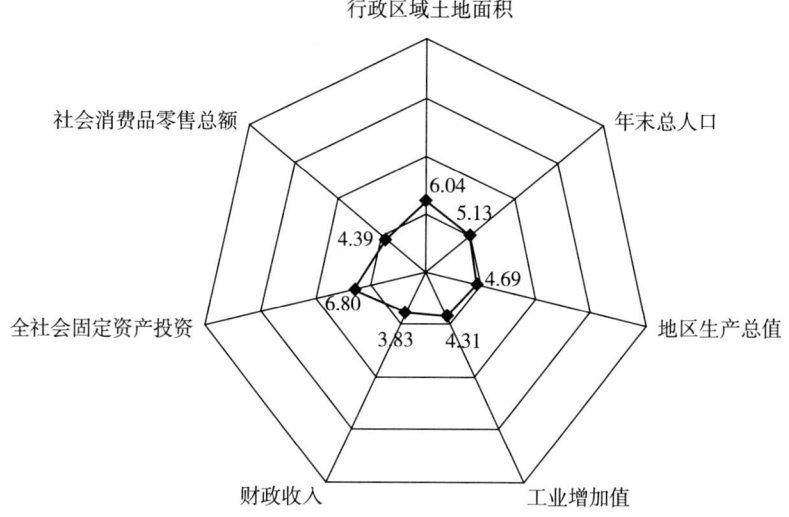

图 3-77　贺州市县域经济占全区县域经济比重

竞争力中，八步区的规模竞争力具有比较优势。其中，地区生产总值约达131.39亿元，列全区县域第 21 位；社会消费品零售总额约达 38.77 亿元，列全区县域第 19 位。此外，八步区的基础竞争力也具有较高水平，每万人移动电话用户数列全区县域第 2 位，每万人互联网用户数列全区县域第 18 位。

表 3-51　八步区县域竞争力评价结果及排序

序号	竞争力名称	评价指数	全区排序		西江经济带排序	
			2010 年	2012 年	2010 年	2012 年
1	规模竞争力	37.03	22	22	14	14
2	发展竞争力	58.07	88	59	44	34
3	质量竞争力	24.21	44	69	27	43
4	工业竞争力	24.01	41	26	22	14
5	民生竞争力	36.94	20	26	12	15
6	基础竞争力	32.97	24	24	16	14
7	综合竞争力	35.25	42	36	24	21

2012 年，八步区发展竞争力上升幅度较大，其中社会消费品零售总额增速由 2010 年的 12.13% 上升至 2012 年的 16.67%，财政收入增速由 2010 年的

10.86%上升至2012年的20.94%,同时由于其他部分县域各项经济增速有所回落,而八步区经济发展速度整体保持稳定,因此其发展竞争力排名提升较大。

从综合竞争力来看,八步区在广西县域中处于中游偏上水平,影响其综合竞争力水平的主要是发展竞争力和质量竞争力。其中,地区生产总值增速在全区列第58位,社会消费品零售总额增速列第59位,全社会固定资产投资增速列第64位;人均财政收入列第49位,单位面积地区生产总值列第59位,单位电力消耗地区生产总值仅列第87位。

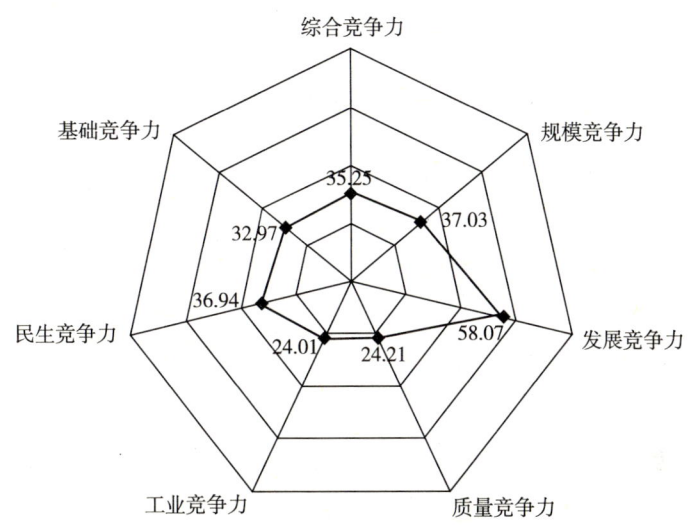

图3-78 八步区县域竞争力评价结果解析

八步区应以即将建成的贵广高速铁路为纽带,积极与肇庆(怀集)、清远(连山)等县域开辟合作领域,加快推进粤桂县域(八步区-怀集县)合作示范区,力争成为贵广经济带的新兴增长极。充分发挥八步区地处湘、粤、桂三省(区)交界处物资商品集散地的区位优势,引进一批高起点、综合型的现代商贸企业,培育现代物流业,促进城乡商贸流通,加强香菇、淮山、油茶红瓜子等特色种植生产基地建设,发展壮大特色经济。

(2)平桂管理区

平桂管理区位于广西东北部、贺州市中部,下辖7个镇、一个瑶族乡、1个街道,总人口50.3万人。2012年,平桂管理区县域综合竞争力评价指数为

31.96，在全区县域中排第 47 位，在西江经济带县域中排第 28 位（见表 3-52）。其中规模竞争力、发展竞争力、质量竞争力、工业竞争力、民生竞争力和基础竞争力的评价指数分别为 26.79、71.93、29.39、17.68、30.70 和 13.38（见图 3-79），在全区县域中分别列第 37、第 7、第 52、第 52、第 51 和 85 位，在西江经济带县域中分别列第 21、第 5、第 33、第 33、第 32 和第 45 位。在各项竞争力中，平桂管理区的发展竞争力处于比较明显的优势。其中，平桂管理区财政收入增速达到 40.11%，在全区县域列第 1 位；全社会固定资产投资增速达 34.79%，在全区县域列第 18 位。

表 3-52 平桂管理区县域竞争力评价结果及排序

序号	竞争力名称	评价指数	全区排序		西江经济带排序	
			2010 年	2012 年	2010 年	2012 年
1	规模竞争力	26.79	41	37	23	21
2	发展竞争力	71.93	87	7	43	5
3	质量竞争力	29.39	38	52	24	33
4	工业竞争力	17.68	56	52	33	33
5	民生竞争力	30.70	44	51	25	32
6	基础竞争力	13.38	12	85	7	45
7	综合竞争力	31.96	58	47	31	28

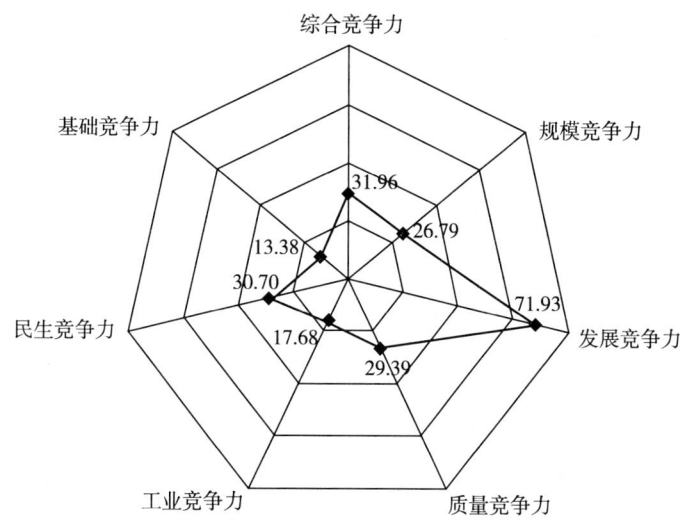

图 3-79 平桂管理区县域竞争力评价结果解析

2012年，平桂管理区发展竞争力上升幅度较大，其中工业增加值增速由2010年的9.50%上升至2012年的17.53%，财政收入增速由2010年的10.00%上升至2012年的40.11%，全社会固定资产投资增速由2010年的23.00%上升至2012年的34.79%。基础竞争力下降幅度较大，统计口径不同和部分指标数据缺失导致排名下降较大。

从综合竞争力来看，平桂管理区在广西县域中处于中游水平，影响其综合竞争力水平的主要是质量竞争力、工业竞争力、民生竞争力和基础竞争力。其中，人均地区生产总值列全区县域第41位，单位电力消耗地区生产总值列第72位；规模以上企业平均规模列第51位，单位电力消耗工业增加值仅列第63位；人均社会消费品零售额列第63位，城镇居民人均可支配收入列第61位。

平桂管理区应依托桂梧、广贺、永贺等高速公路，以及洛湛铁路、贵广快速铁路等交通通道，构建起高效率、高质量的社会化、企业化、规模化的现代化物流服务体系；优化提升建材、有色金属加工、农产品加工、石材加工等传统产业，培育发展食品加工、制药、碳酸钙等新兴产业。扩大马蹄、青梅等特色农产品种植规模，扶持培育农产品深加工龙头企业，积极创立平桂农产品品牌。

(3) 昭平县

昭平县地处广西东部、桂江中游，享有"中国观赏石之乡""中国长寿之乡"之称，下辖7个镇、4个乡、1个民族乡，总人口43.67万人。2012年，昭平县县域综合竞争力评价指数为24.33，在全区县域中排第70位，在西江经济带县域中排第42位（见表3-53）。其中规模竞争力、发展竞争力、质量竞争力、工业竞争力、民生竞争力和基础竞争力的评价指数分别为14.46、60.56、25.83、7.06、23.08和19.43（见图3-80），在全区县域中分别列第62、第47、第61、第76、第67和第64位，在西江经济带县域中分别列第35、第28、第39、第43、第41和第33位。在各项竞争力中，昭平县的发展竞争力具有一定的比较优势。其中，昭平县地区生产总值增速达到15.65%，在全区县域列第41位；银行存贷款比例评级达0.537，列全区县域第42位。

表 3-53 昭平县县域竞争力评价结果及排序

序号	竞争力名称	评价指数	全区排序		西江经济带排序	
			2010 年	2012 年	2010 年	2012 年
1	规模竞争力	14.46	62	62	36	35
2	发展竞争力	60.56	85	47	41	28
3	质量竞争力	25.83	72	61	42	39
4	工业竞争力	7.06	72	76	41	43
5	民生竞争力	23.08	69	67	42	41
6	基础竞争力	19.43	65	64	35	33
7	综合竞争力	24.33	77	70	45	42

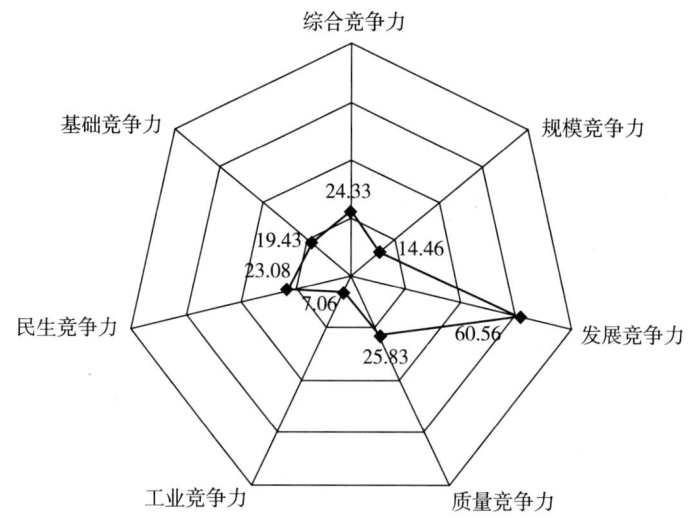

图 3-80 昭平县县域竞争力评价结果解析

2012 年,昭平县发展竞争力上升幅度较大,其中工业增加值增速由 2010 年的 3.21% 上升至 2012 年的 11.24%,财政收入增速由 2010 年的 9.21% 提高至 2012 年的 14.96%。

从综合竞争力来看,昭平县在广西县域中处于下游水平,影响昭平县综合竞争力水平的主要是工业竞争力。其中,工业增加值和规模以上工业总产值在全区县域均仅列第 73 位。此外,昭平县的规模竞争力、质量竞争力、民生竞争力和基础竞争力水平也比较低,其中财政收入仅列第 80 位;人均财政收入仅列第 84 位，单位面积地区生产总值列第 73 位；每万人医院、卫生院床位数仅列第 71 位；每万人移动电话用户数和每万人互联网用户数均列第 77 位。

昭平县应紧紧围绕"生态昭平、长寿茶乡、养生之都"的发展定位，扶持茶叶企业做大做强，积极引进茶叶精深加工项目，培育集绿茶提取物研发、生产、销售于一体的茶叶高新技术企业。大力发展优质茶叶、烤烟、桑蚕、油茶等特色产业，发展壮大中草药种植业。紧抓成为自治区首批重点规划建设的 20 个广西特色旅游名县之一的重大机遇，加快黄姚旅游经济开发区的规划建设，打造昭平旅游休闲圈。

（4）钟山县

钟山县位于广西东北部，下辖 10 个镇、2 个瑶族乡，总人口 51.45 万人。2012 年，钟山县县域综合竞争力评价指数为 28.32，在全区县域中排第 58 位，在西江经济带县域中排第 35 位（见表 3-54）。其中规模竞争力、发展竞争力、质量竞争力、工业竞争力、民生竞争力和基础竞争力的评价指数分别为 18.69、51.35、32.40、12.30、26.96 和 35.70（见图 3-81），在全区县域中分别列第 51、第 70、第 42、第 62、第 60 和第 16 位，在西江经济带县域中分别列第 31、第 41、第 27、第 36、第 36 和第 9 位。在各项竞争力中，钟山县的基础竞争力具有比较明显的优势。其中，钟山县单位面积公路里程达到 0.595 公里/平方公里，在全区县域列第 13 位；单位面积高等级公路达到 0.042 公里/平方公里，在全区县域列第 7 位。

表 3-54 钟山县县域竞争力评价结果及排序

序号	竞争力名称	评价指数	全区排序		西江经济带排序	
			2010 年	2012 年	2010 年	2012 年
1	规模竞争力	18.69	50	51	28	31
2	发展竞争力	51.35	90	70	45	41
3	质量竞争力	32.40	40	42	25	27
4	工业竞争力	12.30	49	62	28	36
5	民生竞争力	26.96	57	60	35	36
6	基础竞争力	35.70	25	16	17	9
7	综合竞争力	28.32	64	58	36	35

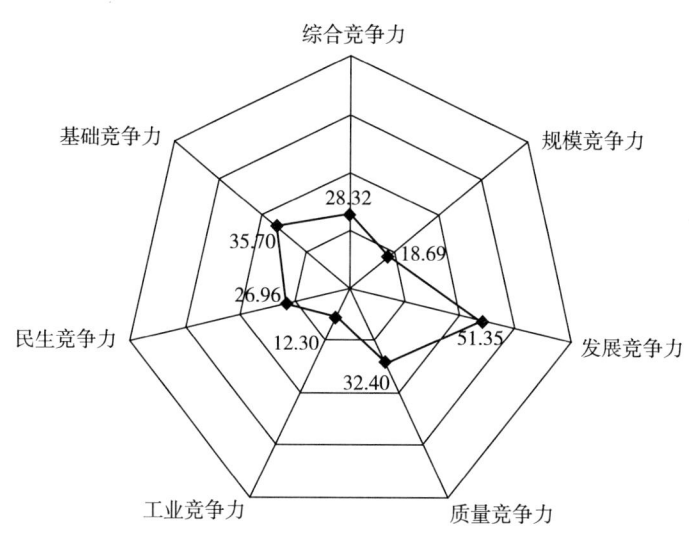

图 3-81 钟山县县域竞争力评价结果解析

从综合竞争力来看，钟山县在广西县域中处于中游偏下水平，影响其综合竞争力水平的主要是发展竞争力、工业竞争力和民生竞争力。其中，地区生产总值增速在全区县域仅列第 74 位，社会消费品零售总额增速列第 72 位；规模以上工业总产值列第 60 位，规模以上企业平均规模列第 66 位；城镇居民人均可支配收入列第 64 位，农村居民人均纯收入列第 57 位。

钟山县应以新型工业循环产业立县，重点扶持新凯骅集团、长城矿山机械、桂华成矿业、真龙纸品等规模以上企业提高产能，加快发展先进机械装备制造、轻纺首饰加工等新兴产业，加快建设桂东北机械制造和矿产资源加工基地；加强与粤港澳台及东部沿海发达地区的交流合作，主动承接东部产业转移，着力引进一批高新技术产业、先进制造业、现代服务业和节能环保型、劳动密集型产业；打响"红色钟山，山水画廊"和民俗文化旅游品牌，打造精品特色旅游线路，提升钟山生态休闲旅游品牌效应。

（5）富川瑶族自治县

富川瑶族自治县位于广西东北部，下辖 9 个镇、3 个乡，总人口 32.19 万人。2012 年，富川瑶族自治县县域综合竞争力评价指数为 27.82，在全区县域中排第 60 位，在西江经济带县域中排第 37 位（见表 3-55）。其中规模竞争力、发展竞争力、质量竞争力、工业竞争力、民生竞争力和基础竞争力的评价指数分别为14.13、65.90、26.95、18.93、22.58和27.87（见图3-82），在全区县域中分别列第63、第33、第58、第45、第68和第37位，在西江经济带县域中分别列第36、第18、第36、第28、第42和第21位。在各项竞争力中，富川瑶族自治县的发展竞争力处于较高水平，其中地区生产总值增速达19.45%，列全区县域第15位；工业增加值增速达22.12%，列全区县域第22位。此外，富川瑶族自治县的基础竞争力也具有一定水平，其中单位面积铁路里程达到0.029公里/平方公里，在全区县域列第12位；每万人口中中学生数达到542人，列第16位。

表3-55 富川瑶族自治县县域竞争力评价结果及排序

序号	竞争力名称	评价指数	全区排序 2010年	全区排序 2012年	西江经济带排序 2010年	西江经济带排序 2012年
1	规模竞争力	14.13	63	63	37	36
2	发展竞争力	65.90	64	33	37	18
3	质量竞争力	26.95	64	58	40	36
4	工业竞争力	18.93	59	45	36	28
5	民生竞争力	22.58	68	68	41	42
6	基础竞争力	27.87	37	37	23	21
7	综合竞争力	27.82	67	60	39	37

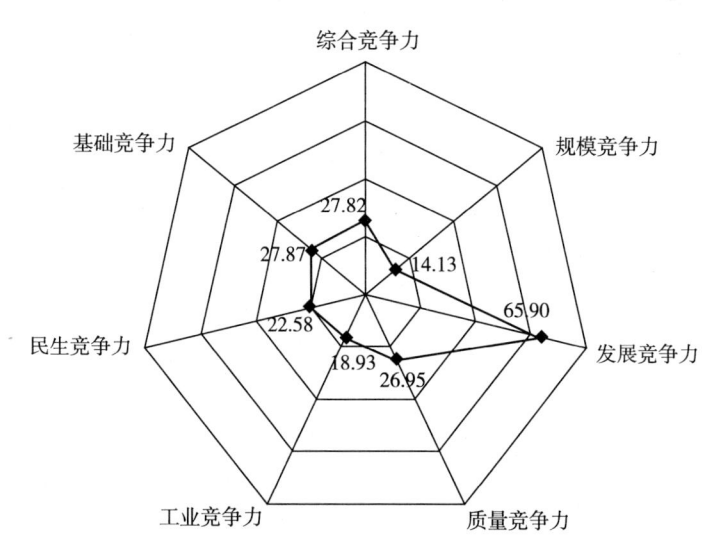

图3-82 富川瑶族自治县县域竞争力评价结果解析

从综合竞争力来看,富川瑶族自治县在广西县域中处于中游偏下水平,影响其综合竞争力水平的主要是规模竞争力和民生竞争力。其中,地区生产总值仅列第67位,社会消费品零售总额列第71位;人均社会消费品零售额在全区县域仅列第67位,城镇居民人均可支配收入列第70位,农村居民人均纯收入列第62位。

富川县应大力发展开放型经济、民营经济和劳务经济,着力推进工业化、城镇化和农业企业化进程,以电力、烟辅材料、建材、脐橙、烤烟等产业为主导产业,大力发展现代工业;构建以秀水状元村历史文化旅游为中心、以乡村生态农业旅游为主线、以瑶族民俗风情文化为特色的富川旅游品牌格局。

7. 来宾市

来宾市参与县域竞争力评价的有兴宾区、忻城县、象州县、武宣县、金秀瑶族自治县和合山市。2012年,上述县域土地总面积13381平方公里,总人口260.31万人,实现地区生产总值525.49亿元,工业增加值达到194.13亿元,财政收入达到30.62亿元,全社会固定资产投资达到561.8亿元,社会消费品零售总额达到109.53亿元,分别占全区县域的5.87%、5.40%、6.45%、6.22%、5.03%、6.46%和4.52%(见图3-83)。2012年,来宾市县域人均地区生产总值达到20187元。

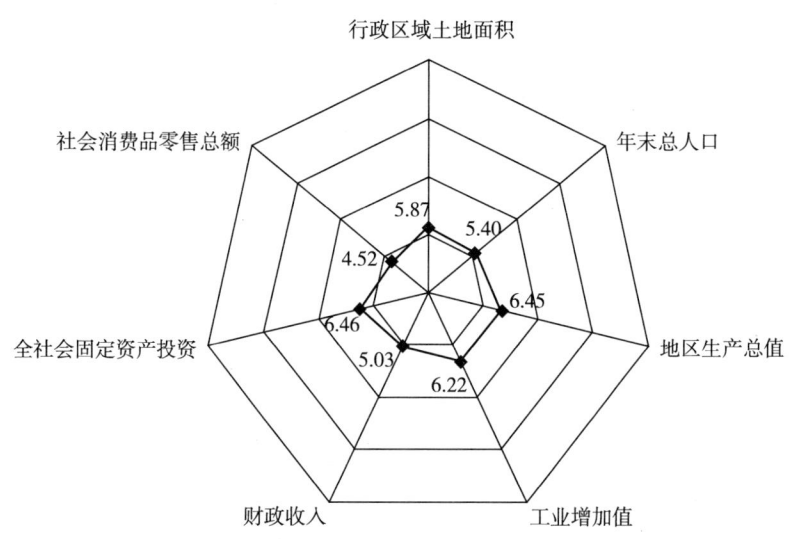

图3-83 来宾市县域经济占全区县域经济比重

(1) 兴宾区

兴宾区位于广西中部、红水河下游，下辖3个街道、6个镇、14个乡，总人口109.84万人。2012年，兴宾区县域综合竞争力评价指数为48.09，在全区县域中排第6位，在西江经济带县域中排第4位（见表3-56）。其中规模竞争力、发展竞争力、质量竞争力、工业竞争力、民生竞争力和基础竞争力的评价指数分别为69.05、61.76、27.76、47.44、36.21和34.66（见图3-84），在全区县域中分别列第2、第41、第56、第4、第29和18位，在西江经济带县域中分别列第2、第25、第35、第3、第18和11位。在各项竞争力中，兴宾区的规模竞争力具有绝对优势。其中，兴宾区的地区生产总值约达252.8亿元，在全区县域列第1位；农林牧渔业产值约达51.71亿元，在全区县域列第5位；全社会固定资产投资约达316.31亿元，在全区县域列第1位。此外，兴宾区的工业竞争力具有较大优势，其中工业增加值约达87.48亿元，在全区县域列第8位；规模以上工业总产值约达275.16亿元，在全区县域列第3位。

表3-56 兴宾区县域竞争力评价结果及排序

序号	竞争力名称	评价指数	全区排序		西江经济带排序	
			2010年	2012年	2010年	2012年
1	规模竞争力	69.05	3	2	3	2
2	发展竞争力	61.76	17	41	10	25
3	质量竞争力	27.76	30	56	18	35
4	工业竞争力	47.44	3	4	2	3
5	民生竞争力	36.21	27	29	16	18
6	基础竞争力	34.66	23	18	15	11
7	综合竞争力	48.09	2	6	2	4

2012年，兴宾区发展竞争力和质量竞争力下滑较多，主要是由于其地区生产总值增速由2010年的19.23%下降至2012年的11.75%，工业增加值增速由2010年的20.11%下降至2012年的0.01%，财政收入增速由2010年的28.37%下降至2012年的20.43%。

从综合竞争力来看，兴宾区在广西县域中处于领先水平，是广西县域经济发展的领军者，影响其综合竞争力水平的主要是发展竞争力和质量竞争力。其中，地区生产总值增速列第60位，工业增加值增速列第68位；单位面积粮食产量列第66位，单位电力消耗地区生产总值仅列第86位。

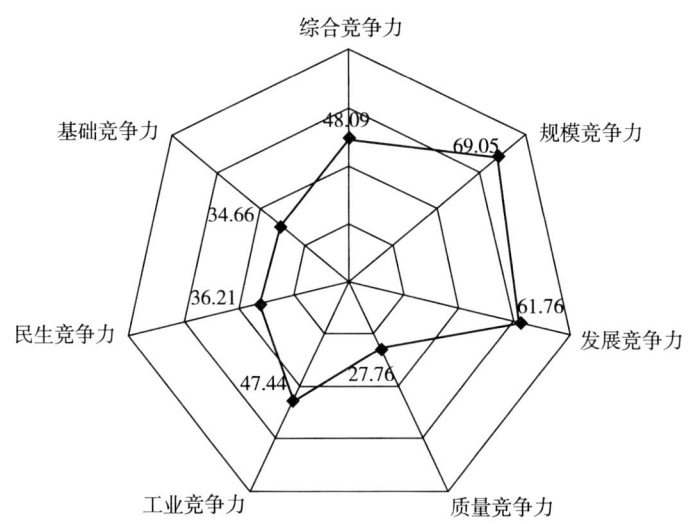

图3-84 兴宾区县域竞争力评价结果解析

兴宾区应继续实施"工业强区"战略，重点推动电力、冶炼、制糖及综合利用三大传统产业转型升级，促进传统产业向高新化和产业集群方向发展，依托丰富的方解石、大理石、白云石、滑石矿等矿产资源，打造石材开采加工和碳酸钙产业，构建包括新型制糖产业、生物工程产业、食糖深加工产业、生态农业产业、现代物流产业在内的现代产业集群；发挥农业高效科技示范带动作用，创建标准化、规模化生产基地；全力推进良江物流园、城南区物流园、大湾仓储物流园、"园中园"万吨级冷链物流项目、寺山乡仓储物流中心等物流园项目建设，着力把兴宾区打造成区域性商贸物流集散地。

（2）忻城县

忻城县位于广西中部，下辖5个镇、7个乡，总人口41.48万人。2012年，忻城县县域综合竞争力评价指数为23.26，在全区县域中排第72位，在西江经济带县域中排第43位（见表3-57）。其中规模竞争力、发展竞争力、质量竞争力、工业竞争力、民生竞争力和基础竞争力的评价指数分别为13.74、53.64、24.89、12.43、23.48和14.19（见图3-85），在全区县域中分别列第64、第66、第66、第61、第64和第83位，在西江经济带县域中分别列第37、第38、第41、第35、第38和第43位。从各项竞争力来看，忻城县的各项竞争力处于较低水平，但也有个别指标位居全区县域前列。其中，全社会固定资产投资增速达31.08%，在全区县域列第33位；每万人移动电话用户数达到5349户，在全区县域列第28位。

表3-57 忻城县县域竞争力评价结果及排序

序号	竞争力名称	评价指数	全区排序		西江经济带排序	
			2010年	2012年	2010年	2012年
1	规模竞争力	13.74	59	64	34	37
2	发展竞争力	53.64	66	66	38	38
3	质量竞争力	24.89	73	66	43	41
4	工业竞争力	12.43	58	61	35	35
5	民生竞争力	23.48	66	64	40	38
6	基础竞争力	14.19	82	83	43	43
7	综合竞争力	23.26	69	72	41	43

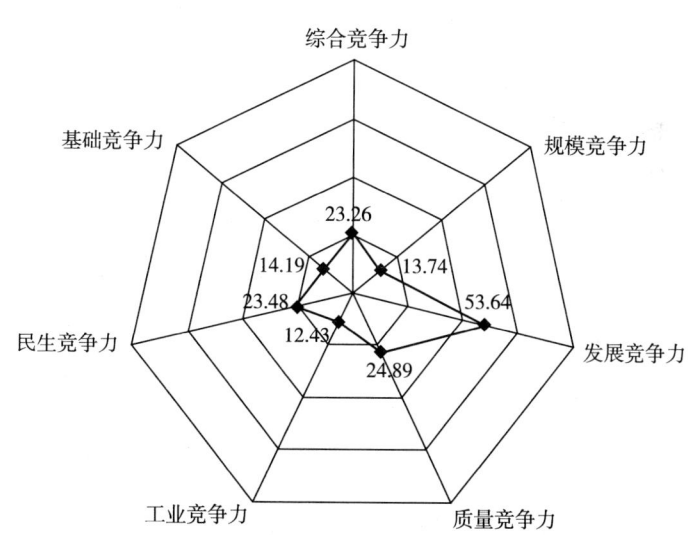

图3-85 忻城县县域竞争力评价结果解析

从综合竞争力来看，忻城县在广西县域中处于下游水平，其各项竞争力中处于落后水平的是基础竞争力。其中单位面积地区生产总值列第68位，单位面积公路里程仅列第74位,每万人互联网用户数列第67位,每万人口中中学生数列第76位。

忻城县应围绕"打造珠江-西江经济带节点旅游城市、中国壮文化中心、广西乃至全国有名的石都"的目标,深入实施"生态立县、工业富县、城建旺县、农业稳县、旅游活县"五大战略,加快发展特色工业产业,围绕"新型农业经营体系",加快发展特色农业产业,围绕壮族土司文化品牌,加快发展特色旅游产业;突出推进"攻扶贫、强石材、推旅游、建新区"四大工作,促进全县经济持续健康较快发展。

(3) 象州县

象州县位于广西中部,下辖7个镇、4个乡,总人口41.48万人。2012年,象州县县域综合竞争力评价指数为35.56,在全区县域中排第34位,在西江经济带县域中排第19位(见表3-58)。其中规模竞争力、发展竞争力、质量竞争力、工业竞争力、民生竞争力和基础竞争力的评价指数分别为21.20、69.25、47.56、21.39、34.73和19.42(见图3-86),在全区县域中分别列第45、第22、第12、第37、第32和第65位,在西江经济带县域中分别列第26、第13、第7、第23、第20和第34位。在各项竞争力中,象州县的质量竞争力处于比较明显的优势。其中象州县人均地区生产总值达到29042元,在全区县域列第13位;单位电力消耗地区生产总值达28.29元/千瓦时,在全区县域列第6位。此外,象州县的发展竞争力也处于较高水平。其中,地区生产总值增速在全区县域列第8位,工业增加值增速列全区县域第9位。

表3-58 象州县县域竞争力评价结果及排序

序号	竞争力名称	评价指数	全区排序		西江经济带排序	
			2010年	2012年	2010年	2012年
1	规模竞争力	21.20	48	45	27	26
2	发展竞争力	69.25	19	22	12	13
3	质量竞争力	47.56	28	12	16	7
4	工业竞争力	21.39	33	37	16	23
5	民生竞争力	34.73	35	32	22	20
6	基础竞争力	19.42	63	65	34	34
7	综合竞争力	35.56	44	34	26	19

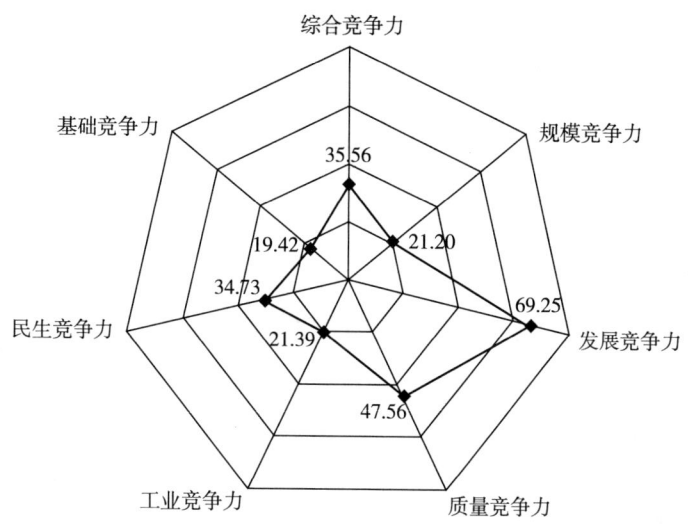

图 3-86　象州县县域竞争力评价结果解析

从综合竞争力来看，象州县在广西县域中处于中游偏上水平，影响其综合竞争力水平的主要是规模竞争力和基础竞争力。其中，社会消费品零售总额和财政收入均列第 49 位，全社会固定资产投资列第 54 位；单位面积高等级公路里程在全区县域仅列第 51 位，每万人口中中学生数列第 52 位。

象州县应加快推进港口码头、路网桥梁和工业园区建设，主动加强与柳州、南宁、贵港等城市的产业贸易合作，大力承接先进制造业、新型能源、商贸物流及相关配套产业转移；重点保障博华公司、东糖石龙、联壮化工、华佳丝绸等重点企业的煤、电、油、运等生产要素，稳定工业经济发展；巩固提升甘蔗、桑蚕等特色优势产业，推进现代农业经营体系、农业标准化建设；全力推进古象二期生态温泉等重大旅游项目建设，实现旅游业跨越发展。

（4）武宣县

武宣县位于广西中部，境内黔江水道素有"黄金水道"之称，下辖 7 个镇、3 个乡，总人口 43.66 万人。2012 年，武宣县县域综合竞争力评价指数为 34.44，在全区县域中排第 39 位，在西江经济带县域中排第 22 位（见表 3-59）。其中规模竞争力、发展竞争力、质量竞争力、工业竞争力、民生竞争力和基础竞争力的评价指数分别为 21.80、79.08、32.96、22.88、31.29 和

24.16（见图3-87），在全区县域中分别列第44、第2、第39、第31、第49和第47位，在西江经济带县域中分别列第25、第1、第25、第19、第31和第24位。在各项竞争力中，武宣县的发展竞争力在全区县域中处于顶尖水平。其中武宣县地区生产总值增速和工业增加值增速分别达到28.29%、45.63%，在全区县域均列第2位；全社会固定资产投资增速达37.73%，在全区县域列第8位。

表3-59 武宣县县域竞争力评价结果及排序

序号	竞争力名称	评价指数	全区排序		西江经济带排序	
			2010年	2012年	2010年	2012年
1	规模竞争力	21.80	51	44	29	25
2	发展竞争力	79.08	14	2	8	1
3	质量竞争力	32.96	58	39	35	25
4	工业竞争力	22.88	54	31	31	19
5	民生竞争力	31.29	56	49	34	31
6	基础竞争力	24.16	61	47	33	24
7	综合竞争力	34.44	54	39	28	22

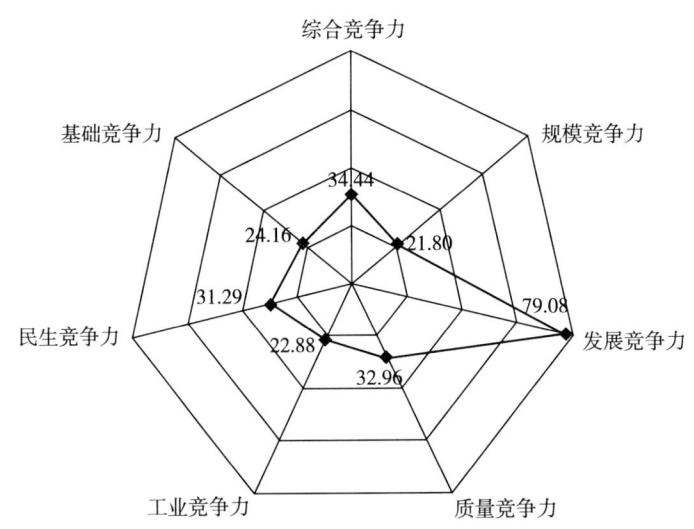

图3-87 武宣县县域竞争力评价结果解析

从综合竞争力来看，武宣县在广西县域中处于中游水平，影响其综合竞争力水平的主要是规模竞争力、民生竞争力和基础竞争力。其中，社会消费品零售总额列第 55 位，全社会固定资产投资仅列第 61 位；人均社会消费品零售额在全区县域仅列第 64 位，农村居民人均纯收入列第 52 位。

武宣县应大力引进制糖循环经济、冶炼、林木资源、矿产品、建材等深加工和综合利用项目，推动传统产业改造升级；努力抓好新兴产业招商，引进新能源、新型材料等项目，培植新兴产业，通过产业招商，逐步聚集和壮大制糖、白云石和林产品等产业集群。加快发展休闲观光农业，大力发展林业产业和林下经济；充分利用资源优势，鼓励和扶持发展蔗区养殖、果园养殖和水面养殖等立体规模高效循环养殖模式，重点发展夏南牛、奶水牛、黄沙鳖、肉羊等特色养殖业。

（5）金秀瑶族自治县

金秀瑶族自治县地处桂中东部的大瑶山，下辖 3 个镇、8 个乡，总人口 15.41 万人。2012 年，金秀瑶族自治县县域综合竞争力评价指数为 20.38，在全区县域中排第 74 位，在西江经济带县域中排第 44 位（见表 3-60）。其中规模竞争力、发展竞争力、质量竞争力、工业竞争力、民生竞争力和基础竞争力的评价指数分别为 3.50、61.29、22.09、3.44、23.37 和 18.68（见图 3-88），在全区县域中分别列第 84、第 43、第 70、第 82、第 65 和第 69 位，在西江经济带县域中分别列第 45、第 27、第 44、第 44、第 39 和第 37 位。在各项竞争力中，金秀瑶族自治县的发展竞争力具有较为明显的优势。其中，金秀瑶族自治县社会消费品零售总额增速达到 17.37%，在全区县域列第 29 位；银行存贷款比例评级为 0.548，在全区县域列第 34 位。

表 3-60　金秀瑶族自治县县域竞争力评价结果及排序

序号	竞争力名称	评价指数	全区排序		西江经济带排序	
			2010 年	2012 年	2010 年	2012 年
1	规模竞争力	3.50	85	84	45	45
2	发展竞争力	61.29	37	43	21	27
3	质量竞争力	22.09	70	70	41	44
4	工业竞争力	3.44	88	82	45	44
5	民生竞争力	23.37	65	65	39	39
6	基础竞争力	18.68	77	69	40	37
7	综合竞争力	20.38	76	74	44	44

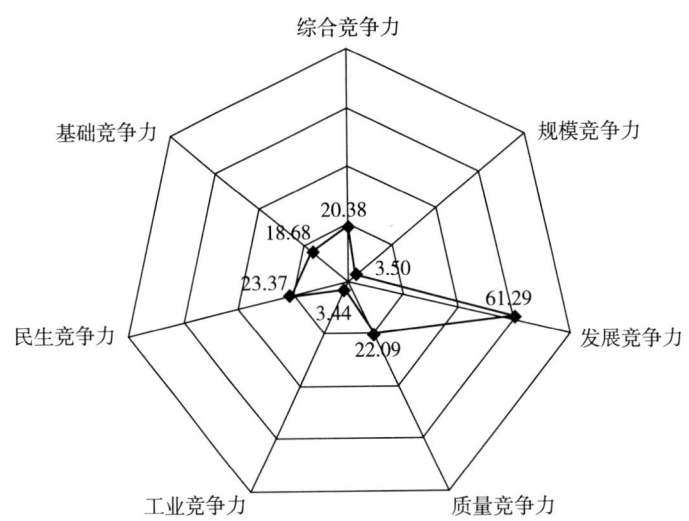

图3-88　金秀瑶族自治县县域竞争力评价结果解析

从综合竞争力来看，金秀瑶族自治县在广西县域中处于下游水平，影响其综合竞争力水平的主要是规模竞争力和工业竞争力。其中，地区生产总值列第84位，农林牧渔业产值列第81位，社会消费品零售总额和财政收入均列第85位；工业增加值和规模以上工业总产值均列第83位，规模以上企业平均规模列第81位。

金秀瑶族自治县应切实提高经济发展的质量和效益，紧紧围绕"生态立县、旅游强县、农业稳县、工业富县、科教兴县、依法治县"，按照"打基础、兴产业，发展特色经济"的发展路径，突出"生态、民族、长寿"三大品牌，以科学发展和改善民生为引领，强产业、夯基础、促旅游、重非公、兴教育，推进新型城镇化建设，加强生态建设和环境保护，促进全县经济持续健康较快发展和社会和谐稳定，努力加快全面小康社会建设步伐。

(6) 合山市

合山市位于来宾市西部，下辖2个镇、1个乡，总人口14.03万人。2012年，合山市县域综合竞争力评价指数为31.23，在全区县域中排第51位，在西江经济带县域中排第30位（见表3-61）。其中规模竞争力、发展竞争力、质量竞争力、工业竞争力、民生竞争力和基础竞争力的评价指数分别为5.71、

58.73、47.61、21.07、34.92 和 30.73（见图 3-89），在全区县域中分别列第 82、第 55、第 11、第 38、第 31 和第 27 位，在西江经济带县域中分别列第 44、第 32、第 6、第 24、第 19 和第 16 位。在各项竞争力中，合山市的质量竞争力处于比较明显的优势。其中，合山市人均地区生产总值达到 28877 元，在全区县域列第 14 位；单位面积地区生产总值达到 911.98 万元/平方公里，在全区县域列第 5 位。

表 3-61　合山市县域竞争力评价结果及排序

序号	竞争力名称	评价指数	全区排序		西江经济带排序	
			2010 年	2012 年	2010 年	2012 年
1	规模竞争力	5.71	82	82	43	44
2	发展竞争力	58.73	86	55	42	32
3	质量竞争力	47.61	18	11	11	6
4	工业竞争力	21.07	46	38	25	24
5	民生竞争力	34.92	32	31	19	19
6	基础竞争力	30.73	11	27	6	16
7	综合竞争力	31.23	61	51	34	30

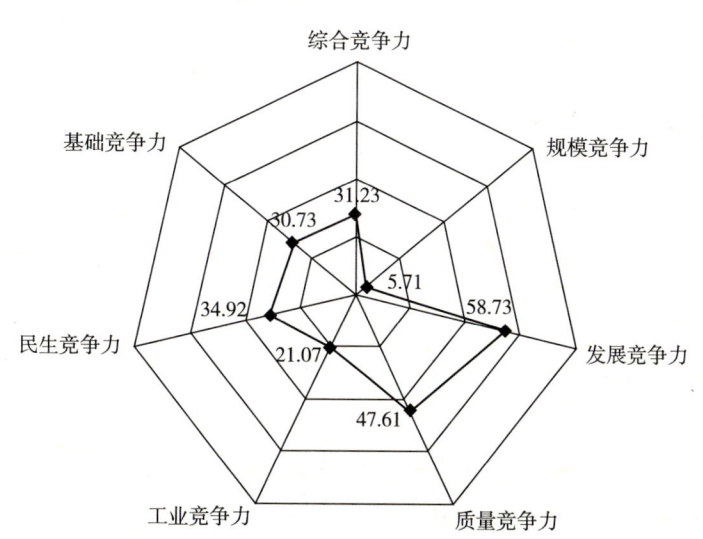

图 3-89　合山市县域竞争力评价结果解析

从综合竞争力来看，合山市在广西县域中处于中游偏下水平，影响其综合竞争力水平的主要是规模竞争力和发展竞争力。其中，地区生产总值在全区县域中仅列第 79 位，社会消费品零售总额列第 81 位，农林牧渔业产值列第 90 位；财政收入增速列第 88 位，全社会固定资产投资增速列第 68 位。

合山市应全面加快资源枯竭型城市转型建设，立足储备丰富的碳酸钙资源，引进有实力的碳酸钙生产企业，把碳酸钙产业培育成为合山市工业的"新支柱"，打造成为全国品质最优的碳酸钙生产基地；加强与广东、江苏、浙江及沿海发达地区产业转移的对接和互动，积极引进和培育新兴产业。充分发挥"矿山文化""红水河文化""奇石文化"优势，进一步完善国家矿山公园、田园休闲游、红水河风光游等旅游节点基础设施，提高接待能力和服务水平。

（三）桂西资源富集区

桂西资源富集区包括百色市、河池市和崇左市，是广西重要的资源富集区，也是我国西南地区的重要矿产资源区和各类生态资源的聚集地。从县域经济发展来看，桂西资源富集区属于典型的后发展欠发达地区，与全区平均水平和其他区域发展水平的差距仍然较大，全面建成小康社会的难度也是最大的。桂西资源富集区共包括 30 个县（区、市），按照广西公开性的县域统计数据，30 个县域全部参与此次县域竞争力评价（见图 3 - 90）。

2012 年，桂西资源富集区行政区域土地面积为 87009.29 平方公里，年末总人口为 1074.98 万人，实现地区生产总值 1724.15 亿元，工业增加值达到 687.29 亿元，财政收入达到 178.04 亿元，全社会固定资产投资达到 1810.07 亿元，社会消费品零售总额达到 418.03 亿元。

2012 年，桂西资源富集区县域主要经济社会指标在全区县域经济中的占比分别为：行政区域土地面积占全区县域的 38.14%，年末总人口占全区县域的 22.30%，地区生产总值占全区县域的 21.18%，工业增加值占全区县域的 22.01%，财政收入占全区县域的 29.23%，全社会固定资产投资占全区县域的 20.82%，社会消费品零售总额占全区县域的 17.25%（见图 3 - 91）。

总体来看，桂西资源富集区县域以 38.14% 的县域面积和 22.30% 的县域人口创造了 21.18% 的县域地区生产总值、22.01% 的县域工业增加值、29.23% 的县域财政收入、20.82% 的县域全社会固定资产投资和 17.25% 的县

图 3-90 桂西资源富集区县域分布

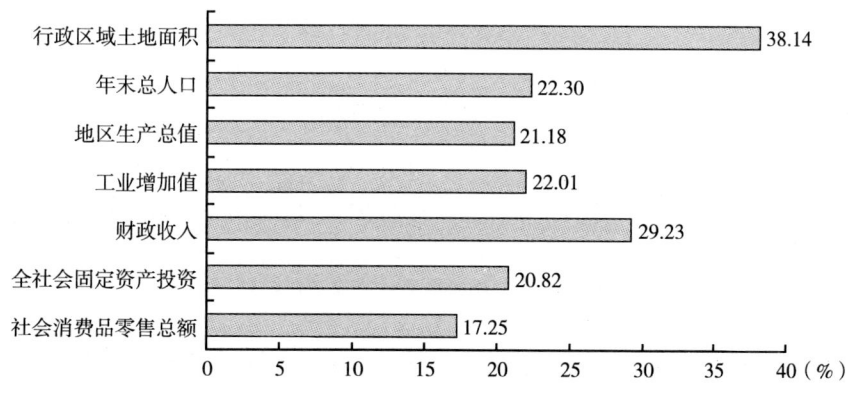

图 3-91 桂西资源富集区县域经济占全区县域经济比重

域社会消费品零售总额。从以上数据可以看出，桂西资源富集区各项指标均低于面积在全区县域中所占比重，其中只有财政收入高于人口在全区县域中所占比重，但其中有相当一部分是财政转移的因素。总体来看，桂西资源富集区县域经济发展明显滞后于全区县域经济发展，必须着力加快桂西资源富集区县域及县域经济发展，走特色发展之路，这对于与全国同步全面建成小康社会至为关键。

1. 百色市

百色市参与县域竞争力评价的有右江区、田阳县、田东县、平果县、德保县、靖西县、那坡县、凌云县、乐业县、田林县、西林县和隆林各族自治县。2012年，上述县域土地面积36201.32平方公里，总人口408.63万人，实现地区生产总值748.70亿元，工业增加值达到366.45亿元，财政收入达到82.39亿元，全社会固定资产投资达到1000.07亿元，社会消费品零售总额达到156.67亿元，分别占全区县域的15.87%、8.48%、9.20%、11.74%、13.53%、11.50%和6.47%（见图3-92）。2012年，百色市县域人均地区生产总值达到18322元。

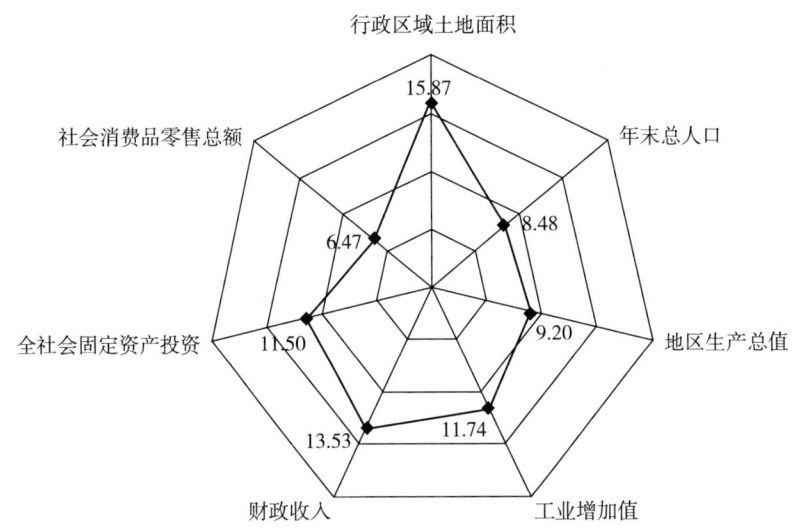

图3-92 百色市县域经济占全区县域经济比重

（1）右江区

右江区位于广西西部，下辖3个镇、3个乡、1个民族乡，总人口34.75万人。2012年，右江区县域综合竞争力评价指数为47.49，在全区县域中排第

8位，在桂西资源富集区县域中排第1位（见表3-62）。其中规模竞争力、发展竞争力、质量竞争力、工业竞争力、民生竞争力和基础竞争力的评价指数分别为36.87、61.24、47.34、38.14、67.56和37.61（见图3-93），在全区县域中分别列第23、第44、第13、第10、第2和第12位，在桂西资源富集区县域中分别列第3、第11、第4、第3、第1和第3位。在各项竞争力中，右江区的民生竞争力具有明显的高位优势。其中，右江区人均社会消费品零售额达到11141元，列全区县域第7位；每万人医院、卫生院床位数约为87张，每万人医院、卫生院技术人员数约为97人，均列全区县域第1位。

表3-62 右江区县域竞争力评价结果及排序

序号	竞争力名称	评价指数	全区排序		桂西资源富集区排序	
			2010年	2012年	2010年	2012年
1	规模竞争力	36.87	21	23	2	3
2	发展竞争力	61.24	54	44	16	11
3	质量竞争力	47.34	4	13	2	4
4	工业竞争力	38.14	19	10	7	3
5	民生竞争力	67.56	2	2	1	1
6	基础竞争力	37.61	3	12	2	3
7	综合竞争力	47.49	4	8	1	1

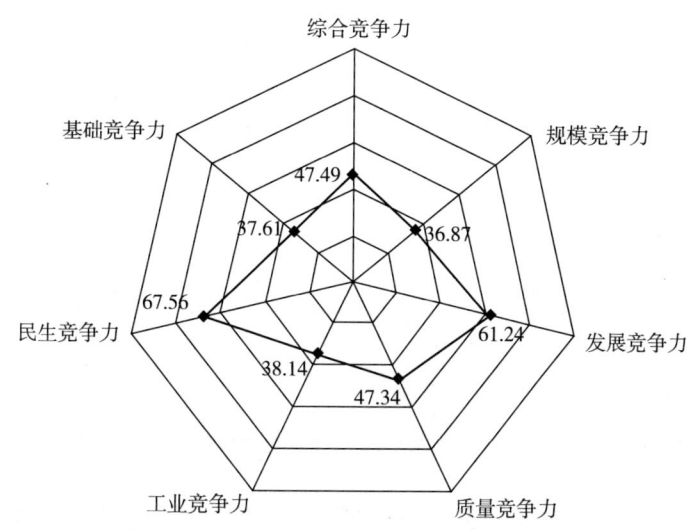

图3-93 右江区县域竞争力评价结果解析

从综合竞争力来看，右江区在广西县域中处于领先水平，影响其综合竞争力水平的主要是规模竞争力和发展竞争力。其中，农林牧渔业产值列第39位，财政收入列第35位；财政收入增速仅列第72位，全社会固定资产投资增速列第76位。

右江区应紧抓珠江－西江经济带发展规划、滇桂黔石漠化片区区域发展与扶贫攻坚规划、桂西资源富集区规划、左右江革命老区振兴规划等机遇，加快新型城镇化步伐，努力推进产城融合发展。

（2）田阳县

田阳县地处广西西部，下辖7个镇、3个乡，总人口34.82万人。2012年，田阳县县域综合竞争力评价指数为30.96，在全区县域中排第52位，在桂西资源富集区县域中排第11位（见表3-63）。其中规模竞争力、发展竞争力、质量竞争力、工业竞争力、民生竞争力和基础竞争力的评价指数分别为22.83、70.99、30.32、14.80、29.78和18.57（见图3-94），在全区县域中分别列第43、第10、第48、第57、第53和第71位，在桂西资源富集区县域中分别列第10、第2、第11、第13、第9和第19位。在各项竞争力中，田阳县的发展竞争力有明显的优势。其中，财政收入增速达到28.89%，列全区县域第11位；全社会固定资产投资增速达到44.09%，列全区县域第1位。

表3-63　田阳县县域竞争力评价结果及排序

序号	竞争力名称	评价指数	全区排序		桂西资源富集区排序	
			2010年	2012年	2010年	2012年
1	规模竞争力	22.83	49	43	13	10
2	发展竞争力	70.99	79	10	25	2
3	质量竞争力	30.32	48	48	12	11
4	工业竞争力	14.80	61	57	15	13
5	民生竞争力	29.78	55	53	10	9
6	基础竞争力	18.57	36	71	6	19
7	综合竞争力	30.96	62	52	16	11

2012年，田阳县的发展竞争力排名上升较快，是由于大部分指标增速没有回落，甚至个别指标增速还有所上升，如财政收入增速由2010年的

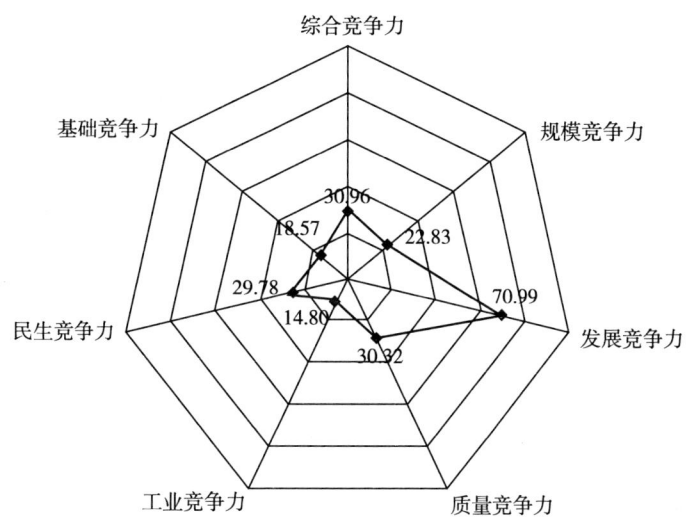

图3-94 田阳县县域竞争力评价结果解析

15.15%上升至2012年的28.89%,全社会固定资产投资增速由2010年的25.91%上升至2012年的44.09%。同时,田阳县基础竞争力下降幅度较大,原因是2010年采用国际互联网用户数,而2012年采用互联网宽带用户数,致使每万人互联网用户数由2010年的1262户下降至2012年的424户。

从综合竞争力来看,田阳县在广西县域中处于中游偏下水平,影响其综合竞争力水平的主要是工业竞争力和基础竞争力。其中,规模以上工业总产值在全区县域中列第59位;每万人移动电话用户数和每万人互联网用户数均列第60位,每万人口中中学生数仅列第73位。

田阳县应围绕铝产业、制糖造纸业、电力工业、建材工业和矿冶工业五大产业,培育产业集群,扶持碳酸钙产业发展,加快产业结构优化调整和工业转型升级步伐。紧抓国家扶贫机遇,努力争取更多项目、资金和政策支持,进一步改善人民生产生活条件,促进贫困人口脱贫致富。着力建设蔬菜生产基地、糖料蔗生产基地、商品粮基地、热带作物生产基地四个基地建设。

(3)田东县

田东县地处广西西南部右江盆地,下辖9个镇、1个乡,总人口42.64万人。2012年,田东县县域综合竞争力评价指数为41.74,在全区县域中排第

18位,在桂西资源富集区县域中排第2位(见表3-64)。其中规模竞争力、发展竞争力、质量竞争力、工业竞争力、民生竞争力和基础竞争力的评价指数分别为38.64、70.26、43.48、32.98、33.71和28.45(见图3-95),在全区县域中分别列第21、第12、第21、第18、第37和第32位,在桂西资源富集区县域中分别列第2、第4、第6、第7、第6和第6位。在各项竞争力中,田东县的发展竞争力具有明显的优势。其中,地区生产总值增速达到19.10%,列全区县域第17位;社会消费品零售总额增速达到17.99%,列全区县域第9位。

表3-64 田东县县域竞争力评价结果及排序

序号	竞争力名称	评价指数	全区排序		桂西资源富集区排序	
			2010年	2012年	2010年	2012年
1	规模竞争力	38.64	23	21	3	2
2	发展竞争力	70.26	35	12	10	4
3	质量竞争力	43.48	19	21	6	6
4	工业竞争力	32.98	29	18	11	7
5	民生竞争力	33.71	40	37	8	6
6	基础竞争力	28.45	31	32	5	6
7	综合竞争力	41.74	25	18	4	2

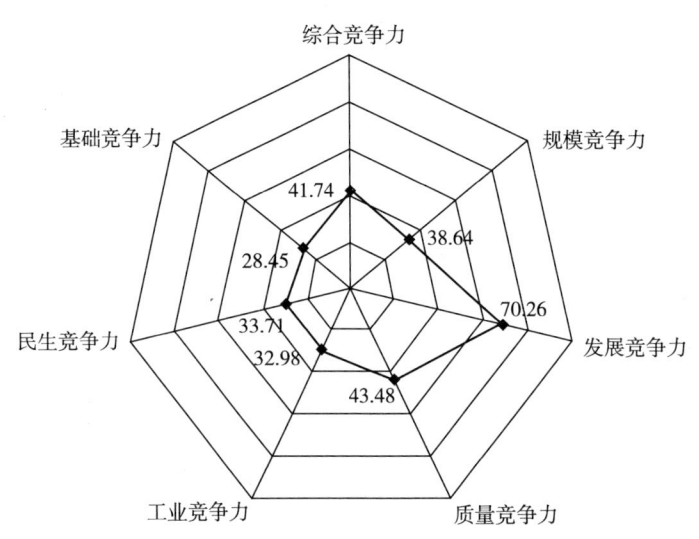

图3-95 田东县县域竞争力评价结果解析

从综合竞争力来看，田东县在广西县域中处于上游水平，影响其综合竞争力水平的主要是民生竞争力和基础竞争力。其中，人均社会消费品零售额在全区县域中仅列第60位，城乡居民收入统筹系数列第63位；单位面积公路里程列第53位，每万人口中中学生数列第55位。

田东县应着力推进园区、交通、城建、现代农业、扶贫开发、文化旅游等领域重大项目建设，充分发挥区位交通、产业基础、园区平台等优势，围绕石油化工、精细化工、铝材加工、果蔬加工、现代商贸和健康养生等项目开展招商引资。积极发挥"国家循环经济示范县"作用，继续发展富有地方特色的循环经济，拉长特色石油化工、新型氯碱化工、化学品氧化铝、生态农林产业四大循环经济主导产业链，完善具有竞争力的特色循环经济产业体系。

（4）平果县

平果县坐落在右江河畔，下辖9个镇、3个乡，总人口50.55万人。2012年，平果县县域综合竞争力评价指数为40.71，在全区县域中排第21位，在桂西资源富集区县域中排第3位（见表3-65）。其中规模竞争力、发展竞争力、质量竞争力、工业竞争力、民生竞争力和基础竞争力的评价指数分别为44.40、69.02、34.24、36.57、27.44和28.08（见图3-96），在全区县域中分别列第18、第24、第36、第11、第58和第35位，在桂西资源富集区县域中分别列第1、第8、第9、第4、第11和第7位。在各项竞争力中，平果县的工业竞争力具有明显的优势。其中，工业增加值达到72.09亿元，列全区县域第13位；规模以上企业平均规模约达到48396万元，列全区县域第5位。

表3-65 平果县县域竞争力评价结果及排序

序号	竞争力名称	评价指数	全区排序		桂西资源富集区排序	
			2010年	2012年	2010年	2012年
1	规模竞争力	44.40	17	18	1	1
2	发展竞争力	69.02	89	24	30	8
3	质量竞争力	34.24	20	36	7	9
4	工业竞争力	36.57	10	11	4	4
5	民生竞争力	27.44	58	58	11	11
6	基础竞争力	28.08	38	35	7	7
7	综合竞争力	40.71	33	21	9	3

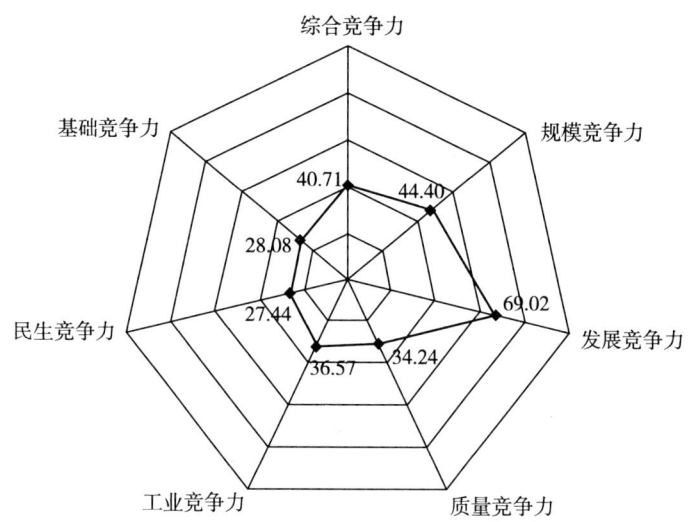

图 3-96 平果县县域竞争力评价结果解析

从综合竞争力来看，平果县在广西县域经济中处于上游水平，影响其综合竞争力水平的主要是质量竞争力、民生竞争力和基础竞争力。其中，单位面积粮食产量在全区县域中列第 69 位，单位电力消耗地区生产总值仅列第 89 位；农村居民人均纯收入列第 61 位，城乡居民收入统筹系数仅列第 82 位；每万人互联网用户数列第 74 位。

平果县应继续大力发展壮大主导产业，进一步做大做强做优铝产业，发展铝深加工，提高铝产品附加值，加快推进生态循环铝产业，大力发展铝板带、铝箔、铝合金压铸件、泡沫铝合金装饰材料等铝深加工项目，打造铝基合金新材料产业基地。创新农业经营模式，大力发展特色农业，加快推进家庭经营、集体经营、合作经营、企业经营等新型农业经营方式，成立火龙果协会、葡萄协会等产业化生产经营组织。引进知名商贸企业或集团到平果县投资经营大型高档购物中心，打造集购物、健身、餐饮、休闲、娱乐于一体的现代化商贸聚集区，加快城镇化建设步伐。

(5) 德保县

德保县位于广西西南部，素有"八角茴油之乡"的美称，下辖 5 个镇、7 个乡，总人口 36.59 万人。2012 年，德保县县域综合竞争力评价指数为

23.30，在全区县域中排第71位，在桂西资源富集区县域中排第16位（见表3-66）。其中规模竞争力、发展竞争力、质量竞争力、工业竞争力、民生竞争力和基础竞争力的评价指数分别为16.91、56.20、19.67、17.96、15.99和16.13（见图3-97），在全区县域中分别列第56、第62、第73、第48、第77和第81位，在桂西资源富集区县域中分别列第13、第14、第16、第11、第17和第25位。在各项竞争力中，德保县的工业竞争力具有相对的优势。其中，人均规模以上工业总产值达到91.99万元，列全区县域第32位；规模以上企业平均规模约达到34879万元，列全区县域第14位。

表3-66 德保县县域竞争力评价结果及排序

序号	竞争力名称	评价指数	全区排序		桂西资源富集区排序	
			2010年	2012年	2010年	2012年
1	规模竞争力	16.91	47	56	12	13
2	发展竞争力	56.20	4	62	2	14
3	质量竞争力	19.67	53	73	13	16
4	工业竞争力	17.96	28	48	10	11
5	民生竞争力	15.99	76	77	16	17
6	基础竞争力	16.13	85	81	26	25
7	综合竞争力	23.30	49	71	12	16

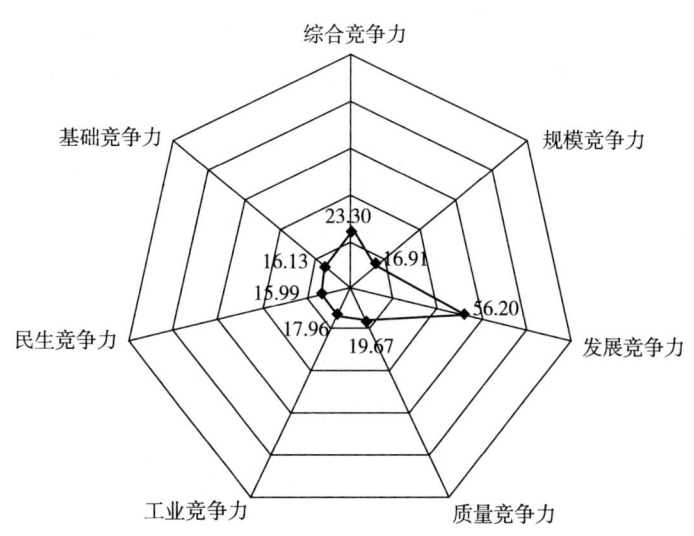

图3-97 德保县县域竞争力评价结果解析

2012年,德保县发展竞争力下降幅度较大,其中地区生产总值增速由2010年的28.46%下降至2012年的8.41%,工业增加值增速由2010年的55.26%下降至2012年的7.14%,财政收入增速由2010年的44.56%下降至2012年的4.23%。

从综合竞争力来看,德保县在广西县域中处于下游水平,影响其综合竞争力水平的主要是质量竞争力、民生竞争力和基础竞争力。其中,单位面积粮食产量列第78位,单位电力消耗地区生产总值仅列第85位;人均社会消费品零售额列全区县域第87位,城乡居民收入统筹系数列全区县域第88位;每万人移动电话用户数列第75位。

德保县应坚持工业优势再造、重点项目带动、产业园区支撑、城乡一体推进等措施,加快建设生态工业县、特色农业县、旅游文化县、山水宜居县。加大对锰企业用电的协调服务力度,通过电价优惠、电量保障,推动锰企业恢复生产。加快实施农民收入倍增计划,大力发展水果、甘蔗、烤烟、蔬菜和林下养鸡等特色农业产业。加强基础设施建设,着力解决农业发展中遇到的水、电、路等困难和问题。

(6)靖西县

靖西县地处桂西南边陲,素有气候"小昆明"之称和山水"小桂林"之誉,下辖8个镇、11个乡,总人口65.50万人。2012年,靖西县县域综合竞争力评价指数为34.57,在全区县域中排第38位,在桂西资源富集区县域中排第8位(见表3-67)。其中规模竞争力、发展竞争力、质量竞争力、工业

表3-67 靖西县县域竞争力评价结果及排序

序号	竞争力名称	评价指数	全区排序		桂西资源富集区排序	
			2010年	2012年	2010年	2012年
1	规模竞争力	33.92	31	30	6	5
2	发展竞争力	69.79	1	15	1	5
3	质量竞争力	24.79	61	68	15	14
4	工业竞争力	45.94	6	5	2	1
5	民生竞争力	13.43	83	80	23	20
6	基础竞争力	17.53	80	75	24	21
7	综合竞争力	34.57	31	38	8	8

竞争力、民生竞争力和基础竞争力的评价指数分别为33.92、69.79、24.79、45.94、13.43和17.53（见图3-98），在全区县域中分别列第30、第15、第68、第5、第80和第75位，在桂西资源富集区县域中分别列第5、第5、第14、第1、第20和第21位。在各项竞争力中，靖西县的工业竞争力具有较为明显的优势。其中，人均规模以上工业总产值约达到198万元，列全区县域第4位；规模以上企业平均规模约达到81821万元，列全区县域第1位。

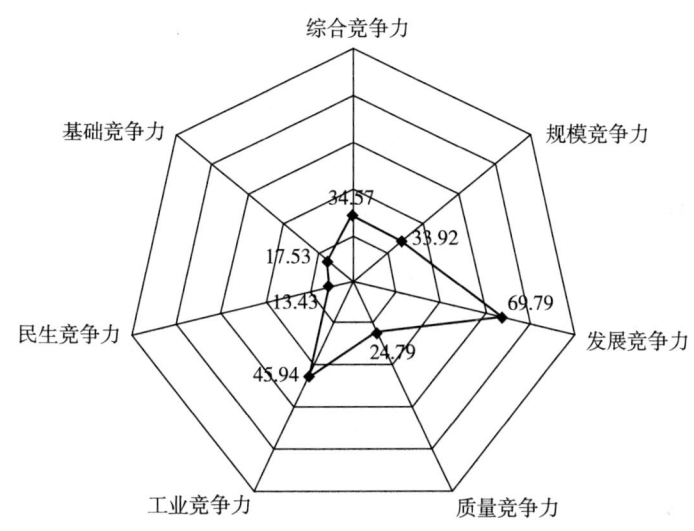

图3-98　靖西县县域竞争力评价结果解析

从综合竞争力来看，靖西县在广西县域中处于中游水平，影响其综合竞争力水平的主要是质量竞争力、民生竞争力和基础竞争力。其中，单位面积粮食产量在全区县域中列第80位，单位电力消耗地区生产总值列第79位；人均社会消费品零售额仅列第64位，农村居民人均纯收入列第80位，每万人医院、卫生院技术人员数列第82位；每万人移动电话用户数列第61位，每万人口中中学生数列第49位。

靖西县应围绕打造全区经济强县和桂西区域中心城市的目标，以工业化与城市化为动力和引擎，加快发展工业、农业、旅游、商贸等特色经济。加快城镇化建设，扩大城市规模，努力建成桂西区域性中心城市。加快生态型铝产业示范基地和综合工业园区、口岸加工区基础设施建设。抓好旅游资源整合开发,促进旅游从观光游向休闲度假游转变。

(7) 那坡县

那坡县地处桂西南边陲、云贵高原余脉六韶山南缘,下辖2个镇、7个乡,总人口21.34万人。2012年,那坡县县域综合竞争力评价指数为15.88,在全区县域中排第83位,在桂西资源富集区县域中排第23位(见表3-68)。其中规模竞争力、发展竞争力、质量竞争力、工业竞争力、民生竞争力和基础竞争力的评价指数分别为2.81、69.75、8.63、1.91、9.15和13.30(见图3-99),在全区县域中分别列第87、第16、第89、第86、第90和第86位,在桂西资源富集区县域中分别列第27、第6、第29、第26、第30和第26位。在各项竞争力中,那坡县的发展竞争力具有一定的水平。其中,财政收入增速达到35.94%,列全区县域第4位;全社会固定资产投资增速达到34.94%,列全区县域第16位。

表3-68 那坡县县域竞争力评价结果及排序

序号	竞争力名称	评价指数	全区排序		桂西资源富集区排序	
			2010年	2012年	2010年	2012年
1	规模竞争力	2.81	88	87	28	27
2	发展竞争力	69.75	65	16	19	6
3	质量竞争力	8.63	89	89	29	29
4	工业竞争力	1.91	90	86	30	26
5	民生竞争力	9.15	87	90	27	30
6	基础竞争力	13.30	86	86	27	26
7	综合竞争力	15.88	90	83	30	23

从综合竞争力来看,那坡县在广西县域中处于落后水平,影响其综合竞争力水平的因素众多。其中,地区生产总值和社会消费品零售总额在全区县域中均列第87位;人均地区生产总值列第85位,人均工业增加值列第88位;工业增加值仅列第89位,单位电力消耗工业增加值列最后一位;城镇居民人均可支配收入列第85位,农村居民人均纯收入列最后一位;每万人移动电话用户数列第74位,每万人口中中学生数列第72位。

那坡县应充分发挥自身优势,大力扶持和推动农业龙头企业发展壮大,加

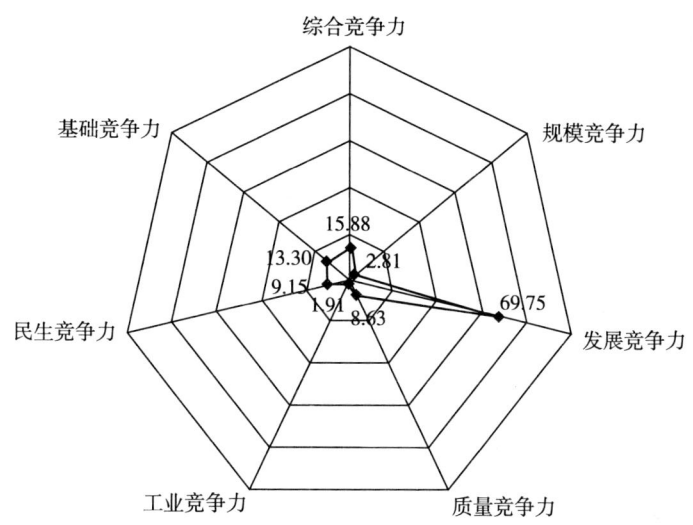

图 3-99 那坡县县域竞争力评价结果解析

快推进农业结构调整,加强技能培训,带动农民增收,促进农村农业经济持续发展。抓住国家实施新一轮扶贫开发、加大对边境地区扶持力度的重大机遇,着力培育工业产业,加快扶贫开发,活跃边境贸易,发展特色农业产业。加快构建以氧化铝、电解铝集约化生产为基础,以铝精深加工为龙头的全国重要循环生态铝工业基地。

(8) 凌云县

凌云县位于广西西北部、云贵高原东南边缘,下辖3个镇、5个民族乡,总人口21.91万人。2012年,凌云县县域综合竞争力评价指数为16.71,在全区县域中排第80位,在桂西资源富集区县域中排第20位(见表3-69)。其中规模竞争力、发展竞争力、质量竞争力、工业竞争力、民生竞争力和基础竞争力的评价指数分别为3.03、59.06、10.25、4.62、10.42和27.88(见图3-100),在全区县域中分别列第86、第53、第88、第79、第87和第36位,在桂西资源富集区县域中分别列第26、第13、第28、第22、第27和第8位。在各项竞争力中,凌云县的基础竞争力有一定的优势。其中,每万人移动电话用户数达到5507户,列全区县域第26位;每万人口中中学生数达到588人,列全区县域第10位。

表 3-69　凌云县县域竞争力评价结果及排序

序号	竞争力名称	评价指数	全区排序		桂西资源富集区排序	
			2010 年	2012 年	2010 年	2012 年
1	规模竞争力	3.03	87	86	27	26
2	发展竞争力	59.06	67	53	20	13
3	质量竞争力	10.25	88	88	28	28
4	工业竞争力	4.62	89	79	29	22
5	民生竞争力	10.42	89	87	29	27
6	基础竞争力	27.88	43	36	8	8
7	综合竞争力	16.71	88	80	28	20

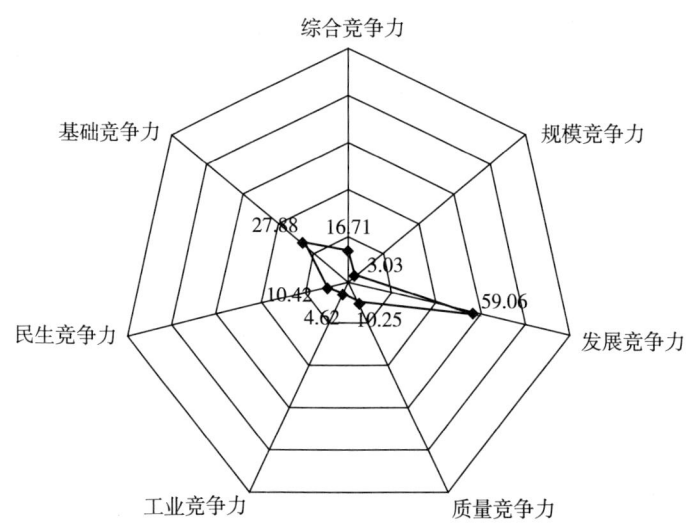

图 3-100　凌云县县域竞争力评价结果解析

从综合竞争力来看，凌云县在广西县域中处于下游水平，影响其综合竞争力水平的因素众多，主要是规模竞争力、质量竞争力、工业竞争力和民生竞争力。其中，社会消费品零售总额在全区县域中仅列第 89 位，财政收入列第 87 位，地区生产总值列第 85 位；人均地区生产总值列第 82 位，单位面积粮食产量列第 87 位；工业增加值列第 80 位，规模以上工业总产值列第 79 位；人均社会消费品零售额仅列第 89 位，农村居民人均纯收入列第 86 位。

凌云县应以改善生存环境为根本出发点，以解决贫困群众脱贫致富为首要任务,不断完善专项扶贫、行业扶贫、社会扶贫"三位一体"的大扶贫工作格局。积极发展生态高效农业,打造茶叶、桑蚕、油茶、草药和种草养畜基地,提高特色产业综合效益,打造长寿生态农产品,创建"富硒农产品基地县",建设现代农业示范园。优化工业发展环境,加快工业转型升级。坚持把优化产业结构作为转型发展的主攻方向,改造提升传统产业,培育发展资源型新兴产业。

(9) 乐业县

乐业县位于广西西北部,地处云贵东南麓,被誉为"世界天坑之都",下辖4个镇、4个乡,总人口17.17万人。2012年,乐业县县域综合竞争力评价指数为16.48,在全区县域中排第81位,在桂西资源富集区县域中排第21位（见表3-70）。其中规模竞争力、发展竞争力、质量竞争力、工业竞争力、民生竞争力和基础竞争力的评价指数分别为2.55、50.48、20.31、1.14、10.65和24.45（见图3-101）,在全区县域中分别列第88、第72、第71、第89、第86和第45位,在桂西资源富集区县域中分别列第28、第16、第15、第29、第26和第11位。在各项竞争力中,乐业县的基础竞争力具有相对明显的优势。其中,每万人口中中学生数达到579人,列全区县域第11位。

表3-70 乐业县县域竞争力评价结果及排序

序号	竞争力名称	评价指数	全区排序		桂西资源富集区排序	
			2010年	2012年	2010年	2012年
1	规模竞争力	2.55	86	88	26	28
2	发展竞争力	50.48	12	72	3	16
3	质量竞争力	20.31	81	71	23	15
4	工业竞争力	1.14	84	89	26	29
5	民生竞争力	10.65	84	86	24	26
6	基础竞争力	24.45	56	45	15	11
7	综合竞争力	16.48	81	81	21	21

2012年,乐业县发展竞争力下降幅度明显,其中工业增加值增速由2010年的46.22%下降至2012年的-5.57%,财政收入增速由2010年的28.17%下降至2012年的11.30%,全社会固定资产投资增速由2010年的44.80%下降至2012年的19.81%。

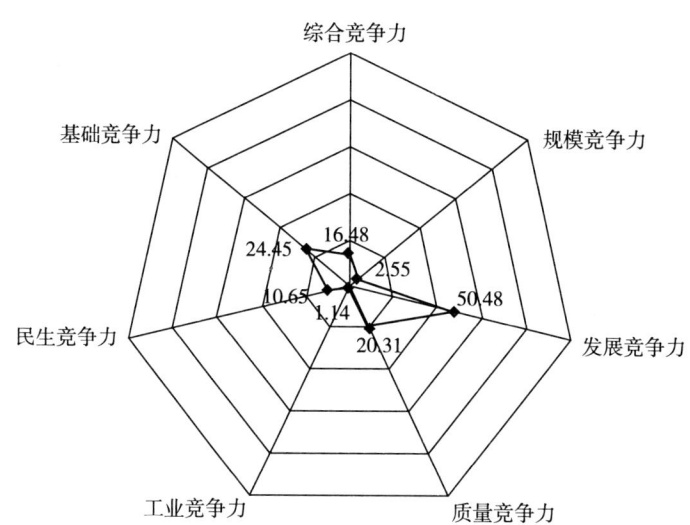

图3-101 乐业县县域竞争力评价结果解析

从综合竞争力来看,乐业县在广西县域中处于落后水平,影响其综合竞争力水平的因素众多,主要是规模竞争力、工业竞争力和民生竞争力。其中,地区生产总值在全区县域中列第88位,财政收入列第85位;工业增加值列第88位,规模以上工业总产值列最后一位;农村居民人均纯收入列第88位,城乡居民收入统筹系数列第89位。

乐业县应积极引进农业开发项目,完善原料、加工、冷链、销售等体系建设,逐步延伸农业产业链。重点培育壮大食品加工业、中药材加工业和水产加工业,积极推进风能发电等绿色能源产业,加大民营企业扶持力度,推动茶叶、木业等农产品加工企业做强做大。依托"世界地质公园""国际岩溶与洞穴探险科考基地""国家森林公园""国家地质公园"等旅游名片,加快景区道路建设,提升基础设施服务水平,坚持"生态、宜游、户外"定位,打造特色旅游示范项目。

(10)田林县

田林县位于广西西北部,下辖4个镇、6个乡、4个民族乡,总人口25.54万人。2012年,田林县县域综合竞争力评价指数为18.06,在全区县域中排第77位,在桂西资源富集区县域中排第17位(见表3-71)。其中规模竞争力、发展竞争力、质量竞争力、工业竞争力、民生竞争力和基础竞争力的评价指数分别为 7.02、42.67、15.96、14.66、15.07 和 22.54（见图 3-102），在全区县域中分别列第 79、第 80、第 80、第 59、第 78 和第 51 位，在桂西资源富集区县域中分别列第 22、第 20、第 20、第 14、第 18 和第 12 位。在各项竞争力中，田林县的基础竞争力具有相对的优势。其中，单位面积铁路里程达到 0.016 公里，列全区县域第 33 位；每万人口中中学生数达到 433 人，列全区县域第 40 位。

表 3-71　田林县县域竞争力评价结果及排序

序号	竞争力名称	评价指数	全区排序 2010 年	全区排序 2012 年	桂西资源富集区排序 2010 年	桂西资源富集区排序 2012 年
1	规模竞争力	7.02	77	79	22	22
2	发展竞争力	42.67	47	80	13	20
3	质量竞争力	15.96	75	80	18	20
4	工业竞争力	14.66	66	59	18	14
5	民生竞争力	15.07	77	78	17	18
6	基础竞争力	22.54	51	51	12	12
7	综合竞争力	18.06	75	77	19	17

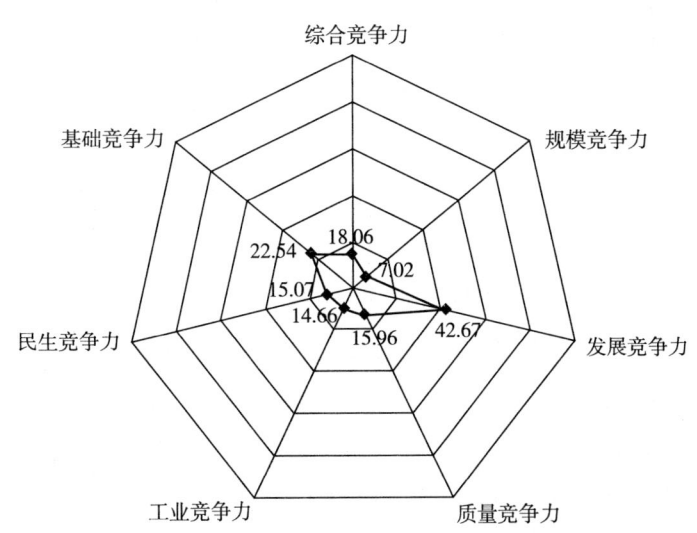

图 3-102　田林县县域竞争力评价结果解析

2012年,田林县发展竞争力下降幅度较大,其中工业增加值增速由2010年的20.42%下降至2012年的6.90%,财政收入增速由2010年的23.42%下降至2012年的-3.42%,全社会固定资产投资增速由2010年的39.16%下降至2012年的-5.09%。

从综合竞争力来看,田林县在广西县域中处于下游水平,影响其综合竞争力水平的因素众多,主要是规模竞争力、发展竞争力、质量竞争力和民生竞争力。其中,地区生产总值在全区县域中列第82位,社会消费品零售总额列第83位;财政收入增速列第85位,全社会固定资产投资增速列第81位;人均工业增加值列第78位,单位面积地区生产总值列最后一位;每万人医院、卫生院技术人员数列第83位。

田林县应重点推进蔗糖精深加工、木材精深加工、木本油料产业、林竹浆纸一体化、灵芝等中药材加工、八渡笋等森林食品加工六大类具有田林特色的农林资源产业化发展;积极培育木本油料、森林食品加工和中草药加工等新兴产业,发展制糖、木材精深加工、造纸、煤化工及金属冶炼等基础产业,推进能源及煤电铝产业一体化发展。在稳定八渡笋、烤烟、食用菌等传统产业的基础上,重点做大做强甘蔗、油茶、油桐、八角、水果、中草药、茶叶产业,力争引入龙头企业,推动规模化、标准化、有机化生产;在巩固"中国八渡笋之乡"的基础上,着力打造"中国灵芝之乡""中国油茶之乡"等,扩大农产品的品牌效应,提升农产品的市场竞争力。

(11)西林县

西林县位于广西最西端,地处桂、滇、黔三省(区)结合部,下辖3个镇、2个乡、3个民族乡,总人口15.63万人。2012年,西林县县域综合竞争力评价指数为16.13,在全区县域中排第82位,在桂西资源富集区县域中排第22位(见表3-72)。其中规模竞争力、发展竞争力、质量竞争力、工业竞争力、民生竞争力和基础竞争力的评价指数分别为1.62、51.19、18.30、1.00、15.02和19.85(见图3-103),在全区县域中分别列第89、第71、第77、第90、第79和第62位,在桂西资源富集区县域中分别列第29、第15、第18、第30、第19和第17位。在各项竞争力中,西林县均处于劣势,排位均比较偏后,基础竞争力有一定的比较优势。其中,每万人口中中学生数达到512人,列全区县域第23位。

表3-72　西林县县域竞争力评价结果及排序

序号	竞争力名称	评价指数	全区排序		桂西资源富集区排序	
			2010年	2012年	2010年	2012年
1	规模竞争力	1.62	90	89	30	29
2	发展竞争力	51.19	73	71	23	15
3	质量竞争力	18.30	84	77	25	18
4	工业竞争力	1.00	85	90	27	30
5	民生竞争力	15.02	80	79	20	19
6	基础竞争力	19.85	78	62	23	17
7	综合竞争力	16.13	87	82	27	22

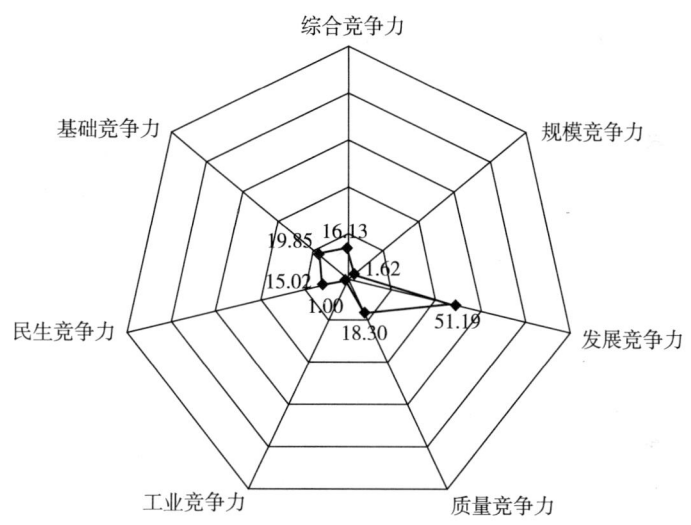

图3-103　西林县县域竞争力评价结果解析

从综合竞争力来看，西林县在广西县域中处于落后水平，影响其综合竞争力水平的因素众多，主要是规模竞争力和工业竞争力。其中，地区生产总值和社会消费品零售总额在全区县域中均列最后一位，财政收入列第88位；工业增加值和人均规模以上工业总产值均列最后一位，规模以上工业总产值列第89位。

西林县应按照"跨越追赶"的发展战略，积极促进农业产业化、品牌化、标准化发展，大力发展林产加工、特色农产品、建材等产业，培育发展茶叶加工、果蔬加工、水产畜禽、食用油加工、生物制药等特色产业。

（12）隆林各族自治县

隆林各族自治县位于广西西北部，处在滇、黔、桂三省交界地带，素有

"土特产仓库"和"天然药材库"之称，下辖5个镇、11个乡，总人口42.19万人。2012年，隆林各族自治县县域综合竞争力评价指数为16.99，在全区县域中排第79位，在桂西资源富集区县域中排第19位（见表3-73）。其中规模竞争力、发展竞争力、质量竞争力、工业竞争力、民生竞争力和基础竞争力的评价指数分别为10.67、43.42、11.22、10.33、12.20和21.79（见图3-104），在全区县域中分别列第74、第79、第86、第66、第83和第54位，在桂西资源富集区县域中分别列第18、第19、第26、第17、第23和第13位。在各项竞争力中，隆林各族自治县均处于劣势，排位均比较偏后，基础竞争力有一定的比较优势。其中，单位面积公路里程达到0.496公里，列全区县域第29位；每万人口中中学生数达到474人，列全区县域第28位。

表3-73　隆林各族自治县县域竞争力评价结果及排序

序号	竞争力名称	评价指数	全区排序		桂西资源富集区排序	
			2010年	2012年	2010年	2012年
1	规模竞争力	10.67	69	74	19	18
2	发展竞争力	43.42	55	79	17	19
3	质量竞争力	11.22	69	86	17	26
4	工业竞争力	10.33	65	66	17	17
5	民生竞争力	12.20	86	83	26	23
6	基础竞争力	21.79	50	54	11	13
7	综合竞争力	16.99	74	79	18	19

从综合竞争力来看，隆林各族自治县在广西县域中处于下游水平，影响其综合竞争力水平的因素众多，主要是质量竞争力和民生竞争力。其中，单位面积地区生产总值在全区县域中列第79位，单位电力消耗地区生产总值列最后一位；人均社会消费品零售额和农村居民人均纯收入均列第84位，城乡居民收入统筹系数列最后一位。

隆林各族自治县应以电力为基础，加快推进隆林电厂等输变电工程建设，积极争取平班水电站电量直供，推动隆林电力实现新突破，促进铝产业发展，以冶炼业为重点，抓好锑、硅、锰、铁合金为主导产品的重点企业发展；科学合理地开发利用金矿，淘汰落后工艺，促进冶金业优化升级。大力扶持现有农产品加工企业上规模、上档次，加快发展以肉类、水产品、桑蚕、金银花、竹

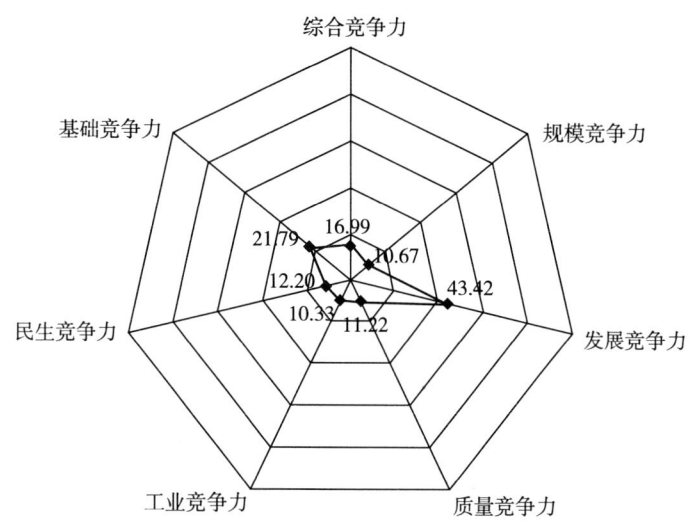

图 3-104 隆林各族自治县县域竞争力评价结果解析

子、山茶油、板栗、药材、有机茶、优质米等为重点的农产品加工企业。

2. 河池市

河池市参与县域竞争力评价的有金城江区、南丹县、天峨县、凤山县、东兰县、罗城仫佬族自治县、环江毛南族自治县、巴马瑶族自治县、都安瑶族自治县、大化瑶族自治县和宜州市。2012 年,上述县域土地面积 33476.21 平方公里,总人口 421 万人,实现地区生产总值 466.36 亿元,工业增加值达到 135.99 亿元,财政收入达到 37.10 亿元,全社会固定资产投资达到 277.84 亿元,社会消费品零售总额达到 176.99 亿元,分别占全区县域的 14.68%、8.73%、5.73%、4.36%、6.09%、3.20% 和 7.30%(见图 3-105)。2012 年,河池市县域人均地区生产总值达到 11077 元。

(1)金城江区

金城江区位于广西西北部,下辖 7 个镇、4 个乡、1 个街道,总人口 33.88 万人。2012 年,金城江区县域综合竞争力评价指数为 29.04,在全区县域中排第 56 位,在桂西资源富集区县域中排第 12 位(见表 3-74)。其中规模竞争力、发展竞争力、质量竞争力、工业竞争力、民生竞争力和基础竞争力的评价指数分别为 18.64、25.95、24.96、13.56、52.93 和 55.23(见图 3-

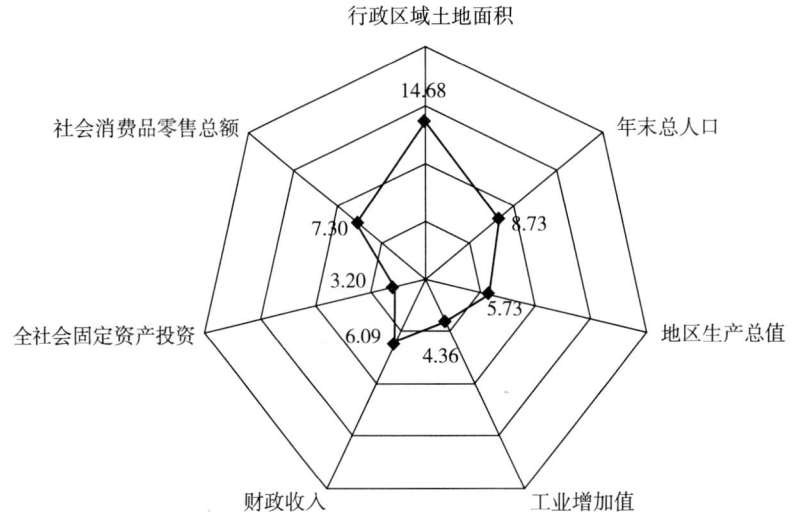

图3-105　河池市县域经济占全区县域经济比重

106），在全区县域中分别列第52、第89、第65、第60、第7和第2位，在桂西资源富集区县域中分别列第11、第29、第13、第15、第2和第1位。在各项竞争力中，金城江区的民生竞争力和基础竞争力具有明显的高位优势。其中，人均社会消费品零售额达到12761元，列全区县域第4位；每万人医院、卫生院床位数约为66张，每万人医院、卫生院技术人员数约为65人，均列全区县域第2位。单位面积铁路里程达到0.046公里，列全区县域第4位；每万人互联网用户数达到2979户，列全区县域第6位；每万人口中中学生数达到606人，列全区县域第7位。

表3-74　金城江区县域竞争力评价结果及排序

序号	竞争力名称	评价指数	全区排序		桂西资源富集区排序	
			2010年	2012年	2010年	2012年
1	规模竞争力	18.64	37	52	8	11
2	发展竞争力	25.95	52	89	15	29
3	质量竞争力	24.96	14	65	5	13
4	工业竞争力	13.56	24	60	9	15
5	民生竞争力	52.93	7	7	2	2
6	基础竞争力	55.23	5	2	3	1
7	综合竞争力	29.04	14	56	2	12

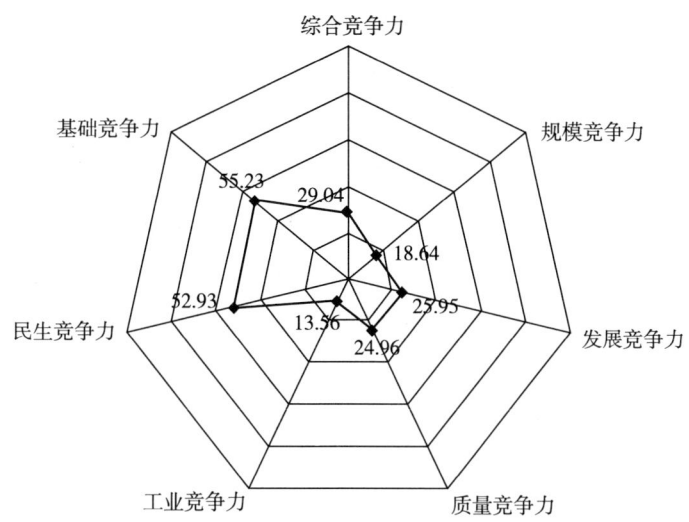

图3-106　金城江区县域竞争力评价结果解析

2012年，金城江区受镉污染事件的影响，经济发展遇到了前所未有的困难，农业、投资、贸易、金融和居民收入等经济指标保持平稳增长，工业生产持续大幅下滑，财政收入减收严重，经济发展速度缓慢，导致规模竞争力、发展竞争力、质量竞争力和工业竞争力排名大幅下滑。

从综合竞争力来看，金城江区在广西县域中处于中游偏下水平，影响其综合竞争力水平的主要是发展竞争力、质量竞争力和工业竞争力。其中，地区生产总值增速在全区县域中仅列第89位，工业增加值增速列最后一位；单位面积粮食产量列第75位，单位电力消耗地区生产总值列第83位；人均规模以上工业总产值列第78位，单位电力消耗工业增加值列第75位。

金城江区应加快融入河池市"两带一区"产业布局和柳来河一体化建设进程，整合锑金属资源和企业，大力发展锑产品精深加工，重点支持有色金属、制糖、食品、制药、建材、化工、茧丝绸等企业兼并重组，将资源优势转化为产业优势。整合旅游资源，融合红色旅游和绿色山水生态旅游，挖掘特色旅游文化内涵，打造系列旅游工艺品，建立休闲养生旅游发展新格局。

(2) 南丹县

南丹县位于广西西北部，下辖7个镇、4个乡，总人口30.89万人。2012

年,南丹县县域综合竞争力评价指数为24.48,在全区县域中排第69位,在桂西资源富集区县域中排第15位(见表3-75)。其中规模竞争力、发展竞争力、质量竞争力、工业竞争力、民生竞争力和基础竞争力的评价指数分别为16.82、30.75、27.23、20.75、30.79和24.91(见图3-107),在全区县域中分别列第57、第86、第57、第40、第50和第43位,在桂西资源富集区县域中分别列第14、第26、第12、第10、第8和第10位。在各项竞争力中,南丹县的工业竞争力具有相对明显的优势。其中,规模以上企业平均规模均达到41444万元,列全区县域第10位。此外,南丹县的基础竞争力也有一定优势,其中单位面积铁路里程列全区县域第35位,每万人口中中学生数列第27位。

表3-75 南丹县县域竞争力评价结果及排序

序号	竞争力名称	评价指数	全区排序		桂西资源富集区排序	
			2010年	2012年	2010年	2012年
1	规模竞争力	16.82	39	57	9	14
2	发展竞争力	30.75	21	86	5	26
3	质量竞争力	27.23	13	57	4	12
4	工业竞争力	20.75	22	40	8	10
5	民生竞争力	30.79	29	50	5	8
6	基础竞争力	24.91	47	43	10	10
7	综合竞争力	24.48	30	69	7	15

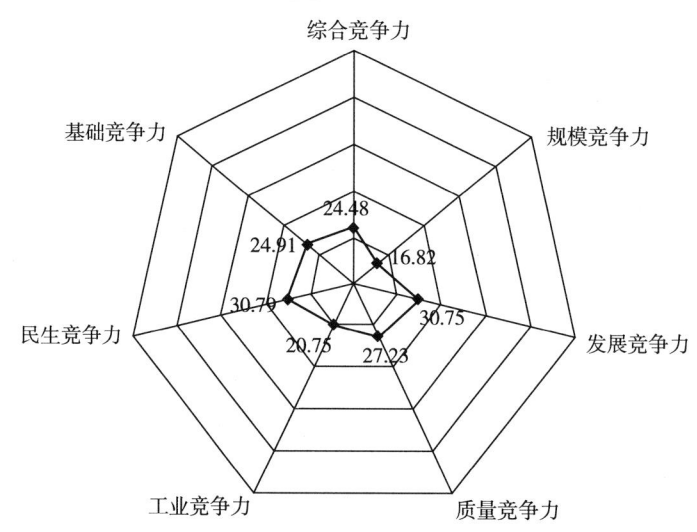

图3-107 南丹县县域竞争力评价结果解析

2012年，南丹县发展竞争力下降幅度较大①，其中地区生产总值增速由2010年的22.78%下降至2012年的1.30%，工业增加值增速由2010年的34.08%下降至2012年的-5.86%，社会消费品零售总额增速由2010年的20.47%下降至2012年的11.44%，全社会固定资产投资增速由2010年的34.12%下降至2012年的-17.29%。

从综合竞争力来看，南丹县在广西县域中处于下游水平，影响其综合竞争力水平的主要是发展竞争力。其中，地区生产总值增速在全区县域中列第86位，社会消费品零售总额增速仅列第89位，财政收入增速列第87位，全社会固定资产投资增速列第88位。

南丹县应深入实施"打造国家新型生态有色金属基地、有色金属循环经济示范县"行动计划，积极推进企业整合重组，加快堂汉公司以及大厂、车河、芒场选矿企业重组，力推南星公司茶山矿尽快复产。推进河池·南丹工业园、龙马工业园建设，完善园区总规、详规修编，加快供电、供水、铁路货运、交通路网等基础设施建设。继续做强林业、畜牧水产、水果等特色种养业，推行农业标准化工作，培育和引进一批起点高、规模大的农业产业化龙头企业。

(3) 天峨县

天峨县位于广西西北部、红水河上游，荣获"中国山鸡之乡""中国油桐之乡"等称号，下辖2个镇、6个乡、1个民族乡，总人口17.22万人。2012年，天峨县县域综合竞争力评价指数为26.44，在全区县域中排第63位，在桂西资源富集区县域中排第14位（见表3-76）。其中规模竞争力、发展竞争力、质量竞争力、工业竞争力、民生竞争力和基础竞争力的评价指数分别为5.86、24.99、48.06、39.27、20.59和26.32（见图3-108），在全区县域中分别列第81、第90、第10、第8、第70和第40位，在桂西资源富集区县域中分别列第23、第30、第3、第2、第14和第9位。在各项竞争力中，天峨县的质量竞争力和工业竞争力具有明显的高位优势。其中，人均工业增加值约达到11776元，列全区县域第13位；单位电力消耗地区生产总值约达到43

---

① 由于2012年初龙江河突发环境事件，南丹县有色金属企业长时间全面停产整顿，环评区域限批，项目建设受限，以及欧债危机的影响使有色金属产品价格大幅度下跌，因此全县主要经济指标增速下滑。

元/千瓦时，列全区县域第 1 位。人均规模以上工业总产值达到 277 万元，单位电力消耗工业增加值约达到 153 元/千瓦时，均列全区县域第 1 位。

表 3-76 天峨县县域竞争力评价结果及排序

序号	竞争力名称	评价指数	全区排序		桂西资源富集区排序	
			2010 年	2012 年	2010 年	2012 年
1	规模竞争力	5.86	68	81	18	23
2	发展竞争力	24.99	22	90	6	30
3	质量竞争力	48.06	1	10	1	3
4	工业竞争力	39.27	5	8	1	2
5	民生竞争力	20.59	64	70	13	14
6	基础竞争力	26.32	54	40	13	9
7	综合竞争力	26.44	19	63	3	14

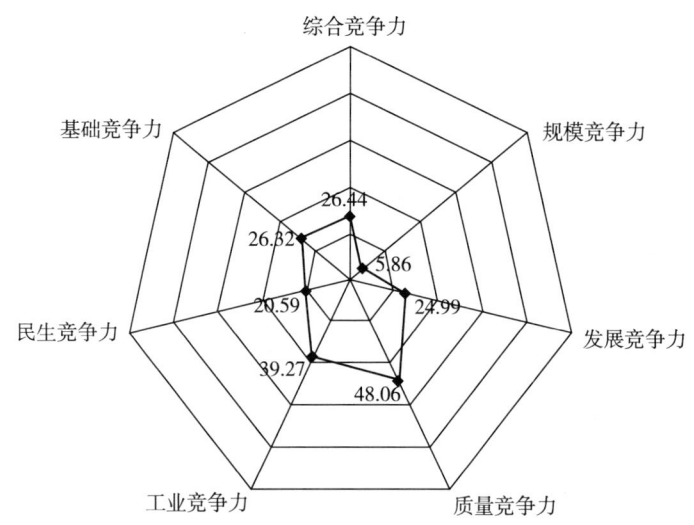

图 3-108 天峨县县域竞争力评价结果解析

2012 年，天峨县发展竞争力下降幅度较大[①]，其中地区生产总值增速由 2010 年的 27.20% 下降至 2012 年的 -5.69%，工业增加值增速由 2010 年的

---

① 2012 上半年因红水河上游干旱少雨，龙滩电站库区水位持续下降，以水电工业为主导的天峨县经济损失巨大，经济形势异常严峻，进入 6 月以后，雨量充足，龙滩电站正常运行，全县经济发展进入平稳增长阶段。

94.10%下降至2012年的-12.14%，财政收入由2010年的28.40%下降至2012年的-20.07%。

从综合竞争力来看，天峨县在广西县域中处于中游偏下水平，影响其综合竞争力水平的主要是规模竞争力、发展竞争力和民生竞争力。其中，农林牧渔业产值在全区县域中列第83位，社会消费品零售总额仅列第87位；地区生产总值增速、财政收入增速、全社会固定资产投资增速均列最后一位；城镇居民人均可支配收入列第80位，农村居民人均纯收入列第74位。

天峨县应坚持"绿色园区、生态园区、环保园区"的定位，推进县工业集中区和纳罗竹木加工园、岜暮矿产品加工园、桂黔红水河工贸园"一区三园"建设。大力发展生态农业、有机农业和循环农业，引导合作社或家庭农场开展天峨核桃、百香果申报广西无公害生产基地认定和产品认证。以实施巴马长寿养生国际旅游区基础设施建设大会战为契机，围绕天峨县创建广西特色旅游名县工作目标，全力打造生态旅游县。

（4）凤山县

凤山县地处广西西北部，位于云贵高原南麓，下辖1个镇、7个乡、3个民族乡，总人口21.49万人。2012年，凤山县县域综合竞争力评价指数为14.33，在全区县域中排第85位，在桂西资源富集区县域中排第25位（见表3-77）。其中规模竞争力、发展竞争力、质量竞争力、工业竞争力、民生竞争力和基础竞争力的评价指数分别为1.23、35.97、13.00、8.70、12.31和28.80（见图3-109），在全区县域中分别列第90、第82、第82、第72、第82和第31位，

表3-77 凤山县县域竞争力评价结果及排序

序号	竞争力名称	评价指数	全区排序		桂西资源富集区排序	
			2010年	2012年	2010年	2012年
1	规模竞争力	1.23	89	90	29	30
2	发展竞争力	35.97	69	82	21	22
3	质量竞争力	13.00	86	82	26	22
4	工业竞争力	8.70	80	72	24	20
5	民生竞争力	12.31	79	82	19	22
6	基础竞争力	28.80	55	31	14	5
7	综合竞争力	14.33	86	85	26	25

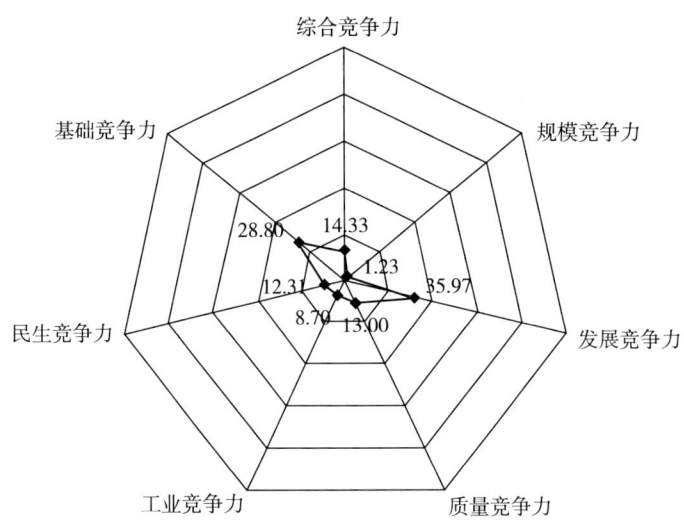

图3-109 凤山县县域竞争力评价结果解析

在桂西资源富集区县域中分别列第30、第22、第22、第20、第22和第5位。在各项竞争力中,凤山县均处于劣势,各项指标排位均靠后,但基础竞争力具有相对优势。其中,每万人互联网用户数达到2205户,列全区县域第10位;每万人口中中学生数达到537人,列全区县域第18位。

从综合竞争力来看,凤山县在广西县域中处于比较落后的水平,影响其综合竞争力水平的因素众多。其中,财政收入、全社会固定资产投资在全区县域中均列最后一位;地区生产总值增速列第84位;人均地区生产总值列第88位;工业增加值列第86位;农村居民人均纯收入列第85位。

凤山县应继续推进林业产业结构调整,加快推进特色林果、苗木花卉、速生丰产林等林业基地建设,着重打造凤山优质肉用黄牛生产基地,扶持壮大原有特色养殖业基地,鼓励新增特色养殖业。开展环境倒逼机制促进工业转型升级,整合全县矿产资源,走矿产资源精深加工路子,重点扶持特色农产品加工、山泉水开发等生态环保工业发展,依托"世界地质公园"和"中国长寿之乡"品牌,通过招商引资,引进大型企业落户凤山县开发山泉水项目,实现工业转型发展。

(5)东兰县

东兰县地处桂西北、云贵高原南缘、红水河中游,下辖5个镇、8个乡、

1个民族乡，总人口30.22万人。2012年，东兰县县域综合竞争力评价指数为11.93，在全区县域中排第90位，在桂西资源富集区县域中排第30位（见表3-78）。其中规模竞争力、发展竞争力、质量竞争力、工业竞争力、民生竞争力和基础竞争力的评价指数分别为3.23、33.38、11.67、1.33、10.95和19.39（见图3-110），在全区县域中分别列第85、第85、第85、第88、第85和第66位，在桂西资源富集区县域中分别列第25、第25、第25、第28、第25和第18位。在各项竞争力中，东兰县均处于劣势，各项指标排位均靠后，但基础竞争力中有个别指标具有相对优势。其中，单位面积公路里程达到0.503公里/平方公里，列全区县域第26位；每万人口中中学生数达到440人，列全区县域第38位。

表3-78 东兰县县域竞争力评价结果及排序

序号	竞争力名称	评价指数	全区排序		桂西资源富集区排序	
			2010年	2012年	2010年	2012年
1	规模竞争力	3.23	84	85	25	25
2	发展竞争力	33.38	81	85	27	25
3	质量竞争力	11.67	87	85	27	25
4	工业竞争力	1.33	82	88	25	28
5	民生竞争力	10.95	82	85	22	25
6	基础竞争力	19.39	71	66	19	18
7	综合竞争力	11.93	89	90	29	30

从综合竞争力来看，东兰县在广西县域中处于落后水平，影响其综合竞争力水平的因素众多。其中，地区生产总值和农林牧渔业产值在全区县域中均仅列第86位，财政收入列第89位；工业增加值增速列第84位，全社会固定资产投资增速列第82位；人均地区生产总值列第89位，人均财政收入列最后一位；工业增加值和规模以上工业总产值均列第87位；城镇居民人均可支配收入和农村居民人均纯收入均列第89位。

东兰县应抓住国家实施滇桂黔石漠化片区扶贫攻坚的机遇，深入开展石漠化综合治理、国家重点生态功能区和生态公益林保护与建设、水资源保护等生态工程，大力发展生态农业、生态旅游业，推进生态养殖和旅游资源有序开

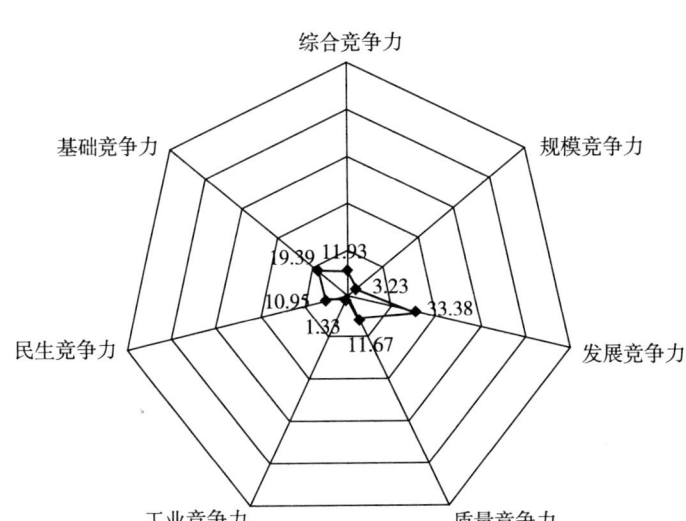

图 3-110 东兰县县域竞争力评价结果解析

发。抢抓国家实施"左右江革命老区振兴规划"、自治区建设"巴马长寿养生国际旅游区"和东兰县被列为巴马长寿养生国际旅游区重点县等重大机遇，深度挖掘富有县域特色的旅游资源，加快推进道路交通、生态环保、旅游服务等基础设施建设，进一步夯实旅游发展基础，推动旅游发展新跨越。加大板栗、山茶油、乌鸡、黑山猪、酒类、山泉水等长寿生态食品加工项目的招商引资力度，大力发展长寿生态食品精深加工业。

(6) 罗城仫佬族自治县

罗城仫佬族自治县位于广西北部，是广西重要的粮食、畜牧、糖蔗、烤烟、油茶、林果基地之一，下辖 7 个镇、4 个乡，总人口 37.79 万人。2012年，罗城仫佬族自治县县域综合竞争力评价指数为 14.05，在全区县域中排第 87 位，在桂西资源富集区县域中排第 27 位（见表 3-79）。其中规模竞争力、发展竞争力、质量竞争力、工业竞争力、民生竞争力和基础竞争力的评价指数分别为 7.80、34.44、15.61、2.54、12.04 和 16.18（见图 3-111），在全区县域中分别列第 78、第 84、第 81、第 83、第 84 和第 80 位，在桂西资源富集区县域中分别列第 21、第 24、第 21、第 24、第 24 和第 24 位。在各项竞争力中，罗城仫佬族自治县均处于劣势，各项指标排位均靠后，但有个别指标具有相对优势。其中，单位面积铁路里程达到0.016公里/平方公里，列全区县域第32位；每万人移动电话用户数达到4681户，列全区县域第44位。

表3-79 罗城仫佬族自治县县域竞争力评价结果及排序

序号	竞争力名称	评价指数	全区排序		桂西资源富集区排序	
			2010年	2012年	2010年	2012年
1	规模竞争力	7.80	78	78	23	21
2	发展竞争力	34.44	70	84	22	24
3	质量竞争力	15.61	79	81	21	21
4	工业竞争力	2.54	78	83	23	24
5	民生竞争力	12.04	90	84	30	24
6	基础竞争力	16.18	89	80	29	24
7	综合竞争力	14.05	84	87	24	27

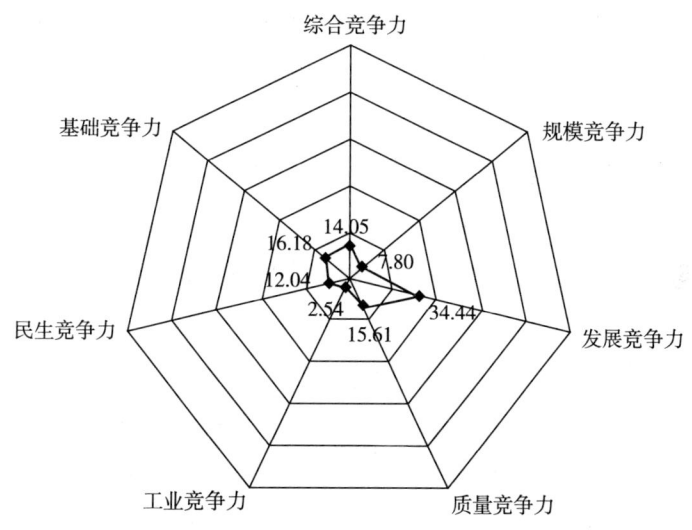

图3-111 罗城仫佬族自治县县域竞争力评价结果解析

从综合竞争力来看，罗城仫佬族自治县在广西县域中处于落后水平，影响其综合竞争力水平的因素众多。其中，地区生产总值在全区县域中列第78位，全社会固定资产投资仅列第88位；全社会固定资产投资增速列第89位；城镇居民人均可支配收入列最后一位，农村居民人均纯收入列第83位。

罗城仫佬族自治县应继续积极调整优化工业产业结构，做好有色金属企业整顿工作,加快推进饮用水开发等项目,尤其是要加快高端饮用水开发,打造罗城高端饮用水品牌。做大做优核桃、红薯、烤烟等特色农业,培育优势特色产业专业大户、家庭农场、龙头企业和农民专业合作组织,扶持农民发展专业合作社。以民族风情游为主抓手和突破口,带动山水文化旅游开发,把罗城打造成为国内一流、世界知名的中国仫佬族民俗风情旅游胜地。

(7)环江毛南族自治县

环江毛南族自治县位于广西西北部,地处桂西北云贵高原东南麓,下辖6个镇、5个乡、1个民族乡,总人口37.59万人。2012年,环江毛南族自治县县域综合竞争力评价指数为14.76,在全区县域中排第84位,在桂西资源富集区县域中排第24位(见表3-80)。其中规模竞争力、发展竞争力、质量竞争力、工业竞争力、民生竞争力和基础竞争力的评价指数分别为8.43、30.52、16.06、1.84、19.17和17.05(见图3-112),在全区县域中分别列第77、第87、第79、第87、第71和第79位,在桂西资源富集区县域中分别列第20、第27、第19、第27、第15和第23位。在各项竞争力中,环江毛南族自治县均处于劣势,各项指标排位均靠后,但有个别指标具有相对优势。其中,社会消费品零售总额增速达到17.63%,列全区县域第19位;单位面积铁路里程达到0.018公里/平方公里,列全区县域第27位。

表3-80 环江毛南族自治县县域竞争力评价结果及排序

序号	竞争力名称	评价指数	全区排序		桂西资源富集区排序	
			2010年	2012年	2010年	2012年
1	规模竞争力	8.43	74	77	20	20
2	发展竞争力	30.52	82	87	28	27
3	质量竞争力	16.06	78	79	20	19
4	工业竞争力	1.84	77	87	22	27
5	民生竞争力	19.17	78	71	18	15
6	基础竞争力	17.05	83	79	25	23
7	综合竞争力	14.76	82	84	22	24

从综合竞争力来看,环江毛南族自治县在广西县域中处于落后水平,影响其综合竞争力水平的因素众多。其中,全社会固定资产投资列第86位;地区

生产总值增速列第83位，工业增加值增速列第88位；人均地区生产总值和人均财政收入均列第76位；工业增加值列第84位，人均规模以上工业总产值列第88位；城镇居民人均可支配收入列第81位，每万人医院、卫生院技术人员数列第85位；单位面积公路里程列最后一位。

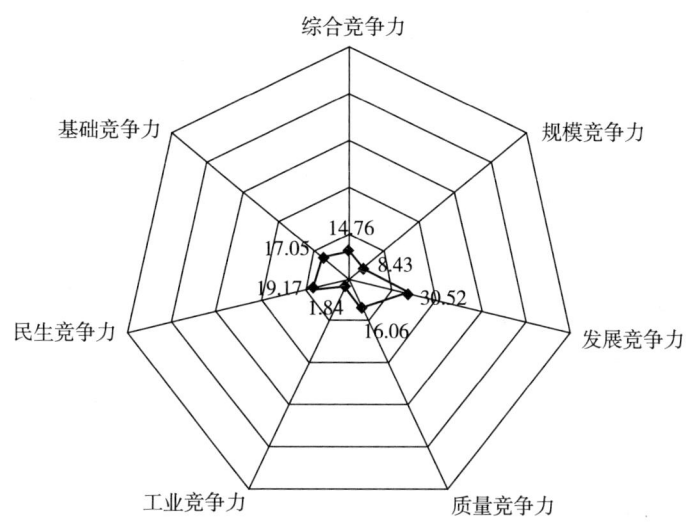

图3-112 环江毛南族自治县县域竞争力评价结果解析

环江毛南族自治县应依托特色产业基础和资源优势，重点培育林产、茧丝绸、糖蔗、五香食品、优质饮用水、风电等新兴产业。同时，继续执行环境倒逼机制，整合提质有色金属传统产业。扩大种植业和养殖业特色产业规模，培育农业产业化龙头企业，打响环江品牌。打造和提升具有鲜明地域特色的旅游文化品牌，大力发展七大扶贫主导产业（桑蚕、糖料蔗、核桃、油茶、特色水果、特色养殖、高淀粉薯类）。

（8）巴马瑶族自治县

巴马瑶族自治县位于广西西北部，被誉为"世界长寿之乡·中国人瑞圣地"，下辖1个镇、9个乡，总人口28.27万人。2012年，巴马瑶族自治县县域综合竞争力评价指数为13.47，在全区县域中排第89位，在桂西资源富集区县域中排第29位（见表3-81）。其中规模竞争力、发展竞争力、质量竞争力、工业竞争力、民生竞争力和基础竞争力的评价指数分别为5.25、35.55、

12.65、4.60、9.66和21.52（见图3-113），在全区县域中分别列第83、第83、第83、第80、第89和第59位，在桂西资源富集区县域中分别列第24、第23、第23、第23、第29和第15位。在各项竞争力中，巴马瑶族自治县均处于劣势，各项指标排位均靠后，但有个别指标具有相对优势。其中，社会消费品零售总额增速达到19.69%，列全区县域第3位；每万人口中中学生数达到419人，列全区县域第22位。

表3-81 巴马瑶族自治县县域竞争力评价结果及排序

序号	竞争力名称	评价指数	全区排序		桂西资源富集区排序	
			2010年	2012年	2010年	2012年
1	规模竞争力	5.25	81	83	24	24
2	发展竞争力	35.55	63	83	18	23
3	质量竞争力	12.65	80	83	22	23
4	工业竞争力	4.60	75	80	21	23
5	民生竞争力	9.66	88	89	28	29
6	基础竞争力	21.52	66	59	17	15
7	综合竞争力	13.47	83	89	23	29

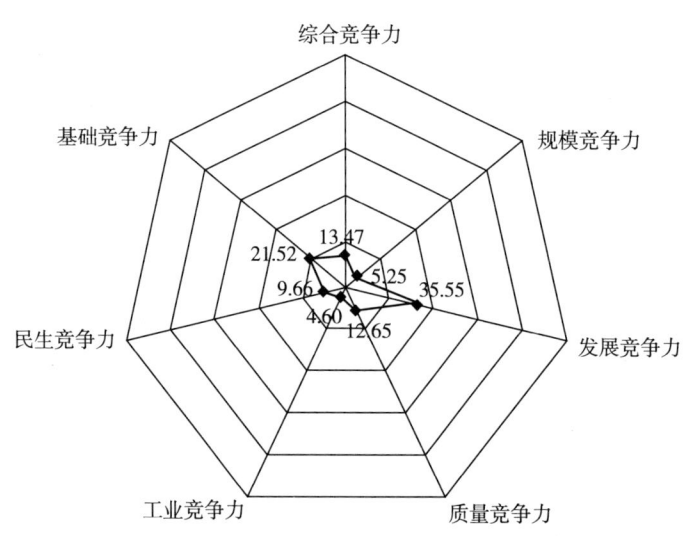

图3-113 巴马瑶族自治县县域竞争力评价结果解析

从综合竞争力来看，巴马瑶族自治县在广西县域中处于落后水平，影响其综合竞争力水平的因素众多。其中，地区生产总值在全区县域中列第83位，财政收入列第82位；地区生产总值增速列第85位，工业增加值增速列第86位；单位面积粮食产量列第86位；城镇居民人均可支配收入列第84位，农村居民人均纯收入列第87位，每万人医院、卫生院技术人员数列第88位；每万人互联网用户数列第88位。

巴马瑶族自治县应依托"世界长寿之乡"品牌，进一步加快转变经济发展方式，调整优化产业结构，推动长寿健康产业大发展，围绕长寿食品和天然矿泉水做强新型工业。重点扶持有机农业示范园和火麻、糖蔗、龙骨花、香猪、油茶、五谷杂粮原料基地建设，大力发展有机农业、生态农业和休闲农业，打造一批休闲观光农业示范点。要高度重视对巴马养生资源的过度消费，积极应对当前媒介宣传中可能对巴马造成的负面影响，加强规划建设，实现巴马旅游的长效发展。

（9）都安瑶族自治县

都安瑶族自治县地处云贵高原向广西盆地过渡的斜坡上，是全国岩溶地貌（喀斯特地貌）发育最为典型的地区之一，下辖6个镇、13个乡，人口71.14万人。2012年，都安瑶族自治县县域综合竞争力评价指数为14.13，在全区县域中排第86位，在桂西资源富集区县域中排第26位（见表3-82）。其中规模竞争力、发展竞争力、质量竞争力、工业竞争力、民生竞争力和基础竞争力的评价指数分别为11.82、43.42、3.87、2.50、10.10和20.03（见图3-114），

表3-82 都安瑶族自治县县域竞争力评价结果及排序

序号	竞争力名称	评价指数	全区排序		桂西资源富集区排序	
			2010年	2012年	2010年	2012年
1	规模竞争力	11.82	65	70	16	16
2	发展竞争力	43.42	78	78	24	18
3	质量竞争力	3.87	90	90	30	30
4	工业竞争力	2.50	87	85	28	25
5	民生竞争力	10.10	85	88	25	28
6	基础竞争力	20.03	67	61	18	16
7	综合竞争力	14.13	85	86	25	26

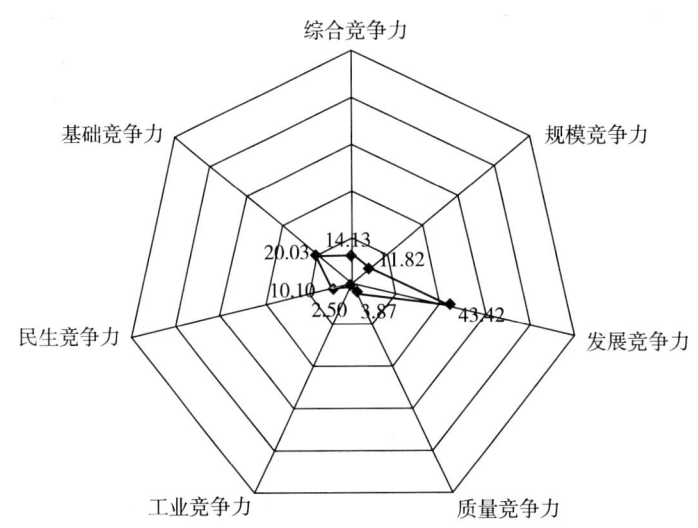

图3-114 都安瑶族自治县县域竞争力评价结果解析

在全区县域中分别列第70、第78、第90、第85、第88和第61位,在桂西资源富集区县域中分别列第16、第18、第30、第25、第28和第16位。在各项竞争力中,都安瑶族自治县均处于劣势,各项指标排位均靠后,但有个别指标具有相对优势。其中,银行存贷款比例评级达到0.616,列全区县域第19位;每万人口中中学生数达到506人,列全区县域第25位。

从综合竞争力来看,都安瑶族自治县在广西县域中处于落后水平,影响其综合竞争力水平的因素众多。其中,地区生产总值在全区县域中仅列第81位,全社会固定资产投资列第79位;社会消费品零售总额增速仅列第87位,财政收入增速列第81位;人均财政收入仅列第89位,单位面积粮食产量列最后一位;工业增加值和人均规模以上工业总产值均列第85位;城镇居民人均可支配收入列第84位,农村居民人均纯收入列第82位;每万人互联网用户数列第83位。

都安瑶族自治县应积极打造沿红水河两岸沿江特色农业带,规划和发展好菁盛、龙湾、澄江、安阳、地苏等红水河沿岸乡镇特色产业。依托红水河航道复航和都安港建设,加快河池·都安临港工业区建设步伐,加快红渡港口、新型干法水泥、龙颈电站等项目建设步伐,加快建设西南出海通道区域性综合交通节点。以石头开花景区、瑶岭河漂流景区、瑶台度假山庄等主要旅游景区为中心,加强住宿、餐饮、购物、娱乐、交通等服务体系建设,创建特色旅游品牌。

(10) 大化瑶族自治县

大化瑶族自治县位于广西中部偏西北的红水河中游,下辖3个镇、13个乡,总人口46.22万人。2012年,大化瑶族自治县县域综合竞争力评价指数为13.90,在全区县域中排第88位,在桂西资源富集区县域中排第28位(见表3-83)。其中规模竞争力、发展竞争力、质量竞争力、工业竞争力、民生竞争力和基础竞争力的评价指数分别为9.01、29.71、11.05、8.98、12.55和17.55(见图3-115),在全区县域中分别列第75、第88、第87、第70、第81和第74位,在桂西资源富集区县域中分别列第19、第28、第27、第18、第21和第20位。在各项竞争力中,大化瑶族自治县均处于劣势,各项指标排位均靠后,但有个别指标具有相对优势。其中,银行存贷款比例评级达到0.584,列全区县域第27位;每万人口中中学生数达到459人,列全区县域第34位。

表3-83 大化瑶族自治县县域竞争力评价结果及排序

序号	竞争力名称	评价指数	全区排序		桂西资源富集区排序	
			2010年	2012年	2010年	2012年
1	规模竞争力	9.01	64	75	15	19
2	发展竞争力	29.71	80	88	26	28
3	质量竞争力	11.05	83	87	24	27
4	工业竞争力	8.98	63	70	16	18
5	民生竞争力	12.55	81	81	21	21
6	基础竞争力	17.55	75	74	21	20
7	综合竞争力	13.90	79	88	20	28

从综合竞争力来看,大化瑶族自治县在广西县域中处于落后水平,影响其综合竞争力水平的因素众多。其中,农林牧渔业产值在全区县域中列第80位,全社会固定资产投资列第89位;地区生产总值增速列第82位,财政收入增速列第89位;人均地区生产总值列第87位,单位面积粮食产量列第89位;城镇居民人均可支配收入列第86位。

大化瑶族自治县应实施"抓大壮小扶微"战略,培育整合方解石加工企

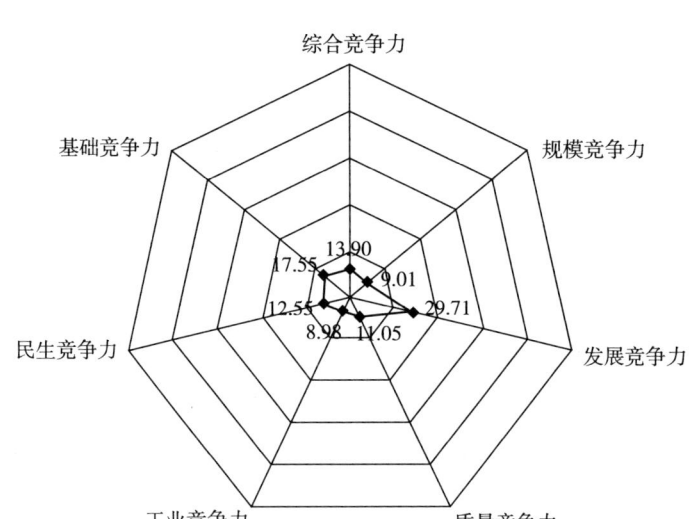

图 3-115 大化瑶族自治县县域竞争力评价结果解析

业,做强做优木材加工业,提升产品科技含量,提高产品市场竞争力,延长产业链,增强发展后劲。推动标准化生猪养殖,发展循环种养绿色生态生产模式,引进水产加工龙头企业,通过龙头企业的产业化带动作用和品牌辐射作用,推进渔业产业链可持续发展。

(11) 宜州市

宜州市位于广西中部偏北,是著名壮族"歌仙"刘三姐的故乡,下辖7个镇、7个乡、2个民族乡,总人口66.29万人。2012年,宜州市县域综合竞争力评价指数为27.17,在全区县域中排第62位,在桂西资源富集区县域中排第13位(见表3-84)。其中规模竞争力、发展竞争力、质量竞争力、工业竞争力、民生竞争力和基础竞争力的评价指数分别为27.52、41.35、18.52、11.45、36.21和32.37(见图3-116),在全区县域中分别列第35、第81、第76、第64、第30和第25位,在桂西资源富集区县域中分别列第7、第21、第17、第16、第5和第4位。在各项竞争力中,宜州市的基础竞争力具有明显优势。其中,单位面积高等级公路里程达到0.034公里/平方公里,列全区县域第14位;每万人互联网用户数达到1048户,列全区县域第16位。

表3-84 宜州市县域竞争力评价结果及排序

序号	竞争力名称	评价指数	全区排序 2010年	全区排序 2012年	桂西资源富集区排序 2010年	桂西资源富集区排序 2012年
1	规模竞争力	27.52	29	35	5	7
2	发展竞争力	41.35	84	81	29	21
3	质量竞争力	18.52	68	76	16	17
4	工业竞争力	11.45	60	64	14	16
5	民生竞争力	36.21	18	30	4	5
6	基础竞争力	32.37	29	25	4	4
7	综合竞争力	27.17	52	62	14	13

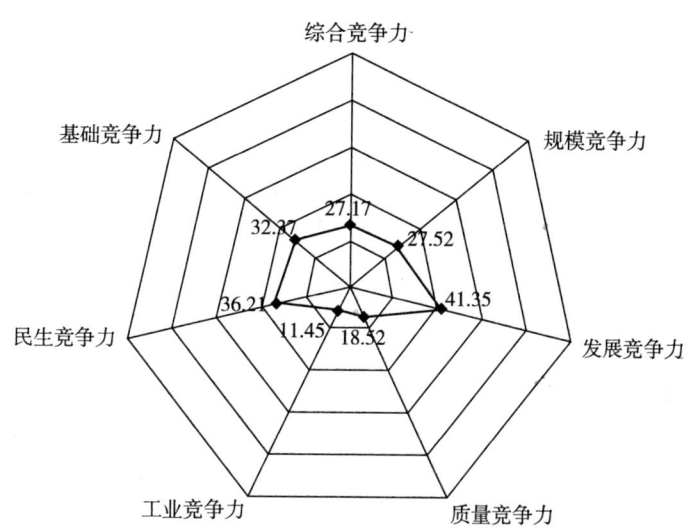

图3-116 宜州市县域竞争力评价结果解析

从综合竞争力来看，宜州市在广西县域中处于中游偏下水平，影响其综合竞争力水平的主要是发展竞争力、质量竞争力和工业竞争力。其中，地区生产总值增速在全区县域中列第77位，社会消费品零售总额增速仅列第88位；人均地区生产总值列第64位，人均工业增加值列第77位；工业增加值列第67位，人均以上规模工业总产值列第75位。

宜州市应实施工业强市战略，加快特色优势产业发展，进一步延伸茧丝绸产业链，积极做好缫丝、织绸、印染、服装、旅游一体化的项目包装和招商引资工作，逐步形成集"种产销"于一体的产业集群。打造以广维化工为龙头的化工产业园区，着力推进广维生物质化工循环经济项目。加快推进华美纸业高档生活用纸项目建设，提高甘蔗综合利用效益。深入推进以德胜酒业为龙头的食品加工业发展，推进以玉柴、广轴为龙头的机件加工业发展。

3. 崇左市

崇左市参与县域竞争力评价的有江州区、扶绥县、宁明县、龙州县、大新县、天等县和凭祥市。2012年，上述县域土地面积17331.76平方公里，总人口245.38万人，实现地区生产总值509.08亿元，工业增加值达到184.85亿元，财政收入达到58.55亿元，全社会固定资产投资达到532.15亿元，社会消费品零售总额达到84.37亿元，分别占全区县域的7.60%、5.09%、6.25%、5.92%、9.61%、6.12%和3.48%（见图3-117）。2012年，崇左市县域人均地区生产总值达到17611元。

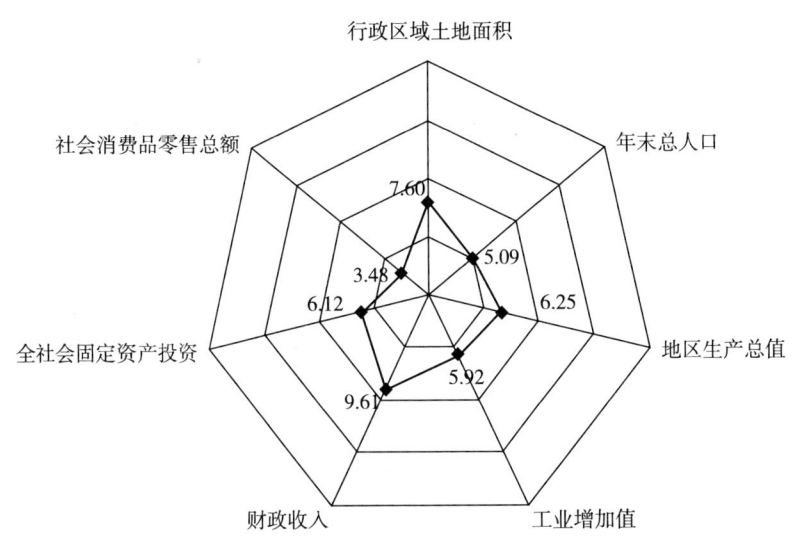

图3-117 崇左市县域经济占全区县域经济比重

（1）江州区

江州区位于广西西南部，下辖6个镇、2个乡、3个街道，总人口36.06万人。2012年，江州区县域综合竞争力评价指数为38.76，在全区县域中排第24位，在桂西资源富集区县域中排第4位（见表3-85）。其中规模竞争力、发展竞争力、质量竞争力、工业竞争力、民生竞争力和基础竞争力的评价指数分别为28.66、66.32、48.46、34.01、37.05和12.94（见图3-118），在全区县域中分别列第34、第28、第9、第17、第25和第87位，在桂西资源富集区县域中分别列第6、第10、第2、第6、第4和第27位。在各项竞争力中，江州区的质量竞争力具有明显优势。其中，人均地区生产总值达到33368元，列全区县域第8位；人均财政收入约达到2496元，列全区县域第11位；单位电力消耗地区生产总值达到26.87元/千瓦时，列全区县域第10位。此外，江州区的工业竞争力也有一定优势，工业增加值列第25位，规模以上工业总产值列第28位，规模以上企业平均规模列第16位。

表3-85　江州区县域竞争力评价结果及排序

序号	竞争力名称	评价指数	全区排序		桂西资源富集区排序	
			2010年	2012年	2010年	2012年
1	规模竞争力	28.66	35	34	7	6
2	发展竞争力	66.32	31	28	8	10
3	质量竞争力	48.46	21	9	8	2
4	工业竞争力	34.01	11	17	5	6
5	民生竞争力	37.05	36	25	7	4
6	基础竞争力	12.94	73	87	20	27
7	综合竞争力	38.76	29	24	6	4

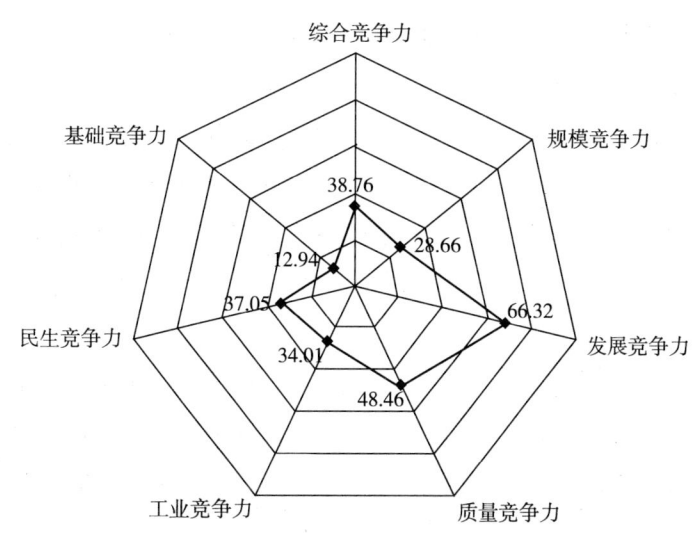

图3-118　江州区县域竞争力评价结果解析

从综合竞争力来看，江州区在广西县域中处于中游偏上水平，影响其综合竞争力水平的主要是基础竞争力。其中，单位面积公路里程在全区县域中列第73位，每万人移动电话用户数列第78位，每万人口中中学生数仅列第89位。

江州区应充分利用南崇经济带建设的良好机遇，以统筹城乡发展为目标推进新型城镇化。进一步拉长蔗糖产业链，重点推进东亚蔗糖循环经济综合利用、大明生活用纸加工工业园等重大项目建设，着力打造绿色锰铝深加工产品基地，坚持做大总量和优化结构并重，以项目建设为抓手，推进"特色产业强区"建设。围绕农民收入倍增计划，深化农村改革，加快构建现代农业经营体系，努力走出一条生产技术先进、经营规模适度、市场竞争力强、生态环境可持续的新型农业现代化道路。

（2）扶绥县

扶绥县位于广西西南部，是"白头叶猴之乡""上龙之乡""甘蔗之乡"，下辖8个镇、3个乡，总人口45.35万人。2012年，扶绥县县域综合竞争力评价指数为38.12，在全区县域中排第27位，在桂西资源富集区县域中排第5位（见表3-86）。其中规模竞争力、发展竞争力、质量竞争力、工业竞争力、民生竞争力和基础竞争力的评价指数分别为35.94、61.22、42.42、28.68、33.26和21.75（见图3-119），在全区县域中分别列第26、第45、第25、第21、第39和第56位，在桂西资源富集区县域中分别列第4、第12、第8、第8、第7和第14位。在各项竞争力中，扶绥县的工业竞争力具有相对明显的优势。其中，规模以上企业平均规模约达到36019万元，列全区县域第12位；规模以上工业外向度水平达到32.14%，列全区县域第9位。此外，扶绥县的规模竞争力和质量竞争力也有一定优势。其中，农林牧渔业产值列全区县域第15位，财政收入列第5位；人均财政收入列第7位，单位电力消耗地区生产总值列第11位。

从综合竞争力来看，扶绥县在广西县域中处于上游水平，影响其综合竞争力水平的主要是发展竞争力和基础竞争力。其中，地区生产总值增速在全区县域中列第63位，社会消费品零售总额列第47位；单位面积公路里程列第56位，每万人移动电话用户数列第81位，每万人口中中学生数列第66位。

表 3-86　扶绥县县域竞争力评价结果及排序

序号	竞争力名称	评价指数	全区排序		桂西资源富集区排序	
			2010 年	2012 年	2010 年	2012 年
1	规模竞争力	35.94	24	26	4	4
2	发展竞争力	61.22	50	45	14	12
3	质量竞争力	42.42	22	25	9	8
4	工业竞争力	28.68	17	21	6	8
5	民生竞争力	33.26	30	39	6	7
6	基础竞争力	21.75	44	56	9	14
7	综合竞争力	38.12	27	27	5	5

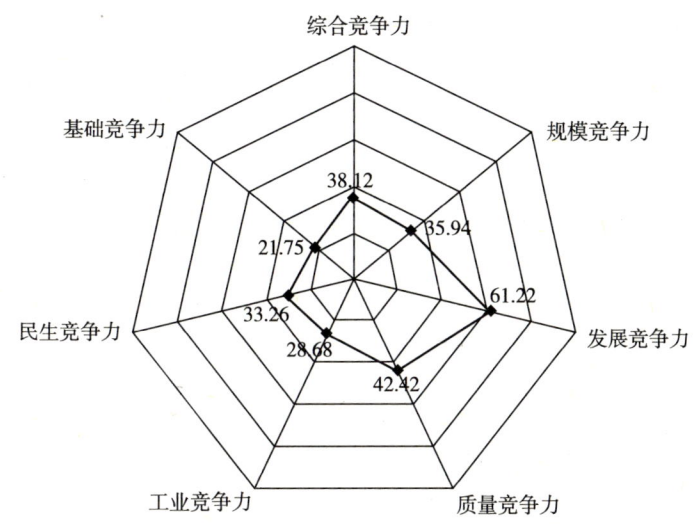

图 3-119　扶绥县县域竞争力评价结果解析

扶绥县应深入实施"首府后花园"发展战略，着力打造扶绥县工业经济升级版，突出园区建设，加快构建多点支撑的产业格局，促进工业提质增效，不断扩大工业经济总量，推进剑麻、木材加工企业改造升级，加快制糖产业由初级加工向精深加工转变，打造广西糖业转型升级示范县。加快瓜菜、坚果、姑辽茶、龟鳖蛇养殖等特色种养产业化进程，大力发展农副产品加工业，深化品牌战略，着力培育具有明显地域特色的农产品品牌。

（3）宁明县

宁明县地处西南边陲，下辖 4 个镇、9 个乡，总人口 43.60 万人。2012

年，宁明县县域综合竞争力评价指数为36.13，在全区县域中排第32位，在桂西资源富集区县域中排第7位（见表3-87）。其中规模竞争力、发展竞争力、质量竞争力、工业竞争力、民生竞争力和基础竞争力的评价指数分别为23.19、70.83、43.58、36.47、25.28和17.34（见图3-120），在全区县域中分别列第41、第11、第20、第12、第63和第76位，在桂西资源富集区县域中分别列第9、第3、第5、第5、第13和第22位。在各项竞争力中，宁明县的发展竞争力和工业竞争力具有明显优势。其中，地区生产总值增速达到19.78%，列全区县域第14位；工业增加值增速达到32.34%，列全区县域第4位。人均规模以上工业总产值达到195万元，列全区县域第5位；规模以上企业平均规模约达到42655万元，列全区县域第8位；单位电力消耗工业增加值达到34.94元/千瓦时，列全区县域第6位。

表3-87 宁明县县域竞争力评价结果及排序

序号	竞争力名称	评价指数	全区排序		桂西资源富集区排序	
			2010年	2012年	2010年	2012年
1	规模竞争力	23.19	44	41	11	9
2	发展竞争力	70.83	32	11	9	3
3	质量竞争力	43.58	56	20	14	5
4	工业竞争力	36.47	7	12	3	5
5	民生竞争力	25.28	67	63	14	13
6	基础竞争力	17.34	76	76	22	22
7	综合竞争力	36.13	47	32	11	7

从综合竞争力来看，宁明县在广西县域中处于中游偏上水平，影响其综合竞争力水平的主要是民生竞争力和基础竞争力。其中，人均社会消费品零售额在全区县域中仅列第85位，每万人医院、卫生院技术人员数列第64位；单位面积公路里程列第64位，每万人口中中学生数仅列第87位。

宁明县应充分利用地处"中越边境经济合作带"和"南宁-新加坡经济走廊"两大战略交会点的区位优势，着力推进优化蔗糖产业结构，做强做优蔗糖产业，促进蔗糖产业持续稳定健康发展，打造甘蔗—制糖—蔗渣—发电—蔗渣灰—肥料等产业链。抓好林果种植、桑蚕养殖、无公害蔬菜种植等，实现

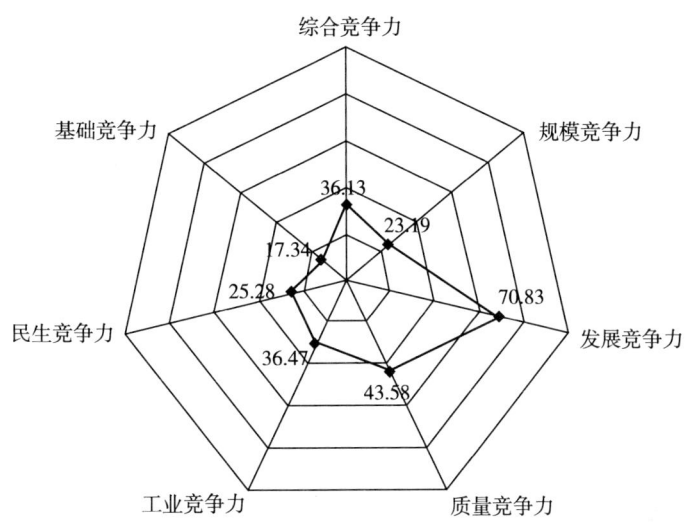

图 3-120 宁明县县域竞争力评价结果解析

特色产业新发展，逐步实现农业产业化、特色化、规模化，带动农民向现代养殖方式转变。加快发展旅游业，加强旅游景区景点基础设施建设，大力弘扬花山文化，精心策划、包装"花山岩画"等一批精品旅游产品，以花山文化深厚的底蕴焕发旅游产业的新活力。

(4) 龙州县

龙州县位于广西西南部，素有"边陲重镇""小香港"之称，下辖5个镇、7个乡，总人口26.53万人。2012年，龙州县县域综合竞争力评价指数为31.56，在全区县域中排第50位，在桂西资源富集区县域中排第10位（见表3-88）。其中规模竞争力、发展竞争力、质量竞争力、工业竞争力、民生竞争力和基础竞争力的评价指数分别为17.84、68.43、43.16、17.42、28.65和12.92（见图3-121），在全区县域中分别列第53、第25、第23、第54、第55和第88位，在桂西资源富集区县域中分别列第12、第9、第7、第12、第10和第28位。在各项竞争力中，龙州县的发展竞争力和质量竞争力具有一定优势。其中，工业增加值增速达到26.84%，列全区县域第13位；社会消费品零售总额增速达到17.96%，列全区县域第10位。人均财政收入约达到2491元，列全区县域第12位；单位电力消耗地区生产总值达到27.72元/千瓦时，列全区县域第8位。

表 3-88　龙州县县域竞争力评价结果及排序

序号	竞争力名称	评价指数	全区排序 2010 年	全区排序 2012 年	桂西资源富集区排序 2010 年	桂西资源富集区排序 2012 年
1	规模竞争力	17.84	55	53	11	12
2	发展竞争力	68.43	28	25	9	9
3	质量竞争力	43.16	39	23	14	7
4	工业竞争力	17.42	50	54	3	12
5	民生竞争力	28.65	54	55	14	10
6	基础竞争力	12.92	64	88	22	28
7	综合竞争力	31.56	53	50	11	10

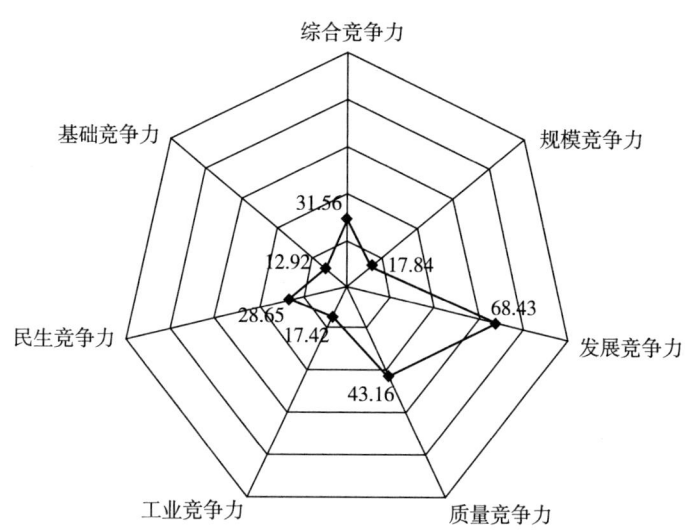

图 3-121　龙州县县域竞争力评价结果解析

从综合竞争力来看，龙州县在广西县域中处于中游水平，影响其综合竞争力水平的主要是规模竞争力、工业竞争力、民生竞争力和基础竞争力。其中，社会消费品零售总额在全区县域中仅列第 67 位，全社会固定资产投资列第 60 位；工业增加值列第 59 位，规模以上工业总产值列第 58 位；城镇居民人均可支配收入列第 74 位，农村居民人均纯收入列第 60 位；单位面积公路里程列第 60 位，每万人口中中学生数仅列第 81 位。

龙州县应加快实施"工业强县"战略，加大对制药、水泥、水电、建材、农副产品加工等产业的扶持力度,推动传统工业的优化升级。围绕"口岸经济"、"旅游文化经济"、农副产品加工等产业招商,特别是力争引进一批支撑县域经济发展的大项目,实现口岸经济大发展。加快旅游基础设施建设步伐,挖掘壮族文化、天琴文化、红色文化和边关商贸历史文化底蕴,努力打造龙州特色文化品牌。

(5) 大新县

大新县位于广西西南部,下辖5个镇、10个乡,总人口37.37万人。2012年,大新县县域综合竞争力评价指数为31.75,在全区县域中排第48位,在桂西资源富集区县域中排第9位(见表3-89)。其中规模竞争力、发展竞争力、质量竞争力、工业竞争力、民生竞争力和基础竞争力的评价指数分别为24.57、69.37、33.45、20.89、27.35和12.80(见图3-122),在全区县域中分别列第40、第20、第37、第39、第59和89位,在桂西资源富集区县域中分别列第8、第7、第10、第9、第12和第29位。在各项竞争力中,大新县的发展竞争力具有相对明显的优势。其中,地区生产总值增速达到20.58%,列全区县域第9位;工业增加值增速达到25.86%,列全区县域第15位;社会消费品零售总额增速达到18.04%,列全区县域第8位。

表3-89 大新县县域竞争力评价结果及排序

序号	竞争力名称	评价指数	全区排序		桂西资源富集区排序	
			2010年	2012年	2010年	2012年
1	规模竞争力	24.57	42	40	10	8
2	发展竞争力	69.37	39	20	11	7
3	质量竞争力	33.45	34	37	10	10
4	工业竞争力	20.89	34	39	12	9
5	民生竞争力	27.35	60	59	12	12
6	基础竞争力	12.80	87	89	28	29
7	综合竞争力	31.75	50	48	13	9

从综合竞争力来看,大新县在广西县域中处于中游水平,影响其综合竞争力水平的主要是民生竞争力和基础竞争力。其中,人均社会消费品零售额在全区县域中仅列第86位,每万人医院、卫生院床位数列第62位;单位面积公路里程列第77位,每万人口中中学生数仅列第82位。

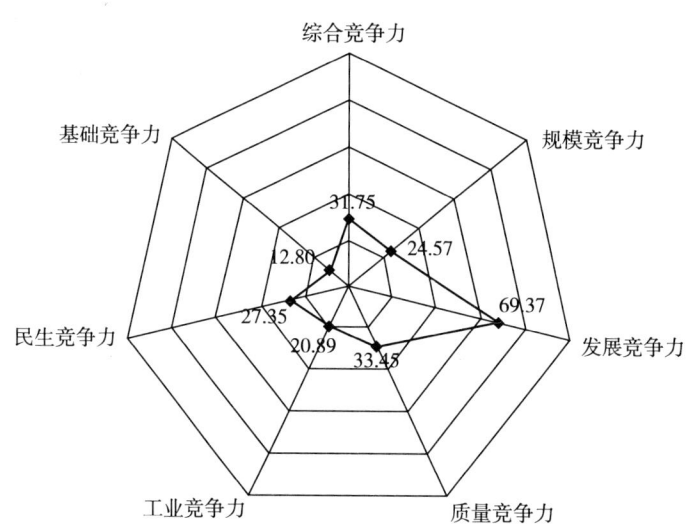

图 3-122 大新县县域竞争力评价结果解析

大新县应积极推进旅游带动、工业推动、农业支撑的产业联动发展格局,依托龙眼、苦丁茶、珍珠鸭、木材等特色资源,发展以养生保健品、特色食品、工艺品等名优特色旅游商品为主的加工业。大力推动锰业、糖业、电力、化工等重点企业优化发展。加快发展苦丁茶、铁皮石斛等种植业,提高特色种养效益,引导农民发展龙眼、葡萄等农业专业合作社。

(6) 天等县

天等县地处桂西南,天等指天椒享有"天下第一辣"的美誉,下辖4个镇、11个乡,总人口45.29万人。2012年,天等县县域综合竞争力评价指数为17.67,在全区县域中排第78位,在桂西资源富集区县域中排第18位(见表3-90)。其中规模竞争力、发展竞争力、质量竞争力、工业竞争力、民生竞争力和基础竞争力的评价指数分别为11.79、48.14、12.09、7.89、18.95和10.51(见图3-123),在全区县域中分别列第71、第76、第84、第75、第73和第90位,在桂西资源富集区县域中分别列第17、第17、第24、第21、第16和第30位。在各项竞争力中,天等县均处于劣势,各项指标排位均靠后,但有个别指标具有相对优势。其中,社会消费品零售总额增速达到17.25%,列全区县域第34位。

表 3-90　天等县县域竞争力评价结果及排序

序号	竞争力名称	评价指数	全区排序		桂西资源富集区排序	
			2010 年	2012 年	2010 年	2012 年
1	规模竞争力	11.79	67	71	17	17
2	发展竞争力	48.14	20	76	4	17
3	质量竞争力	12.09	77	84	19	24
4	工业竞争力	7.89	67	75	19	21
5	民生竞争力	18.95	71	73	15	16
6	基础竞争力	10.51	90	90	30	30
7	综合竞争力	17.67	72	78	17	18

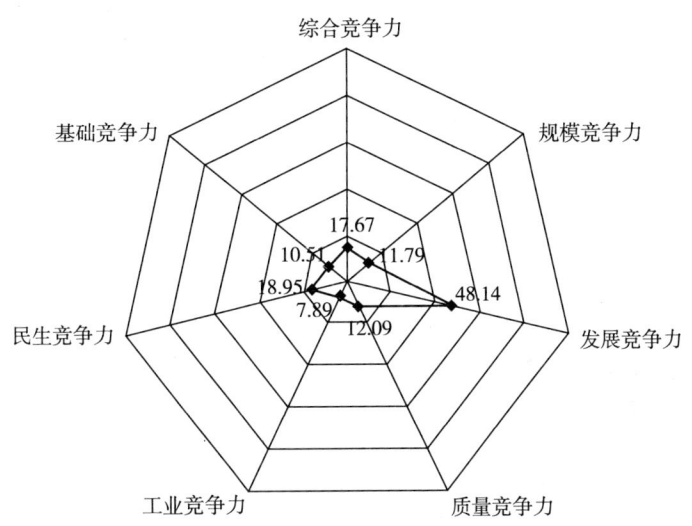

图 3-123　天等县县域竞争力评价结果解析

2012 年，天等县发展竞争力下降幅度较大，其中工业增加值增速由 2010 年的 38.67% 下降至 2012 年的 -3.79%，财政收入增速由 2010 年的 21.68% 下降至 2012 年的 9.25%，全社会固定资产投资增速由 2010 年的 42.77% 下降至 2012 年的 23.30%。

从综合竞争力来看，天等县在广西县域中处于下游水平，影响其综合竞争力水平的因素众多。其中，社会消费品零售总额在全区县域中仅列第 82 位；单位面积粮食产量列第 81 位；城镇居民人均可支配收入列第 79 位；每万人口中中学生数列第83位。

天等县应积极参与北部湾经济区开放开发和凭祥沿边重点开发开放试验区建设,加大与越南、老挝、柬埔寨等周边东盟国家在工业、农业、旅游、文化等方面的交流与合作,重点寻求锰矿、农产品加工、旅游和能源产业等领域的合作互补。继续实施抓大壮小扶微工程,重点扶持发展辣椒加工业和制药业,推动一批农副产品、木材、机械、五金、针织等小型企业上规模。

(7) 凭祥市

凭祥市位于广西南端的边境线上,素有"祖国南大门"之称,下辖4个镇,总人口11.18万人。2012年,凭祥市县域综合竞争力评价指数为37.41,在全区县域中排第29位,在桂西资源富集区县域中排第6位(见表3-91)。其中规模竞争力、发展竞争力、质量竞争力、工业竞争力、民生竞争力和基础竞争力的评价指数分别为12.65、71.29、51.72、8.82、45.81和50.11(见图3-124),在全区县域中分别列第67、第8、第6、第71、第12和第3位,在桂西资源富集区县域中分别列第15、第1、第1、第19、第3和第2位。在各项竞争力中,凭祥市的基础竞争力具有明显的高位优势。其中,单位面积高等级公路里程达到0.056公里/平方公里,列全区县域第2位;单位面积铁路里程达到0.048公里/平方公里,列全区县域第3位;每万人互联网用户数达到2165户,列全区县域第11位。此外,凭祥市的发展竞争力和质量竞争力也具有明显的优势。其中,工业增加值增速列全区县域第3位,全社会固定资产投资增速列第7位;人均地区生产总值列第9位,人均财政收入列第2位。

表3-91 凭祥市县域竞争力评价结果及排序

序号	竞争力名称	评价指数	全区排序		桂西资源富集区排序	
			2010年	2012年	2010年	2012年
1	规模竞争力	12.65	75	67	21	15
2	发展竞争力	71.29	43	8	12	1
3	质量竞争力	51.72	6	6	3	1
4	工业竞争力	8.82	73	71	20	19
5	民生竞争力	45.81	14	12	3	3
6	基础竞争力	50.11	1	3	1	2
7	综合竞争力	37.41	37	29	10	6

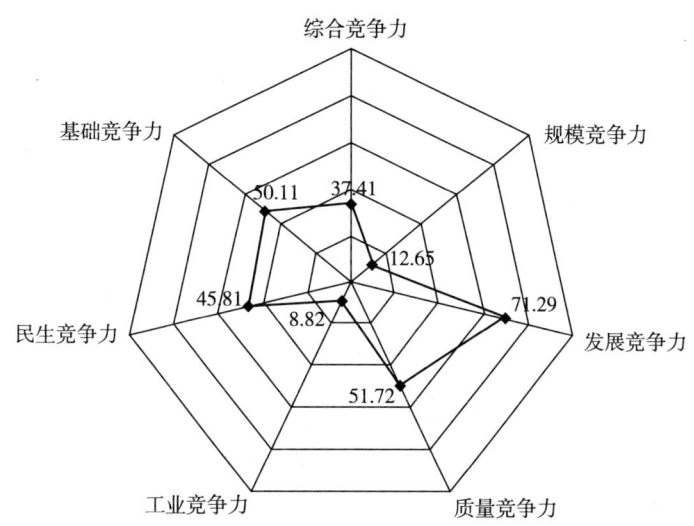

图 3-124 凭祥市县域竞争力评价结果解析

从综合竞争力来看，凭祥市在广西县域中处于中游偏上水平，影响其综合竞争力水平的主要是规模竞争力和工业竞争力。其中，地区生产总值在全区县域中列第 74 位，农林牧渔业产值仅列第 89 位，社会消费品零售总额列第 56 位；工业增加值列第 78 位，规模以上工业总产值列第 76 位。

凭祥市应以中越凭祥－同登跨境经济合作区、凭祥重点开发开放试验区、沿边金融综合改革试验区建设为契机，完善互市进口商品收购管理，发展互市进口产品加工。全力推进凭祥重点开发开放试验区、中越凭祥－同登跨境经济合作区两大国家级开放平台创建，做好凭祥边境经济合作区规划调整和扩区升级，强化凭祥综合保税区服务工作，全面提高开放型经济水平。大力推动外贸、红木、旅游三大特色产业提档升级，着力培育进出口加工、专业市场、现代物流三大新兴产业，将凭祥市由外贸通道提升为面向东盟的进出口商品集散中心和生产加工基地。

第四部分
类型县域的比较评价

基于广西县域及县域经济发展所具有的民族性、沿边性，以及工业发展和农业发展特征，本部分分别就民族县域和边境县域两个不同类型县域进行比较研究，以期从更加全面的角度来分析广西县域及县域经济在全国的基本地位及与周边地区的实力比较。

一 民族县域

民族县域[①]经济的发展是广西县域经济发展的重要构成，广西作为我国5个民族自治区之一，共有12个民族县域，分别为融水苗族自治县、三江侗族自治县、龙胜各族自治县、恭城瑶族自治县、富川瑶族自治县、金秀瑶族自治县、隆林各族自治县、罗城仫佬族自治县、环江毛南族自治县、巴马瑶族自治县、都安瑶族自治县和大化瑶族自治县。西南和中南地区是我国少数民族分布最多、人口密度最大的集聚区域，为了更好地进行县域发展的综合比较分析，本报告选择西南、中南地区的广西壮族自治区（12个）、四川省（4个）、云南省（29个）、贵州省（11个）、重庆市（4个）、湖南省（7个）6省（区、市）共67个民族自治县开展民族县域的对比分析（见表4-1）。

2012年，包括广西壮族自治区、四川省、云南省、贵州省、重庆市、湖南省在内的西南、中南6省（区、市）民族县域土地面积共21.96万平方公里，年末总人口达到2256万人，实现地区生产总值2760.38亿元、工业增加值

---

① 少数民族地区实行民族区域自治是指在国家的统一领导下，在各少数民族聚居的地方实行区域自治，设立自治机关，行使自治权，管理本自治地方的内部事物。目前，我国共有117个民族自治县。

表4-1 西南、中南6省（区、市）民族自治县分布状况一览

区域	市（州）	县（市、区）
广西壮族自治区（12个）	柳州市	融水苗族自治县、三江侗族自治县
	桂林市	龙胜各族自治县、恭城瑶族自治县
	贺州市	富川瑶族自治县
	来宾市	金秀瑶族自治县
	百色市	隆林各族自治县
	河池市	罗城仫佬族自治县、环江毛南族自治县、巴马瑶族自治县、都安瑶族自治县、大化瑶族自治县
四川省（4个）	绵阳市	北川羌族自治县
	乐山市	峨边彝族自治县、马边彝族自治县
	凉山彝族自治州	木里藏族自治县
云南省（29个）	昆明市	石林彝族自治县、禄劝彝族苗族自治县、寻甸回族彝族自治县
	玉溪市	峨山彝族自治县、新平彝族傣族自治县、元江哈尼族彝族傣族自治县
	丽江市	玉龙纳西族自治县、宁蒗彝族自治县
	普洱市	宁洱哈尼族彝族自治县、墨江哈尼族自治县、景东彝族自治县、景谷傣族彝族自治县、镇沅彝族哈尼族拉祜族自治县、江城哈尼族彝族自治县、孟连傣族拉祜族佤族自治县、澜沧拉祜族自治县、西盟佤族自治县
	临沧市	双江拉祜族佤族布朗族傣族自治县、耿马傣族佤族自治县、沧源佤族自治县
	红河哈尼族彝族自治州	屏边苗族自治县、金平苗族瑶族傣族自治县、河口瑶族自治县
	大理白族自治州	漾濞彝族自治县、南涧彝族自治县、巍山彝族回族自治县
	怒江傈僳族自治州	贡山独龙族怒族自治县、兰坪白族普米族自治县
	迪庆藏族自治州	维西傈僳族自治县
贵州省（11个）	遵义市	道真仡佬族苗族自治县、务川仡佬族苗族自治县
	安顺市	关岭布依族苗族自治县、镇宁布依族苗族自治县、紫云苗族布依族自治县
	毕节市	威宁彝族回族苗族自治县
	铜仁市	玉屏侗族自治县、印江土家族苗族自治县、沿河土家族自治县、松桃苗族自治县
	黔南布依族苗族自治州	三都水族自治县

续表

区域	市(州)	县(市、区)
重庆市(4个)		石柱土家族自治县
		秀山土家族苗族自治县
		酉阳土家族苗族自治县
		彭水苗族土家族自治县
湖南省(7个)	邵阳市	城步苗族自治县
	永州市	江华瑶族自治县
	怀化市	麻阳苗族自治县、新晃侗族自治县、芷江侗族自治县、靖州苗族侗族自治县、通道侗族自治县

资料来源：相关省（区、市）2013年统计年鉴。

815.16亿元、地方财政一般预算收入201.75亿元、社会消费品零售总额793.94亿元。西南、中南6省（区、市）民族县域经济主要经济社会指标在全国中的占比分别为：行政区域土地面积占全国的2.271%，年末总人口占全国的1.666%，地区生产总值占全国的0.532%，工业增加值占全国的0.408%，地方财政一般预算收入占全国的0.330%，社会消费品零售总额占全国的0.378%（见图4-1）。2012年，西南、中南6省（区、市）民族县域人均地区生产总值达到12237元。

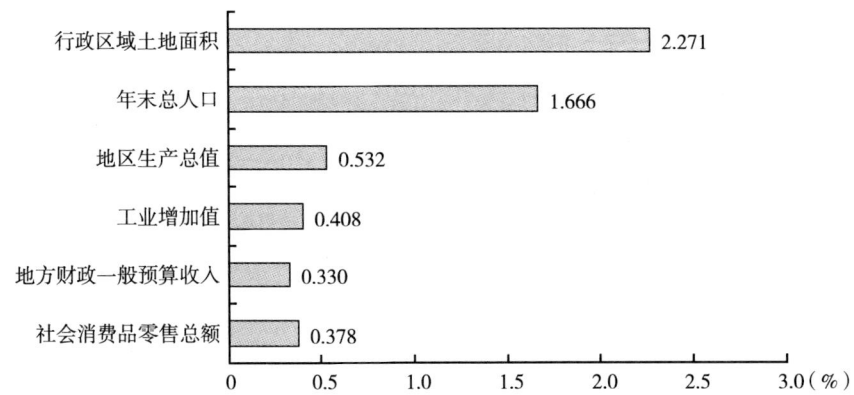

图4-1 西南、中南6省（区、市）民族县域经济指标占全国经济比重

2012年，广西民族县域土地面积共35189平方公里，年末总人口达到447万人，实现地区生产总值471.63亿元、工业增加值147.98亿元、地方财政一般预算收入22.24亿元、社会消费品零售总额141.92亿元。广西民族县域经济主要经济社会指标在全区中的占比分别为：行政区域土地面积占全区的14.87%，年末总人口占全区的8.53%，地区生产总值占全区的3.62%，工业增加值占全区的2.80%，地方财政一般预算收入占全区的1.91%，社会消费品零售总额占全区的3.14%。2012年，广西民族县域人均地区生产总值达到10550元。

2012年，四川民族县域土地面积共20898平方公里，年末总人口达到74万人，实现地区生产总值108.65亿元、工业增加值38.98亿元、地方财政一般预算收入11.84亿元、社会消费品零售总额33.51亿元。四川民族县域经济主要经济社会指标在全省中的占比分别为：行政区域土地面积占全省的4.31%，年末总人口占全省的0.92%，地区生产总值占全省的0.46%，工业增加值占全省的0.37%，地方财政一般预算收入占全省的0.49%，社会消费品零售总额占全省的0.36%。2012年，四川民族县域人均地区生产总值达到14623元。

2012年，云南民族县域土地面积共106685平方公里，年末总人口达到686万人，实现地区生产总值995.69亿元、工业增加值290.83亿元、地方财政一般预算收入81.07亿元、社会消费品零售总额257.43亿元。云南民族县域经济主要经济社会指标在全省中的占比分别为：行政区域土地面积占全省的27.08%，年末总人口占全省的14.73%，地区生产总值占全省的9.66%，工业增加值占全省的8.43%，地方财政一般预算收入占全省的6.06%，社会消费品零售总额占全省的7.27%。2012年，云南民族县域人均地区生产总值达到14510元。

2012年，贵州民族县域土地面积共26870平方公里，年末总人口达到568万人，实现地区生产总值487.17亿元、工业增加值97.73亿元、地方财政一般预算收入37.01亿元、社会消费品零售总额111.67亿元。贵州民族县域经济主要经济社会指标在全省的15.25%，年末总人口占全省的16.31%，地区生产总值占全省的7.11%，工业增加值占全省的4.27%，地方财政一般预算收入占全省的3.65%，社会消费品零售总额占全省的5.51%。2012年，贵州民族县域人均地区生产总值达到8573元。

2012年，重庆民族县域土地面积共14550平方公里，年末总人口达到274万人，实现地区生产总值374.25亿元、工业增加值125.67亿元、地方财政一般预算收入33.42亿元、社会消费品零售总额144.33亿元。重庆民族县域经济主要经济社会指标在全市中的占比分别为：行政区域土地面积占全市的17.66%，年末总人口占全市的9.30%，地区生产总值占全市的3.28%，工业增加值占全市的2.52%，地方财政一般预算收入占全市的1.96%，社会消费品零售总额占全市的3.58%。2012年，重庆民族县域人均地区生产总值达到13669元。

2012年，湖南民族县域土地面积共15440平方公里，年末总人口达到206万人，实现地区生产总值322.00亿元、工业增加值116.98亿元、地方财政一般预算收入16.16亿元、社会消费品零售总额105.08亿元。湖南民族县域经济主要经济社会指标在全省中的占比分别为：行政区域土地面积占全省的7.29%，年末总人口占全省的2.87%，地区生产总值占全省的1.46%，工业增加值占全省的1.28%，地方财政一般预算收入占全省的0.91%，社会消费品零售总额占全省的1.33%。2012年，湖南民族县域人均地区生产总值达到15669元。

西南、中南6省（区、市）民族县域主要经济社会发展指标见表4-2。

表4-2 西南、中南6省（区、市）民族县域主要经济社会发展指标

指标 \ 地区	广西	四川	云南	贵州	重庆	湖南
单位面积地区生产总值（万元/平方公里）	134.03	51.99	93.33	181.30	257.22	209.19
人均地区生产总值（元/人）	10550	14623	14510	8573	13669	15669
工业增加值占地区生产总值比重（%）	31.38	35.88	29.21	19.44	33.58	36.22
人均地方财政一般预算收入（元/人）	498	1594	1181	651	1221	784
人均社会消费品零售额（元/人）	3175	4511	3752	1965	5271	5097
城镇居民人均可支配收入（元/人）	17790	17905	16727	14773	17542	13535
农村居民人均纯收入（元/人）	4608	4364	4637	4654	5955	4052

资料来源：相关省（区、市）2013年统计年鉴及相关县域2012年国民经济和社会发展统计公报。

总体来看，广西民族县域与其他5省市民族县域的发展在不同指标上体现了不同的发展差异。例如，单位面积地区生产总值方面，广西民族县域为134.03万元/平方公里，在西南、中南6省（区、市）中列第4位，仅高于四川省和云南省；人均地区生产总值方面，广西民族县域为10550元/人，在西南、中南6省（区、市）中列第5位，仅高于贵州省；工业增加值占地区生产总值比重方面，广西民族县域为31.38%，在西南、中南6省（区、市）中列第4位，仅高于云南省和贵州省；人均地方财政一般预算收入方面，广西民族县域仅为498元/人，在西南、中南6省（区、市）中居末位；人均社会消费品零售额方面，广西民族县域为3175元/人，在西南、中南6省（区、市）中列第5位，仅高于贵州省；城镇居民人均可支配收入方面，广西民族县域达到17790元/人，在西南、中南6省（区、市）中列第2位；农村居民人均纯收入方面，广西民族县域达到4608元/人，在西南、中南6省（区、市）中列第4位。

2012年，广西民族县域人口最多的是都安瑶族自治县，达到71.14万人，最少的是金秀瑶族自治县，仅为15.41万人；地区生产总值最高的是恭城瑶族自治县，达到66.45亿元，最低的是金秀瑶族自治县，仅为23.31亿元；人均地区生产总值最高的是恭城瑶族自治县，达到26259元/人，最低的是都安瑶族自治县，仅为6018元/人；工业增加值最高的是恭城瑶族自治县，达到28.50亿元，最低的是都安瑶族自治县，仅为4.39亿元；地方财政一般预算收入最高的是恭城瑶族自治县，达到3.02亿元，最低的是罗城仫佬族自治县，仅为1.11亿元；社会消费品零售总额最高的是恭城瑶族自治县，达到18.57亿元，最低的是金秀瑶族自治县，仅为5.89亿元（见表4－3）；人均社会消费品零售额最高的是恭城瑶族自治县，达到6178元/人，最低的是都安瑶族自治县，仅为2029元/人；城镇居民人均可支配收入最高的是龙胜各族自治县，达到21368元/人，最低的是罗城仫佬族自治县，仅为13864元/人；农村居民人均纯收入最高的是恭城瑶族自治县，达到6473元/人，最低的是巴马瑶族自治县，仅为3788元/人。

2012年，四川民族县域人口最多的是北川羌族自治县，达到24.10万人，最少的是木里藏族自治县，仅为13.80万人；地区生产总值最高的是北川羌族自治县，达到31.70亿元，最低的是木里藏族自治县，仅为22.59亿元；人均地区生产总值最高的是峨边彝族自治县，达到20682元/人，最低的是马边彝族

表4-3 广西民族县域主要经济社会发展指标

县域	行政区域土地面积（平方公里）		年末总人口（万人）		地区生产总值（万元）		人均地区生产总值（元/人）		工业增加值（万元）		地方财政一般预算收入（万元）		社会消费品零售总额（万元）	
	数值	排名	数值	排名	数值	排名	数值	排名	数值	排名	数值	排名	数值	排名
西南、中南最高	13252		143.79		1060816		33130		441845		100782		382815	
融水苗族自治县	4638	10	50.06	9	582406	12	14347	32	209136	9	28658	25	169851	12
三江侗族自治县	2417	40	38.35	19	345069	35	11483	50	69700	44	17949	48	136016	19
龙胜各族自治县	2450	38	17.79	54	405879	27	25976	5	171453	16	22753	38	67217	52
恭城瑶族自治县	2139	50	30.05	34	664488	8	26259	4	285035	5	30150	22	185657	9
富川瑶族自治县	1540	62	32.19	31	466923	20	17976	17	150444	20	22584	40	102826	32
金秀瑶族自治县	2469	36	15.41	58	233105	59	18589	15	47273	56	12642	59	58850	58
隆林各族自治县	3518	25	42.19	15	429634	25	12435	43	187606	13	18481	47	96862	34
罗城仫佬族自治县	2651	33	37.79	20	341115	36	11333	51	61357	49	11125	62	116311	26
环江毛南族自治县	4553	11	37.59	21	322206	39	11740	48	43994	58	13312	58	143565	17
巴马瑶族自治县	1976	52	28.27	37	255272	54	11285	52	63008	48	12030	60	85121	40
都安瑶族自治县	4088	18	71.14	3	314597	42	6018	67	43921	60	16990	52	144364	16
大化瑶族自治县	2750	32	46.22	12	355584	33	9773	59	146834	22	15735	56	112548	29
西南最低	516		3.80		53200		6018		9839		3800		17200	

资料来源：相关省（区、市）2013年统计年鉴。

自治县,仅为14383元/人;工业增加值最高的是峨边彝族自治县,达到16.95亿元,最低的是木里藏族自治县,仅为4.39亿元;地方财政一般预算收入最高的是木里藏族自治县,达到3.58亿元,最低的是北川羌族自治县,仅为2.61亿元;社会消费品零售总额最高的是北川羌族自治县,达到12.39亿元,最低的是木里藏族自治县,仅为4.66亿元;人均社会消费品零售额最高的是峨边彝族自治县,达到6123元/人,最低的是木里藏族自治县,仅为3378元/人;城镇居民人均可支配收入最高的是马边彝族自治县,达到18300元/人,最低的是北川羌族自治县,仅为17236元/人;农村居民人均纯收入最高的是北川羌族自治县,达到5682元/人,最低的是峨边彝族自治县,仅为3607元/人。

2012年,云南民族县域人口最多的是澜沧拉祜族自治县,达到49.56万人,最少的是贡山独龙族怒族自治县,仅为3.80万人;地区生产总值最高的是新平彝族傣族自治县,达到84.82亿元,最低的是贡山独龙族怒族自治县,仅为5.32亿元;人均地区生产总值最高的是新平彝族傣族自治县,达到29502元/人,最低的是西盟佤族自治县,仅为7024元/人;工业增加值最高的是新平彝族傣族自治县,达到42.71亿元,最低的是西盟佤族自治县,仅为0.98亿元;地方财政一般预算收入最高的是新平彝族傣族自治县,达到8.32亿元,最低的是贡山独龙族怒族自治县,仅为0.38亿元;社会消费品零售总额最高的是石林彝族自治县,达到23.57亿元,最低的是西盟佤族自治县,仅为1.72亿元;人均社会消费品零售额最高的是石林彝族自治县,达到9390元/人,最低的是金平苗族瑶族傣族自治县,仅为1682元/人;城镇居民人均可支配收入最高的是石林彝族自治县,达到24103元/人,最低的是贡山独龙族怒族自治县,仅为10662元/人;农村居民人均纯收入最高的是石林彝族自治县,达到8465元/人,最低的是贡山独龙族怒族自治县,仅为2209元/人。

2012年,贵州民族县域人口最多的是威宁彝族回族苗族自治县,达到143.79万人,最少的是玉屏侗族自治县,仅为15.26万人;地区生产总值最高的是威宁彝族回族苗族自治县,达到100.66亿元,最低的是道真仡佬族苗族自治县,仅为24.68亿元;人均地区生产总值最高的是玉屏侗族自治县,达到33130元/人,最低的是威宁彝族回族苗族自治县,仅为7974元/人;工业增加值最高的是威宁彝族回族苗族自治县,达到23.04亿元,最低的是三都水族自治县,仅为2.23亿元；地方财政一般预算收入最高的是威宁彝族回族苗族自治县，达到7.76亿元，最低的是紫云苗族布依族自治县，仅为1.73亿元；社会消费品零售总额最高的是威宁彝族回族苗族自治县，达到17.05亿元，最低的是玉屏侗族自治县，仅为5.67亿元；人均社会消费品零售额最高的是玉屏侗族自治县，达到3718元/人，最低的是威宁彝族回族苗族自治县，仅为1186元/人；城镇居民人均可支配收入最高的是威宁彝族回族苗族自治县，达到17910元/人，最低的是松桃苗族自治县，仅为12939元/人；农村居民人均纯收入最高的是玉屏侗族自治县，达到6092元/人，最低的是务川仡佬族苗族自治县，仅为4052元/人。

2012年，重庆民族县域人口最多的是酉阳土家族苗族自治县，达到84.48万人，最少的是石柱土家族自治县，仅为54.69万人；地区生产总值最高的是秀山土家族苗族自治县，达到106.08亿元，最低的是彭水苗族土家族自治县，仅为85.78亿元；人均地区生产总值最高的是石柱土家族自治县，达到22612元/人，最低的是酉阳土家族苗族自治县，仅为15626元/人；工业增加值最高的是秀山土家族苗族自治县，达到44.18亿元，最低的是彭水苗族土家族自治县，仅为24.04亿元；地方财政一般预算收入最高的是秀山土家族苗族自治县，达到10.08亿元，最低的是石柱土家族自治县，仅为7.14亿元；社会消费品零售总额最高的是彭水苗族土家族自治县，达到38.28亿元，最低的是酉阳土家族苗族自治县，仅为33.96亿元；人均社会消费品零售额最高的是石柱土家族自治县，达到6469元/人，最低的是酉阳土家族苗族自治县，仅为4020元/人；城镇居民人均可支配收入最高的是秀山土家族苗族自治县，达到19177元/人，最低的是酉阳土家族苗族自治县，仅为15195元/人；农村居民人均纯收入最高的是石柱土家族自治县，达到6848元/人，最低的是酉阳土家族苗族自治县，仅为5152元/人。

2012年，湖南民族县域人口最多的是江华瑶族自治县，达到41.67万人，最少的是通道侗族自治县，仅为20.81万人；地区生产总值最高的是芷江侗族自治县，达到69.92亿元，最低的是城步苗族自治县，仅为25.70亿元；人均地区生产总值最高的是芷江侗族自治县，达到20518元/人，最低的是城步苗族自治县，仅为10132元/人；工业增加值最高的是芷江侗族自治县，达到30.37亿元，最低的是城步苗族自治县，仅为8.40亿元；地方财政一般预算收入最高的是芷江侗族自治县，达到3.57亿元，最低的是城步苗族自治县，仅为1.60亿元；社会消费品零售总额最高的是江华瑶族自治县，达到23.84亿元，最低的是通道侗族自治县，仅为7.49亿元；人均社会消费品零售额最高的是靖州苗族侗族自治县，达到6532元/人，最低的是新晃侗族自治县，仅为3551元/人；城镇居民人均可支配收入最高的是江华瑶族自治县，达到16274元/人，最低的是城步苗族自治县，仅为12379元/人；农村居民人均纯收入最高的是靖州苗族侗族自治县，达到5397元/人，最低的是江华瑶族自治县，仅为3225元/人。

总体来看，广西民族县域的总体发展水平在西南、中南6省（区、市）中处于中等偏下水平，地区生产总值在西南、中南6省（区、市）中处于中上等水平。例如，地区生产总值最高的恭城瑶族自治县列西南、中南6省（区、市）民族县域第8位，体现出较高的发展水平，而地区生产总值最低的金秀瑶族自治县仅例第59位，发展差距较大；人均地区生产总值最高的恭城瑶族自治县列西南、中南6省（区、市）民族县域第4位，龙胜各族自治县列第5位，但都安瑶族自治县列西南、中南6省（区、市）民族县域末位；工业增加值最高的恭城瑶族自治县在西南、中南6省（区、市）民族县域中列第5位，其他较高的如融水苗族自治县列第9位，隆林各族自治县列第13位；地方财政一般预算收入最高的恭城瑶族自治县在西南、中南6省（区、市）民族县域中列第22位；社会消费品零售总额最高的恭城瑶族自治县在西南、中南6省（区、市）民族县域中列第9位，融水苗族自治县的社会消费品零售总额也比较高，列第12位。

二 边境县域

我国同14个国家毗邻，陆路边境总长2.28万公里，沿边139个县级行政区国土面积合计约200万平方公里，居住着45个少数民族。边境县域是我国实施陆海开放的重要构成，也是边境省份实施开放战略的重要载体，在我国县域经济发展中具有独特的、战略性的地位，就全国而言，是边疆之边疆，其经济社会发展长期滞后于内地，尤其是东部沿海地区，在区域经济一体化的背景下，有关边境县域的发展正在成为国内学术界新的"兴奋点"。2013年，为了使欧亚各国经济联系更加紧密、相互合作更加深入、发展空间更加广阔，国家主席习近平在哈萨克斯坦纳扎尔巴耶夫大学发表重要演讲,提出共同建设"丝绸之路经济带"。西北陕西省、甘肃省、青海省、宁夏回族自治区、新疆维吾尔自治区五省(区),西南广西壮族自治区、四川省、云南省、重庆市四省(区、市)作为"丝绸之路经济带"的重要组成部分,发展边境县域经济对于推动"丝绸之路经济带"建设具有积极意义。

当前,广西已经从传统意义上的祖国"南疆边陲"逐步跃升为中国-东盟多区域合作的交会点,发展边境经济、加快边境县域的富裕文明建设成为广西实施跨越式追赶发展战略、建设西部经济强区和民族和谐示范区等的重大任务与突破领域。目前,广西毗邻越南的有8个县域(见表4-4)。

表4-4 中国边境县域一览

地区	数量	自治州(盟、地、市)	县、旗、市(市辖区)
广西壮族自治区	8个(2市1市辖区5县)	防城港市	防城区、东兴市
		崇左市	宁明县、龙州县、大新县、凭祥市
		百色市	靖西县、那坡县
内蒙古自治区	19个(4市15旗)	包头市	达尔罕茂明安联合旗
		呼伦贝尔市	满洲里市、额尔古纳市、陈巴尔虎旗、新巴尔虎左旗、新巴尔虎右旗
		兴安盟	阿尔山市、科尔沁右翼前旗
		锡林郭勒盟	东乌珠穆沁旗、苏尼特左旗、苏尼特右旗、阿巴嘎旗、二连浩特市
		乌兰察布市	四子王旗
		巴彦淖尔市	乌拉特中旗、乌拉特后旗
		阿拉善盟	阿拉善左旗、阿拉善右旗、额济纳旗
辽宁省	5个(1市3市辖区1自治县)	丹东市	东港市、元宝区、振兴区、振安区、宽甸满族自治县
吉林省	10个(6市1市辖区2县1自治县)	通化市	集安市
		白山市	浑江区(八道江区)、抚松县、临江市、长白朝鲜族自治县
		延边朝鲜族自治州	图们市、龙井市、珲春市、和龙市、安图县
黑龙江省	18个(5市1市辖区12县)	鸡西市	鸡东县、虎林市、密山市
		鹤岗市	萝北县、绥滨县
		双鸭山市	饶河县
		伊春市	嘉荫县
		佳木斯市	抚远县、同江市
		牡丹江市	穆棱市、东宁县、绥芬河市
		黑河市	爱辉区、逊克县、孙吴县
		大兴安岭市	呼玛县、塔河县、漠河县

续表

地区	数量	自治州(盟、地、市)	县、旗、市(市辖区)
云南省	25个(3市13县9自治县)	保山市	腾冲县、龙陵县
		普洱市	江城哈尼族彝族自治县、孟连傣族拉祜族佤族自治县、澜沧拉祜族自治县、西盟佤族自治县
		临沧市	镇康县、耿马傣族佤族自治县、沧源佤族自治县
		红河哈尼族彝族自治州	金平苗族瑶族傣族自治县、绿春县、河口瑶族自治县
		文山壮族苗族自治州	麻栗坡县、马关县、富宁县
		西双版纳傣族自治州	景洪市、勐海县、勐腊县
		德宏傣族景颇族自治州	芒市、瑞丽市、盈江县、陇川县
		怒江傈僳族自治州	泸水县、福贡县、贡山独龙族怒族自治县
西藏自治区	21县	山南地区	洛扎县、隆子县、错那县、浪卡子县
		日喀则地区	定日县、康马县、定结县、仲巴县、亚东县、吉隆县、聂拉木县、萨嘎县、岗巴县
		阿里地区	普兰县、札达县、噶尔县、日土县
		林芝地区	墨脱县、察隅县、米林县、郎县
甘肃省	1自治县	酒泉市	肃北蒙古族自治县
新疆维吾尔自治区	32个(5市22县5自治县)	哈密地区	哈密市、巴里坤哈萨克自治县、伊吾县
		昌吉回族自治州	奇台县、木垒哈萨克自治县
		伊犁哈萨克自治州 伊犁州直属县(市)	察布查尔锡伯自治县、霍城县、昭苏县
		伊犁哈萨克自治州 塔城地区	塔城市、额敏县、托里县、裕民县、和布克赛尔蒙古自治县
		伊犁哈萨克自治州 阿勒泰地区	阿勒泰市、布尔津县、富蕴县、福海县、哈巴河县、青河县、吉木乃县
		博尔塔拉蒙古自治州	博乐市、温泉县
		阿克苏地区	温宿县、乌什县
		克孜勒苏柯尔克孜自治州	阿图什市、阿克陶县、阿合奇县、乌恰县
		喀什地区	叶城县、塔什库尔干塔吉克自治县
		和田地区	和田县、皮山县

资料来源：相关省（区）2013年统计年鉴。

内蒙古自治区位于中国的北部边疆，与蒙古国和俄罗斯接壤，其边境县（旗）有19个。辽宁省位于中国东北地区的南部，是中国东北经济区和环渤海经济区的重要结合部，与朝鲜接壤，其边境县（市辖区）有5个。吉林省处于日本、俄罗斯、朝鲜、韩国、蒙古国与中国东北部组成的东北亚的腹心地带，东部与俄罗斯接壤，东南部以图们江、鸭绿江为界，与朝鲜相望，其边境县（市及市辖区）有10个。黑龙江省是中国最东北的省份，北部、东部以黑龙江、乌苏里江为界，与俄罗斯相望，其边境县（市）有18个。云南省是我国实施南向发展战略的重要"桥头堡"，与广西不同的是，云南省与缅甸、老挝和越南接壤，其边境县域有25个。西藏自治区位于中国西南边陲，青藏高原的西南部，南部和西部与缅甸、印度、不丹、锡金和克什米尔等国家或地区接壤，形成了中国与上述国家或地区边境线的全部或一部分，全长近4000公里，其边境县有21个。甘肃省位于中国西部地区，地处黄河中上游，与蒙古国接壤，位于酒泉市辖区的肃北蒙古族自治县是甘肃省唯一的边境县。新疆维吾尔自治区位于亚欧大陆中部，地处中国西北边陲，总面积166.49万平方公里，占中国陆地总面积的1/6，周边与俄罗斯、哈萨克斯坦、吉尔吉斯斯坦、塔吉克斯坦、巴基斯坦、蒙古国、印度、阿富汗8个国家接壤，陆地边境线长达5600多公里，占中国陆地边境线的1/4，是中国面积最大、陆地边境线最长、毗邻国家最多的省区，其边境县包括5市22县5自治县，共32个。

2012年，包括广西壮族自治区、内蒙古自治区、辽宁省、吉林省、黑龙江省、云南省、西藏自治区、甘肃省和新疆维吾尔自治区在内的9省（区）共有139个边境县域，行政面积共221万平方公里，年末总人口达到2603万人，实现地区生产总值7456.16亿元、地方财政一般预算收入506.67亿元、规模以上工业总产值586.19亿元、社会消费品零售总额1840.37亿元。9省（区）边境县域主要经济社会指标在全国中的占比分别为：行政区域土地面积占全国的22.850%，年末总人口占全国的1.769%，地区生产总值占全国的1.436%，地方财政一般预算收入占全国的0.830%，规模以上工业总产值占全国的0.678%，社会消费品零售总额占全国的0.875%（见图4-2）。

2012年，广西壮族自治区8个边境县总面积为17971.42平方公里，总人口260.5万人，实现地区生产总值531.66亿元，地方财政一般预算收入达到

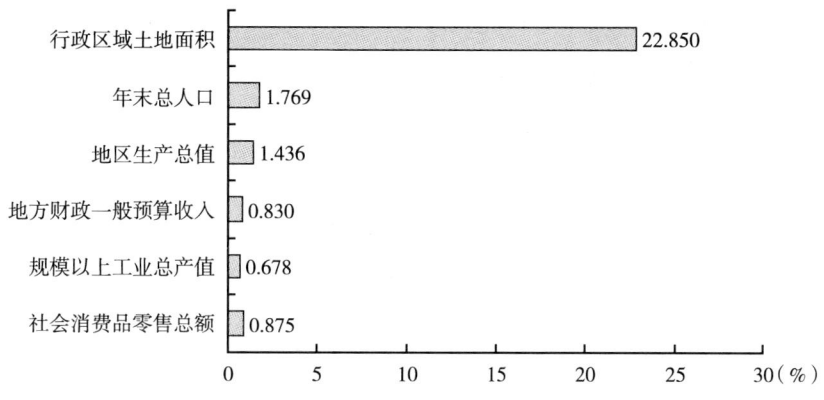

图 4-2　9 省（区）边境县域经济指标占全国经济比重

43.42 亿元，规模以上工业总产值达到 568.74 亿元，社会消费品零售总额达到 114.24 亿元。广西壮族自治区边境县域主要经济社会指标在全区中的占比分别为：行政区域土地面积占 7.59%，年末总人口占 4.97%，地区生产总值占 4.08%，地方财政一般预算收入占 3.72%，规模以上工业总产值占 3.69%，社会消费品零售总额占 2.53%。广西壮族自治区边境县域主要经济社会指标在全国边境县域中的占比分别为：行政区域土地面积占 0.98%，年末总人口占 10.15%，地区生产总值占 7.16%，地方财政一般预算收入占 8.63%，规模以上工业总产值占 9.71%，社会消费品零售总额占 6.25%。

2012 年，内蒙古自治区 19 个边境县总面积为 615170.7 平方公里，总人口 174.36 万人，实现地区生产总值 1627.52 亿元，地方财政一般预算收入达到 94.23 亿元，规模以上工业总产值达到 1671.82 亿元，社会消费品零售总额达到 310.34 亿元。内蒙古自治区边境县域主要经济社会指标在全区中的占比分别为：行政区域土地面积占 52.00%，年末总人口占 7.00%，地区生产总值占 10.25%，地方财政一般预算收入占 3.77%，规模以上工业总产值占 9.2%，社会消费品零售总额占 6.79%。内蒙古自治区边境县域主要经济社会指标在全国边境县域中的占比分别为：行政区域土地面积占 33.50%，年末总人口占 6.80%，地区生产总值占 21.92%，地方财政一般预算收入占 18.73%，规模以上工业总产值占 28.54%，社会消费品零售总额占 16.97%。

2012 年，辽宁省 5 个边境县总面积为 9479 平方公里，总人口 193.8 万人，实现地区生产总值870.31亿元，地方财政一般预算收入达到69.17亿元，规模以上工业总产值达到639.35亿元，社会消费品零售总额达到378.74亿元。辽宁省边境县域主要经济社会指标在全省中的占比分别为：行政区域土地面积占6.40%，年末总人口占4.57%，地区生产总值占3.50%，地方财政一般预算收入占2.23%，规模以上工业总产值占1.30%，社会消费品零售总额占4.09%。辽宁省边境县域主要经济社会指标在全国边境县域中的占比分别为：行政区域土地面积占0.52%，年末总人口占7.55%，地区生产总值占11.72%，地方财政一般预算收入占13.75%，规模以上工业总产值占10.92%，社会消费品零售总额占20.70%。

2012年，吉林省10个边境县总面积为37253平方公里，总人口201.69万人，实现地区生产总值835.75亿元，地方财政一般预算收入达到54.22亿元，规模以上工业总产值达到1273.84亿元，社会消费品零售总额达到273.43亿元。吉林省边境县域主要经济社会指标在全省中的占比分别为：行政区域土地面积占19.88%，年末总人口占7.33%，地区生产总值占7.00%，地方财政一般预算收入占5.21%，规模以上工业总产值占6.38%，社会消费品零售总额占5.73%。吉林省边境县域主要经济社会指标在全国边境县域中的占比分别为：行政区域土地面积占2.03%，年末总人口占7.86%，地区生产总值占11.26%，地方财政一般预算收入占10.78%，规模以上工业总产值占21.75%，社会消费品零售总额占14.95%。

2012年，黑龙江省18个边境县总面积为149154.5平方公里，总人口309.9万人，实现地区生产总值1249.00亿元，地方财政一般预算收入达到52.99亿元，规模以上工业总产值达到624.99亿元，社会消费品零售总额达到209.79亿元。黑龙江省边境县域主要经济社会指标在全省中的占比分别为：行政区域土地面积占31.53%，年末总人口占8.08%，地区生产总值占9.12%，地方财政一般预算收入占4.56%，规模以上工业总产值占5.21%，社会消费品零售总额占3.82%。黑龙江省边境县域主要经济社会指标在全国边境县域中的占比分别为：行政区域土地面积占8.12%，年末总人口占12.08%，地区生产总值占16.82%，地方财政一般预算收入占10.53%，规模以上工业总产值占10.67%，社会消费品零售总额占11.47%。

2012年，云南省25个边境县总面积为90560.33平方公里，总人口675.1万人，实现地区生产总值1011.69亿元，地方财政一般预算收入达到80.18亿元，规模以上工业总产值达到460.21亿元，社会消费品零售总额达到316.61亿元。云南省边境县域主要经济社会指标在全省中的占比分别为：行政区域土地面积占22.98%，年末总人口占14.49%，地区生产总值占9.81%，地方财政一般预算收入占5.99%，规模以上工业总产值占4.99%，社会消费品零售总额占8.94%。云南省边境县域主要经济社会指标在全国边境县域中的占比分别为：行政区域土地面积占4.93%，年末总人口占26.31%，地区生产总值占13.63%，地方财政一般预算收入占15.94%，规模以上工业总产值占7.86%，社会消费品零售总额占17.31%。

2012年，西藏自治区21个边境县总面积为373882平方公里，总人口39.75万人，实现地区生产总值46.12亿元，地方财政一般预算收入达到2.60亿元，规模以上工业总产值达到4.71亿元，社会消费品零售总额达到11.11亿元。西藏自治区边境县域主要经济社会指标在全区中的占比分别为：行政区域土地面积占31.10%，年末总人口占12.92%，地区生产总值占6.58%，地方财政一般预算收入占2.72%，规模以上工业总产值占5.39%，社会消费品零售总额占4.36%。西藏自治区边境县域主要经济社会指标在全国边境县域中的占比分别为：行政区域土地面积占20.36%，年末总人口占1.54%，地区生产总值占0.621%，地方财政一般预算收入占0.52%，规模以上工业总产值占0.08%，社会消费品零售总额占0.61%。

2012年，甘肃省唯一边境县肃北蒙古族自治县①的面积为69300平方公里，总人口1.17万人，实现地区生产总值37.62亿元，地方财政一般预算收入达到2.85亿元，规模以上工业总产值达到58.50亿元，社会消费品零售总额达到1.34亿元。肃北蒙古族自治县主要经济社会指标在全省中的占比分别为：行政区域土地面积占15.27%，年末总人口占0.05%，地区生产总值占0.67%，地方财政一般预算收入占0.26%，规模以上工业总产值占0.83%，社会消费品零售总额占0.07%。肃北蒙古族自治县主要经济社会指标在全国边境县域中的占比分别为：行政区域土地面积占3.77%，年末总人口占

---

① 肃北蒙古族自治县人均地区生产总值、人均财政收入等指标在甘肃省、酒泉市位居前列，其中人均地区生产总值在全国120个少数民族自治县中名列第一，2010年被国家统计局国情研究所评为"中国西部最具投资潜力百强县"，此后连续三年被国家统计局国情研究所评为"中国西部最具投资潜力百强县"，2012年晋升至第25位，位列甘肃省入选县市第一位。

0.05%，地区生产总值占0.51%，地方财政一般预算收入占0.57%，规模以上工业总产值占0.99%，社会消费品零售总额占0.07%。

2012年，新疆维吾尔自治区32个边境县总面积为847196.15平方公里，总人口540.85万人，实现地区生产总值1261.52亿元，地方财政一般预算收入达到106.05亿元，规模以上工业总产值达到559.77亿元，社会消费品零售总额达到224.78亿元。新疆维吾尔自治区边境县域主要经济社会指标在全区中的占比分别为：行政区域土地面积占51.04%，年末总人口占24.22%，地区生产总值占16.81%，地方财政一般预算收入占11.67%，规模以上工业总产值占7.43%，社会消费品零售总额占12.49%。新疆维吾尔自治区边境县域主要经济社会指标在全国边境县域中的占比分别为：行政区域土地面积占46.14%，年末总人口占21.08%，地区生产总值占16.99%，地方财政一般预算收入占21.08%，规模以上工业总产值占9.56%，社会消费品零售总额占12.29%。

从广西边境县域的发展水平来看，2012年，广西8个边境县域人均地区生产总值、人均地方财政一般预算收入、人均规模以上工业总产值①、人均社会消费品零售额、农村居民人均纯收入分别为20409元、1667元、21832元、4385元、6163元，在我国的边境省（区）中分别排第7位、第7位、第5位、第7位和第7位（见表4-5）。

表4-5 中国边境县域主要经济社会发展指标

县域	人均地区生产总值（元/人）		人均地方财政一般预算收入（元/人）		人均规模以上工业总产值（元/人）		人均社会消费品零售额（元/人）		农村居民人均纯收入（元/人）	
	数值	排名	数值	排名	数值	排名	数值	排名	数值	排名
广西壮族自治区	20409	7	1667	7	21832	5	4385	7	6163	7
内蒙古自治区	93342	2	5404	2	95883	2	17799	2	10444	3
辽宁省	44907	3	3569	3	32990	4	19543	1	11242	2
吉林省	41437	4	2688	4	63158	3	13557	3	7502	5
黑龙江省	40303	5	1710	6	20168	6	6769	5	9367	4
云南省	14986	8	1188	8	6817	8	4690	6	4422	8
西藏自治区	8342	9	953	9	1262	9	2979	9	4293	9
甘肃省	250776	1	24300	1	498254	1	11412	4	14025	1
新疆维吾尔自治区	23325	6	1961	5	10350	7	4156	8	7132	6

资料来源：相关省（区）2013年统计年鉴及各省（区）相关县域2012年国民经济和社会发展统计公报。

---

① 此人均规模以上工业总产值为规模以上工业总产值与县域总人口的比值。

总体来看，广西边境县域发展水平在全国边境县域中处于落后水平，今后应充分发挥区位优势，紧抓打造中国-东盟自由贸易区"升级版"等重大机遇，加快沿边开放开发进程，设立边境经济合作区，促进边境县域区域合作，积极开展边境贸易，加快建设面向东盟开放合作的区域性新兴城市。

中国边境县域主要经济社会发展指标前10位县域见表4-6。

表4-6 中国边境县域主要经济社会发展指标前10位县域

排名	年末总人口（万人）	地区生产总值（万元）	人均地区生产总值（元/人）	人均地方财政一般预算收入（元/人）	人均规模以上工业总产值（元/人）	人均社会消费品零售额（元/人）	农村居民人均纯收入（元/人）
1	东港市	阿拉善左旗	额济纳旗	肃北蒙古族自治县	肃北蒙古族自治县	二连浩特市	东乌珠穆沁旗
2	靖西县	东港市	肃北蒙古族自治县	和布克赛尔蒙古自治县	阿拉善左旗	满洲里市	额尔古纳市
3	腾冲县	哈密市	阿拉善左旗	额济纳旗	新巴尔虎右旗	额济纳旗	东宁县
4	景洪市	宽甸满族自治县	新巴尔虎右旗	新巴尔虎右旗	额济纳旗	元宝区	二连浩特市
5	澜沧县	振兴区	达尔罕茂明安联合旗	二连浩特市	达尔罕茂明安联合旗	阿拉善左旗	阿巴嘎旗
6	叶城县	满洲里市	阿拉善右旗	绥芬河市	东乌珠穆沁旗	绥芬河市	肃北蒙古族自治县
7	哈密市	浑江区	陈巴尔虎旗	东乌珠穆沁旗	阿拉善右旗	东乌珠穆沁旗	绥芬河市
8	宁明县	达尔罕茂明安联合旗	东乌珠穆沁旗	阿拉善左旗	二连浩特市	浑江区	陈巴尔虎旗
9	宽甸满族自治县	抚松县	阿巴嘎旗	达尔罕茂明安联合旗	陈巴尔虎旗	东港市	新巴尔虎右旗
10	振兴区	穆棱市	苏尼特左旗	伊吾县	乌拉特后旗	振兴区	新巴尔虎左旗

注：西藏自治区大部分边境县域数据缺失，暂不参与此排名。

资料来源：相关省（区）2013年统计年鉴及各省（区）相关县域2012年国民经济和社会发展统计公报。

第五部分
专题研究

在开展县域竞争力和类型县域比较评价的同时,《广西县域竞争力报告（2014）》选择相应的专题进行研究，本报告具体包括广西城镇布局与产业布局关联问题研究、广西支持培育发展经济强县政策研究。

一 广西城镇布局与产业布局关联问题研究

在当前实施新型工业化和新型城镇化战略、加快转变经济发展方式的背景下，协调工业化与城镇化的发展关系，促进产业布局与城镇布局的关联协调发展，提升产城融合程度，成为广西工业经济实现转型升级和城镇建设转型发展的新方向。城镇布局与产业布局是一个相互依存、相互依托的关联体系，产城融合是工业化和城镇化高度关联发展的典型体现，是指在特定发展阶段下，产业、城市（城镇）及人口三者围绕城市（城镇）功能互动融合发展，最终实现人口、产业、城市（城镇）的均衡协调及可持续性发展。产城融合是产业定位与城市功能的高度匹配，也是产业布局与城市空间布局的进一步契合，以及产业人口在一定区域范围内的合理分布①。

加快产城融合发展具有重要的意义。

（1）广西已逐步进入工业化和城镇化高度关联发展的阶段。当前，广西已经进入了工业化和城镇化发展的关键时期，从发达国家和我国沿海发达地区的发展经验来看，当工业化进入中期阶段，城镇化进程处于40%~55%阶段中，工业化和城镇化发展的关联性将不断增强，选择产城关联融合发展道路是必由之路。

---

① 本部分内容来源于广西壮族自治区发改委城镇化问题重点研究课题"广西城镇布局与产业布局关联问题研究"，杨鹏、蒙良等，2013年12月。

（2）产城融合发展，有助于既"做大蛋糕"，又"分好蛋糕"。走产业与城市融合发展道路，既能有效促进经济社会持续稳定发展，又能使发展成果惠及广大群众，真正做到发展成果惠及城乡居民，实现城乡居民均等化待遇。

（3）产城融合发展，有助于规避传统工业化、城镇化道路的弊端。传统工业化道路的众多弊端就在于工业化与城镇化的割裂发展，走产城融合发展道路，通过提高工业化和城镇化发展质量，实现绿色集约发展，是新型工业化和新型城镇化的根本要义。

（一）广西产城融合发展的模式选择和基本思路

1. 广西城镇布局与产业布局融合发展的主要模式选择

（1）广西产城互动融合发展基本模式研究

在基于国内产城融合发展主要模式和发展经验总结分析的基础上，结合广西现有城镇建设格局和产业布局现状，提出广西城镇布局与产业布局融合发展的主要模式，即点轴模式、同城模式、双核模式、新区模式、新城模式、龙头模式、港产城模式和混合模式（见表5-1）。

表5-1 广西城镇布局与产业布局融合发展的主要模式选择

序号	模式名称	主要内容	主要特征	典型代表
1	点轴模式	重点加强产业园区、产业开发区及县域主要交通干道等产业轴带规划建设，形成以带提点、以点促面、点面融合互动发展的新格局	带动能力强、产业集聚发展程度高、重点产业突出等	柳城县、隆林县等
2	同城模式	县城或重点镇依托中心城市，积极融入中心城市建设，形成都市型经济圈	产业带动效果好、功能分工明确、综合竞争力强	柳江县与柳州市同城发展、玉北福一体化发展等
3	双核模式	县域内具有两个中心城镇（通常是县城和一个重点镇），来承载和带动全县的工业化和城镇化建设	易于形成分工明确、空间布局合理的产城融合发展格局	宾阳县、横县等
4	新区模式	以城市功能新区建设为依托，以重点产业和城市特色功能布局为核心，打造形成城镇建设和产业发展新的增长极	高起点建设、规划科学、布局合理、产业配套等	五象新区、柳东新区、临桂新区、苍海新区等
5	新城模式	以城市或城镇建设为先导，走的是"造城引产"的发展路径	以生活性服务业和生产性服务业为主要构成	滨海新城、海湾新城

续表

序号	模式名称	主要内容	主要特征	典型代表
6	龙头模式	在产业布局发展与城镇布局发展过程中,以龙头企业为核心,带动周边配套企业,形成基础设施配套体系,进而形成企业布局与城镇发展的良性互动	龙头带动能力强、产业集聚度高等	陆川县、鹿寨县等
7	港产城模式	以港口为依托,在城市建设、产业布局过程中,充分发挥港口的物流、人口集聚效应	产业集聚度高、要素集聚能力强,易于形成完善的产业体系	港口区、钦南区、平南县等

点轴模式。所谓"点轴模式",是指在产业布局过程中,重点加强产业园区、产业开发区及县域主要交通干道等产业轴带规划建设,依托现有城镇空间格局、交通体系、区域位置、产业基础及环境资源等条件,形成以带提点、以点促面、点面融合互动发展的新格局。如柳州市的柳城县在产业布局过程中,以柳城华侨经济开发区、马山工业集中区和走马片经济开发区及沿209国道、县城出口路、柳州市外环高速路和三江至柳州高速公路为重点,形成"两带五区"的点轴式的产业发展模式。"点轴模式"具有带动能力强、产业集聚发展程度高、重点产业突出等特征。

同城模式。所谓"同城模式",是指相关县城或重点镇依托中心城市,积极融入中心城市建设,以中心城市为发展带动力,共同形成一个"大经济圈"。"同城模式"适用于制造业和服务业较为发达,且与中心城市相距较近的城市,如柳江县与柳州市同城发展、玉北福一体化发展就是"同城模式"的典型代表。"同城模式"具有产业带动效果好、功能分工明确、综合竞争力强等特征。

双核模式。所谓"双核模式",是指在县域内具有两个中心城镇(通常是县城和一个重点镇),来承载和带动全县的工业化与城镇化建设,是城市或县域经济社会发展的重要增长极。以宾阳县、横县等县域为例,宾阳县的宾州镇和黎塘镇,横县的横州镇和六景镇均属于"双核模式"。"双核模式"易于形成分工明确、空间布局合理的产城融合发展格局,是一种相对适用于桂东地区和西江经济带地区的可选择模式。

新区模式。所谓"新区模式",是指以城市功能新区建设为依托,以重点产业和城市特色功能布局为核心,全面完善新区基础设施,以行政先导或产业先导为集聚力,以生产性服务业和生活性服务业为主的现代服务业为重点,打造形成城镇建设和产业发展新的增长极,如梧州苍海新区、桂林临桂新区、柳州柳东新区、南宁五象新区等。"新区模式"在加快人口集中、产业集聚的同时,能够加快形成新兴产业的集聚发展,具有高起点建设、规划科学、布局合理、产业配套等特征。

新城模式。新城模式与新区模式有所不同,新区模式往往已经有了明确的产业规划与布局,走的是"兴产造城"的发展路径,新城模式则首先是以城市或城镇建设为先导,走的是"造城引产"的发展路径;两种模式的区别还在于产业布局类型的不同,新城模式更多倾向于以生活性服务业和生产性服务业为主要构成的现代服务业,而新区模式则更多倾向于制造业实体。"新城模式"的建设要注重形成与老城区产业良性互动的发展格局。

龙头模式。所谓"龙头模式",是指在产业布局发展与城镇布局发展过程中,以龙头企业为核心,带动周边配套企业,形成基础设施配套体系,进而形成企业布局与城镇发展的良性互动。如玉林陆川县,以玉柴为依托和核心,实施"借柴兴陆"模式,进而有效推进产业发展和城镇建设;柳州鹿寨县,以柳化二基地、鹿化公司为龙头,积极构建专业化、特色化的产业集中区,促进产业链延伸,加强龙头企业的辐射带动能力,有力促进龙头企业与城镇布局的融合发展。"龙头模式"是一种特殊模式,其前提在于龙头企业的培育壮大。

港产城模式。所谓的"港产城模式",是指在港口城市产业布局与城镇布局中,"港"对产业起到引领和带动作用,"产"又促进城市经济发展,"城"反过来能为推动港口和产业的大发展提供更为优良的服务与持久支撑。如广西的防城港市港口区充分发挥港口的产业带动作用,依托企沙工业园区、大西南临港工业园区、防城港钢铁基地等,积极发展钢铁、有色金属、粮油食品、装备制造、化工等支柱产业,延伸带动相关产业,将打造形成一个"港产城"关联发展格局。西江内陆的平南县实施的"港工城"发展战略也是典型的"港产城"模式。

混合模式。城镇布局与产业布局关联发展并没有一个永恒不变的主导模式,在实现发展中,往往可能是若干模式的混合存在,正如党的十八届三中全会提出的,要加快发展混合所有制经济,在城镇布局和产业布局中,也存在混合模式,通常,点轴模式、龙头模式、双核模式和同城模式等之间易于形成混合并存的发展格局。

（2）基于空间格局的广西产城互动融合发展模式选择

广西腹地辽阔，不同区域市县的资源条件、区位地理、经济社会发展基础等差异较大，故从"两区一带"格局下对广西主要产城融合发展模式进行研究，进而提出适合各板块产城互动融合发展模式。

北部湾经济区。基于北部湾经济区4市不同的区位及资源优势，应积极将北部湾经济区构筑成"南宁＋沿海"的双核发展模式、"南宁－滨海城镇互动发展"的点轴发展模式，以大范围生态自然景观为背景，以网络化、开放式的交通体系为骨架，以核心城市为中枢，构筑多中心、多层次城镇体系。在县域层面，武鸣县应以南宁为龙头，积极融入南宁超大型城市建设，加强与南宁的产业对接，充分发挥南宁市"后花园"作用，探索推进"同城模式"。横县县城与六景镇（六景工业园）、宾阳县县城与黎塘镇应积极探索完善"双核模式"，港口区、钦南区应充分发挥港口优势，加快产业集聚和人口集中，探索完善"港产城模式"。

西江经济带。西江经济带主要包括柳州、桂林、梧州、贵港、玉林、贺州、来宾7市。从市域层面来看，近期西江经济带重点以"点轴模式""双核模式""同城模式"为主导。从县域层面来看，柳城县以工业园区为重点，以交通干线为轴带，形成"点轴模式"；柳江县与柳州市，玉州区和福绵区、北流市应探索完善"同城模式"；鹿寨县以柳化二基地、鹿化公司为龙头，探索完善"龙头模式"；柳东新区、临桂新区、苍海新区和五象新区应进一步探索完善"新区模式"，培育形成全区新型工业化和新型城镇化的新兴增长极。

桂西资源富集区。桂西资源富集区是指地处广西壮族自治区西部的河池、百色、崇左三市，具有资源富集、生态脆弱、沿边开放、扶贫开发、西南出海大通道支撑点等鲜明特征，是国家西部大开发"十二五"规划明确支持建设的8个重点能源资源富集地区之一。从市域层面来看，河池市城市建设应积极向东扩展，与宜州市形成"同城模式"；百色市依托百色生态型名铝产业示范基地加快城市发展，与田阳县形成同城建设、一体发展的"同城模式"；崇左市依托中国－东盟国际陆路大通道南崇经济带形成"点轴模式"。从县域层面看，田东县、田阳县、平果县、德保县以铝产业基地为龙头，探索形成"龙头模式"；东兰县、巴马县、凤山县以养生长寿产业为依托，以养生长寿产业带为轴线，形成"点轴模式"；龙州县、大新县、宁明县以制糖产业为龙头，大新县以锰产业龙头，以交通干线为轴带，探索形成"龙头模式"和"点轴模式"共存的"混合模式"。

2. 广西城镇布局与产业布局融合发展的基本思路

（1）规划先导，统筹协调

依托各地区资源禀赋及发展优势，制定具有地方特色的产城融合总体规划，加强总体规划与城镇发展规划、产业布局规划的经济衔接力度，并依据规划统筹协调各模式间的城镇布局及产业布局，促进地方产城互动融合发展。

（2）市场主导，政府引导

充分发挥市场在人口集中、产业集聚、要素集成中的主导作用，依托市场力量促进产业合理分工、专业化经营及城镇各功能区的良性优化布局，同时加强政府在产业规划、完善基础设施建设及招商引资方面的作用，为产城互动融合发展提供良好的外部环境。

（3）两化互动，产城共融

充分注重城市载体和经济内核的融合发展，通过产业结构和空间结构的动态调整，形成产业对城区发展的有力支撑，把产业基地作为新城的一部分进行一体设计和建设，统筹规划基础设施、能源供应、生产配套和生活配套，从而实现产业互动、生态人居和城乡统筹发展。

（4）立足实际，凸显特色

以推进新型城镇化为载体，充分结合广西资源、区位、生态等特色资源优势，加大特色产业培育力度，提升特色产业在产城融合发展中的推动作用，着力推进统筹产城融合发展试点，加快构建新型城乡公共服务体系及产业培育体系。

（5）深化改革，创新发展

以全面深化改革为动力，充分发挥政府在规划引领、政策创新、标准制定、重大项目带动等方面的作用，调动各类市场主体的积极性和创造性，形成各方参与产城融合发展建设和管理的合力。积极借鉴先进理念和先进经验，走出一条具有广西特色的产城融合发展道路。

3. 推进产城融合发展的"六个转变"和"三个三"

(1) 六个转变

发展理念的转变。从单一注重产业发展、单一注重城镇建设的既有割裂式发展理念向产业发展与城镇建设并重协调融合发展转变。

发展形态的转变。从以往低端化、分散化、开发化向中高端化、集约化、服务业方向转变。

发展源泉的转变。从以往侧重投资拉动的传统增长模式向技术驱动的现代发展模式转变。

发展功能的转变。从以往资源要素分散格局向资源要素集聚主导转变,注重向资源要素集聚辐射并重转变。

发展模式的转变。从以往耗能型、粗放型的工业布局和城镇建设模式向绿色化、集约型发展模式转变。

空间布局的转变。从以往单核单极的空间布局向双核多级的空间布局转变,积极探索点轴模式、同城模式、双核模式、龙头模式、新区模式、新城模式、港产城模式等多元发展模式。

(2) 三个三

三区互动。在推进产城融合发展过程中,要高度重视主城区发展、城市新区建设和产业新区的互动发展。

三沿布局。在推进产城融合发展过程中,要重点沿交通干线、沿黄金水道、沿北部湾港推进产业布局与城镇布局融合发展。

三产融合。在推进产城融合发展过程中,要注重统筹推进农业现代化、工业转型升级、服务业发展提级,实现三产的融合发展。

(二)产城融合发展指标体系的构建

在充分借鉴和参考广东佛山等产城融合发展成熟地区的相关发展经验的基础上,结合广西自身发展状况,探索构建广西产城融合发展的指标参考体系(简称"指标体系")。这一指标体系的构建符合广西推进产城互动融合发展的基本要义,具有较强的实用性、可操作性及指导性,是一种理论上的创新与实践上的探索。

广西产城关联融合发展的框架模式见图5-1。

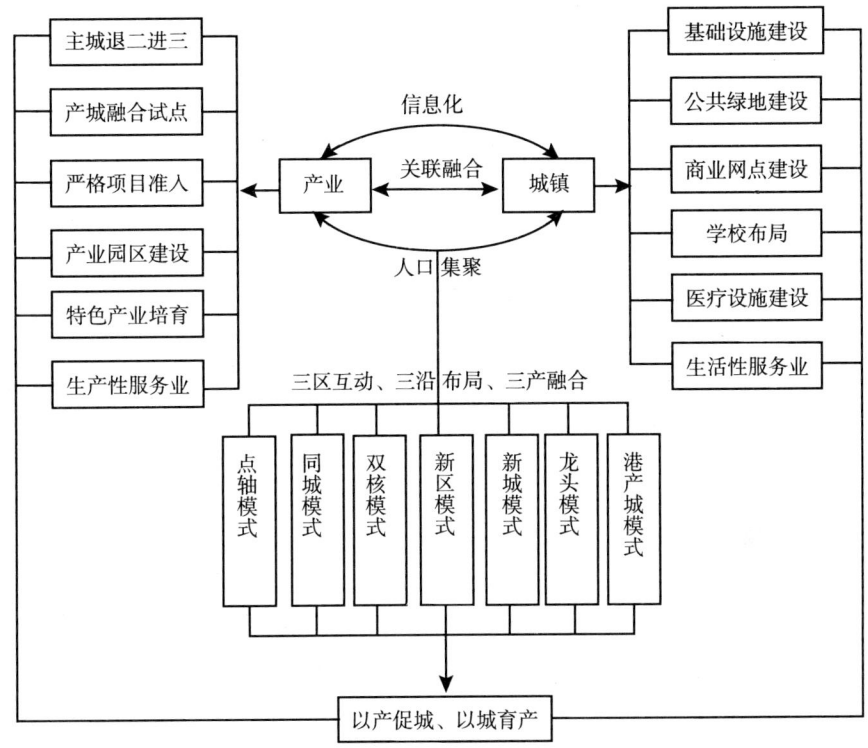

图5-1 广西产城关联融合发展的框架模式

1. 广西产城融合发展指标体系的构建原则

产城融合发展评价不仅要衡量产业发展与城镇发展的质量与内涵，更要反映产业与城镇的可持续发展能力，选择指标时不仅要考虑产城融合发展的全面性，更要考虑产城融合发展的本质内涵，同时还应注意指标体系的可操作性、可比性，进而构建一套系统完善、科学客观且便于操作的指标体系。广西产城融合发展指标体系的指标选择应集中体现以下五个原则。

（1）科学性

立足广西产城融合发展的实际，保证综合评价体系的严肃性、科学性，对促进产城空间融合的方法措施提出具体的量化指标，并对各层次指标的选取进行论证调整，保证研究的科学性。

（2）针对性

城镇布局与产业布局融合分析重点从城镇基础设施对产业的承载能力、产业结构、基础设施及产业与城镇发展的配套方面分析，指标体系具有较强的针对性。

(3) 可行性

指标体系应具有可计量性和可操作性，既要考虑指标体系的完整、科学，又要从实际出发，充分考虑资料获取的可能性。指标体系应尽可能利用现有统计数据和便于收集到的数据，以现有统计制度为基础进行指标筛选。

(4) 可比性

广西作为欠发达后发展地区，其城镇布局与产业布局与发达地区相比明显滞后，本指标体系重在找出广西与发达地区（以佛山为例）产城融合的差距，并为下一阶段加快广西产城融合发展提出合理的、科学的目标。

(5) 系统性

指标体系作为一个整体，必须从各个角度、各个层次反映被评价对象的特征和状况，能反映变化趋势和发展动态，在产业布局与城镇布局融合发展指标体系的构建中，要抓住城镇化率和工业化率两大核心指标，注意各部分之间的关系，以保证全面性和可信度。

2. 广西产城融合发展指标体系的总体构架

本研究所描述的评价体系主要包括核心指标和评价指标两种类型，层次关系主要由承载指标、结构指标、匹配指标和配套（民生）指标四大类指标组成。其中，承载指标，是指单位资源要素对产业发展、人口集聚的承载度，具体包括单位面积地区生产总值、单位面积人口集聚度、单位工业建设用地工业增加值、单位能源地区生产总值；结构指标，主要分析城镇化与工业化演进过程中经济及产业结构状况，具体包括工业化率、城镇化率、服务业占地区生产总值比重、工业仓储用地占建设用地比重；匹配指标，主要是指产业间的相互匹配、产业与城镇的匹配及基础设施对工业和城镇发展的匹配程度，具体包括生产性服务业与工业匹配系数、生活性服务业与城镇人口规模匹配系数、生产性服务业与生活性服务业匹配系数、工业投资与服务业投资匹配系数、固定资产投资与地区生产总值匹配系数等；配套指标也称民生指标，主要度量城镇生活配套建设水平，具体包括每万人医疗配套建设水平、单位面积等级公路里程、人均公共绿地面积、单位建成区商业网点数、单位建成区中小学校数（见表5-2）。

表5-2 城镇布局与产业布局融合发展指标参考体系

类别	具体指标	单位	指标属性及说明
承载指标	单位面积地区生产总值	万元/平方公里	评价指标
	单位面积人口集聚度	人/平方公里	评价指标
	单位工业建设用地工业增加值	万元/平方公里	评价指标
	单位能源地区生产总值	万元/吨标准煤	评价指标
结构指标	工业化率	%	核心指标
	城镇化率	%	核心指标
	服务业占地区生产总值比重	%	评价指标
	工业仓储用地占建设用地比重	%	评价指标
匹配指标	生产性服务业与工业匹配系数	无量纲	评价指标
	生活性服务业与城镇人口规模匹配系数	元/人	评价指标
	生产性服务业与生活性服务业匹配系数	无量纲	评价指标
	工业投资与服务业投资匹配系数	无量纲	评价指标
	固定资产投资与地区生产总值匹配系数	无量纲	评价指标
配套(民生)指标	每万人医疗配套建设水平(综合指标)	无量纲	评价指标
	单位面积等级公路里程	公里/平方公里	评价指标
	人均公共绿地面积	平方米/人	评价指标
	单位建成区商业网点数	个/平方公里	评价指标
	单位建成区中小学校数	所/平方公里	评价指标

(三)广西产城关联融合发展的目标研究

1. 广西工业化与城镇化建设的拐点分析

作为衡量一个区域工业化进程和城镇化进程的核心指标,工业化率和城镇化率是判断推进城镇布局与产业布局融合发展的关键性指标。本研究经过大量的数据筛选和梳理,对1990年以来全国、广东和广西的工业化进程与城镇化进程进行了数据汇总和比较研究。总体来看,1990年以来,受1998年亚洲金融危机和2008年全球金融危机的影响,我国工业化率水平在1998~2002年和2008~2009年出现了停滞,广东由于其出口导向型经济构成,受到的影响更为明显。而城镇化进程则一直未放缓,全国城镇化率从1990年的26.2%提高到2012年的52.5%,预计到2015年,全国城镇化率将达到55.0%。广东省城镇化率从1990年的32.7%提高到2012年的67.4%,预计到2015年将达到69.0%,甚至超过

70%。目前，广西工业化率和城镇化率两项指标的实施情况不如预期，2012年全区工业化率仅为40.5%，难以实现2015年45.6%的规划目标；2012年全区城镇化率为43.6%，难以实现2015年50%的规划目标（见表5-3）。

表5-3 广西与全国、广东省工业化率和城镇化率发展比较分析

单位：%

年份	全国		广东		广西	
	工业化率	城镇化率	工业化率	城镇化率	工业化率	城镇化率
1990	36.7	26.2	33.6	32.7	23.3	15.6
1991	37.1	26.8	35.7	34.1	23.8	16.3
1992	38.2	27.4	36.7	35.2	25.0	16.8
1993	40.2	28.0	40.0	36.3	31.3	17.4
1994	40.4	28.5	40.4	37.5	33.8	18.0
1995	41.0	29.0	41.3	39.3	30.8	18.5
1996	41.4	30.5	41.6	42.2	29.6	19.0
1997	41.7	31.9	41.6	45.1	28.9	19.1
1998	40.3	33.4	41.8	48.2	29.4	21.8
1999	40.0	34.8	41.4	51.6	29.0	22.9
2000	40.4	36.2	41.6	55.0	29.4	28.1
2001	39.7	37.7	41.0	56.6	28.1	28.2
2002	39.4	39.1	41.1	57.7	27.7	28.3
2003	40.5	40.5	43.5	58.6	28.8	29.1
2004	40.8	41.8	45.0	59.7	30.4	31.7
2005	41.8	43.0	46.5	60.7	31.7	33.6
2006	42.2	43.9	47.1	63.0	33.5	34.6
2007	41.6	44.9	47.0	63.1	35.9	36.2
2008	41.5	45.7	47.0	63.4	37.4	38.2
2009	39.7	46.6	45.8	64.8	36.9	39.2
2010	40.0	49.7	46.6	66.2	40.3	40.1
2011	39.8	51.3	46.3	66.5	41.4	41.8
2012	38.5	52.5	45.2	67.4	40.5	43.6
2013	39.2	53.4	45.8	67.9	41.4	45.2
2014	39.8	54.1	46.5	68.5	42.2	46.9
2015	40.5	55.0	47.0	69.0	43.0	48.5

注：①《广东省国民经济和社会发展第十二个五年规划纲要》提出到2015年全省服务业占比达到48%，2009年以来广东省第一产业占比基本保持在5%的水平，因此，到2015年工业化率约保持在47%的水平。②《广西壮族自治区国民经济和社会发展第十二个五年规划纲要》提出到2015年城镇化率要达到50%，从目前实施情况来看，到2015年仅能达到48.5%的水平。同时，工业化率也难以完成45.6%，预计完成43%左右。③《中华人民共和国国民经济和社会发展第十二个五年规划纲要》提出到2015年全国城镇化率比2010年提高4个百分点，原规划51.5%的目标主要是基于2010年47.5%的预计值，综合预测可达到55%。④广东省城镇化率1996~1998年和2001~2003年数据根据前后年份数据进行测算得出。

资料来源：相关年份《中国统计年鉴》《广东省统计年鉴》《广西统计年鉴》。

从全国、广东省以及佛山市的工业化和城镇化发展历程来看，就区域层面而言，工业化与城镇化的交叉拐点位于40%左右，即当工业化率达到40%的时候，将与城镇化率形成交叉，之后城镇化率将进入加速阶段，工业化与城镇化进入高度关联发展阶段。结合广西实际，2010年，广西工业化率为40.3%，城镇化率为40.1%，到2012年，广西城镇化率已经超过工业化率3.1个百分点，完成了工业化与城镇化的"拐点"阶段，按照理论而言，进入了工业化与城镇化高度关联发展阶段，选择以产城融合发展模式将是推进新型工业化与新型城镇化的必由之路（见图5-2）。

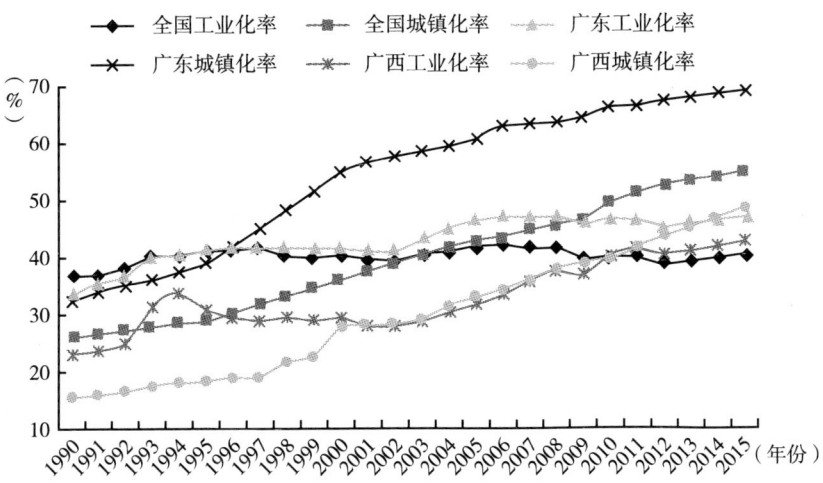

图5-2　广西与全国、广东工业化和城镇化拐点比较分析

同时，基于佛山市及顺德区、三水区、高明区、南海区的工业化与城镇化发展历程，结合广西历年工业化与城镇化发展的基本现状，可将广西产城融合发展分为四个阶段，分别是以产促城阶段、产城关联阶段、产城融合阶段和后工业化阶段。其中，以产促城阶段的工业化率为30%~40%，这个阶段的城镇化率为25%~40%；产城关联阶段的工业化率为41%~45%，这个阶段的城镇化率为40%~50%；产城融合阶段的工业化率为46%~50%，这个阶段的城镇化率为51%~60%；后工业化阶段的工业化率为50%左右，而城镇化率将达到60%以上，并将接近70%。

2. 广西产城关联融合发展的阶段特征及目标

根据前述研究，将广西城镇布局与产业布局关联发展（以产城融合发展为重点导向）划分为四个阶段，即以产促城阶段、产城关联阶段、产城融合阶段和后工业化阶段。

以产促城阶段。这一阶段，工业化率为30%~40%，城镇化率为25%~40%，工业经济在工业化和城镇化进程中占据绝对主导地位，必须依靠工业化拉动城镇化建设，提升富裕水平，奠定后续发展基础，这是目前广西大多数市县所处的发展现状，但并不排除个别县域工业化率达到很高水平的可能性，这种偏离代表了一个县域工业化与城镇化的严重割裂发展。在以产促城阶段，生产性服务业的发展相对滞后，生活性服务业配套还不健全，这一阶段是绝大多数城市所必经的发展时期。

产城关联阶段。这一阶段，工业化率为41%~45%，城镇化率为40%~50%，按照前述经验研究，当工业化率和城镇化率在40%左右形成叠加交替的时候，工业化与城镇化便进入了高度关联发展阶段。目前，广西正处于这一阶段的初期，必须转变传统工业化与传统城镇化割裂发展的思维，强化产城关联发展理念，加强工业化与城镇化之间的相互配套发展，逐步加强生产性服务业和生活性服务业的发展。

产城融合阶段。这一阶段，工业化率为46%~50%，城镇化率为51%~60%，产城融合发展阶段是工业化和城镇化发展的关键时期，在这一阶段能否顺利推进，是决定新型工业化和新型城镇化建设成败的关键。在产城融合阶段，工业化与城镇化形成相互促进、相互融合的发展格局，生产性服务业和生活性服务业发展迅速，并成为经济发展的重要驱动力。

后工业化阶段。这一阶段，工业化率保持在50%左右，而城镇化率将达到60%以上，并将接近70%，从理论角度而言，工业化率不可能无限制增长，对于一个区域而言，保持在50%左右的工业化率是一个比较合理的区间选择。进入这一阶段的典型特征是城镇化和城镇建设进入了完善阶段，工业化进入了稳定持续发展阶段，生活性服务业将逐步成为经济发展的重要驱动力。

广西城镇布局与产业布局互动融合发展参考体系见表5-4。

第五部分 专题研究

表5-4 广西城镇布局与产业布局互动融合发展参考体系

类别	具体指标	单位	以产促城	产城关联	产城融合	后工业化	指标属性
承载指标	单位面积地区生产总值	万元/平方公里	700~900	900~1500	1500~2200	2200~3500	评价指标
	单位工业建设用地工业增加值	万元/平方公里	300~500	500~700	700~1000	1000~1300	评价指标
	单位能源地区生产总值	万元/吨标准煤	0.6~0.8	0.8~1.2	1.2~1.5	1.5~1.7	评价指标
	人均地区生产总值	元/人	18000~20000	20000~25000	25000~30000	30000~35000	评价指标
结构指标	工业化率	%	30~40	41~45	46~50	50左右	核心指标
	城镇化率	%	25~40	40~50	51~60	>60	核心指标
	服务业占地区生产总值比重	%	25~35	36~40	41~45	46~50	评价指标
	工业仓储用地占建设用地比重	无量纲	3.0~3.8	3.9~4.2	4.3~4.7	4.7以上	评价指标
匹配指标	生产性服务业与工业匹配系数	无量纲	0.10~0.15	0.15~0.20	0.20~0.25	0.25~0.30	评价指标
	生活性服务业与城镇人口规模匹配系数	元/人	4800~5200	5200~6000	6000~7000	7000~8000	评价指标
	生产性服务业与生活性服务业匹配系数	无量纲	0.76~0.73	0.72~0.68	0.68~0.60	0.59~0.55	评价指标
	工业投资与服务业投资匹配系数	无量纲	>1.5	1.5~1.0	1.0~0.6	0.6~0.3	评价指标
配套指标	每万人医院卫生院床位数	(张/万人)	15~18	19~22	23~26	27~30	评价指标
	单位面积等级公路里程	公里/平方公里	0.50~0.70	0.70~0.95	0.95~1.10	1.10~1.30	评价指标
	人均公共绿地面积	平方米/人	10~15	16~20	21~24	25~27	评价指标
	商业网点面积占建筑面积比重	%	7~15	16~20	21~28	29~35	评价指标
	单位建成区中小学校数	所/平方公里	1.0~1.6	1.7~2.0	2.1~2.3	2.4~2.5	评价指标

（四）广西产城关联融合发展的重点任务

1. 稳妥推进新区（新城）建设

新区（新城）建设是实现产城互动融合发展的重中之重，也是产城融合发展的典范代表。充分发挥新区建设和新城建设在优化空间、集聚人口、带动发展方面的作用，创新理念，分类推进，将南宁五象新区、柳州柳东新区、桂林临桂新区、梧州苍海新区等城市新区建设成为功能完善、产城融合、用地集约、环境友好、管理规范的现代产城发展综合体。在新区建设前期应明确新区的城市定位，合理规划新区产业及城镇布局，加强新区在产业及城镇建设方面与城区的良性互动发展。

"两个导入"。要注重以产业导入和配套功能导入形成人口集聚。产业发展方面，要注重产业链延伸发展，注重提升产品品牌价值，加强制造业的服务配套功能，积极推动产业向绿色低碳、清洁安全方向发展，提高产业的资源节约、环境友好和安全生产水平。配套功能建设方面，要积极培育专业服务、医疗保健、教育培训、家庭服务、社区服务、信息服务等新兴服务业，促进房地产业持续健康发展。

提高软硬件环境建设。要营造具有比较优势、生态宜居的工作和生活环境，大力提高公共设施的服务能级，导入先进的教育、文化、体育、娱乐等优质资源和商务商业功能性项目，完善新区的对外交通条件，增强中心城区人口迁居意愿，吸引高素质人才集聚，形成优秀人才导入良性循环。

注重都市型工业发展。吸引和鼓励企业在产品设计、市场营销等环节融入科技、创意、时尚和环保元素，大力发展高附加值、个性化、节能环保型产品。聚焦绿色食品、现代轻工、生物医药等领域，加大自主品牌培育建设力度，塑造和提升以品牌和科技为核心的都市型工业体系，打造符合新型工业化和新型城镇化建设的现代都市工业体系。

多元区域功能融合。在新区建设中，要注重多个不同功能导向的复合社区的融合发展，通过住宅、就业区位的多样化组合创造不同类型的社区，如产业型社区、生态型社区、休闲型社区等，在适度规模的社区建设基础上，打造生产、生活、生态功能融合的复合型社区。促进中心城区公共中心分工协作和功能多元，赋予其景观休闲和文化展示等内涵。

分类推进新区、新城建设。科学规划和定位新区、新城功能，鼓励新区优势互补、功能互补，提升新区综合功能，建设区域性综合节点城市，提升新区的产业集聚和人口集聚功能，加强功能性开发和提高综合配套水平，与各地产业结构调整与推动新区发展相结合。

强化新区产城融合。统筹工业园区、产业基地、居住区与新城建设，加强产业发展与新区建设互动融合，创造富有竞争力和吸引力的投资、工作、生活环境，引导本地就业、本地居住。集聚符合功能导向和就业容量大的产业项目，完善新区内外交通网络，提高教育、医疗、生活服务、文化娱乐等配套水平，培育城市个性和特色风貌，优化居住环境。

2. 引导产业园区有序开发

充分发挥规划的引导作用，要突出产业布局、基础设施、公共服务设施、资源整合利用等方面的整体性和合理性，优化用地空间布局，强化产业园区的主体功能，增强城市新区对产业落户的吸引力和竞争力，加大城市新区对产业园区支柱产业和重点项目的推进和扶持力度。产业园区发展规划要明确产业园区的发展定位和目标任务，确定重点产业发展的方向和类型。加快服务配套设施不全的产业园区的规划调整和实施步伐，根据产业园区发展规模和实际需求，合理设置公共服务设施以及市政设施，逐步发展成为产业特色鲜明、配套功能完善的产业园区。对已明确的重点产业园区，在修编城镇总体规划、土地利用总体规划时统一纳入规划，统筹发展。

3. 推进产城互动发展试点

重点围绕产业园区、产业集聚、产业新城三个层次，充分发挥产业集聚发展对城镇建设的带动效应，稳步推进园区管理体制机制创新，加大园区合作开发建设力度，全力推进园区上规模、上档次、上水平。在全区选择30个产业基础好、配套条件完善、发展潜力大的工业园区作为产城互动发展建设试点。积极推进北部湾经济区产港城互动发展。到2017年，在全区范围内建成一批先进制造业和现代服务业相互交融、互为支撑的产城互动发展效果显著的新型产业园区，全区工业园区工业总产值力争突破3.75万亿元，占全区工业总产值的比重达到75%，产值超1000亿元的园区达到10个，超500亿元的园区达到20个，超100亿元的园区达到60个①。

4. 完善公共基础设施建设

一是要完善园区城镇基础设施建设，加大对园区公租房等保障性住房的支持力度，集中建设新型社区，完善生产生活配套设施，按照有利于产业和城镇同步发展的原则，优化城镇公共服务设施规划布局，加强完善园区所在城镇的配套服务功能。加快完善服务于产业发展和园区建设所需要的交通、物流、生产、生活、教育、娱乐、卫生等城镇公共服务设施。二是要加强产业园区与城市基础设施的无缝对接，加快园区内道路和城际公共交通、天然气、管道燃气和供气系统工程建设，建立社区医院、公共住房，完善休闲、娱乐、购物、教育等生活配套设施，将产业园区打造成集生产、生活、娱乐于一体的新型社区。

5. 加快特色产业培育发展

大力引进投资规模大、带动能力强、产业互动融合度高的项目，引进科技含量高、市场前景好、产业特色强的高新技术型项目落户。要依托现有产业基础和资源优势，发展特色产业。以具有比较优势的骨干企业、骨干产品为龙头，加快形成集中度高、关联度大、竞争力强的产业园区支柱产业。要充分发挥落户知名企业和大企业的带动作用，围绕园区发展战略和定位，培育和形成园区特色，增强产业园区的吸引力和集聚力，逐步形成产业国际化、集群化、高端化。以城市新区的品牌效应吸引产业集聚，以产业园区独特的企业文化推动城市新区的发展。

（五）促进广西产城关联融合发展的措施建议

1. 加强产业融合发展规划统筹

加强城镇规划与产业园区建设规划的衔接，按照产业发展与城镇建设紧密结合的原则，以产业集聚发展与城镇开发建设同步推进为主线，组织编制《广西产城融合发展规划》，明确产城互动发展的工作目标、主要任务、推进

---

① 《广西壮族自治区人民政府关于印发工业跨域发展十大行动计划的通知》（桂政发〔2013〕40号）。

重点和保障措施，围绕主导产业发展和产业园区建设的实际需要，突出产业布局、基础设施、公共服务设施、资源整合利用等方面的整体性和科学合理性，合理配置城镇公共服务设施及市政配套服务设施，优化用地空间布局，强化产业园区的主体功能，加快推进产业园区化、园区城镇化、产城一体化建设步伐。

2. 大力实施主城区"退二进三"

按照"科学经营、整体开发、打造精品"的城市更新发展原则，合理优化区域产业布局，充分发挥主城区黄金地段的黄金效益，优化城市功能结构，推进城市有机更新，促进城市经济效益、环境效益和社会效益的有机统一，在加强城镇布局与产业布局的同时积极实施主城区"退二进三"发展战略，增加城市的综合竞争力和居住生活品质。以主城区为核心的绕城公路和江河流域周边地区，是承担产城互动融合发展服务功能的区域。重点发展现代服务业和高附加值产业，逐步迁出与主城区功能不符的产业，严禁发展污染工业。要着重提升主城区的综合功能，合理利用原有工业用地和老旧厂房，大力推进中心城区现代服务业集聚发展，加快核心区域和外围区域的产业结构调整和转型升级，重点发展高附加值产业和生产性服务业，配套发展生活性服务业，依托各自的产业基础、资源禀赋，积极融入中心城市建设，加快形成若干现代服务业集聚区。

3. 加强县域层面集中连片开发

按照"布局合理、用地集约、产业集聚、服务集成"的产业布局要求，充分发挥县域资源、环境等特色优势，合理布局各主导产业及产业园区，积极引导和促进产业、企业、项目、资金、技术等向产业园区和产业集中区聚集，破解产业布局过度分散、土地利用效率低下等问题，大力实施连片开发、集约经营，降低基础设施建设成本，为新型工业化提供空间依托和基础保障，有效引导产业、资本、人才、公共财政等生产要素进行合理的空间流动，增加生产要素组合配置的可持续性。

4. 以信息化建设拓展产城融合发展空间

以中心城市为重点，积极推进无线城市、智慧城市建设，通过政府规划引导，推动相关企业重点实施宽带城市、无线城市、通信枢纽、三网融合、功能设施等专项建设，全面提升产城融合发展的基础设施服务能级。围绕构建便捷高效的信息感知和智能应用体系，重点推进城市建设管理、城市运行安全、智能交通、社会事业与公共服务、电子政务、信息资源开发利用等，促进产城融合发展运行管理水平、经济发展水平、公共服务水平和居民生活质量提升。加强移动通信宏基站、室内覆盖站点、光纤到户、无线局域网场地等建设，提高国际、国内互联网出口带宽，加大信息化建设固定资产投资。

5. 实施严格的产城建设项目准入制度

在新区建设和产城融合发展过程中，在保证工业园区与城镇建设用地指标的同时，要对相关产业项目固定资产投资强度、容积率、建筑系数以及行政办公和生产服务设施用地比例制定相应的标准，建立良好的基础设施保障平台和高效的管理服务平台，对入园项目进行统一规划环评和总体环评，对项目引进及入园采取严格的市场准入制度，积极解决企业入驻园区发展的各种前置条件，加强园区经营性项目的市场化运作、企业化管理水平。

6. 加强产城关联融合发展的人口集聚

通过产城融合发展加快集聚人口。一是加大生活性服务业、生产性服务业、居住用地土地配比，完善新区、新城、主城区、产业新区的服务和居住功能，集聚产业人口。二是积极开发配套齐全的中高档小区，在产业新区、工业园区内规划建设适量配套齐全的公共租赁用房，满足产业工人的居住需求。三是做好专业市场发展规划，有效吸引经济活力强大的经商人员落户。四是加大对产业人口培训的力度，着力提高从业人员的技术水平与文化素质，促进其由农民工向城市（城镇）人口的转变。五是为引进的高端人才提供安家启动资金、技术入股、返税补助等多项奖励，在住房、配偶就业、子女入学、医疗保健、专业技术职务评定等方面给予优惠待遇。

7. 注重产城关联融合的生态绿化建设

实现绿化全覆盖，突出边角地块、环境死角的绿化改造，在主要产业园区、新区新城建设中推进生态走廊绿化建设。建立健全绿化养护及环境管理等长效机制。搬迁改造不适宜在主城区内的工业、仓库等，加强环保、环卫设施配套工程建设，切断一切进入流经河域的污染源，把环境整治和推进产业更新与提升相结合，实现环境效益、社会效益和经济效益的统一。积极推进产业园区、新区新城内的电网、自来水、雨水污水管网等基础设施建设。建立"市民公园",为居民和游客创造宜人的休闲娱乐环境,打造新区新城"绿肺"。

8. 注重产城关联融合的市场建设机制

要避免政府过度干预,要以市场机制实现产城互动融合发展与当地经济的有机融合,依靠市场原则来建设和管理,以市场化运作引导产城互动融合朝着利益最大化、效益最优化的可持续发展方向发展。在初期由政府统一规划开发,在开发过程中,积极推进土地运用、资金筹集、招商引资等专业化分工建设的发展模式。要积极探索园区资源运营模式。一是盘活存量。实现标准厂房的管理和出租,提高工业园区标准厂房出租率。二是扩大增量。以加大产业投资提升经营能力为导向,稳步推进项目建设。三是强化储备。稳步推进工业园区土地回购,为统一实施产业结构调整的综合开发建设奠定基础。

专栏 产城融合的实践:河北固安

对国内广大产业尚未完善的地区而言,产业升级似乎很遥远,而这样的转型故事,在2002年的固安已悄然开始了。经过12年的探索实践,固安已慢慢构建出在开发理念、产业集聚、区域融合和运营模式等方面独具特色的产城融合模式。

1. 初期发展

20世纪90年代初,传统的工业县固安建立了自己的开发区,但由于财政投入不足、基础设施不完善、招商网络不健全等,引进项目寥寥无几。2002年,固安县大胆突破制约发展的体制机制障碍,引入市场化的力量,采用"管委会+公司"的合作模式运营建设固安工业园区。这一全新的运营模式解决了制约开发区建设发展资金的问题。在园区建设起步阶段,固安县采用工业园区与京南卫星城市建设共同设计、共同发展的行动方法,目的在于解决"一个高端工业园区必须有优质的城市基础做支撑"的问题。

2. 发展现状

2002年以来,固安县以固安工业园区作为起步的切入点,工业项目开发摆脱了"低水平均衡陷阱",城市建设加大投入,保持了工业化和城镇化的同步推进。固安工业园区在规划阶段就考虑到了要跳出先工业化再城镇化的传统发展道路,走以产促城、以城带产、产城融合、城乡统筹、共同发展的道路。

2013年上半年，固安县地区生产总值完成61.2亿元，同比增长11%，增速居廊坊市第一位；全社会固定资产投资完成38.8亿元，同比增长27%，增速居廊坊市第二位；规模以上工业增加值完成11.2亿元，同比增长14.1%，增速居廊坊市第二位。截至2013年8月，财政收入完成21.1亿元，同比增长31.8%，增速居廊坊市第一位。目前，国内平板显示制造业龙头京东方、物联网产业领袖东方新联等企业纷纷入驻固安县，肽谷生物医药孵化港、航天科技产业基地等高科技含量高的产业园区拔地而起，住宅、医院、学校等基础设施同步跟进。

3. 固安经验

产城融合，交通环境改善是先导。为了做到园区物畅其流，固安县规划设计了一个总投资20亿元的国省干道绕城项目，干道全长31.84公里，宽100米，形成"五纵八横"交通网络，将固安县几大重点园区紧密相连，将新兴产业、临空产业、现代服务业有机衔接，实现了固安全域内的产业分工与协作，有力地推动了城市区域经济一体化进程。

产城融合，人居环境变迁是媒介。按照"公园城市、休闲街区、儿童优先、产业聚集"的规划理念，打造独具前瞻性、创新性的"未来城市实验区"，使城市行政办公、商务金融、会议展览、文化娱乐、商贸物流、大型公园等城市功能相继完善。

产城融合，就业环境提速是潮流。10年间，固安县工业园区引进了300多家工业及商贸企业，不仅在建设中给固安带来了上万个临时就业岗位，而且现今仅有的74家已投产的企业，就为当地提供了3万多个永久性岗位，这对实现城乡统筹具有十分重要的意义。

将产业园区作为城市社区加以精心打造，把城市社区提升为产业发展服务区，从而实现产业园区由工业园区向产业集中区转型、产业集中区向产业社区提升、产业社区向城市特色功能区嬗变，推动经济发展从单一的生产型园区经济向多功能的城市型经济转型，使产业园区借助城市功能、城市功能服务产业园区，这就是固安县的产城融合。

资料来源：《中国城市的新生命力——产城融合，推动县域经济发展》，《南方周末》2013年12月26日，第10版（作者略做修改）。

二 广西支持培育发展经济强县政策研究

在新的发展阶段和新的时代背景下,积极借鉴汲取发达地区培育发展经济强县的成功经验,加强广西县域经济发展政策的二次创新和协同创新,是实现县域经济乃至全区经济社会科学发展和跨越赶超发展的重要保障。因此,开展支持培育发展经济强县的政策研究对于发展壮大县域经济、加快培育一批经济强县具有直接的参考价值和借鉴意义[①]。

(一)培育发展经济强县政策研究

1. 2000 年以来国内各省(区、市)培育发展经济强县政策研究

(1)以"扩权、放权"为导向的县域政策:能放就放

2000 年以来,国内各省(区、市)发展县域经济的政策主要是围绕"扩权、放权"展开的。"扩权、放权"以扩大县级财政经济权力为导向,主要措施是进行由"强县扩权"到"扩权强县"和"省直管县"的改革。2002 年,党的十六大第一次提出了"县域"这个概念和"积极推进农业产业化经营,提高农民进入市场的组织化程度和农业综合效益。发展农产品加工业,壮大县域经济"的战略部署,十六届三中全会进一步强调"要大力发展县域经济",在这样的大背景下,县域经济的问题被提到了议事日程并受到前所未有的重视和关注,进入以县域经济为主导的区域经济发展新时代已是必然趋势。为落实党的十六大关于发展壮大县域经济、统筹城乡发展的精神,自 2002 年起,先后有浙江、湖北、河南、广东、江西、河北、辽宁、吉林等省实施了以"强县扩权"为主要内容的改革试点[②],即赋予少数区位优势明显、有望培育为未来地区性中心城市的县(市)与省辖市相同的经济管理权限和部分社会管理权

---

① 本部分内容来源于广西壮族自治区发改委前期研究课题"广西支持培育发展经济强县政策研究",庞汉、杨鹏等,2013 年 11 月。
② 从严格意义上讲,早在 1992 年,为了"在经济上和上海接轨",浙江就对 13 个经济发展较快的县(市)进行扩权,扩大基本建设、技术改造和外商投资项目的审批权。1997 年浙江又进一步在萧山和余杭等县(市)试行部分地级市的经济管理权限,扩权的力度明显提升。

限。以减少管理层次，提高工作效率，降低行政成本，推动扩权县（市）抓住机遇，促进城乡经济和区域经济协调发展。"强县扩权"后，计划直报机遇增加，项目申报成效显著，财政结算、资金拨付效率明显提高，政策信息渠道畅通，从而使其经济活力显著增强，政府财力稳步增长，综合实力逐步壮大。

"强县扩权"最先在浙江试点进行。早在"扩权"改革试行的前10多年，浙江省就一直推行扩大部分县（市）经济管理权限的实践。2002年8月，浙江省委、省政府下发了一项"强县扩权"文件①，"扩权"的范围包括12大类313项具体的审批权限，几乎囊括了浙江省、市两级政府经济管理权限的所有方面，涉及计划、经贸、外经贸、国土资源、交通、建设等10多个政府部门。浙江省此次扩权的总体原则是"能放都放"，即除国家法律法规有明文规定的外，须经市审批或由市管理的，由扩权县（市）自行审批、管理；须经市审核、报省审批的，由扩权县（市）直接报省审批、报市备案。随后，浙江省进一步显示了"放权"的决心，对国务院有关部委办文件规定的，须经市审核、审批的事项，原则上也要放。具体操作中采取两种形式：一是采取省、市政府委托、授权，机构延伸，个案处理的办法；二是积极争取中央有关部委办授权或同意。自此，浙江省的经济强县在经济管理权限上几乎和行政上级地级市"平起平坐"了。在具体的操作层面，"强县扩权"政策并未受到地级市政府的阻拦，相反，地级市政府更是将"扩权、放权"的政策思路进一步发扬光大。浙江省嘉兴市在此次"扩权"改革中，全市5个县中海宁、嘉善、平湖、桐乡均为扩权县，仅海盐未进入。但嘉兴市政府"自动放权"，对未享受扩权县政策的海盐全面放权。宁波市政府和杭州市政府让未进入扩权县名单的其他县区全部享受"扩权县"的待遇。就连浙江省经济欠发达的衢州、丽水也参照省级政府的扩权政策，宣布给部分县区放权。

随后，"强县扩权"的县域经济发展政策在其他各省相继铺开，"放权"政策从最初的"强县试行"逐渐演变为普惠制的"扩权强县"发展战略，不仅把地级市的经济管理权限直接下放给一些重点县，而且还兼顾一些中等

---

① 《中共浙江省委办公厅、浙江省人民政府办公厅关于扩大部分县（市）经济管理权限的通知》（浙委办〔2002〕40号）。

县和贫困县。同时，在财权和人事权方面逐渐跨越市一级政府，即县财政直接归省财政管辖、县级主要领导均由省一级党委、政府直接任命，从而在经济管理方面形成了近似于"省直管县"的格局，以此促进县域经济的全面发展。

2004年5月，河南省出台了《扩大部分县（市）管理权限的意见》，赋予5县（市）与地级市相同的经济管理权限和部分社会管理权限，扩大了30个县（市）的部分经济管理权限，在经济管理权限上差不多和省辖地级市"平起平坐"。2005年初，河北省政府确定在行政区划不变的情况下，选择了丰宁、昌黎、辛集等22个县（市）进行"扩权强县"试点。实施"扩权强县"的原则是"责权统一，重心下移，能放都放，依法合规"。2005年5月，湖北省决定扩大"扩权强县"试点的范围，在第一批20个扩权县（市）的基础上，新增12个县（市）为第二批扩权县（市）。同时，进一步扩大这些县（市）经济和社会管理权限，推进县域经济的快速发展。

湖南的"扩权强县"改革虽然起步较晚，但力度很大。湖南省在对88个县（市）扩大22项经济管理权限的同时，赋予经济强县（市）相当于地级市的经济社会管理权限，对经济强县（市）实行"一个不减、两个优先"扶持政策——原省、市（州）给予的优惠政策和扶持力度不减；在安排建设项目时优先扶持经济强县（市）的基础设施和产业发展项目，在审批用地规模时优先保证经济强县（市）的发展和建设。

2005年，吉林省先后两次进行"扩权强县"改革，第一次向县（市）下放经济社会管理权限546项，下放的权限中不仅包括审批权，还包括相应的收费权。与此同时，除延边州外，在经济社会事业方面实行省对县（市）"直管"，即改革财政体制，在财政收支划分、转移支付、专项拨款、预算资金调度等方面实行省县"直管"。第二次向扩权县（市）下放审批和收费权330项，取消和暂停执行审批54项，占16.4%；下放和改变管理方式64项，占19.4%；采取委托、授权和分级管理的212项，占64.2%。此外，还对第一批下放的546项管理权限进行了调整。其中，调整下放方式13项，取消"市州备案"33项。通过两次放权，吉林省共向县（市）下放了876项经济社会管理权限，县（市）可行使的权限已达到全省现有经济社会管理权限的60%。

吉林省"扩权强县"改革的核心是赋予42个县（市）行使地级市的经济社会管理权限。

此外，"扩权强县"在江苏、安徽、广东、山东、福建、辽宁、黑龙江等省都有试点。尽管各地的改革措施不同，改革的力度也不一样，但是改革的思路是一致的，都是给予县一级政府更大的发展自主权，把一些行政审批权力（主要是地级市的权力）直接下放给县一级政府，许多地区将财政管理的扁平化作为改革重点，以减少中间环节，降低行政成本和提高行政管理的时效性，缓解县乡困难，促进县域经济更快更好地发展。

（2）对"扩权政策"的基本评价

目前，国内各省（区、市）试行"扩权、放权"的县域发展政策主要集中在"十一五"时期，从各地试点的效果来看，县域经济发展普遍有明显的起色。尽管各地推行的"强县扩权"改革的具体措施和改革力度不尽相同，但改革思路基本一致：一是赋予县级政府更大的主权，把一些原本属于地市级政府的行政审批权力直接下放到县；二是在财政体制上相应增加县级财政的分享比例，增加县级政府收入；三是选择扩权试点县时，优先考虑综合实力较强的县，兼顾部分中等和贫困县。

"强县扩权"经历了从最初尝试到"扩权强县"推广的过程，改革已经取得了阶段性成效。"扩权强县"的政策思路，针对的是长期束缚县域经济发展的"市管县"体制，对释放县域生产力具有相当重要的积极意义。

首先，"强县扩权"有力地增强了县域经济的发展活力，有效地推动了县域经济的发展。一是扩权后的县（市）行政效能明显提高，直接效应是减少了环节，简化了手续，加快了速度，提高了效率。扩权放权，其实质是减少审批环节，降低"过程成本"，"让经济发展快的县，给它快步走的条件"。二是"扩权强县"改革对各级政府职能转变起到了极大的促进作用，引起行政管理体制和管理方式的显著变化。从省直部门层次看，管理职能开始向研究规划、制定政策、加强服务转变，工作指导深入县和基层，对县和基层情况的了解更加深入、准确和及时。从市级部门层次看，扩权后大大改变了扩权前对省里部属的工作层层"照转"的现象，涉县会议、文件大量减少。与此同时，也基本消除了过去很多人力、物力和时间都用在了"中转"县（市）政府向省里申报各种审批事项的情况，市级部门就可以把人力和工作重点放在对县（市）发展的服务上，如帮助县（市）谋划项目、招商引资等。从县（市）层次看，过去把大部门精力放在应付各种会议、检查评比、日常调度、迎来送往上，扩权后这些都大幅度减少，可以集中精力抓工作、抓落实。三是扩权县（市）获得了更为宽松的发展环境，自身发展定位更为清晰和明确，发展县域经济的积极性大大提高。放权后，各县（市）不仅能够继续享有市对县（市）的各项优惠政策，而且还能够得到省政府和省直部门的大力支持，这种政策的双重促进作用使县（市）享有了更大的发展空间。"扩权强县"改革一方面有力地促进了扩权县（市）的项目建设，另一方面在客观上优化了扩权县（市）发展的软环境。由于省级部门向国家争取项目的信息采用直接发布的形式，实行"扩权强县"改革后，采取了扁平结构管理模式，使得扩权县（市）获得的省级指导、帮助和支持明显增多，获得项目的机会、项目申报的成功率也大大增加。"扩权强县"改革将以往短期的向县（市）"输血"改变为强化县（市）自身的"造血"功能，在财政收支划分、转移支付、专项拨款、预算资金调度、政府债务管理等方面，由省级财政直接对口县级财政，各项财政工作直接部署到县（市），改善了县级财政困境，提高了基层政府加速发展的积极性，有效地调动了县（市）加快发展的主动性和创造性。"扩权强县"政策的实施，使扩权县（市）抓机遇、求发展的积极性空前高涨，谋划未来、加快发展达成共识，凝聚合力得到提高。

其次，"强县扩权"产生了积极的效果，引起社会各界的广泛关注，并受到党中央的支持。2005年6月，国务院总理温家宝在全国农村税费改革试点工作会议上指出，要改革县乡财政的管理方式，具备条件的地方，可以推进"省管县"的改革试点。党的十六届五中全会提出，要优化组织结构，减少行政层级，条件成熟的地区可以实行省直管县的财政体制。《中华人民共和国国民经济和社会发展第十一个五年规划纲要》提出，理顺省级以下财政管理体制，有条件的地方可实行省级直接对县的管理体制。《中共中央、国务院关于地方政府机构改革的意见》指出，继续推进省直接管理县的财政体制改革，有条件的地方可依法探索省直接管理县的体制。2008年通过的《中共中央关于推进农村改革发展若干重大问题的决定》强调，推进省直接管理县财政体制改革，优先将农业大县纳入改革范围，有条件的地方可依法探索省直接管理县的体制。2009年"中央一号文件"①进一步深化了"强县扩权"的内涵，第26条明确提出，稳步推进"扩权强县"改革试点，鼓励有条件的省份率先减少行政层次，依法探索省直接管理县的体制。依法赋予经济发展快、人口吸纳能力强的小城镇在投资审批、工商管理、社会治安等方面的行政管理权限。2010年"中央一号文件"②再次明确要求深入推进乡镇机构改革，继续推进省直管县财政管理体制改革，提高县乡基本财力保障水平，落实村级组织运转经费保障政策。应该说，两个"中央一号文件"都对"扩权强县"改革给予了充分的肯定，指明了全面推进"扩权强县"改革的前进方向。截至2012年底，全国共有23个省份开展"扩权强县"改革，25个省份实施"财政省管县"改革。"十二五"开局后，2011年广西壮族自治区开始全面实施"扩权强县"改革，通过"强县扩权"，许多县级行政区计划直报省级政府的机遇明显增加，项目申报成效显著，财政结算、资金拨付效率明显提高，政策信息渠道畅通，这在很大程度上促进了县域经济活力进一步增强，政府财力稳步增长，综合实力逐步壮大。

2. "十二五"时期国内各省（区、市）培育发展经济强县政策研究

（1）进一步放权：从扩权强县到扩权强镇

"扩权强县"的县域政策在"十一五"时期已经为各地县域经济快速发展奠定了坚实基础，从各地出台的各种"放权、让权"政策到县级政府的改革措施频频试水，县域经济发展的活力已经逐渐释放出来。应该说，各个地方政府已经逐渐收获到扩权改革所带来的阶段性成果，但推进县域扩权改革的实践并非一帆风顺，县域经济发展仍然遇到各式各样的阻力与障碍，也正因为如此，这种扩权改革正式步入深水区。

2007年5月，浙江省再次先行先试，实行"强镇扩权"改革，下发了《关于加快推进中心镇培育工程的若干意见》，首批选定141个省级中心镇，

---

① 《中共中央 国务院关于2009年促进农业稳定发展农民持续增收的若干意见》（2008年12月31日发布）。
② 《中共中央 国务院关于加大统筹城乡发展力度进一步夯实农业农村发展基础的若干意见》（2009年12月31日发布）。

按照"依法下放、能放就放"的原则,赋予其部分县级经济社会管理权限,涉及财政、规费、资金扶持、土地、社会管理、户籍等10个方面。这项改革简称为"强镇扩权"。作为"强镇扩权"改革领头羊的绍兴市,率先在2006年就积极探索中心镇扩权改革,选择5个镇进行"强镇扩权"试点,将县发改局、经贸局、建管局等7个部门在镇域内的管理职权全部委托给镇政府直接行使。此后,同属绍兴市所辖的诸暨市、嵊州市、上虞市也先后选择部分强镇进行试点。2009年初,绍兴市的改革从"强镇"向一般乡镇推进,开始全面推进"扩权强镇"改革,"扩权强镇"改革的积极效应很快显现出来了。2010年,绍兴市28个中心镇的地区生产总值、财政总收入、农村居民人均纯收入分别比改革之初的2006年增长了66%、85%、47%,经济总量占全市的35%左右;28个中心镇建成区面积增加64.8平方公里,建成区人口集中度提高11.5个百分点(达到44.5%)。"绍兴经验"引起各界关注,进而演变为"绍兴样本"。

自2010年开始,全国层面的"扩权强镇"试点启动。中央编办等部门联合下发通知,在13个省的25个经济发达镇进行行政管理体制改革试点。全国试点之外,多个省份公布了相应的试点计划:江苏省宣布将在全省16个经济较发达镇开展试点;山东省宣布在10个经济发达镇推出试点;广东省推出"富县强镇"事权改革的实施意见。在各地的"十二五"发展战略中,"扩权强镇"成为各地培育发展经济强县的一个关键词,即通过县一级政府放权或授权,来扩大各镇经济、社会发展的自主权,从而推进其综合实力的进一步增强。

总体上看,"十二五"时期各省(区、市)培育发展经济强县的政策措施仍着眼于"简政扩权"之上,从扩大经济社会管理权限、调整机构设置和编制配备、完善体制和运行机制入手进行探索,增强县域经济发展活力、行政协调能力和统筹城乡发展的实力。其实质是政府转型速度要与经济社会转型速度同步,也是弥补转型期地方政府公共服务、公共产品短缺必然的路径选择。"扩权强镇"已逐步成为各地深化和加速县域发展的发力点。这种扩权改革的意义在于实现"省直管县",降低行政成本,提高管理效率,通过扩大乡镇政府的行政权力,增加其在地方事务上的自主权,适应地区经济社会的发展,最终带动县域经济"驶入持续稳定健康发展的快车道"。

(2) 建设示范点：首个国家级县域科学发展规划方案出台

2013年4月，经国务院批准，国家发改委正式批复了《浙江嘉善县域科学发展示范点建设方案》，这是国家出台的首个以县域科学发展为主题的规划方案，将一个县的发展提升到国家发展层面来考量谋划是史无前例的。《浙江嘉善县域科学发展示范点建设方案》的核心内容是建设"三区一园"，即嘉善县要建设产业转型升级引领区、城乡统筹先行区、开放合作先导区和民生幸福新家园。该方案要求嘉善县要在县域经济社会科学发展上努力为长江三角洲地区提供示范。对于"三区一园"建设，明确提出了推动制造业转型升级、大力发展现代服务业、提升发展现代农业、统筹城乡布局、统筹城乡基础设施建设、统筹配置城乡公共服务资源、推进富民增收、打造精致水乡等12项重点任务。根据规划，到2020年，示范点建设任务全面完成，在全国各县中率先基本实现现代化，经济发展质量显著提升，社会事业全面发展，生态文明水平明显提高，建成"物质富裕、精神富有"的美好新家园。

县域经济是全国经济的缩影，全国县域经济面临一些共性问题，如产业层次不高、城乡结构不合理、资源环境压力加大等问题。推出"建设嘉善县域科学发展示范点"，鼓励当地先行先试，允许试错，嘉善县获得的经济管理权限相当于地市级政府。随着方案的正式实施，中央财政会逐步将符合条件的公益性项目国债转贷资金转为拨款。国家和浙江省土地利用年度计划用地指标也会向示范点倾斜，保障列入示范点重点建设项目的用地需要。同时还会在低效土地二次开发、企业上市或发行债券融资、按市场化运作方式发展创业投资基金等方面给予大力支持。国家批复实施《浙江嘉善县域科学发展示范点建设方案》，是国家交给浙江、交给嘉善"先行先试、科学发展"的重任，同时也寄予了推动县域科学发展积累经验、发挥示范引领作用的期望。该方案认为推进示范点建设，有利于探索县域发展的新途径，破解共性问题；有利于增强县域发展的活力，破解率先发展遇到的难题；有利于贯彻落实国家推动县域发展的政策措施，激发人民群众践行科学发展观的积极性和创造性，促进嘉善经济社会又好又快发展。而示范的最大意义还在于，可看、可学、可示范。

(3) 分类施策：全面贯彻落实"主体功能区"规划

2011年4月，国务院正式发布《全国主体功能区规划》，按照全国经济合理布局，形成高效、协调、可持续的国土空间开发格局的基本要求，提出"对人口密集、开发强度偏高、资源环境负荷过重的部分城市化地区要优化开发，对资源环境承载能力较强、集聚人口和经济条件较好的城市化地区要重点开发，对影响全局生态安全的重点生态功能区要限制大规模、高强度的工业化城镇化开发，对依法设立的各级各类自然文化资源保护区和其他需要特殊保护的区域要禁止开发"。简而言之，即把城市化地区分成四类，分别进行优化开发、重点开发、限制开发和禁止开发。该规划还提出，"逐步形成基本适应主体功能区要求的法律法规、政策和规划体系，完善绩效考核办法和利益补偿机制，引导各地区严格按照主体功能定位推进发展"。《全国主体功能区规划》的出台，将在很大程度上推动"唯GDP论"的考核体系的终结。这为当前全国全面推进"扩权强县"改革提供了新的路径选择。事实上，《全国主体功能区规划》包含中央对县域发展限权的意蕴，其目的是要根据不同区域的资源环境承载能力、现有开发密度和发展潜力，统筹谋划未来人口分布、经济布局、国土利用和城镇化格局，逐步形成人口、经济、资源环境相协调的空间开发格局。

因此，"分类指导"成为各省（区、市）培育发展经济强县政策的核心思路。各地相应制定了省级主体功能区规划，结合地域与资源禀赋特点，对本地区各县发展进行基本定位，并要求县级政府对所辖行政区域空间做进一步的具体功能分区和定位，明确划定各类具体功能区。具体而言，就是要在县域层面上，通过划分合理的主体功能分区，明确县域的优化开发区、重点开发区、限制开发区和禁止开发区等空间"红线"，把经济中心、城镇体系、产业集聚区、基础设施以及生态保护区等落实到具体的地域空间，为区域发展、政策落实和区域管治提供依据，为县域国民经济和社会发展提供保障，以实现县域经济社会的可持续发展。

（二）广西培育发展经济强县的政策现状及评价

2000年以来，广西壮族自治区党委、政府一直把发展县域经济作为统筹城乡发展、统筹区域发展和解决"三农"问题的一项重要战略任务来抓，相继出台了《关于加快县域经济发展的决定》《关于进一步完善县域经济发展政策措施的通知》《关于加快推进我区城镇化跨越发展的决定》《关于开展扩权强县工作的意见》《关于进一步加快重点镇发展的意见》《关于加快我区城镇基础设施和公共服务设施建设的若干意见》等一系列政策文件，明确了县域经济发展的总体思路、目标任务和战略重点，采取了一系列有力措施，保证了全区县域经济得以持续、快速、健康发展。

1. 第一阶段：以加快县域经济发展为重点（2000~2008年）

以2004年广西壮族自治区党委、政府出台的《关于加快县域经济发展的决定》（桂发〔2004〕19号）为代表，包括《关于进一步完善县域经济发展政策措施的通知》以及2004年、2005年和2007年《广西壮族自治区人民政府工作报告》中的相关政策均涉及县域经济。这一阶段的政策大都围绕加快县域经济发展这一主题，以发展民营经济、劳务经济，推进县域工业化、城镇化和农业产业化为重点。这一阶段的政策涉及的内容有：加强基础设施建设，提升政府行政效能，放宽市场准入门槛，完善县域经济发展的评价体系和激励机制，加大资金、土地、人才、科技等生产要素的投入力度。同时，对财政体制、投融资体制、政府管理体制、户籍管理制度以及扩大县（市）经济管理权限进行了探索性改革。

2. 第二阶段：以推进县域城镇化为着力点（2009~2010年）

以2010年广西壮族自治区党委、政府出台的《关于加快推进我区城镇化跨越发展的决定》（桂发〔2010〕33号）为代表，包括《关于进一步加快重点镇发展的意见》（桂政发〔2010〕83号）、2010年《广西壮族自治区人民政府工作报告》和《广西壮族自治区国民经济和社会发展第十一个五年规划纲要》中的相关政策均涉及县域城镇化。随着上一阶段加快县域经济发展的一系列政策的实施，广西县域经济取得了快速发展，从而也为推进县域城镇化奠定了坚实的基础。这一阶段的政策大都以促进县域工业化与城镇化互动为中心，从以下四个方面展开：一是扩权强县，增强县域经济发展活力；二是促进产业集聚，夯实城镇化跨越发展的产业基础；三是深化户籍制度改革，建立城乡统一的社会保障体系；四是加强城镇基础设施和公共服务设施建设，切实改善城镇生活生产环境。同时，在上一阶段扩大县（市）经济管理权限的基础上，全面推进扩权强县工作，积极开展扩权强镇试点，加强重点镇公共服务体系建设，推进教育、医疗卫生、住房保障等公共服务的城乡一体化，并赋予自治区重点镇部分县级经济社会管理权限。

3. 第三阶段：深入推进扩权强县、扩权强镇（2011年至今）

以2010年底广西壮族自治区人民政府出台的《关于开展扩权强县工作的意见》（桂政发〔2010〕72号）为代表，包括《关于全面推行自治区直管县财政管理方式改革的通知》（桂政发〔2010〕77号）、2012年《广西壮族自治区人民政府工作报告》和《广西壮族自治区国民经济和社会发展第十二个五年规划纲要》中的相关政策均涉及扩权强县、扩权强镇。随着前两个阶段一系列扶持县域经济发展政策的实施，广西县域工业化、城镇化取得了跨越式发展。同时，随着经济体制改革的深入，现有行政体制与县域经济发展的矛盾日益突出。因此，深入推进扩权强县（镇）改革，突破县域经济发展"天花板"的时机已经成熟。这一轮"扩权强县"改革，主要通过两种方式向县（市）级人民政府及其工作部门扩权：一是直接下放，除国家明令禁止不得下放的外，设区市的管理权限原则上能下放到县（市）的都要下放到县（市）；二是委托下放，属于县域经济发展迫切需要、改善民生迫切需要、方便基层群众办事迫切需要，而依照法律法规规定又不允许直接下放给县级管理的，可以以依法委托、授权的方式下放给县级。

总体来看，广西培育发展经济强县的政策创新性、完善性和领先性均与县域经济发达地区存在一定或相当程度的差距。改革和创新是推动经济发展的强大动力。2000年以来，广西针对制约县域经济发展的机制体制障碍，扎实开展"扩权强县"改革试点工作和"自治区直管县"财政体制改革试点工作，深化行政管理体制、农村金融体制、土地和能源制度、户籍制度等重点领域的改革，不断建立健全与县域经济科学发展相适应的管理机制和发展机制，努力创造县域经济发展的良好环境，推进全区县域经济发展迈上新台阶。广西在县域科学发展过程中，着力于新农村建设，加大扶贫开发力度，积极推进城乡一体化进程。各县（市）积极探索城乡规划建设一体化、城乡产业布局一体化、城乡就业和社会保障制度一体化、城乡基础设施建设一体化、城乡社会事业一体化、城乡政策措施一体化的可行性和有效途径，因地制宜，大胆试验，开创了县域经济加快发展的良好局面。

（三）培育发展经济强县的政策创新及对策建议

1. 培育经济强县的重点政策创新

当前，我国改革开放进入第二个 30 年，国际金融危机进入"后危机时代"，国内经济发展进入转型升级的关键时期。无论是从国内外经济发展的大环境来分析，还是从广西县域经济自身发展的要求来看，坚持中国特色新型工业化、农业现代化和新型城镇化道路不可动摇，转变经济发展方式已刻不容缓，创新发展路径已成为当务之急。以下政策创新来源于各省"十二五"时期加快县域经济发展的各类政策，并结合《广西培育发展经济强县"十二五"规划》，重点政策创新主要分为以下几类。

（1）土地政策创新

用地指标允许跨区域占补平衡。确保科学发展用地需求，年度新增建设用地计划重点支持县域经济发展项目。对世界 500 强、中国 500 强、央企等战略性投资项目，国土资源管理部门在分解下达土地使用年度计划时予以统筹，纳入所在市计划，对于重大项目征收耕地所在市、县（市、区）不能占补平衡的，实行跨市跨县占补平衡。新增建设用地指标向县域产业园区倾斜，县域产业园区建设用地指标与农村村庄整理复垦和新造土地增量挂钩。

用地指标下拨到县，向重大项目倾斜。改进土地管理方式，采取土地指标分配到县方式，对能源、交通、水利、网络通信等基础设施建设项目和具有牵动作用的重大项目的用地计划指标给予重点支持。对工业总产值增速排在前 30 位的县（市、区）给予用地支持倾斜。工业用地按规划增加容积率的，不再增收土地出让金。实行工业用地价格调节机制，自治区重点项目的工业用地出让底价可按不低于所在地土地等别相对应最低标准的 60% 执行。

积极推进城乡建设用地增减挂钩，建立集约用地激励机制。扩大城乡建设用地增减挂钩试点范围，满足建设用地指标需求。充分挖掘土地存量，提高单位土地面积投资强度，提高土地利用率，实现集约用地。鼓励县域产业园区建设向山要地，大力开发利用荒山荒坡、滩涂、各类闲置土地和倒闭废弃工矿区土地。县域内自治区级以上开发区的土地出让收益主要用于开发区基础设施建设和荒山荒地、滩涂等未利用地的整治和复垦。适当安排项目储备用地，对前

3年征收的土地已基本得到有效使用、供地率高于80%的县（市、区），给予年度新增建设用地计划指标奖励。

简化征地审批手续。县（市）政府农用地转用和土地征收由县（市）直接报自治区审批，同时抄报设区的市政府。原属设区的市政府审批权限的具体建设项目供地，可委托县（市）政府审批。工程施工过程中临时占用土地的，临时用地和复垦方案由县（市）国土资源部门审批。使用划拨用地的建设项目凭用地批准文件和划拨决定书等相关证明材料办理土地使用权证。

优先保障自治区重点镇的用地需求。土地利用在年度计划指标安排上对经济发展超前的乡镇建设用地予以优先保障。因建设项目确需局部修改试点小城镇土地利用总体规划，规划控制指标在县域范围内平衡的，报设区市审批。推进用地供应、住房按揭优惠、保障性安居工程建设等方面的城市房地产开发政策向有条件的乡镇延伸。土地出让金净收益应给所在地乡（镇）一定比例的分成，用于乡（镇）基础设施和公共设施建设，具体比例由县级政府确定。继续开展城乡建设用地增减挂钩试点。适当安排项目储备用地，对前3年征收的土地已基本得到有效使用、供地率高于80%的县（市），安排适当的新增储备用地。自治区级以上开发区土地出让收益用于其基础设施建设和土地开发。支持旧城镇、旧厂房、旧村庄改造，改造地块的出让收益用于改造涉及的基础设施建设，改造搬迁安置优先安排建设用地指标。工业用地按规划增加容积率的，不再增收土地出让金。实施工业用地价格调节机制，自治区重点建设项目的工业用地出让底价可按不低于相应最低标准的70%执行。

（2）财政政策创新

建立县级财政收入稳定增长机制。按照财力与事权相匹配的原则，深化财政体制改革，规范和完善自治区对县（市）直管的财政体制，优化转移支付结构，建立县（市）财政收入稳定增长机制。适当调整市、县财政收入分配，促进财力分配向县域倾斜，逐步提高一般性转移支付的规模和比例，清理和归并专项转移支付，对内容相近、使用分散的专项资金整合下达，对部分按项目分配的专项资金逐步改按因素法切块分配下达，增强县级政府可支配财力。

完善转移支付办法，整合专项转移支付项目。将原来按市结算的现行激励性转移支付改按县结算，把县级上划自治区税收环比增长部分按一定比例直接返还给县级财政。整合专项转移支付项目，减少专项转移支付使用限制，使县级财政有更大的调剂空间。实行分类分档配套，视情况逐步降低公益性建设、公共服务支撑体系建设的县级配套。自治区财政实施以奖代补政策，大力支持经济强县和中心镇建设和发展。改革出口退税负担机制，将原来由县级负担的出口退税超基数上解中央部分改由自治区全部负担。

（3）金融政策创新

设立新型农村金融机构。开发适合县域经济发展特点的信贷产品，推动政策性金融、商业性金融和合作金融、民间金融共同发展。大力支持各类银行业金融机构发起成立村镇银行等新型农村金融机构，力争5年内实现每个县（市、区）设立一家村镇银行。

开展各类金融试点工作。推进小额贷款公司试点工作，支持每个县（市）设立1~2家小额贷款公司。推进农村资金互助社试点，引导规范农户和农村中小微企业开展多种形式的资金互助。推进土地承包经营权、林权、农村住房及宅基地、农业机械、水域使用权等抵（质）押贷款试点。

支持对中小微企业金融服务实行差异化监管政策，实行差别授权管理，下放授信审批权限。

建立和完善县域融资担保体系和担保风险补偿机制，支持组建中小微企业贷款担保基金，积极发展农业政策性保险。

（4）激励政策创新

建立完善县域经济社会发展考评和激励机制。建立健全县域经济社会发展目标责任制和考核评价体系，制定《广西壮族自治区县域经济社会发展考核评价办法》，并把考核结果作为县（市）领导干部提拔任用的重要依据。建立县域经济工作统计指标体系，配合做好考核评价工作。自治区根据考核结果，通过激励性转移支付对县域经济社会发展先进县（市）予以奖励。

实行不同类型县域经济考核评估。从2014年起，在继续以规模总量为主考核经济强县（市）的同时，按重点开发区、重点生态功能区、农产品主产区、禁止开发区四个区域，对县域经济发展先进县（市、区）实行分类考核。科学设定考核指标体系，新增新型工业化、农业产业化、开放经济及社会发展等指标。加强考核结果运用，将县域经济发展实绩作为县（市、区）主要领导干部考核评价的重要依据。加大表彰奖励力度，每年对上一年度经济强县（市）和县域经济发展先进县（市、区）进行通报表彰。

2. 基于经验借鉴的对策建议

（1）进一步推行省管县体制

为降低行政成本，提高行政效率，有必要在转变政府职能的同时压缩管理层级。从近年各省取得的一系列改革成果来看，政府组织结构存在进一步扁平化的空间，通过"扩权强县"逐步实现"省直管县"后，可继续推进乡镇政府改革，将乡镇改为县的派出机构，进一步压缩政府组织层级。直管县的改革，总体上可以分三个步骤进行。第一步是目前各省的"强县扩权"的改革试点，即省主要对试点县的财政进行直管，直管主要干部，并适当下放经济管理权，但仍维持市对县的行政领导地位。第二步是市和县分治，相互不再是上下级关系，统一由省直管，重新定位市和县的功能，市的职能要有增有减，县的职能要合理扩充。第三步是市的改革，扩大市辖区范围，邻近的镇、乡或县可改为市辖区，合理调整精简机构和人员，这方面有北京、上海、广东的改革经验。总的方向是，撤销传统意义上管县的地级市（级别可保留），市县分置，省直管县。其中，通过财政体制的"扁平化"渐进带动行政体制的"扁平化"是推行"直管县"的有效途径。财政管理体制的扁平化主要体现在以推行省直接管县为核心的自治区以下财政管理体制减少层级的创新。在现行行政管理体制大体不变的情况下，自治区以下启动和推动"直管县"的改革试点，有利于较平稳地逐步形成和完善中央、省、市（县）三级财政体制，使"分税制"在自治区以下具备落实条件。通过财政体制的"扁平化"进而渐进带动全区行政体制的"扁平化"，形成分税分级在自治区以下的实质性贯彻。政府管理体系随着财政体制的"扁平化"，可以有效实现政府机构的精简，降低行政运行成本，促使政府职能合理定位，并提升整个社会经济生活的统筹协调水平。

（2）明确各级政府的权限边界

"负担下压，权力上收"是"市管县"体制的基本特点，而目前"扩权强县"改革需要解决的问题中，省、市、县各级政府权责不明也是导致关系难以协调的根本原因。因此，在推行"扩权强县"过程中，自治区、市、县各级政府明确自己的权限边界，合理界定自己的职能范围，避免出现管理"错位""虚位"现象也是协调各级政府关系的有效途径和出路。第一，区直有关部门要加强对县（市）工作的指导和检查，督促各项管理权限的落实，并帮助规范管理权限；做好对县（市）管理业务的培训和"传帮带"，尽快使基层公务员掌握新的办事规则和运行程序，提高有关部门工作人员的管理能力和水平；积极探索和着力解决放权后的职能转变问题，加强和改善服务。第二，市级政府要把经济和社会管理的重点放到城区发展和促进区域经济的合理布局、资源的优化配置上。扩权后，市级政府仍肩负着对县域经济社会发展的领导责任，对重大政策措施的落实责任，对所辖县（市）经济社会发展规划、跨县域重大基础设施建设和生态环境保护以及重大突发事件的处理等重大问题的协调和解决责任。除此之外，向县（市）放权后，市直部门会遇到一些新情况、新问题急需解决，如涉农涉县机构的精简、人员的分流等，这就要求市级政府要尽快转变职能，为市区经济发展提供优质高效服务。第三，各县（市）在权力"增容"后的首要任务是管好权、用好权。县（市）主要责任是主动加强与自治区、市的工作联系，建立阶段工作报告、重大事项请示报告、长远规划和年度计划及实施成果报告等制度，在直接报省的同时，报市里或进行备案。放权就是为了改善县域发展的体制环境，给县域创业、投资、发展以最大的自由度。所以，各县（市）要抓住县域扩权的大好机遇，加快推进工业化，大力发展民营经济，激活县域经济和社会发展。从这一点上看，放权只是手段，发展才是目的。

（3）加大对扩权县的支持力度

扩权县（市）在财政、技术等方面的发展能力不足，是影响扩权县（市）经济发展的重要因素，也是"扩权强县"改革推行遭遇阻力的根源之一。当前，扩权县（市）在改革逐步推行的过程中，尚处于快速成长和"弱不禁风"的双重特点阶段，财政、技术上的不足，以及行政级别带来的政策上的劣势地位，需要自治区、市两级政府对其进行扶持。而"扩权强县"改革过程中，市级政府出于自利性的考量，往往在下放权力的同时一推了之，以下放权力为由在某些方面拒绝对扩权县（市）的支持；自治区政府在并未完全接管扩权县（市）时也拒绝对县级政府的帮助和扶持，这很容易导致扩权县（市）在最初的发展阶段遭遇"夭折"的危险。因此，加大对扩权县（市）在财政、技术、政策上的支持力度是推进"扩权强县"改革的催化剂，也是在长远上推行"直管县"体制改革的基础。最首要的是在财政方面给予扩权县（市）大力支持，逐步增加对贫困县（市）财政的投放；在县、市财政分配政策方面，适当调整分配关系，增加县级税收分成比例；在权力下放的政策方面，赋予县级政府一定的调控权和经济管理权，增加其发展县域经济的积极性。

（4）扩大经济社会管理权限

放权是扩权强县的突破口和关键点，只有将中心城市的权力下放落到实处，才能实现县域经济发展的自主权和决策权，增强县域经济发展的积极性和活力；才能更有利于协调中心城市与县级市之间的关系，形成良性的竞争模式。可以说，继续有效推行"扩权强县"改革，放权是关键。其一，在权力下放内容和推广力度方面，不能仅限于行政审批权，而应逐步实现行政、财政、人事权下放的同步推进。要认清权力下放是"扩权强县"改革的必由之路和必然趋势，坚决贯彻"能放都放"的原则，加大市级政府权力下放力度，坚持行政、财政、人事权下放同时推进，避免财政权、人事权被截流而带来县级政府在博弈中处于劣势地位，以及其他权力下放造成的"有名无实"的尴尬。其二，在总结前段放权阶段性成果的同时，不失时机地推行新一轮的放权，保持改革的力度和连续性。浙江"扩权强县"和"省管县"之所以取得了较好效果，与它的改革范围广、力度大不无关系。其内容包括：省与县财政直接结算、县（市）委书记和县（市）长由省里直管，下放行政审批权。行政、财政、人事三项改革同步推进，这才是名副其实的"省管县"。其三，在放权政策落实方面，不单单出台政策以应对"扩权强县"改革，要通过制订具体的落实方案，分步骤、分阶段、有条理地将改革政策落到实处。并通过完善监督和约束机制，定期对放权情况进行监督和总结，防止市级政府出于自利行为，对权力进行截流，"抓住不放"，造成"虚多实少"或"放放收收"的尴尬局面，将"扩权强县"改革的各项政策落到实处。

（5）完善扩权强镇政策

县（市）政府应赋予中心镇和自治区级小城镇综合改革建设试点镇部分县级经济社会管理权，支持有条件的乡（镇）设立一级金库。土地出让金净收益应给所在地乡（镇）一定比例的分成，用于乡（镇）基础设施和公共设施建设，具体比例由县级政府确定。小城镇收缴的城市维护建设税全额留在小城镇使用。乡镇污水、垃圾处理设施建设和运营参照城市污水、垃圾处理产业化政策执行。凡在县（市）城区、建制乡镇有合法固定住所的外来人员都可办理城镇常住户口，享受城镇居民同等待遇。探索优化区划调整。积极稳妥地开展部分乡（镇）撤并、撤乡设镇和乡（镇）改街道工作，引导和促进有条件的建制镇发展成为中心镇。推进小城镇综合改革试点，促进资本与人口向中心镇聚集。加快省际边界小城镇建设，完善基础设施，培育镇域产业，提高管理水平，推进省际边界城镇之间交通、旅游、商贸、物流、人流的对接，建设一批省际边界重点镇，使其成为省际边界区域性经济中心，推动具备条件的省际边界乡改镇工作。

（6）创新财政扶持机制

加强财政激励保障。深化自治区直管县财政管理方式改革，稳妥推进改革。完善县级基本财力保障机制，加大对县（市）转移支付力度，促进财力与事权相匹配，进一步增强基层政府基本公共服务能力。实施环境保护以奖代补政策，根据流域各市（县）主要污染物排放总量控制以及断面水量、水质达标情况，从流域生态补偿金中给予奖励补助。除国家和自治区委、自治区政府有明确要求的配套外，自治区直主管部门及设区市不得自行出台要求县（市）财政配套的规定。

创新财政扶持机制，实施发展特色县域经济强县工程，每年扶持3个特色产业，每个特色产业集中扶持3个重点县（市、区），每个重点县（市、区）扶持3年。整合现有相关专项资金，支持中小微企业发展。大力扶持农业产业化龙头企业和农产品精深加工项目。鼓励撤乡并村，每撤并一个乡（镇）、村，由省财政给予一定奖励，并列入补助基数。探索研究建立流域内生态补偿机制。

（7）加强专项资金扶持

争取在"十二五"期间，自治区设立县域产业发展专项资金，支持县域产业良性发展。自治区财政性资金每年安排专项资金，重点用于一般发展水平县（市）产业发展项目的贷款贴息，兼顾其他县（市）。具体项目资金管理办法由自治区财政厅、发展改革委牵头会同有关部门研究制定。有效整合专项转移支付项目，减少专项转移支付使用限制，使县级财政有更大的调剂空间。

整合现有专项资金，支持中小微企业发展，大力扶持农业产业化龙头企业和农产品精深加工项目。设立农产品深加工固定资产投资财政补助专项资金，对重点县农产品深加工企业新增固定资产投资不低于1000万元的项目，自治区财政应按投资额的5%给予补助，封顶500万元，制定专项资金的暂行管理办法。

强力支持县域企业加强技术创新。自治区级预算安排的工商发展专项资金每年安排一定的技改资金，用于县域中小企业购置生产设备资金补助。鼓励科技人员通过合作开发项目、技术入股等多种形式参与县域高科技和创新型中小企业发展，对其应缴纳的个人所得税可由当地财政部门全额补助。

（8）强化产业转型升级

推进县域工业转型升级。经济较发达县（市）要一手抓紧传统产业的改造提升，一手抓好新兴产业的引进培育，率先加快发展；中等和一般发展水平县（市）要挖掘特色资源，积极承接产业转移，加快培育和发展特色产业，体现后发优势。着力建设好一批自治区级重点工业园区或工业集中区，培育壮大一批县域龙头企业。

大力发展现代农业，用工业的理念谋划农业发展，推动农业标准化、品牌化、规模化和产业化。实施强农惠农工程，推动财政支出重点向农业农村倾斜，预算内固定资产投资重点用于农业农村基础设施建设，土地出让收益重点向农业土地开发和农村基础设施倾斜。加大贴息、奖励、用地等政策扶持力度，培育壮大一批年销售收入超50亿元的农业产业化龙头企业。

把发展服务业作为新增长点，加大财税政策扶持力度，强化要素供给，增加引导资金投入，壮大生产性服务业，拓展生活性服务业。鼓励民营经济创业，引导民营企业向城镇集中、向园区集中，投资县域特色产业、基础产业及公用事业。引导民营企业适时开展股份制改革，建立现代企业制度，提升管理水平。引导民营经济集聚、集中、集约发展，以技术、资本、品牌、市场网络等为纽带，形成"小单体、大群体""小产品、大产业"发展格局。

（9）加强产业园区建设

支持尚未设立自治区级工业园区或工业集中区的县（市）在现有工业平台基础上规范设立自治区级开发区。县域自治区级工业园区上缴的新增建设用地有偿使用费、海域使用金和森林植被恢复费自治区级分成部分，按规定用途，通过安排专项支出的形式，用于支持所在地园区的开发建设。鼓励县（市）之间"结对子"共建园区，发展"飞地工业"。支持两地政府间就产业转移项目协商建立指标统计、财税分成等共享机制。共建园区自产生财政收入之日起5年内涉及自治区级财政体制分成部分全额返还。支持县域企业加强技术创新。自治区级预算安排的工商发展专项资金每年安排一定的技改资金，用于县域中小企业购置生产设备资金补助。

（10）加强人才队伍建设

落实人才"柔性"流动政策，引导各类专业技术人才服务县域经济。创新专家服务团选派机制，加大科技副职选派力度，加强人才交流合作，推动县乡点对点开展科技、人才、项目等交流合作活动。采取政府购买岗位、报考公职人员优先录用、学费和助学贷款代偿等措施，鼓励和引导高校毕业生面向县域基层就业。加大对一般发展水平县（市）的人才支持力度，自治区和设区市每年选派一批优秀教师、医生、科技人员、文化工作者到一般发展水平县（市）定期工作，支持一般发展水平县（市）选送人员外出培训。对到农村基层和一般发展水平县（市）工作的人才，在工资、职务、职称等方面实行倾斜政策。全面推行职业培训经费直补企业政策，支持县级就业服务机构开展职业技能培训。着力培养战略性新兴产业人才，把经济管理经验丰富、专业化水平较高的人才输送到县域各层次领导岗位。鼓励技术人员和海外留学人员、大中专毕业生、复员退伍军人、返乡农民工到县（市）创业，对县（市）引进的高级技术人才（博士或具有高级职称）到县域经济领域创业满3年的，由当地财政给予一定补助。大力发展职业教育，着眼于县域产业提升和发展需要设置专业，切实培育县域技能型人才。

第六部分
县域研究与发展规划

本蓝皮书对2013年有关县域及县域经济的研究文献进行了综合整理和系统梳理，精选若干有关县域经济发展的学术研究文献，对其核心观点和主要研究内容进行摘要性介绍。为了保持蓝皮书的连续性，以及对《广西县域竞争力报告（2013）》的延续和深化，在2014年的蓝皮书中，相关文献增加了关于县域改革问题的研究评述。

一 县域问题研究评述

为提高文献检索的全面性和准确性，以"县域"为关键词，采用精确匹配法对相关文献进行检索。结果显示，2013年，国内以县域问题为研究对象的相关学术论文共1509篇，其中发表于核心期刊的355篇，占总研究文献的23.53%，与2011~2012年的比例基本持平。

从县域研究文献的主要类型来看，可将其分为四种，即理工类（包括理工A类——数学、物理、力学、天文、地理和生物等，理工B类——化学、化工、冶金、环境和矿业等，理工C类——机电、航空、交通、水利、建筑和能源等，以及电子技术及信息科学等领域）、文史哲类（包括文学、哲学和社会科学等领域）、农医类（包括农业、医药卫生等领域）和经济类。其中，理工类研究占文献总量的8.22%；文史哲类研究占文献总量的11.80%；农医类研究占文献总量的2.58%；经济类研究是有关县域经济研究的重点，占文献总量的75.83%，这一比例占了县域研究的七成多，表明县域经济问题依然是县域问题的主流方向（见图6-1）。

从2013年有关县域问题研究的文献来看，我们在对其进行归纳分析的基

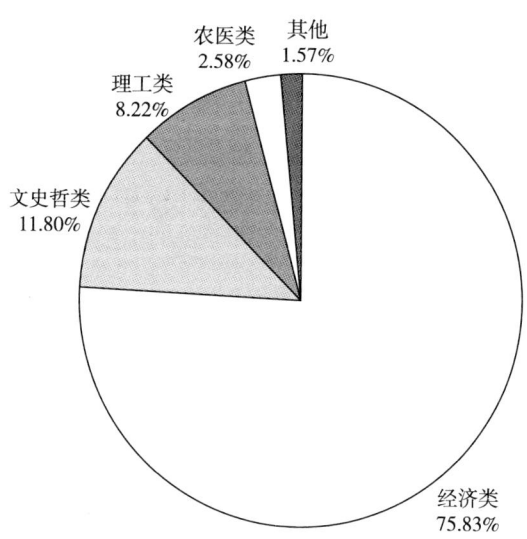

图 6-1　县域研究文献研究结构（2013年）

础上，按照推荐指数①，就其中部分重点研究文献的论点、观点进行如下汇总。

- **甘肃县域经济空间结构演化研究**

作者：李博、石培基、金淑婷

发表期刊：《兰州大学学报》（自然科学版），2013（2）

基金项目：国家自然科学基金项目（41271133/D010201）

内容简介：文章运用空间计量方法，利用甘肃省1990～2010年县域人均GDP数据，对甘肃省县域经济增长空间差异的变化趋势、特征与成因进行了探索。结果表明，甘肃省县（市、区）域经济增长具有明显的"俱乐部趋同"现象。甘肃省的经济增长正在由单核转变为多核，在空间上由河西走廊转向陇东地区。

---

① 本蓝皮书提出了有关县域研究文献的推荐指数，根据对所有文献的总体把握，从文章质量和意义上对所纳入的文献进行分级，确定推荐指数主要考虑文章本身的学术价值、理论意义和对策效应等因素。同时，适度偏重一些受国家或省部级基金资助的文章。推荐指数为三个等级，分别为Ⅰ、Ⅱ、Ⅲ类，其中Ⅰ类大多为具有较高学术理论价值的研究型文献，对于一些具有较高价值的对策性文献亦予以考虑；Ⅱ类是以对策性或案例性的文献为主；Ⅲ类文献作为一般性推荐。本推荐指数仅作为参考意见，供读者和相关部门参考。

- **1975 年以来新疆县域产业结构的空间分异研究**

  作者：闫人华、熊黑钢、瞿秀华、郑丽丽

  发表期刊：《经济地理》，2013（3）

  基金项目：国家自然科学基金项目（41171165、41261049）；国家教育部"长江学者和创新团队发展计划"创新团队项目（IRT1180）

  内容简介：从总体空间格局来看，新疆县域产业发展水平具有较强的正空间自相关性，集聚态势显著，以 2000 年为拐点呈现先增强后减弱的趋势。新疆产业结构的集聚分布沿东北到西南方向呈现"热点区—次热区—次冷区—冷点区"的阶梯环形带，并有按梯度推移模式扩展的趋势。资源禀赋、区位条件和区域政策环境是促使产业结构时空格局发生演化的重要因素，其中改革开放和西部大开发战略对新疆产业空间格局演化的推动作用更为明显。

- **城市化对县域经济发展的影响——以云南省为例**

  作者：王智勇

  发表期刊：《城市问题》，2013（1）

  基金项目：中国社会科学院重大科研项目

  内容简介：文章以云南省县域经济为研究对象，探讨了西部民族地区城市化与经济增长之间的关系。通过采用空间经济计量学的分析框架，构建了以城市和距离为基本因素的区域分类体系，并利用面板数据回归分析了城市化与经济发展之间的关系。研究表明，县域经济的增长与城市化之间存在显著的正相关，但在不同的县域两者之间的关系有显著的差异，只有在城市化率达到 21.5% 后，城市化才会显著促进经济增长。

- **滇中经济区县域经济发展水平与水资源协调性差异研究**

  作者：牛乐德、熊理然、胡锦程

  发表期刊：《西北师范大学学报》（自然科学版），2013（4）

  基金项目：教育部人文社科研究青年基金资助项目（12YICZH159，10YICZH190）

  内容简介：选择滇中经济区 42 个县市（区）为目标区域，应用主成分分析法，测量云南滇中经济区各县市（区）经济发展水平及其与水资源的协调度，比较分析其时间变化特征。研究表明，滇中经济区呈现点轴式空间结构，

县域经济发展水平、县域经济发展与水资源协调度差异显著。研究提出，需要通过培育增长极并促进增长极的带动作用，在优化区域空间结构的基础上，协调区域产业结构的发展等措施来促进滇中经济区区域协调发展。

- **基于县域尺度的长三角城市综合竞争力格局研究**

作者：管卫华、彭鑫、张惠、吴巍

发表期刊：《南京师大学报》（自然科学版），2013（3）

基金项目：国家自然科学基金（41271128）；江苏省高校自然科学基础研究项目（11KJB170003）；江苏高校优势学科建设工程项目（地理学）

内容简介：文章采用因子分析法和聚类分析法从县域尺度对2010年长三角75个县（区、市）进行城市竞争力格局分析。研究表明，长三角城市综合竞争力呈现为以沪宁杭市区为核心，苏锡常甬市区为次核心，江苏省总体高于浙江省的格局。从长三角各因子的县域城市竞争力分布格局来看，各县域城市发展规模竞争力呈现江苏所属县域城市发展规模竞争力高于浙江所属县域，杭州湾沿岸各县域城市发展规模竞争力高于长三角浙江其他地区。

- **基于地统计分析的安徽县域经济空间差异研究**

作者：方叶林、黄震方、涂玮、吴丽敏

发表期刊：《经济地理》，2013（2）

基金项目：国家自然科学基金项目（41271149）；博士学科点专项科研基金项目（2009320711008）；江苏省教育厅高校哲学社科基金项目（2010SJB790028）

内容简介：文章以安徽省各县域人均GDP为研究指标，综合运用空间自相关、空间变异函数等方法，结合ArcGIS 9.3及GeoDa软件对安徽省县域经济的空间差异进行研究。研究表明，安徽省县域经济自2002年开始出现微弱的空间集聚态势，人均GDP自西向东有逐渐增加、从北向南有先增后减的趋势。总体来看，区域资源禀赋与交通区位、发展政策、中心城市发展状况是引起空间差异的主要原因。

- **试论中国特色县域经济理论的基石**

作者：秦兴芳、李镇江

发表期刊：《教学与研究》，2013（9）

基金项目：国家社科基金项目"县域经济发展的动力结构及其变迁规律研究"（10BJL029）

内容简介：文章从县域经济的系统性特征出发，认为县域经济系统是国民经济系统中本源性、不对称性竞争和不完全合作的行政区划型经济系统，与区域经济既有联系也有很大的差别。作者认为，胡佛所创立的区域经济学的三个基石作为县域经济理论的基石，具有不完全适用性。基于县域经济系统的特征和中国县域经济发展的实际，作者认为县域生产要素存量的有限增长性、县域内部市场空间的有限包容性和县域再生产过程的有限市场性，是中国特色县域经济理论的三大基石。

- 欠发达山区县域新型城镇化路径模式探讨——以湖北省为例

作者：黄亚平、林小如

发表期刊：《城市化研究》，2013（1）

基金项目：国家自然科学基金项目"中部地区县域新型城镇化路径模式及空间组织研究——以湖北省为例"（51178200）

内容简介：文章以湖北省24个欠发达山区县市为例，分析了欠发达山区县域城镇化滞后、明显的异地城镇化现象、三足鼎立的经济格局和低水平均衡的城镇空间等特征。构建了由宏观政策力、中观经济力和微观要素力组成的欠发达山区县域城镇化的动力模型，指出我国中西部欠发达山区县市应走出一条"工贸带动、特色促进、梯度推移、节点集聚"型的城镇化道路。

- 县域产业结构升级与空间重构——以江苏启东市为例

作者：秦菲菲、杨山

发表期刊：《经济地理》，2013（1）

基金项目：国家自然科学基金项目（41171133）；江苏高校优势学科建设工程资助项目（PAPD）

内容简介：文章利用因子分析法和GIS空间分析功能研究江苏启东29个行业和12个乡镇的优劣势，以资本、技术密集型产业结构升级为发展方向，认为启东市适合发展设备制造、电子信息、生物医药、新能源4种产业，并提出适应产业结构升级的以资本、技术密集型产业体系为主的"两核、两带、一网"产业空间布局框架。

- 县域综合交通可达性与经济发展水平测度及空间格局研究——对山东省91个县域的定量分析

作者：程钰、刘雷、任建兰、来逢波

发表期刊：《地理科学》，2013（9）

基金项目：国家自然科学基金项目（41271553）；国家社会科学基金项目（11CJL049）

内容简介：文章运用山东省交通、经济相关统计数据，利用综合分析方法构建区域综合交通可达性评价模型，以山东省91个县市为例，分析县域综合交通可达性与经济发展水平的空间格局特征。研究表明，91个县市综合交通可达性与经济发展水平的区域差异较大；91个县市以综合交通可达性与经济发展水平协调型、超前型为主；沿海经济带、济南都市圈、胶济沿线地区综合交通可达性、县域经济发展水平具有较强的优势。

- 县域尺度的河南省城乡协调发展空间格局研究

作者：张竟竟、郭志富

发表期刊：《经济地理》，2013（9）

基金项目：国家社会科学基金青年项目（12CJL073）；教育部人文社会科学研究青年基金项目（11YJC790272）

内容简介：文章从城市发展水平和乡村发展水平两个方面构建河南省县域城乡协调发展评价指标体系，采用协调模型和空间自相关分析方法，对河南省2010年的城乡协调发展程度及空间格局进行分析。研究表明，河南省县域城乡协调度存在明显的区域差异；县域城乡协调度与经济发展水平有很大的相关性。

- 县域特色产业形成和演化机理研究进展

作者：王岱、蔺雪芹、司月芳、余建辉

发表期刊：《地理科学进展》，2013（7）

基金项目：国家自然科学基金项目（41101120，41101150）；北京市自然科学基金项目（8122015）

内容简介：文章从理论视角、热点领域和研究方法3个方面对近年来县域特色产业研究的重点进行了梳理。从研究领域看，关注点从地方经济发展到全

球生产网络、从传统影响因素到新因素，但宏观层面和微观层面的研究出现一定的脱节现象，在一定程度上影响了研究成果对实践的指导意义；从研究方法看，相关研究从定性描述和逻辑推理逐步向定性和定量相结合的方法转变，但数据方面仍受到多方面的限制，现象和变化趋势的驱动机制分析的技术方法亟待完善。

- **新疆县域经济故居时空演变研究**

作者：张锦宗、朱瑜馨

发表期刊：《干旱区资源与环境》，2013（2）

基金项目：国家自然科学基金项目（40635026）；山东省社科基金项目（省社科办11CJJJ01）

内容简介：文章通过统计分析建立了县级行政单元人均GDP表面模型，在此基础上进行了人均GDP空间分布相关与变异分析。研究表明，新疆各县、市人均GDP在特定方向上有一定的空间趋势；自1949年始，新疆县域经济的空间相关性是逐渐增强的，至2008年，经济发展水平已达到强的空间相关性；新疆县域经济格局由1949年的相对均衡状态逐步演变为越来越集中分布的格局。

县域经济研究文献精选汇总见表6-1。

表6-1 县域经济研究文献精选汇总

序号	文章名称	作者	发表时间	期刊名称	推荐指数	文章类型
1	甘肃县域经济空间结构演化研究	李博、石培基、金淑婷	2013(2)	兰州大学学报（自然科学版）	I	案例
2	1975年以来新疆县域产业结构的空间分异研究	闫人华、熊黑钢、瞿秀华等	2013(3)	经济地理	I	案例
3	城市化对县域经济发展的影响——以云南省为例	王智勇	2013(1)	城市问题	I	案例
4	滇中经济区县域经济发展水平与水资源协调性差异研究	牛乐德、熊理然、胡锦程	2013(4)	西北师范大学学报（自然科学版）	I	案例
5	基于县域尺度的长三角城市综合竞争力格局研究	管卫华、彭鑫、张惠等	2013(3)	南京师大学报（自然科学版）	I	案例

续表

序号	文章名称	作者	发表时间	期刊名称	推荐指数	文章类型
6	基于地统计分析的安徽县域经济空间差异研究	方叶林、黄震方、涂玮等	2013(2)	经济地理	I	案例
7	试论中国特色县域经济理论的基石	秦兴芳、李镇江	2013(9)	教学与研究	I	理论
8	欠发达山区县域新型城镇化路径模式探讨——以湖北省为例	黄亚平、林小如	2013(1)	城市化研究	I	案例
9	县域城镇空间格局演变及其机制研究——以江苏省溧水县为例	张荣天、张小林、李传武	2013(4)	资源与产业	I	案例
10	县域产业结构升级与空间重构——以江苏启东市为例	秦菲菲、杨山	2013(1)	经济地理	I	案例
11	县域综合交通可达性与经济发展水平测度及空间格局研究——对山东省91个县域的定量分析	程钰、刘雷、任建兰等	2013(9)	地理科学	I	案例
12	县域尺度的河南省城乡协调发展空间格局研究	张竟竟、郭志富	2013(9)	经济地理	I	案例
13	县域特色产业形成和演化机理研究进展	王岱、蔺雪芹、司月芳等	2013(7)	地理科学进展	I	理论
14	新疆县域经济故居时空演变研究	张锦宗、朱瑜馨	2013(2)	干旱区资源与环境	I	案例
15	"4D"视角下的县域经济	张晓欢、沈体雁	2013(2)	开放导报	II	战略
16	Theil系数、基尼系数和县域差异的实证分析	章昌平、廉超、裴金平	2013(3)	统计观察	II	数据
17	贵州省县域经济空间差异研究	田修源、赵永涛	2013(1)	长江流域资源与环境	II	案例
18	基于县域单元的广东省土地利用绩效空间差异研究	陈浩龙、刘毅华、吴大放等	2013(1)	热带地理	II	案例
19	河北省贫困县产业发展与可持续竞争力提升研究	袁文斌、刘娟	2013(1)	河北经贸大学学报	II	案例
20	浙江省县域综合发展水平空间分异研究	董展展	2013(12)	安徽农业科学	II	案例
21	中国县域经济发展模式研究评述及其反思	刘吉超	2013(2)	区域经济	II	理论
22	浙江县域中小企业转型升级的典型模式分析	林塞燕	2013(5)	浙江学刊	II	案例

续表

序号	文章名称	作者	发表时间	期刊名称	推荐指数	文章类型
23	广东省县域城镇化可持续健康发展调查研究	刘璟、钟卫国	2013(17)	经济研究参考	Ⅲ	案例
24	2001~2010年安徽省县域经济空间演化	方叶林、黄震方、陈文娣等	2013(5)	地理科学进展	Ⅲ	案例
25	产业生态学视角下的县域产业集群发展研究——以河北高阳县为例	江华峰、付秀彬、张红	2013(8)	产业观察	Ⅲ	
26	江苏省县域经济集聚和收敛的空间计量分析	牛品一、陆玉麒	2013(1)	人文地理	Ⅲ	案例
27	农业现代化进程中县域农业发展水平分析——基于东部沿海5省327县(市、区)的调查数据	张西华、杨万江、何捷	2013(1)	科技通报	Ⅲ	案例
28	河北省"弱县"县域经济竞争力评价	薄锡年、薄一鸣	2013(6)	财政研究	Ⅲ	案例

资料来源：中国学术期刊全文数据库和中国重要会议论文全文数据库等。

二 县域问题研究硕博士论文评述

硕士和博士论文代表了当前学术问题研究的前沿和较高水平，也集中体现了对相关问题的不同层次、不同角度、不同专业的系统性、深入性研究。相关硕博士论文代表了县域问题研究的最新成果、基本方向和发展趋势。2013年，全国与县域问题研究相关的硕博士论文共114篇，其中硕士论文112篇，博士论文2篇，经济类的89篇。

从2013年硕士和博士论文关于县域问题的研究来看，在对其进行归纳分析的基础上，按照推荐指数，就其中部分重点论文的论点、观点进行如下汇总。

（一）博士论文

• **井冈山革命老区新世纪县域经济发展研究**
作者： 周金堂

时间：2013年5月

单位：武汉大学

内容简介：论文运用中西方区域经济学和发展经济学的相关理论观点，结合中部崛起战略、罗霄山区片区区域发展和扶贫攻坚规划实施的具体实际，围绕井冈山"五县一市"的县域经济发展实践，与湖南、江西两省以及株洲、吉安和萍乡三市经济社会发展和实施统筹协调发展的情况进行比较和实证分析。分析认为，井冈山"五县一市"的县域经济发展面临区位条件差，区域行政管理分割，制度安排不平衡，县域之间协调发展联动性差，新型工业化推进难，结构调整、产业升级困难多，转变发展方式压力大，资源开发项目资金短缺，人力资源开发与实际不相匹配等问题。针对这些问题，论文认为发展老区县域经济，第一要围绕建设"新三区"；第二要加快革命老区推进新型工业化的步伐；第三要不断打造县域经济发展的新平台，创建新机制，开辟新途径。

- 内蒙古农牧交错带化德县生态经济模式研究

作者：刘志颐

时间：2013年4月

单位：中央民族大学

内容简介：论文选取农牧交错带典型县域——化德县作为内蒙古农牧交错带的实证分析对象，运用生态足迹模型去量化分析小空间尺度生态－经济－社会系统可持续发展，通过分析典型，认为内蒙古农牧交错带县域生态经济系统及其子系统存在自然生态脆弱、资源开发过度、生态治理与经济发展等问题。作者从农牧交错带生态经济系统的内在机制出发，提出发展生态经济是内蒙古农牧交错带地区转变经济发展方式、实现经济社会可持续发展的最佳模式和有效途径。

（二）硕士论文

- 吉林省县域经济发展的问题与对策研究

作者：邵振文

时间：2013年4月

单位：吉林大学

内容简介：论文对吉林省县域经济的发展现状进行了数据分析，通过数据说明吉林省县域经济发展存在的问题主要是总体水平差异较大、产业结构不合理、城镇化水平低和发展不平衡。作者运用区位理论、二元结构理论、区域产业结构优化等理论对吉林省县域经济发展状况进行反思，提出促进吉林省发展县域经济的总体思路和对策建议。

- 山东省县域经济发展研究

作者：唐桂敏

时间：2013年6月

单位：山东师范大学

内容简介：论文根据产业结构发展情况将山东省从新中国成立以来的县域经济发展阶段划分为农业主导阶段、工业带动阶段和多元发展阶段，从区位优势、劳动力条件、自然资源基础、文化历史特色和政策激励等方面对山东省县域经济发展机理进行分析。文章依托山东省现有山东半岛蓝色经济区、黄河三角洲高效生态经济区、省会城市群经济圈和鲁南经济带"一蓝一黄一圈一带"的总体发展格局，对每个发展板块的县域经济总体发展、地域特色和典型模式进行总结与概括。在对山东省县域经济发展的空间布局与地域特色的全面把握上，作者从推进县域组团发展、做专县域特色经济、推进县域城镇化发展和优化县域经济结构等角度提出山东省县域经济可持续发展的对策建议。

- 浙江省县域经济差异演变及其协调发展研究

作者：丁鹏

时间：2013年3月

单位：浙江大学

内容简介：论文从县域经济的角度对浙江省内部经济差异进行了时空上的演变分析，研究了浙江省1990年以来县域经济的差异演变轨迹、差异的空间分布特征及其影响因素，借助SPSS分析软件，运用主成分分析法评价浙江省县域经济的发展水平，采用GIS空间可视化表达浙江省县域经济的空间结构特征，通过对县域经济差异进行因子分析，解释县域经济差异空间格局演变的原因。在整个数据研究的基础上，对浙江省县域经济协调发展提出了理论经验和政策建议。

- 县域城乡一体化发展策略研究

  作者：丛聪

  时间：2013年5月

  单位：山东师范大学

  内容简介：论文以济南市平阴县城乡一体化发展为研究对象，选取2012年山东省内东、中、西部有代表性县的城乡发展相关数据，制定城乡一体化发展水平指标体系，运用主成分分析法进行计算，并对结果进行排名，认为平阴县城乡一体化存在四个方面的问题：地处远郊，接受中心城市辐射吸引能力相对较弱；土地后备资源不足，发展空间受限；县域内部道路网不完善；城乡结构不合理，城镇化滞后于工业化。最后作者从小城镇建设、产业布局、公共服务、农业现代化以及生态环境建设等方面提出相应对策。

- 县域经济的时空演化及动力分析——以黑龙江省讷河市为例

  作者：宋达

  时间：2013年6月

  单位：东北师范大学

  内容简介：论文对讷河市相关数据采用主成分分析、空间自相关分析、区域差异分析、空间变化分析等多种分析方法，系统评价了讷河市县域经济发展现状，分析总结了讷河市县域经济的时空演化过程以及推动这种演化的动力机制，对县域内部的乡镇经济状况进行排序，探讨讷河市目前发展模式的相关问题，基于优化发展模式对讷河市未来的发展做出预测，并提出相应的对策。

- 民族地区县域经济竞争力研究——以芷江侗族自治县为例

  作者：杨翠

  时间：2013年5月

  单位：吉首大学

  内容简介：论文选取典型的少数民族聚居县——芷江侗族自治县为研究对象，运用理论研究、定性分析和定量分析相结合的方法，在该县近年来县域经济总量不断增长、产业结构趋于合理、基础设施不断完善、县域经济发展取得一定成效的基础上进行反思，认为该县还存在一系列制约县域经济发展的问题。最后从调整农业产业结构、走新型工业化道路、提升县域文化产业竞争力、发展与保护并重等方面提出相应的对策建议。

- 陕西省县域经济发展中县级政府角色定位研究

作者：雷峥桦

时间：2013年1月

单位：西北大学

内容简介：作者抛开了从政府角色定位研究角色定位的固定思维，从陕西县域经济社会发展中存在的问题出发，针对问题研究县级政府的角色定位存在的偏差。根据陕西省县域经济发展的实际，将陕西省县级政府分为农业县、工业县和资源县政府，并选取典型代表泾阳县、高陵县和神木县政府角色的定位，根据各县实际情况对三个县现阶段胜负角色定位进行分析。在分析典型县的基础上，提出县级政府应基于廉价、有限、高效、有序、能干、长远的角色定位，认为在不同的经济发展阶段和不同的经济发展方式中，县级政府的角色定位也应有所不同，并提出实现途径。

- 中国县域经济科学发展问题研究

作者：迟海

时间：2013年4月

单位：吉林大学

内容简介：论文从理论和实例分析两个层面对中国县域经济科技发展问题进行研究，通过我国县域地区经济发展水平的差异分析，概括总结了全国县域经济发展"重大轻小"，滥占耕地、滥设开发区，不重视自主创新和对知识产权的保护，政府职能的缺位和错位，缺乏科学评价县域经济发展的考评体系五大现状。针对我国当前县域发展的现状，提出促进我国县域经济发展的对策。

- 县域工业经济发展研究——太湖县工业经济发展模式选择

作者：申松林

时间：2013年4月

单位：安徽大学

内容简介：论文对太湖县工业经济发展质量进行了量化分析，通过数据说明后发地区县域工业经济发展的不足之处。总结中心城市辐射型肥西模式、产业集中区引领型无为模式、特色产业主导型宁国模式、园区建设牵动型桐城模式四大县域工业经济发展模式,并针对太湖县工业经济发展中存在的问题和面临的新形势,提出以皖江城市带承接产业转移示范区分工合作为突破口,以工业化、城镇化、特色化、集群化、开放化、城乡一体化、县域发展组团化为着力点,从政府和企业两个行为主体方面入手发展县域工业经济的具体做法。

- 中国县域循环经济发展水平评价研究

  作者:李佳

  时间:2013年6月

  单位:山西财经大学

  内容简介:论文运用数据包络分析法,从代际公平的角度出发,以全国已设循环经济试点县及循环经济发展较为领先的144个县域作为研究对象,对县域循环经济发展水平进行综合评价研究。根据县域循环经济发展的独特性,综合权衡动态DEA模型的评价特点,建立了县域循环经济发展水平评价指标体系。将144个县域按照DEA效率值高低进行分类,提出相应的改进措施和建议。划分循环经济发展类型,探讨其相应的发展模式和方向,根据实证结果分析各县域循环经济发展水平低下的原因,提出提高循环经济投入产出效率,使循环经济协调、均衡发展的建议和措施。

- 河南省县域经济发展中的要素协同问题研究

  作者:章森

  时间:2013年6月

  单位:河南大学

  内容简介:论文以软硬实力协同理论为指导,通过选取并分析国内县域经济发展的成功模式,研究对比产业资本、社会资本和政府制度供给三要素的协同度,详细分析河南省县域经济可持续发展的关键要素、关键问题及原因分析。第一部分,对国内外相关研究文献进行综述,奠定研究理论基础;第二部分,通过百强县分布集中地区,以浙江、江苏、山东等省为例比较分析县域经济成功发展的三要素协同模式;第三部分,分析当前河南省内县域经济发展过程中出现的主要问题并结合河南省县域经济城镇化、产业集群发展过程,分析三要素的协同水平;第四部分,以前三部分为基础,提出可提升产业资本、社会资本和地方政府制度要素协同水平以实现河南省县域经济可持续发展的模式及途径选择。

- **县级政府建设工业园区的决策战略分析——以上栗县工业园为例**

  作者：曾旻

  时间：2013 年 6 月

  单位：南昌大学

  内容简介：论文以县级政府在发展工业园区过程中的重要作用和决策职能为切入点，就上栗县工业园"一园三区"的建设背景、必要性、目标定位、决策分析、风险控制、政策保障、定位的得失、保障园区持续发展和发挥最大效益问题做了探讨和分析，力图从理论和实践紧密结合的视角，较全面地阐述县级政府在发展工业园区中如何进行决策，以期对欠发达地区在实践中实现工业园区的持续健康快速发展提供有益帮助。

- **民族地区县域经济发展模式及评价研究——以花垣县为例**

  作者：腾飞

  时间：2013 年 6 月

  单位：吉首大学

  内容简介：论文对我国民族地区县域经济发展模式进行了探讨、分析与研究，为我国民族地区县域经济发展提供一些有益的参考意见和建议。论文主要阐述了县域经济相关概念、发展模式演化路径、发展模式优化选择，分析了县域经济发展模式中存在的主要问题，重点以花垣县县域经济发展现状为个案，探讨分析民族地区县域经济发展模式及评价研究，提出民族地区县域经济发展模式的对策。

县域问题研究硕博士论文精选汇总见表 6-2。

表 6-2 县域问题研究硕博士论文精选汇总

序号	论文名称	作者	单位	时间
1	井冈山革命老区新世纪县域经济发展研究	周金堂	武汉大学	2013.5
2	内蒙古农牧交错带化德县生态经济模式研究	刘志颐	中央民族大学	2013.4
3	吉林省县域经济发展的问题与对策研究	邵振文	吉林大学	2013.4
4	山东省县域经济发展研究	唐桂敏	山东师范大学	2013.6

续表

序号	论文名称	作者	单位	时间
5	浙江省县域经济差异演变及其协调发展研究	丁鹏	浙江大学	2013.3
6	县域城乡一体化发展策略研究	丛聪	山东师范大学	2013.5
7	县域经济的时空演化及动力分析——以黑龙江省讷河市为例	宋达	东北师范大学	2013.6
8	民族地区县域经济竞争力研究——以芷江侗族自治县为例	杨翠	吉首大学	2013.5
9	陕西省县域经济发展中县级政府角色定位研究	雷峥桦	西北大学	2013.1
10	中国县域经济科学发展问题研究	迟海	吉林大学	2013.4
11	县域工业经济发展研究——太湖县工业经济发展模式选择	申松林	安徽大学	2013.4
12	中国县域循环经济发展水平评价研究	李佳	山西财经大学	2013.6
13	河南省县域经济发展中的要素协同问题研究	章森	河南大学	2013.6
14	县级政府建设工业园区的决策战略分析——以上栗县工业园为例	曾旻	南昌大学	2013.6
15	民族地区县域经济发展模式及评价研究——以花垣县为例	腾飞	吉首大学	2013.6

资料来源：根据中国知网中国优秀博硕士学位论文全文数据库整理。

三 广西县域问题研究评述

以"广西+县"作为篇名检索条件，采用精确匹配法对相关文献进行检索。结果显示，2013年有关广西县域问题研究的文献共392篇，其中发表于核心期刊的59篇，占总研究文献的15.05%。从县域研究文献的主要类型来看，理工类研究共63篇，占文献总量的16.07%；文史哲类研究共96篇，占文献总量的24.49%；农医类研究共99篇，占文献总量的25.26%；经济类研究共134篇，是有关县域经济研究的重点，占文献总量的34.18%。如果以"广西+县域"为关键词进行文献检索，则相关文献共31篇。

在对其进行归纳分析的基础上，按照推荐指数，就其中部分重点研究文献的论点、观点进行如下汇总。

- 基于地域功能的农业主产县农业发展思路——以广西隆安县为例

  作者：陈小良、樊杰、莫雄礼等

  发表期刊：*Agricultural Science & Technology*，2013（5）

  基金项目：国家自然科学基金重点项目

内容简介：文章认为农业功能是地域功能类型的一种，是生态、土地、产业、人口等综合作用的结果，具有功能复合化和多元化的特点。文章以广西隆安县为例探讨农业主产县发展的一般思路，认为农业主产县在今后发展过程中应以落实主体功能区战略为目标，通过县域内地域功能的合理布局，协调好农业、产业、生态和人口之间的关系，保障农业稳步、可持续发展。

- **基于县域视角的广西地理标志产品影响因素研究**

作者：丘兆逸、严志强

发表期刊：《企业经济》，2013（4）

基金项目：广西哲学社会科学规划项目"广西地理标志产品开发及其特色产业培植研究"

内容简介：文章以2010年广西75个县域数据为研究样本，采用Probit模型和Logit模型，通过自然环境资源、经济发展、企业能力、政府意愿、农民意愿5个解释变量对影响广西地理标志产品的因素进行实证研究。研究表明，优势的自然环境资源欲转化为地理标志产品需要市场、企业和政府的共同推动；农民意愿对地理标志产品的影响不明显。因此作者认为促进广西县域地理标志产品的发展应该从市场、企业和政府的合力与强化农民意愿两个方面努力。

- **战略拐点期广西县域经济发展策略探讨**

作者：覃盟林、覃捷

发表期刊：《广西大学学报》（哲学社会科学版），2013（5）

基金项目：广西哲学社会科学规划项目"中国－东盟合作框架下广西口岸城市发展战略研究"

内容简介：文章运用SWOT分析方法，分析广西县域经济的优势、劣势、机遇和挑战，认为广西县域经济发展中存在的主要问题是综合实力较弱、竞争力不强、各县市经济发展不平衡、产业结构不理想、工业发展程度较低。文章认为应努力克服广西县域经济的劣势，从工业化、农业产业化、城镇化等方面打造县域经济强县，带动广西县域经济的全面发展。

- **老少边穷地区县域经济效率的空间特征分析——以广西河池10个县市为例**

作者：韦韡、韦春竹

发表期刊：《广西民族大学学报》（哲学社会科学版），2013（1）

内容简介：文章运用DEA分析法对河池市10个县市的经济效率值进行分析，并使用ESDA中的Moran I算法、Gi统计变量和聚类分析对河池市的空间相关格局进行差异性分析评价。研究表明，河池市的经济发展水平与经济效率不成正比，相关县域处于扩散效应区与过渡区内，经济效率的提高仍有较大空间，应当从自强和双赢两个方面促进老少边穷地区的县域经济。

- 欠发达地区县域土地可持续利用评价研究——以广西宁明县为例

作者：王莹、杨小雄、谢毅

发表期刊：《湖南农业科学》，2013（17）

基金项目：广西高等学校优秀人才资助计划

内容简介：文章以宁明县2007~2010年经济社会发展情况为现实基础，从生产性、稳定性、保护性、经济性和社会可接受性5个方面构建宁明县土地可持续利用评价指标体系，采用均方差法确定5大准则及各指标层的权重。结果表明，2007~2010年宁明县土地利用程度总体处于基本可持续阶段。文章提出可以从政府、土地利用率、生态建设等方面提升土地可持续利用水平。

广西县域经济研究文献精选汇总见表6-3。

表6-3 广西县域经济研究文献精选汇总

序号	文章名称	作者	发表时间	期刊名称	推荐指数	文章类型
1	基于地域功能的农业主产县农业发展思路——以广西隆安县为例	陈小良、樊杰、莫雄礼等	2013(5)	Agricultural Science & Technology	I	案例
2	基于县域视角的广西地理标志产品影响因素研究	丘兆逸、严志强	2013(4)	企业经济	I	案例
3	战略拐点期广西县域经济发展策略探讨	覃盟林、覃捷	2013(5)	广西大学学报（哲学社会科学版）	I	战略
4	老少边穷地区县域经济效率的空间特征分析——以广西河池10个县市为例	韦韡、韦春竹	2013(1)	广西民族大学学报（哲学社会科学版）	I	案例

续表

序号	文章名称	作者	发表时间	期刊名称	推荐指数	文章类型
5	欠发达地区县域土地可持续利用评价研究——以广西宁明县为例	王莹、杨小雄、谢毅	2013(17)	湖南农业科学	Ⅰ	案例
6	城市边缘区旅游开发创新研究	许树辉、肖海平、左磐石	2013(1)	国土与自然资源研究	Ⅱ	案例
7	县域旅游经济模式比较研究——以广西9县为例	邓飞虎	2013(6)	柳州师专学报	Ⅱ	案例
8	广西县域治理创新实践及其发展方向	瞿磊、王国红	2013(1)	学术论坛	Ⅱ	战略
9	广西贫困县农民收入现状及可持续增长路径分析	李小红、孔令孜、覃泽林	2013(7)	南方农业学报	Ⅱ	战略

资料来源：中国学术期刊全文数据库和中国重要会议论文全文数据库等。

四 县域改革问题研究评述

县域改革主要是县域体制和制度的改革，涉及的不仅仅是县域的经济发展，还涉及县域的社会与文化等各方面的发展。以"县域改革"为关键词，采用精确匹配法对相关文献进行检索。结果显示，近几年来，有关县域改革问题的探讨并不多，主要是文史哲等学科进行研究分析。在对其进行归纳分析的基础上，按照推荐指数，就其中部分研究文献的论点、观点进行如下汇总。

- "省直管县"改革对市、县经济利益格局分配的研究

作者：李丹

发表期刊：《财经论丛》，2013（9）

基金项目：上海财经大学研究生创新基金资助项目

内容简介：文章利用2001～2011年我国市、县两级数据，通过系统GMM估计对改革的效果进行实证分析。从实证结果来看，虽然"省直管县"改革对市造成了一定的利益损失，但是极大地促进了县域经济的发展。而且从政府层级结构来看，这项改革提高了行政效率，减少了财政资金的"滴漏"。对于

市而言，虽存在短期的阵痛，但从长远来看，县域经济的发展壮大对市本身带来的正外部性效应越来越大。当然，改革的得失不能以对经济发展速度、财政收入以及财政支出的影响作为全部的评判依据，从长远看，对城镇化的发展、产业结构的影响等方面也将是主要的参考依据。

- 当前省管县改革的基本态势与走向

作者：孙远太

发表期刊：《郑州大学学报》（哲学社会科学版），2013（1）

内容简介：总体上看，我国各地进行的省管县改革呈现两种模式和四种类型，即浙江模式、海南模式和两级管理型、全面管理型、资金管理型、省市共管型。目前，我国省管县改革在体制突破、制度环境和配套措施方面存在一些现实困境。要顺利推进并成功实施省管县改革，下一步应该从以下几方面着手：第一，省管县改革需要加强中央层面的顶层设计和配套改革；第二，省管县改革应确立从财政省管县到行政省管县改革的目标；第三，省管县改革应在区划调整的基础上推动政府职责重构；第四，省管县改革应推动县域政府能力提升。

- 省直管县体制改革的制度设计研究

作者：庞明礼、张东方

发表期刊：《北京行政学院学报》，2013（1）

基金项目：国家社会科学基金项目

内容简介：文章以省直管县体制改革的制度设计为主线，提出了中央政府做好顶层制度设计和战略规划，各地坚持因地制宜、兼顾公平与效率、强化府际合作关系与县市协作等制度设计原则，构建了以管理幅度、经济条件、区划面积、自然地理环境等条件为分类标准的完全直管型、不完全直管型和完全不直管型三类实施省直管县体制改革的制度框架，着重从权力配置和角色定位两方面阐述了省直管县体制改革的制度内容，最后强调了改革政府机构、加强队伍建设、创新工作机制、提升政府能力，加快城镇化进程、实现城乡统筹，以及加强法制建设、实现刚性约束等保障性配套改革措施。

县域改革问题研究文献精选汇总见表6-4。

表6-4 县域改革问题研究文献精选汇总

序号	文章名称	作者	发表时间	期刊名称	推荐指数	文章类型
1	"省直管县"改革对市、县经济利益格局分配的研究	李丹	2013(9)	财经论丛	Ⅰ	数据
2	当前省管县改革的基本态势与走向	孙远太	2013(1)	郑州大学学报(哲学社会科学版)	Ⅰ	战略
3	省直管县体制改革的制度设计研究	庞明礼、张东方	2013(1)	北京行政学院学报	Ⅰ	战略
4	省直管县体制改革:政府层级改革的必由之路	魏向前	2013(1)	南方论刊	Ⅱ	战略
5	试论实施省管县财政体制改革模式的选择——以广西为例	张劲松、唐俊	2012(3)	武汉大学学报(哲学社会科学版)	Ⅱ	案例
6	对经济欠发达地区"省直管县"财政体制改革成效的思考——以江西赣州为例	赖丹	2011(10)	特区经济	Ⅲ	案例
7	沙县农村金融改革试验的做法、成效与启示	赵海	2013(1)	农村金融研究	Ⅲ	案例

资料来源:中国学术期刊全文数据库和中国重要会议论文全文数据库等。

附录 1
2014 年国家及各省（区、市）政府工作报告县域经济发展内容摘录

序号	名称	县域经济发展内容摘录
1	2014年国务院政府工作报告	① 深入推进行政体制改革，基本完成省市县政府机构改革。② 促进农业现代化和农村改革发展，强化农业支持保护政策，增加对粮油猪等生产大县的奖励补助，扶持牛羊肉生产。③ 推动医改向纵深发展，扩大城市公立医院综合改革试点，县级公立医院综合改革试点扩大到1000个县，覆盖农村5亿人口。
2	2014年北京市政府工作报告	① 加大财税体制改革力度，合理划分市与区县两级事权和支出责任，完善一般性财政转移支付制度，清理、整合、规范专项转移支付项目。② 统筹推进差异化、特色化发展。突出人口规模、发展质量、生态环境三个方面，建立区县差异化考核评价指标体系。
3	2014年天津市政府工作报告	① 加强蓟县山地生态保护，实施于桥水库封闭管理，进一步加强水源保护。② 积极推进区县公立医院改革，鼓励社会资本办医。③ 提升医疗卫生服务水平，推进区县公共卫生医疗机构标准化建设。④ 大力发展公共交通，加快公交场站、充电站、加气站建设，推动公交向郊区县延伸。
4	2014年河北省政府工作报告	① 优化政府组织结构，启动市县级政府机构改革，全面完成省级和市县机构改革任务，推进设区市和省直管县政府机关标准化建设。② 推进农村综合改革，建立市县级农村产权交易市场，促进农村产权公开规范交易流转。③ 合理划分省与市县事权和支出责任，改进预算管理制度和控制方式。④ 全面推进县级公立医院综合改革，推进基层医疗机构综合改革，鼓励社会资本办医，有序扩大基本药物制度实施范围。⑤ 重点推进安国中药等12个国家级出口基地和一批服务外包示范园区、产业基地、农产品出口示范县建设。⑥ 全面放开县级市、县城和建制镇的落户限制。⑦ 着力优化城镇化布局和形态，做大做强中心城市，构建以主城区为核心、周边县(市)为组团的发展布局。⑧ 全面落实支持县域经济发展和县城建设的政策措施，支持经济强县(市)特别是工业产值超千亿元的县(市)推进产业转型和城乡统筹发展，加大对财政弱县特别是财政收入不足3亿元困难县的扶持力度。发展县域特色主导产业，实施产业集群示范工程，推动产业向园区聚集。

附录1　2014年国家及各省（区、市）政府工作报告县域经济发展内容摘录

续表

序号	名称	县域经济发展内容摘录
5	2014年山西省政府工作报告	① 大力发展特色现代农业，加快推进现代农业示范区和雁门关生态畜牧经济区建设，深入实施"一村一品"、"一县一业"和七大产业振兴翻番工程。② 高标准规划建设大县城和重点镇，促进工业、商贸等各类产业园区发展，完善基础设施和公共服务，增强县城和小城镇的辐射力和带动力。③ 探索省直管县体制改革，推进扩权强县、扩权强镇改革试点。
6	2014年内蒙古自治区政府工作报告	① 加快高速公路网和国省干线公路建设，推进旗县通一级公路和嘎查村通沥青水泥路建设。② 创新扶贫开发工作机制，加大扶贫投入力度，深入实施连片开发、整村推进、扶贫移民工程，扎实做好对口支援、定点扶贫和领导干部联系贫困旗县工作，实行精准扶贫。③ 深化旗县级医院等基层医疗卫生机构综合改革，加强基层医疗卫生服务网络和医疗队伍建设，强化结核病等重大疾病防控。④ 以县城扩容提质为重点，抓好城关镇和重点镇建设，形成规模适度、功能完善、布局合理、宜业宜居的特色城镇体系。⑤ 认真落实县域经济发展规划，因地制宜发展特色经济，培育主导产业，强化基础设施建设和生态环境保护。抓好"扩权强县"改革试点工作，完善县级财力保障机制，选择不同类型旗县进行事权下放和自治区"直管县"财政改革，实行"财政体制核定到旗县、转移支付测算并下达到旗县、国库资金调度到旗县、财政预算直通到旗县、地方政府性债务管理到旗县"的财政管理方式。⑥ 加大政务公开力度，一半以上盟市、旗县的"三公经费"向社会公开。完善自治区、盟市、旗县三级政务服务平台，建立全区统一的网上办事大厅，全面推行集中办理和网上审批。
7	2014年辽宁省政府工作报告	① 推进教育体制改革，统筹城乡义务教育资源均衡配置，加快公办学校标准化建设，推进县域内义务教育学校校长、教师交流轮岗。② 推进卫生体制改革，深化基本药物制度和基层医疗卫生机构综合改革，完善县、乡、村三级卫生医疗服务体系。③ 加快发展县域经济和现代农业，大力推进一县一业，示范县(市)达到25个，加快发展县域工业产业集群，销售收入超百亿元的达到30个以上。
8	2014年吉林省政府工作报告	① 推进"扩权强县"改革试点，抓好县域工业集中区，推动县域经济加快发展。② 深化农村金融改革，土地收益保证贷款试点力争实现县(市)全覆盖。搞好"粮食银行"试点。③ 按照国家改善城镇结构的主攻方向，继续突出发展中小城市、小城镇，扎实推进22个示范特色城镇建设，创新运营模式，力争1~2个市县纳入国家新型城镇化试点。④ 建立地级以上城市重污染预警和响应体系，实现地级以上城市环境空气质量新标准监测能力全覆盖。⑤ 完成市(州)县(区)与所属学校联网的校园安全管理信息平台建设。⑥ 在县(市)推行校长教师"县聘校用"轮岗交流改革试点。
9	2014年黑龙江省政府工作报告	① 把县城作为城镇化重点。在抓好中心城市建设、发挥其辐射带动作用的同时，注重搞好县(市)规划布局，促进公共服务、产业园区、商业活动在县城合理布局，大力发展县域经济，提高县城的产业支撑和吸纳就业能力，提高公共服务能力和整体繁荣程度。② 把中心城市和县城作为人口转移的主要承接地，逐步将符合条件的农业转移人口转为城镇居民。

续表

序号	名称	县域经济发展内容摘录
10	2014年上海市政府工作报告	①探索实施郊区差别化管理,扩大郊区县在行政审批、社会管理等方面的权限,加大财力、资源配置向困难郊区县的倾斜力度,增强郊区县发展自主权。②全面公开市、区县、乡镇三级政府"三公"经费,进一步开放经济数据、公共服务等政府信息资源。
11	2014年江苏省政府工作报告	①健全市县基本财力保障机制,财政资金重点用于保障改善民生。②增强产业化对城镇化的支撑作用,完善城镇功能,壮大县域经济,促进产城融合。③健全统一权威的食品药品监管体系,推进市县监管体制改革,切实保障食品药品质量安全。④全面推进县级公立医院改革,巩固完善基本药物制度和基层医疗卫生机构运行机制,鼓励社会办医。
12	2014年浙江省政府工作报告	①研究制定杭州、宁波、温州和金华-义乌都市区规划纲要,推进区域中心城市与相邻县市一体化发展,加强县城和中心镇改革发展,促进县域经济向城市经济转型。②全面开展农产品质量安全保障行动,所有县(市、区)建成农产品安全快速检测室,对公众免费开放。
13	2014年安徽省政府工作报告	①实现县级以上部门预算公开,建立省市县事权和支出责任相适应的制度。②扩大农村金融综合改革试点,全面完成83家农村合作金融机构改制为农村商业银行,实现村镇银行县域全覆盖,建立和完善现代农村金融服务体系。③完善基层医疗卫生机构补偿和运行机制,巩固完善县级公立医院综合改革,继续推进城市公立医院改革试点。
14	2014年福建省政府工作报告	①总结推广"大城管"经验,稳步推进城市综合管理试点,所有市县建成数字城管系统。②完成市县政府机构改革,稳妥推进事业单位分类改革,加快机关与所属企业、所办院校、所管行业协会商会脱钩。
15	2014年江西省政府工作报告	①推进市县部门预算改革,加快建立规范统一的部门预算体系。②加快发展现代农业,实施"百县百园"建设工程,坚持改造与新建相结合,力争3~5年时间,在全省建成100个左右覆盖不同产业类型、具有不同地域特色、处于不同发展层次的现代农业示范园区。③启动省直管县体制改革试点,赋予试点县享受设区市一级的经济社会发展管理权限,增强县域经济社会发展活力。支持具备条件的县改市(区)。落实加快县域经济发展的政策措施,实施工业转型升级、现代农业"接二连三"、服务业倍增、县城建设提升、镇村联动发展、城乡环境治理"六大工程"。支持因地制宜发展特色产业,不断壮大县域经济。④深化户籍制度改革,全面放开县级城市和建制镇落户限制,健全流动人口居住证制度。⑤选择若干县开展新型城镇化试点,重点在农业转移人口市民化成本分担机制、多元化可持续的城镇化投融资机制、改革完善农村宅基地制度等方面进行探索。
16	2014年山东省政府工作报告	①全面完成省市县政府机构改革,再取消和下放一批行政审批事项。②把县域作为民营经济发展的重要载体,培育主导产业,形成产业集群。

附录1 2014年国家及各省（区、市）政府工作报告县域经济发展内容摘录

续表

序号	名称	县域经济发展内容摘录
17	2014年河南省政府工作报告	① 加快中心城市组团式发展，增强县级城市集聚产业和人口的能力，有重点地发展中心镇，促进大中小城市和小城镇协调发展。② 全面推进县级农信社组建为农商行，规范发展村镇银行，开展农村金融改革创新试点，支持具备条件的民间资本依法发起设立中小型银行等金融机构。③ 加快事业单位分类改革，抓好省直管试点县(市)全面直管，加强新乡统筹城乡发展试验区、信阳农村改革发展综合试验区建设，推进其他经济改革及社会和生态等领域改革。
18	2014年湖北省政府工作报告	① 支持大中型商业银行稳定和增加县域网点，保障金融机构农村存款主要用于农业、农村。② 改革创新县域经济发展推进机制，依据功能分区，加强分类指导，促进县域经济竞相发展、特色发展。重点抓好105个县域开发区和省级工业园区基础设施和服务体系建设，提高产业支撑能力。
19	2014年湖南省政府工作报告	① 促进多种所有制经济共同发展，毫不动摇地巩固和发展公有制经济，准确界定不同国有企业功能，出台全省深化国有企业改革的指导意见，基本完成市州和县级国企改革。② 科学编制城镇和农村规划，促进长株潭等城市群发展，推动市州区域性中心城市、县级市和县城，以及小城镇协调发展，加快发展省际边界中心城镇，致力于形成科学合理的城镇体系。
20	2014年广东省政府工作报告	① 依托县城和中心镇建设一批卫星城，引导小城镇专业化、集约化、特色化发展。② 支持县域经济发展，培育特色支柱产业，壮大财力规模和综合实力。
21	2014年广西壮族自治区政府工作报告	① 完善自治区直管县财政管理方式和县级基本财力保障机制；在中央进一步理顺与地方收入划分和支出责任后，合理划分自治区与市、县的收入范围，理顺自治区与市、县的支出责任。推进财政预决算公开，所有市县级"三公"经费和部门预决算都要公开。② 全面推广广东农村金融改革经验，加快建立面向县域经济和"三农"的金融机构组织、政银企(农)合作平台、政府投融资平台、农村社会信用、农村信用担保、风险补偿和奖励激励六大体系。③ 突出建设20个特色旅游名县，打造一批旅游品牌。④ 实施大县城战略，有重点地发展小城镇，加快构建大中小城市和小城镇合理分工、功能互补、协同发展的城镇体系。⑤ 将扶贫项目审批权下放到县。完善脱贫激励机制，在保持原有扶贫政策不变的基础上，对提前脱贫的片区县、重点县给予奖励。建立以绩效为导向的竞争性财政扶贫资金分配机制，探索政府购买公共服务参与扶贫开发。⑥ 加快推进以县级公立医院为重点的公立医院综合改革。⑦ 完善环境保护考核指标体系和生态补偿机制，改革对限制开发区域和生态脆弱的国家扶贫开发工作重点县的考核机制。
22	2014年海南省政府工作报告	① 选取1~2个市县开展农村金融综合改革试点。② 完成省级政府和市县政府机构改革。
23	2014年重庆市政府工作报告	① 支持有条件的区县城向大中城市发展。区县城要以产立城、以城兴业、产城融合，增强吸纳就业和人口集聚功能。② 深化农民工户籍制度改革，坚持农民自愿，引导符合条件的农民工在工作地就地转户，促进转户人口向主城、区县城和有就业吸纳能力的中心镇集聚。

续表

序号	名称	县域经济发展内容摘录
24	2014年四川省政府工作报告	① 继续抓好全省现代农业、林业和畜牧业重点县建设,实施好现代农业千亿示范工程、"万亩林亿元钱"工程,抓好粮经复合产业基地建设。② 大力发展县域经济,推进百万人口大县加快发展,分类指导平原、丘陵地区、盆周山区和民族地区发展县域特色经济,培育一批工业经济、现代农业和生态旅游强县。
25	2014年贵州省政府工作报告	① 高度重视在县城和小城镇通过产业发展集聚人口,为返乡农民工就近就业、就地创业、安居乐业创造条件。② 深入落实支持县域经济发展的各项政策措施,培育壮大特色优势产业,以产业化推动城镇化。
26	2014年云南省政府工作报告	① 健全城乡规划建设管理体制,完善城乡规划建设管理体系,制定实施新型城镇化规划,科学确定中心城市和县域城镇的功能定位、规模形态、开发边界,优化城镇布局,加强城市空间开发利用管制。② 加快推进滇中城市经济圈同城化发展,重点支持一批县城做大做强,抓好210个特色小镇建设,推进60个城市综合体建设,促进产业与城镇深度融合。
27	2014年西藏自治区政府工作报告	① 不断提高农牧民组织化程度,做大做强农牧民专业合作经济组织,每县每年培育2~3个有一定规模、带动能力强的农牧民专合组织,力争使农牧业产业化经营率达到38%。② 继续推进国道省道、通县油路和边防公路、农村公路建设。
28	2014年陕西省政府工作报告	① 加快建设国家级果品批发市场,制定果业中长期发展规划,整县推进果业转型升级。② 全面放开县城和建制镇户籍限制,有序放开地级市城区落户限制,合理确定西安城区落户条件,消除流动人口管理服务盲点,完善全省统一的"居住证"制度。③ 依托县域工业集中区,加快发展以非公有制经济为主体的县域经济,进一步促进产城互动。
29	2014年甘肃省政府工作报告	① 加快建设河西走廊国家级高效节水灌溉、小型农田水利重点县、规模化节水示范区项目。② 结合整村推进项目,实施县乡村特色产业培育工程,做大做强优势种养业。③ 按照全面放开县城和建制镇落户限制,有序放开中等城市落户限制,合理确定大城市落户条件,严格控制特大城市人口规模的要求,合理设置落户门槛,尊重群众意愿,有序引导农业转移人口市民化。
30	2014年青海省政府工作报告	① 支持有条件的县提高规划建设管理水平,为撤县设市打好基础。② 全面推进各级政府职能转变和机构改革。进一步简政放权,把企业、市场和社会能办好的事情交给企业、市场和社会,能下放到市州县的事权下放到市州县,建立各部门行政审批事项目录清单制度,两年内再取消和下放三分之一的审批事项。
31	2014年宁夏回族自治区政府工作报告	① 严格落实"菜篮子"市县(区)长负责制,每个市县(区)都要建设一定规模的永久性蔬菜基地。② 加快骨干公路建设,打通省际、市际、县际断头路。
32	2014年新疆维吾尔自治区政府工作报告	① 一季度完成自治区本级政府机构改革,年内基本完成县市机构改革。② 推进公立医院改革,加强县级医院能力建设。

资料来源:相关地区2014年政府工作报告。

附录 2

相关省（区、市）加快县域经济发展政策性文件汇编（2002~2013 年）

序号	名称	文号	发布时间	发布单位	重点内容/重点任务
1	关于实施支持县域经济发展财政政策的意见	皖政办〔2002〕82号	2002年12月16日	安徽省人民政府	① 取消县级财政体制上缴额予以固定，不再实行递增上缴政策，从2002年起，对县级财政体制上缴额予以固定，不再实行递增上缴政策，减轻县级财政负担，涵养县级财源。② 继续执行减少县级财政体制上缴改革，每年减少县级财政体制上缴1亿元，专项用于农村义务教育投入。③ 改变粮食风险基金筹集办法，从2002年起，取消县级财政承担的粮食风险基金筹集任务，改由省、市两级承担，以省承担为主。④ 从2003年起，取消原县财政民兵训练经费承担，政消部分省财政承担，政消部分由省财政承担，政消部分由辖市从所属县（市、区）集中财力的做法。⑤ 对发放省定职务补贴有困难的县给予适当补助。
2	关于表彰实施千亿工程经济快速增长县（市、区）的决定	绵府发〔2003〕7号	2003年1月15日	绵阳市人民政府	对实现工业经济快速增长的县（市、区）予以表彰奖励，规模以上现价工业产值增长30亿元的县（区）奖金3万元；规模以上现价工业产值增长超过20亿元的县（区）奖金2万元；规模以上现价工业产值增长超过10亿元的县（区）奖金1万元。
3	关于加快县域经济发展的若干意见	鄂发〔2003〕10号	2003年4月21日	中共湖北省委、湖北省人民政府	加大国有、集体企业改制力度；构筑以民营经济为主体的发展格局；培植和扶持骨干企业，推动县城工业发展；培植和扶持龙头企业，加快农业产业化进程；坚持以产业集聚带动城镇发展，大力推进招商引资。

续表

序号	名称	文号	发布时间	发布单位	重点内容/重点任务
4	关于加快县域经济发展的若干意见	闽委发[2003]11号	2003年10月21日	中共福建省委、福建省人民政府	加快工业化、农业产业化和城镇化进程；促进区域经济协调发展。充分发挥中心城市在区域经济中的带动作用，使之成为县域经济发展的重要力量；走可持续发展道路；大力发展非公有制经济，改善金融服务；创造公平竞争环境；加大对经济欠发达县的支持力度。做强做大中心城市，深化改革扩大开放，加强基础设施建设；加大有关优惠政策。
5	关于加快县域经济发展的若干意见	漳委发[2003]19号	2003年12月16日	中共漳州市委、漳州市人民政府	①依托石英砂、速冻食品、雨伞、仪表、汽配等特色产业，加强专业分工协作，推进产业链延伸，提升一批产业集群，争取每个县（市）培育2～3个具有较强支撑带动作用的特色产业。②支持各级财政部门建立加快工业化进程基金，专项用于各种所有制的重点企业、高新技术企业和投资千万元以上重点工业项目前期费用、银行贷款贴息、支付各种奖励及有关税费万元以上重点工业项目前期费用、银行贷款贴息，支付各种奖励及有关税费提到的工业企业财政返还地方留成部分的款项。
6	关于加快发展县域经济的若干意见	黑发[2003]15号	2003年12月10日	中共黑龙江省委、黑龙江省人民政府	全面提高县域工业化发展水平；加快培育主导产业；大力发展民营经济，继续深化各项改革；坚持扩大对外开放；加快小城镇建设；实施科教兴县战略。
7	关于促进县域经济发展积极性措施的意见	粤府办[2004]37号	2004年4月16日	广东省人民政府	建立"确定基数、超收分成、挂钩奖罚、鼓励先进"的"三不确定、三奖励"的财政激励机制；通过调整和完善财政转移支付制度，充分调动县级财政府发展县域经济的积极性和主动性，从机制上激励和促进县级财政努力开拓财源，达到经济增长、财政增收、后劲增强，实现全省经济加快发展、率先发展、协调发展的目的。
8	关于扩大部分县（市）管理权限的意见	豫政[2004]32号	2004年5月19日	河南省人民政府	计划直接上报；财政直接结算；经费直接划拨；税权部分大；项目直接申报；用地直接报批；证照直接享有；政策直接享有；信息直接获得。

附录2 相关省（区、市）加快县域经济发展政策性文件汇编（2002~2013年）

续表

序号	名称	文号	发布时间	发布单位	重点内容/重点任务
9	关于发展壮大县域经济的若干意见	豫发[2004]7号	2004年6月27日	中共河南省委、河南省人民政府	坚持工业化强县，加快工业化进程；产业化进程；放手发展非公有制经济，调整优化农业和农村经济结构，推进农业产业化进程；放手发展非公有制经济，增强县域经济发展活力；加大招商引资力度，提高对外开放水平；加快县城和中心城镇建设，发挥城镇的集聚带动作用；落实有关税收优惠政策；改进建设用地管理；加大对扶贫开发重点县的扶持。
10	关于加快县域经济发展若干问题的意见	湘发[2004]17号	2004年9月13日	中共湖南省委、湖南省人民政府	大力推进工业化进程；大力推进农业产业化经营；强化城镇聚集功能；放手发展非公有制经济；大力开展招商引资；继续深化各项改革；优化经济发展环境。
11	关于扩大部分县（市）管理权限的意见	冀政发[2005]8号	2005年1月30日	河北省人民政府	确定22个县（市）扩大管理权限，包括计划直接上报、财政直接结算、经费直接安排、税权部分调整、项目直接申报、用地直接报批、证照直接发放、政策直接享有、信息直接获得等62项管理权限下放，统计直接发布，政策直接享有，信息直接获得等62项管理权限。
12	进一步支持县域经济发展的若干意见	吉政发[2005]10号	2005年4月8日	吉林省人民政府	放宽民营资本准入领域，降低工商登记注册条件；培育壮大县域企业家队伍；扶持农村专业合作组织发展；强化科技、教育和人才支持；促进农村劳动力转移就业；建立健全农村劳务输出服务体系；抓好县城和重点城镇规划、建设和管理；完善现行扶持"十强镇"发展政策；支持县（市）招商引资，建立国有土地使用权出让金省级分成；支持县（市）招商引资，加大专项资金对所属县（市）的财力支持；加大专项资金投入。
13	关于加快发展县域经济的若干意见	晋发[2005]18号	2005年6月6日	中共山西省委、山西省人民政府	坚持把新型工业化作为县域经济发展的基本途径；坚持把特色经济作为县域经济发展的基本方略；坚持把城镇化作为县域经济发展的基本方向；努力保障电力供应；依法把民营经济作为县域经济发展的基本力量。
14	关于进一步促进县域经济发展的意见	鄂发[2005]11号	2005年7月6日	中共湖北省委、湖北省人民政府	进一步改善金融服务；进一步强化人才、科技支持；合理使用土地；大力支持产业集群建设；促进外向型经济发展；加大对贫困地区的支持力度；扶持农、林、水产品加工龙头企业发展。

续表

序号	名称	文号	发布时间	发布单位	重点内容、重点任务
15	关于推进县(市)科技进步的意见	国办发[2006]34号	2006年4月27日	科技部、中央编办、财政部、人事部	大力推广先进适用技术,全面推动农业科技进步,积极推进企业技术创新,大力开展科技普及工作,构建县(市)科技公共服务平台,加强基层科技人才队伍建设,建立适应市场经济体制的新型县(市)科技服务体系。
16	关于在新的起点上推进县域经济又快又好发展的意见	鲁发[2006]13号	2006年8月3日	中共山东省委、山东省人民政府	坚持统筹城乡,扎实推进社会主义新农村建设;坚持工业强县,提高县域经济发展水平;坚持大力发展服务业,全面繁荣县域经济;坚持节能环保,实现县域经济可持续发展功能,提高县域城镇化水平;坚持节能环保,实现县域经济可持续发展。
17	关于进一步加快县域经济发展的决定	黑发[2006]16号	2006年8月11日	中共黑龙江省委	推进现代农业建设;加快工业化进程;加快城镇化步伐;继续深化改革和扩大开放;大力发展非公有制经济;加强公共服务设施建设;加快城市辖区经济发展;大力推进县与县、森工垦区、油田、矿区合作共建。
18	关于扩大县(市)经济社会管理权限的实施意见	黑政发[2006]75号	2006年9月25日	黑龙江省人民政府	重点涉及项目投资、财政管理、税收调整、用地报批、证照发放等方面。
19	关于开展扩权强县试点工作的实施意见	川府发[2007]58号	2007年7月10日	四川省人民政府	做强做大一批特色鲜明、竞争力强的大企业集团、产业集群,形成区域特色产业。坚持把产业互动与城乡协调发展结合起来,解决城乡二元经济结构,坚持体制机制创新、自主创新,自主创新与区域可持续发展结合起来。
20	关于扩大部分县(市)经济管理权限的决定	陕政发[2007]25号	2007年7月12日	陕西省人民政府	统筹考虑各县综合实力、发展潜力和区域布局,初期确定试点县(市)等15个县(市)为扩大管理权限的县(市),涉及计划和统计管理、项目管理、资金管理、税收管理、用地和矿业权管理、证照管理、价格管理等方面。
21	关于加快县域经济发展的意见	川委发[2007]22号	2007年7月12日	中共四川省委、四川省人民政府	积极发展现代农业;加速工业化进程;加快县域服务业发展;大力发展民营经济和中小企业;发展壮大劳务经济;加快城镇化步伐;优化县域经济的产业布局,搞好资源的节约利用和环境保护。
22	关于进一步完善省管县财政管理体制的实施意见	黑政发[2007]87号	2007年11月18日	黑龙江省人民政府	财政收支核定;税收返还核定;转移支付核定;专项资金分配;政府性债务管理;预算编制管理;资金调度管理;财政结算办理;预算执行管理;财源建设工作;车辆经费管理;资产管理。

附录2 相关省（区、市）加快县域经济发展政策性文件汇编（2002~2013年）

续表

序号	名称	文号	发布时间	发布单位	重点内容/重点任务
23	关于贯彻落实科学发展观促进县域经济又好又快发展的若干意见	皖发〔2008〕9号	2008年5月3日	中共安徽省委、安徽省人民政府	抓好项目建设；提高土地集约利用水平；进一步扩大对外开放；改进县域金融服务。
24	沈阳市加快县域经济发展规划纲要（2008~2012年）	沈政发〔2008〕17号	2008年7月12日	沈阳市人民政府	围绕主攻工业，进一步提高县域工业化水平；围绕提升农业，进一步提高县域农业现代化发展；围绕强化服务业，进一步完善农村商品流通体系；围绕统筹城乡发展，进一步提高县域城镇化水平；围绕改善民生，进一步促进经济社会协调发展。
25	关于在新的起点上推进县域经济又好又快发展的若干意见	鄂发〔2008〕11号	2008年7月14日	中共湖北省委、湖北省人民政府	实施工业强县战略，调整优化农业和农村经济结构；加快城镇化步伐，强化城镇集聚与辐射带动功能；放手发展民营经济，大力培育市场主体；实施开放先导战略，加大招商引资力度；加强公共服务设施建设，努力改善发展环境。
26	关于加快推进县域工业园区发展的指导意见	陕政发〔2008〕58号	2008年11月6日	陕西省人民政府	认真做好县域工业园区规划工作；合理确定县域工业园区产业定位；高度重视县域工业园区环境保护；努力提高县域工业园区土地利用率，大力推动县域工业园区招商引资；进一步加大对县域工业园区的投入力度；建立健全县域工业园区管理运营机制；切实加强对县域工业园区发展的组织领导。
27	关于进一步扩大省直管县财政体制改革试点范围的通知	赣府发〔2009〕6号	2009年2月10日	江西省人民政府	进一步扩大省直管县财政体制改革试点范围；认真落实省直管县财政体制改革试点政策；切实加强对改革试点工作的领导，设区市要继续加大对市辖区的支持力度。
28	关于进一步下放经济社会管理权限促进县域经济又好又快发展的实施意见	昆政发〔2009〕15号	2009年3月5日	昆明市人民政府	推进综合改革试点工作，以增强县域经济发展活力为目标，以扩大经济社会管理权限、提高各级行政效率、理顺事权责任关系为重点，进一步下放审批管理权限，促进全市县域经济又好又快发展。

295

续表

序号	名称	文号	发布时间	发布单位	重点内容/重点任务
29	陕西省加快县域城镇化发展纲要	陕政发[2009]21号	2009年3月27日	陕西省人民政府	优化城镇空间布局，形成集约发展态势；加快基础设施建设，提高城镇承载能力；突出产业支撑，加快工业化进程；完善市场体系，实现生产要素高效有序流动。
30	陕西省加快县域工业化发展纲要（2009~2012年）	陕政发[2009]22号	2009年3月27日	陕西省人民政府	培育和发展农产品加工业；围绕大企业大集团发展配套型工业；积极发展高新技术产业；支持发展劳动密集型产业；大力发展服务业；认真做好工业园区规划和企业，提升企业规模和素质；加快县域工业园区建设，建立健全县域工业园产业集群建设；建立健全县域工业园区管理运营机制，切实保障用地需求。
31	陕西省县域经济社会发展监测考评暂行办法	陕政发[2009]23号	2009年3月27日	陕西省人民政府	以省政府名义又对83个县（市）综合监测考评前10名和综合监测考评名次快位快的前10名分别授予年度"陕西经济十强县"和"陕西省县域经济社会发展争先进位奖"称号；对24个区综合监测考评前5名和综合监测考评名次快进位快的前5名分别授予年度"陕西省城区经济社会发展五强区"和"陕西省城区经济社会发展争先进位奖"称号；并以省政府名义进行通报表彰。
32	关于推进省直接管理县财政改革的意见	财预[2009]78号	2009年6月22日	财政部	实行省直接管理县财政改革，就是在政府间收支划分、转移支付、资金往来、预决算、年终结算等方面，省财政与市、县财政直接联系，开展相关业务工作。
33	关于加快推进全省重点镇建设和县域城镇化的意见	陕政发[2009]52号	2009年8月31日	陕西省人民政府	全面推进管理体制创新；深化户籍管理制度改革；建立重点镇投融资新体制；加快重点镇规划修编工作；保障重点镇建设用地；建设、增强重点镇辐射带动功能；加强对重点镇的建设领导。
34	湖北省县域经济发展综合考评办法	鄂办发[2009]45号	2009年8月31日	湖北省人民政府办公厅	发展壮大县域经济，以体制机制创新为动力，建立和完善县域经济发展综合考核评价体系，形成科学有效的导向和激励机制，乘势推动县域经济崛起中部地区新一轮跨越式发展，为构建促进中部地区崛起的重要战略支点奠定基础。

附录2 相关省（区、市）加快县域经济发展政策性文件汇编（2002~2013年）

续表

序号	名称	文号	发布时间	发布单位	重点内容/重点任务
35	关于全省银行业进一步加大支持县域经济发展力度的指导意见	辽政发[2009]22号	2009年9月19日	辽宁省人民政府	进一步完善县域银行网点分布；进一步加大对县域经济的信贷投放；创新贷款担保方式，扩大有效担保品范围；加快推进农村金融服务方式创新。
36	关于推进现代化加快县域发展的指导意见	市政发[2009]161号	2009年12月30日	西安市人民政府	优质粮食产业提高工程；设施蔬菜扩建工程；绿色果品发展工程；畜牧业发展工程；观光农业发展工程；特色产业培育工程；一村一品发展工程；农产品加工、流通带动工程；品牌创建工程；农民专业合作社发展工程。
37	2010年中部市县特色资源产业化实施方案	琼府办[2010]88号	2010年7月29日	海南省人民政府办公厅	①着力发展"一县（市）一品"，打造六大特色产业，做大规模，打出品牌；实现培育龙头企业，发展农产品加工，延伸产业链，推动优势特色产业发展。②全面推进特色农业产业化工作，支持并指导绿色优质瓜果菜基地、休闲农业基地、标准化畜禽养殖小区、农产品加工园区建设；资源开发产业化转变，促进中部市县农业增效、农民增收。农村沼气、桑蚕种植、生（沙）姜种植，支持并指导绿色优质瓜果菜基地，标准化畜禽养殖小区、农产品加工园区建设；统筹开展绩效考评工作。③按照"市县申报、专家评审、竞争立项、择优批"的原则，安排中部地区农业生产发展专项资金，支持中部市县发展优势特色产业。
38	关于支持城乡一体化扩点县（市、区）试点的意见	鄂办文[2010]60号	2010年7月30日	中共湖北省委、湖北省人民政府办公厅	①积极争取中央支持，将扩点县（市、区）纳入国家小流域治理和现代农业示范项目专项规划。②取消农业户口和非农业户口性质，实行县（市、区）域统一的户口登记和迁移制度。对具有合法固定住所、合法稳定职业或合法稳定生活来源的人员，准予在县（市、区）城关镇或小城镇落户。③积极推动试点县（市、区）涉农信贷与涉农保险合作。扩大林权抵押贷款规模，推广农村土地承包经营权抵押贷款试点。
39	关于扩大县（市）部分经济社会管理权限的决定	湘政发[2010]249号	2010年11月26日	湖南省人民政府	扩大县（市）260项经济社会管理权限，其中，直接下放87项，委托（授权）下放34项，减少审核层级118项，取消21项，扩权范围为省财政直管的79个县（市），湘西自治州各县（市）、长沙县、望城县。

297

续表

序号	名称	文号	发布时间	发布单位	重点内容/重点任务
40	关于开展扩权强县工作的意见	桂政发[2010]72号	2010年12月19日	广西壮族自治区人民政府	①直接下放。自治区和设区市的管理权限，除国家法律、法规、规章不允许下放到县级管理的以外，原则上都要直接下放到县级。属于县域经济发展迫切需要，改善民生迫切需要，方便基层群众办事迫切需要，而依照国家法律、法规、规章又不允许下直接下放给县级管理的权限，则通过委托的方式下放到县级。③县级人民政府及其工作部门依法承担与上级人民政府及其工作部门下放权限相关的事项，办理相关手续并向社会公告，做好衔接工作。④建立健全赋予管理权限运作规范、便民高效的管理制度，确保各项管理不出现脱节和漏洞。⑤建立健全严格的责任机制，做到权责一致，有责可查。
41	广东省县镇事权改革若干规定（试行）	粤府令第158号	2011年5月5日	广东省人民政府	①法律、法规、规章规定的行政管理权限，除需由上级机关统一协调行使、明确分级管理的行政管理职权，由县级人民政府及其部门行使一切具体明确分级管理的行政管理职权，由县级人民政府及其部门行使。②经省人民政府批准，县级人民政府及其部门可以行使省政府规章规定的行政管理职权。经省人民政府批准，特大镇人民政府可以行使省政府规章规定的由县级人民政府及其部门行使的行政管理职权。
42	关于进一步推进县域义务教育均衡发展的若干意见	黑政发[2011]42号	2011年5月30日	黑龙江省人民政府	均衡配置教育资源；完善教育投入机制；实行校长、教师交流制度；深化管理制度改革；全面推进素质教育；完善督导评估制度。
43	关于印发赋予试点县(市)经济管理权限目录的通知	豫政办[2011]66号	2011年5月31日	河南省人民政府	①扩权县(市)的企业投资符合国家产业政策的技术改造项目、其固定资产投资额的40%抵免企业所得税申请，由县(市)地税部门受理并直接报省地税部门审核确认。②扩权县(市)需要经过省辖市向省有关部门上报的固定资产投资项目和申报国家补助的建设性投资项目，包括国家财政性投资项目、国家银行优惠政策性贷款项目、国家和省统筹还贷国外借款项目（跨县结构调整、县域经济发展等专项资金安排的建设项目、高新技术产业化、农业结构调整，以及使用省政府有关部门申报）。③凡符合国家出资或平衡建设条件的建设项目，一律不在国家审批范围，不需要经省、省辖市两级出资或平衡建设条件的建设项目，一律按照省审批权限由扩权县(市)自行审批，核报或按规定进行登记备案。

附录2 相关省（区、市）加快县域经济发展政策性文件汇编（2002~2013年）

续表

序号	名称	文号	发布时间	发布单位	重点内容/重点任务
44	湖北省县域经济发展规划（2011~2015年）	鄂政发[2012]1号	2012年1月9日	湖北省人民政府	①县（市、区）要围绕自身资源禀赋，立足资源优势、产业基础等确定自身的主导产业，制订工作方案，把主导产业推进的壮大落实到大园区、重大支撑项目和产业链培育上，推动县域主导产业进一步做大做强；各级各地要围绕国家宏观调控政策，组织策划大型企业、大型项目，结合县域产业发展实际，积极推进中央企业、著名企业、大型民营企业经济做大做强的对接与合作，大力服务和引导民间资本到县域投资兴业，支持民营经济做大做强。不断增强县域经济"的定位，辐射县域乡村，把每个县域建成规划科学、设施完善基础配套、功能齐全、经济发展、环境优美、各具特色的新型中小城市，提升县城综合承载力和辐射力。
45	2012年全区扩权强县工作推进方案	桂政办发[2012]27号	2012年2月16日	广西壮族自治区人民政府办公厅	①成立自治区扩权强县推进工作领导小组，领导小组办公室设在自治区发展改革委，办公室下设办公室、审核组、培训组、宣传组、考核督查组。领导小组办公室由自治区监察厅、绩效办、自治区党委组织部、新闻办、发展改革委、财政厅、法制办等部门组成。各市、县（市、区）人民政府和自治区各放权部门成立相应的扩权强县推进工作机构。②召开全区扩权强县推进工作会议，对全区扩权强县推进工作进行部署。③完成扩权强县推进工作业务培训，扩权对象为自治区和市各放权部门负责行政审批工作的主要负责人及业务骨干，各市、县（市、区）政府政务服务中心管理办、政府法制办公室等相应部门负责人及业务骨干。
46	关于促进全省县域金融业更好更快发展的意见	鲁政发[2012]14号	2012年3月29日	山东省人民政府	①推动各类金融机构和市场中介机构设立分支机构，广泛设置自助设备，提升县域金融服务能力和水平。市、县两级政府对此应给予适当奖励或补助。②支持县（市）政府制定切实可行的扶持政策，通过资本金注入、风险补偿和奖励补助等形式，广泛动员和支持各类社会资金参与组建融资性担保机构，加快实现县域全覆盖。鼓励规模较大、实力较强的融资性担保机构在县域设立分支机构或开展业务。

续表

序号	名称	文号	发布时间	发布单位	重点内容/重点任务
47	关于进一步推进扩权强县工作的实施意见	黔府办发[2012]24号	2012年6月4日	贵州省人民政府办公厅	①技术改造项目及工业和信息化固定资产投资项目的审批、核准、备案等经济管理权限采取县（市、特区）分批的方式下放。②申请省级资金补助、不使用市（州）人民政府资金不使用市（州）人民政府属县（市、特区）属项目，由县级主管部门直接向省主管部门申报；申请国家部委资金补助，不使用省级资金补助的县（市、特区）属项目，由县级主管部门直接报送省级主管部门初审后转报国家相关部委；其他需要申请省级资金补助或国家部委资金补助，同时需要市（州）人民政府配套资金的项目仍按原程序办理。
48	关于支持省会城市群经济圈财政困难县加快经济发展的实施意见	鲁政办发[2012]47号	2012年6月27日	山东省人民政府办公厅	①重点支持市、县（市、区）政策性融资担保体系建设，充实市、县（市、区）融资担保机构资本金，增强对中小企业的融资服务能力，创新债务融资工具，拓宽直接融资渠道，完善金融服务体系，提高金融服务能力。②重点支持符合国家产业政策，发展潜力大，技术含量高，吸纳就业人员多，创税能力强，综合效益好的县域主导产业，优先扶持工业企业重点技改项目，培植壮大特色性现代农业和现代服务业项目，推进产业升级改造。
49	关于大力推进现代农业林业畜牧业重点县建设的意见	川府发[2013]3号	2013年1月6日	四川省人民政府	①培育特色突出，优势明显，集中连片的现代林业产业基地。推行"龙头企业+专业合作社、木本药材、森林食品等现代饮林业产业基地。推行"龙头企业+专业合作社+适度规模养殖大户"集中共建联建养殖小区，建设"生态养殖+沼气+绿色种植"等种养结合、生态循环农业发展集中区。②建成以现代种业、林业、备牧业产业为基础的加工生产园区，培育壮大一批带动能力强的龙头企业，促进产品就地加工转化，提高产品附加值，构建以产地市场为基础，区域市场为中心的产品市场体系，推进市场标准化建设。
50	关于加快推进"一县一业"产业对接工作的通知	甘政办发[2013]79号	2013年5月14日	甘肃省人民政府办公厅	①选准对接方向，做好项目衔接。认真研究本地地区资源禀赋、产业发展状况，根据产业发展方向及区域环境承载能力和富民产业首位、产业和富民多元产业，从区域产业规划、优势企业带动区域经济发展的项目，围绕县域首位产业、专业人才培养等方面寻找合作切入点，谋划一批能带动区域经济发展的项目，建立健全各行业对接动态项目库。②主动跟踪服务，严格监督考核。各地政府和各行业办公室及时跟踪掌握"一县一业"产业对接工作的总体进度，资金到位等情况，项目落实、项目承接产业转移领导小组办公室报送承接产业转移项目明细表及项目情况分析报告。

附录2 相关省（区、市）加快县域经济发展政策性文件汇编（2002~2013年）

续表

序号	名称	文号	发布时间	发布单位	重点内容/重点任务
51	关于进一步加快县域经济发展的意见	内党发[2013]13号	2013年6月19日	内蒙古自治区党委自治区人民政府	①加快发展县域工业，大力发展具有地方特色的优势产业，把推进传统产业新型化、新兴产业规模化、支柱产业多元化作为县域工业发展的主攻方向。继续推进"双百亿"工程，努力打造产值超千亿元企业集团和园区。②积极发展现代服务业。深入挖掘草原文化资源，规划建设县域精品旅游景区，大力发展"农家乐""牧家乐"和休闲观光牧业，推动旅游与文化融合发展。改造提升传统商贸服务业，以县域商业为重点，加快老旧商业街商业区改造，积极引进国内外大型商贸连锁企业，推动商贸企业规模化、品牌化经营。
52	关于省级转型综改试点享受扩权强县优惠政策的通知	晋政办发[2013]77号	2013年7月4日	山西省人民政府办公厅	①申请使用国家和省政府投资资金投资项目，需要下级部门审核报送材料的，由试点县（市）投资主管部门直接向省投资主管部门报送，省投资主管部门定期将下达资金情况抄报市投资主管部门。②对试点县（市）一般预算收入中税收收入上年增长部分省、市财政按上缴省、市税收增加额的50%奖励给试点县（市）作为发展资金。
53	贵州省提高县域经济比重五年行动计划的通知	黔府发[2013]24号	2013年9月6日	贵州省人民政府	①积极引导生产要素向优势产业和龙头企业集中，重点发展"四个一体化（煤电磷、煤电铝、煤电钢、煤电化）""五张名片（烟、酒、茶、民族医药、特色食品）"、战略性新兴产业（新材料、装备制造、节能环保、信息技术、新能源、软件和服务外包等）和现代服务业（景区）基础设施建设，带动引领县域经济加快发展。②加快县域园区（景区）基础设施建设，着力提升园区承载能力，全力构建特色优势产业发展平台，推动生产要素集聚，以规模化推进县域经济加快发展。
54	贵州省市县经济发展综合测评办法的通知	黔府办发[2013]56号	2013年12月4日	贵州省人民政府办公厅	①对9个市（州）及88个县（市、区、特区）进行测评，综合反映半年和全年市县经济增长、结构优化、质量效益、科技进步、生态环境、"产业发展强县"和"非经济强县"两类分别测评。②市、县测评指标设置一致，县级分为"经济强县"和"非经济强县"两类分别测评。②市、县测评指标设置一致，包括经济总量、投资规模、群众满意度8个方面，共35项指标。其中，经济总量指标7项，投资规模指标4项，产业发展指标10项，科技进步与就业指标4项，财政税收指标4项，人生态环境指标5项，居民收入指标4项，群众满意度指标1项。

注：因资料来源限制，本表中有关县域经济发展的政策性文件并未涵盖所有地区，上述资料仅供参考。
资料来源：中国政报公报期刊文献总库。

附录 3
广西县域竞争力原始数据表

附表1 广西县域竞争力原始数据表——规模竞争力

单位：万人，万元

县域＼指标	年末总人口	地区生产总值	农林牧渔业产值	社会消费品零售总额	财政收入	全社会固定资产投资
邕宁区	34.63	492015	208660	130157	54421	463269
武鸣县	69.16	2229333	603583	495710	99340	2430952
隆安县	40.53	496441	199881	125545	42229	774867
马山县	55.26	403895	135964	144399	32477	490343
上林县	48.91	403080	166752	129292	33662	440011
宾阳县	103.92	1401260	375979	637404	126665	1739369
横县	121.17	2226099	569227	580627	136376	2121341
柳江县	55.10	1574472	326322	293924	124230	1743043
柳城县	41.23	919516	321697	229257	67006	805209
鹿寨县	49.91	1040231	258458	230431	76466	1355691
融安县	32.14	507278	142125	173257	34559	706541
融水苗族自治县	50.06	582406	143845	169851	47130	737915
三江侗族自治县	38.35	345069	133010	136016	26950	592560
阳朔县	31.76	762279	180504	181212	60066	975803
临桂县	49.17	1652511	317533	272453	180447	2382022
灵川县	38.11	1057084	272893	346970	120281	1434670
全州县	82.86	1307541	381371	227634	62256	1212143
兴安县	38.18	1239799	256504	294230	111042	1488043
永福县	28.47	828800	189960	194201	51290	842789
灌阳县	29.04	531373	142201	123781	35064	529424
龙胜各族自治县	17.79	405879	84294	67217	41273	377909
资源县	17.52	349814	82332	82356	20264	420146
平乐县	44.82	787666	296264	163509	35056	660353
荔浦县	38.49	991620	225921	362845	70198	810258

续表

指标 县域	年末总人口	地区生产总值	农林牧渔业产值	社会消费品零售总额	财政收入	全社会固定资产投资
恭城瑶族自治县	30.05	664488	198294	185657	41838	653920
苍梧县	60.79	1461576	201434	306319	118038	1781227
藤县	103.57	1608558	384268	518413	133510	1630003
蒙山县	21.69	519816	93883	102708	40426	500609
岑溪市	91.87	1890394	288657	469898	136956	1920021
合浦县	105.62	1645483	641470	554536	87168	1496273
防城区	41.45	896798	212426	284209	83673	1059657
上思县	23.58	589657	185070	130063	62066	690708
东兴市	13.54	624504	107318	156846	97509	1009704
钦南区	60.42	1667172	460461	794081	46085	1825000
钦北区	81.13	984582	378793	339085	53542	1083816
灵山县	158.49	1417111	495916	642266	76042	1504421
浦北县	91.65	1149896	317418	545127	53006	1069029
港北区	66.11	1380386	168422	839549	98770	1111507
港南区	67.14	605489	181169	338088	35703	873024
覃塘区	58.16	775524	215295	284623	50165	866585
平南县	146.70	1592837	429462	540326	95061	1169504
桂平市	191.81	2172459	492426	837907	96107	1501802
玉州区	104.43	2448136	141982	1827360	152503	2551422
福绵区	39.70	561780	186373	110802	34324	762248
容县	83.07	1181447	289385	409400	84550	1163134
陆川县	106.84	1671905	288203	378910	92117	1300960
博白县	179.42	1991391	681051	658849	104803	1631332
兴业县	75.38	982784	335829	213377	68269	963086
北流市	142.73	2090025	369207	629558	139469	1670440
右江区	34.75	1659243	202437	387128	75018	1510443
田阳县	34.82	690584	196032	195041	71880	1136021
田东县	42.64	1120154	215118	153682	147169	1740930
平果县	50.55	1119977	126037	212339	205065	1751660
德保县	36.59	512228	86440	75640	78018	703654
靖西县	65.50	1030451	128465	197008	118568	1382251
那坡县	21.34	155622	56974	53427	15051	300993
凌云县	21.91	199302	57910	40661	14612	270865
乐业县	17.17	150790	50251	45411	16618	330553
田林县	25.54	271152	104510	69389	28065	390843

续表

指标 县域	年末总人口	地区生产总值	农林牧渔业产值	社会消费品零售总额	财政收入	全社会固定资产投资
西林县	15.63	147904	63190	40117	13728	202246
隆林各族自治县	42.19	429634	84058	96862	40116	280274
八步区	69.88	1313945	252122	387772	76231	1503898
平桂区	50.30	887331	158641	173188	60473	1652607
昭平县	43.67	512736	154821	160341	25017	831037
钟山县	51.45	636060	132419	239764	35629	1011037
富川瑶族自治县	32.19	466923	156303	102826	36118	917227
金城江区	33.88	832697	101752	432365	37688	602079
南丹县	30.89	663013	98439	181071	75067	303639
天峨县	17.22	373237	61569	81568	29590	160608
凤山县	21.49	150071	48206	55628	10105	115016
东兰县	30.22	177957	56338	94699	12098	180777
罗城仫佬族自治县	37.79	341115	131691	116311	22188	151006
环江毛南族自治县	37.59	322206	148925	143565	25116	161293
巴马瑶族自治县	28.27	255272	85349	85121	21569	187864
都安瑶族自治县	71.14	314597	116116	144364	30269	293290
大化瑶族自治县	46.22	355584	75102	112548	35021	140777
宜州市	66.29	877880	339955	322612	72239	482094
兴宾区	109.84	2527972	517139	485561	104171	3163086
忻城县	41.48	479643	163671	160153	35433	547836
象州县	35.89	837291	255779	167046	54211	701973
武宣县	43.66	843350	228997	149169	62323	625563
金秀瑶族自治县	15.41	233105	70287	58850	20013	221589
合山市	14.03	333531	34212	74491	30010	357998
江州区	36.06	1077801	251802	176274	90007	953038
扶绥县	45.35	996163	365253	145437	141806	1065167
宁明县	43.60	790292	258693	99041	77606	695267
龙州县	26.53	635013	196014	120289	66077	628939
大新县	37.37	821867	195403	83430	100021	772072
天等县	45.29	407625	118873	71058	36005	523042
凭祥市	11.18	362035	43440	148182	73986	684015
县域统计	4884.73	81423012	19948225	24229664	6090443	86958670
全区统计	5240	130351015	34907200	45166000	18101400	126352181

附表2 广西县域竞争力原始数据表——发展竞争力

指标 县域	地区生产总值增长速度(%)	工业增加值增长速度(%)	社会消费品零售总额增长速度(%)	财政收入增长速度(%)	全社会固定资产投资增长速度(%)	银行存贷款比例评级
邕宁区	8.99	-23.72	16.42	33.14	42.57	0.603
武鸣县	22.46	29.54	17.14	23.39	39.38	0.522
隆安县	12.86	4.16	14.27	22.72	34.71	0.551
马山县	13.50	4.75	16.63	21.82	28.41	0.399
上林县	12.50	2.72	16.59	22.17	33.12	0.325
宾阳县	11.41	0.74	17.83	25.13	35.70	0.486
横县	28.46	51.18	17.91	24.37	37.55	0.857
柳江县	13.39	11.79	16.78	18.81	25.94	0.763
柳城县	18.18	16.24	16.20	27.73	36.89	0.585
鹿寨县	-1.71	-8.62	0.71	16.26	-10.21	0.695
融安县	15.80	12.45	17.86	16.83	33.55	0.516
融水苗族自治县	17.98	20.55	16.37	19.44	31.87	0.517
三江侗族自治县	9.96	-11.06	16.40	18.98	17.93	0.399
阳朔县	16.54	22.82	16.71	15.51	12.15	0.496
临桂县	24.05	29.61	18.04	29.75	34.48	0.728
灵川县	20.54	24.23	17.61	22.40	32.23	0.661
全州县	14.54	12.37	16.54	11.70	31.26	0.485
兴安县	23.11	31.93	17.91	24.70	29.56	0.647
永福县	15.74	15.02	16.97	11.15	27.26	0.757
灌阳县	15.08	16.16	17.33	24.25	18.95	0.492
龙胜各族自治县	13.16	9.73	17.30	20.64	13.59	0.599
资源县	19.45	28.64	17.26	21.18	29.27	0.546
平乐县	13.27	9.81	16.87	16.66	34.47	0.520
荔浦县	15.58	15.27	16.45	14.71	36.60	0.700
恭城瑶族自治县	17.84	26.53	16.35	17.73	29.04	0.569
苍梧县	21.78	27.59	16.16	36.27	29.96	0.530
藤县	16.59	21.10	14.63	36.14	30.17	0.524
蒙山县	16.23	19.64	19.49	32.96	30.29	0.581
岑溪市	14.47	16.18	15.88	32.43	22.27	0.644
合浦县	8.78	-3.42	17.45	22.34	19.49	0.494
防城区	13.49	8.14	14.18	16.92	16.37	0.504
上思县	18.01	22.79	23.97	18.87	24.83	0.525
东兴市	17.58	21.50	16.78	27.26	26.08	0.530

续表

指标县域	地区生产总值增长速度(%)	工业增加值增长速度(%)	社会消费品零售总额增长速度(%)	财政收入增长速度(%)	全社会固定资产投资增长速度(%)	银行存贷款比例评级
钦南区	12.66	18.09	16.18	22.52	14.68	0.526
钦北区	16.27	19.99	17.86	30.58	32.93	0.534
灵山县	11.60	5.26	17.93	14.45	37.02	0.439
浦北县	18.40	22.88	16.90	12.32	41.36	0.427
港北区	4.83	-14.39	14.42	24.07	18.61	0.540
港南区	5.14	-12.71	32.09	26.50	29.49	0.534
覃塘区	9.37	3.29	14.08	10.53	26.32	0.602
平南县	12.01	6.87	14.25	11.78	17.81	0.455
桂平市	15.73	15.29	15.53	5.94	13.96	0.459
玉州区	10.43	3.05	13.98	32.28	29.20	0.566
福绵区	10.94	2.47	17.23	25.35	23.05	0.544
容县	16.95	19.85	17.12	22.54	25.35	0.428
陆川县	20.35	24.15	17.39	25.04	24.84	0.541
博白县	18.73	20.01	17.23	28.16	32.65	0.495
兴业县	13.72	13.12	17.17	23.30	24.65	0.492
北流市	16.75	19.33	17.28	24.06	29.13	0.535
右江区	16.90	22.08	17.54	9.90	13.29	0.780
田阳县	16.18	18.72	17.37	28.89	44.09	0.614
田东县	19.10	22.09	17.99	21.24	25.19	0.928
平果县	16.72	19.93	17.17	15.70	34.90	1.046
德保县	8.41	7.14	17.40	4.23	15.68	1.443
靖西县	19.91	23.55	16.95	25.65	29.94	0.501
那坡县	17.59	13.89	16.79	35.94	34.94	0.405
凌云县	14.06	14.03	17.13	16.31	25.86	0.419
乐业县	10.91	-5.57	17.14	11.30	19.81	0.474
田林县	8.69	6.90	17.00	-3.42	-5.09	0.611
西林县	8.70	-11.82	16.93	15.53	35.18	0.374
隆林各族自治县	0.90	-9.04	16.99	0.79	39.47	0.546
八步区	12.27	10.12	16.67	20.94	19.56	0.521
平桂区	16.77	17.53	16.00	40.11	34.79	0.502
昭平县	15.65	11.24	16.07	14.96	28.49	0.537
钟山县	8.05	-2.17	16.11	14.12	28.39	0.454
富川瑶族自治县	19.45	22.12	16.05	13.83	28.84	0.622
金城江区	-5.32	-24.54	19.29	0.18	-14.47	0.617

续表

指标\县域	地区生产总值增长速度(%)	工业增加值增长速度(%)	社会消费品零售总额增长速度(%)	财政收入增长速度(%)	全社会固定资产投资增长速度(%)	银行存贷款比例评级
南丹县	1.30	-5.86	11.44	-4.42	-17.29	0.564
天峨县	-5.69	-12.14	16.32	-20.07	-32.26	1.515
凤山县	2.46	-16.10	19.29	6.85	-2.13	0.380
东兰县	5.37	-13.23	17.25	-3.63	-9.43	0.374
罗城仫佬族自治县	4.85	-12.46	15.12	7.53	-20.72	0.390
环江毛南族自治县	3.31	-18.96	17.63	-2.99	-15.25	0.451
巴马瑶族自治县	2.07	-14.40	19.69	8.48	-9.76	0.430
都安瑶族自治县	7.53	-6.80	13.94	0.33	12.71	0.616
大化瑶族自治县	3.73	-5.21	16.08	-16.32	-16.71	0.584
宜州市	6.75	-10.67	12.97	9.67	-4.86	0.588
兴宾区	11.75	0.01	17.42	20.43	40.11	0.770
忻城县	12.40	12.50	17.10	0.22	31.08	0.469
象州县	21.35	29.32	17.42	15.39	31.36	0.537
武宣县	28.29	45.63	17.80	16.88	37.73	0.504
金秀瑶族自治县	15.04	12.54	17.37	20.24	22.70	0.548
合山市	21.48	27.32	17.15	-4.46	18.44	0.414
江州区	18.30	29.77	17.65	13.10	23.19	0.722
扶绥县	11.15	15.70	17.00	18.88	36.40	0.544
宁明县	19.78	32.34	17.20	23.04	33.13	0.452
龙州县	17.68	26.84	17.96	22.06	32.70	0.513
大新县	20.58	25.86	18.04	18.46	32.14	0.550
天等县	7.00	-3.79	17.25	9.25	23.30	0.492
凭祥市	20.02	33.86	17.46	20.65	39.36	0.394
县域统计	14.32	13.79	16.44	18.58	24.88	0.646
全区统计	16.71	16.94	16.78	21.38	26.80	0.774

附表3 广西县域竞争力原始数据表——质量竞争力

指标\县域	人均地区生产总值(元/人)	人均财政收入(元/人)	人均工业增加值(元/人)	单位面积地区生产总值(万元/平方公里)	单位面积粮食产量(吨/公顷)	单位电力消耗地区生产总值(元/千瓦时)
邕宁区	18393	1571.44	1537.71	399.77	5.17	9.82
武鸣县	40530	1436.46	15379.38	657.83	5.04	21.89
隆安县	16368	1041.79	2803.24	215.32	4.14	9.93
马山县	10214	587.70	1430.47	172.55	4.14	15.13
上林县	11603	688.25	1437.40	215.44	4.33	17.92

307

续表

指标 县域	人均地区生产总值（元/人）	人均财政收入（元/人）	人均工业增加值（元/人）	单位面积地区生产总值（万元/平方公里）	单位面积粮食产量（吨/公顷）	单位电力消耗地区生产总值（元/千瓦时）
宾阳县	17698	1218.86	3793.33	609.73	5.11	16.87
横县	25532	1125.49	7240.52	645.61	5.09	27.85
柳江县	27632	2254.65	12593.35	620.54	4.78	27.24
柳城县	25746	1625.14	7317.11	434.89	4.80	30.13
鹿寨县	30992	1532.08	8474.15	349.68	4.91	10.72
融安县	17586	1075.30	5728.49	175.04	4.79	22.06
融水苗族自治县	14347	941.49	4177.82	125.57	4.87	18.72
三江侗族自治县	11483	702.82	1817.69	142.76	4.76	14.61
阳朔县	27644	1890.97	4625.58	530.98	4.75	24.26
临桂县	36788	3669.93	18095.52	735.39	5.32	31.23
灵川县	29848	3156.25	11763.38	459.25	5.27	11.52
全州县	20391	751.35	5430.38	328.63	5.25	10.68
兴安县	37254	2908.40	16363.66	531.54	5.51	15.70
永福县	35059	1801.48	13646.00	296.55	5.07	25.60
灌阳县	22588	1207.65	7832.95	289.53	5.81	7.88
龙胜各族自治县	25976	2319.46	9635.31	165.63	5.97	16.04
资源县	23604	1156.47	7361.65	180.22	6.03	11.81
平乐县	20990	782.22	5642.61	416.06	5.37	21.07
荔浦县	27992	1823.73	9944.52	563.53	5.27	23.53
恭城瑶族自治县	26259	1392.11	9484.18	310.61	4.28	14.92
苍梧县	26397	1941.60	14496.76	420.61	5.05	21.39
藤县	18998	1289.04	7983.68	407.62	5.56	18.93
蒙山县	26650	1864.18	12073.22	405.57	4.85	23.09
岑溪市	24148	1490.76	12945.66	682.39	4.84	25.29
合浦县	18580	825.26	3940.61	595.72	4.86	16.52
防城区	24280	2018.68	7244.31	369.62	3.98	9.32
上思县	28666	2631.71	10985.85	209.57	3.72	30.07
东兴市	42125	7200.43	14786.81	1060.66	4.01	16.37
钦南区	26552	762.71	5254.83	642.62	4.34	13.28
钦北区	16725	659.94	3337.98	444.07	5.07	19.56
灵山县	12135	479.78	2361.05	398.34	5.10	19.61
浦北县	15599	578.33	3980.16	455.15	5.21	25.51
港北区	23508	1493.92	4777.68	1258.84	5.72	8.00

续表

指标县域	工业增加值（万元）	规模以上工业总产值（万元）	人均规模以上工业总产值（万元/人）	规模以上企业平均规模（万元/个）	规模以上工业外向度水平（%）	单位电力消耗工业增加值（元/千瓦时）
柳江县	693886	1855106	84.91	19527.43	5.06	21.68
柳城县	301691	593623	77.76	19149.13	0.00	21.67
鹿寨县	422945	1042436	56.25	26729.13	3.36	5.44
融安县	184108	350042	56.55	10295.35	2.23	18.59
融水苗族自治县	209136	337600	64.00	11253.33	0.00	22.65
三江侗族自治县	69700	65803	37.20	3655.72	0.00	6.13
阳朔县	146930	350810	28.89	14617.08	3.50	17.16
临桂县	889738	2517351	143.96	41268.05	26.30	32.38
灵川县	448288	1361521	97.22	18910.01	3.43	6.11
全州县	449956	1185335	211.59	26939.43	0.00	4.58
兴安县	624760	1457538	115.75	25570.84	1.43	9.99
永福县	388515	1129559	127.72	19816.82	0.00	17.55
灌阳县	227430	631820	204.34	23400.74	0.00	3.96
龙胜各族自治县	171453	327659	51.54	17245.21	15.13	9.78
资源县	128993	318326	69.67	10268.58	3.97	5.48
平乐县	252880	654797	90.49	31180.81	0.00	11.67
荔浦县	382778	956824	31.11	16786.39	7.84	19.19
恭城瑶族自治县	285035	817192	110.84	35530.09	0.00	9.43
苍梧县	881320	2136309	148.26	32866.29	7.19	22.37
藤县	826893	2031242	35.27	21381.49	4.38	17.76
蒙山县	261816	706466	48.25	24360.90	9.53	20.49
岑溪市	1189316	3036169	120.75	36580.35	18.12	35.63
合浦县	416225	1061095	76.79	17684.92	25.90	10.11
防城区	300272	922942	185.55	17091.52	9.85	6.22
上思县	259089	755421	148.65	34337.32	27.63	30.58
东兴市	200245	747101	189.62	28734.65	0.18	24.69
钦南区	317511	819897	51.38	11547.85	186.75	4.58
钦北区	270816	650199	80.70	14134.76	11.21	8.06
灵山县	374209	874337	61.75	14572.28	17.37	14.46
浦北县	364796	992993	40.72	12730.68	10.60	17.90
港北区	315876	1286456	91.84	32161.40	4.09	2.32
港南区	158877	635470	45.90	9349.66	11.78	5.76
覃塘区	272536	677133	113.33	16122.21	61.13	2.63
平南县	517513	1054800	54.95	10240.78	33.04	13.38

续表

县域\指标	工业增加值（万元）	规模以上工业总产值（万元）	人均规模以上工业总产值（万元/人）	规模以上企业平均规模（万元/个）	规模以上工业外向度水平（%）	单位电力消耗工业增加值（元/千瓦时）
桂平市	989313	2311256	54.13	20453.59	5.07	11.20
玉州区	788099	2436733	68.47	24613.46	48.51	9.29
福绵区	197739	1924728	66.35	76989.13	0.00	18.58
容县	540973	1308684	57.16	14224.83	5.85	26.60
陆川县	763182	2199012	107.31	20745.40	16.46	11.97
博白县	702025	1188156	24.81	9581.90	8.53	22.77
兴业县	279082	637570	137.20	30360.48	0.00	8.17
北流市	942895	2278053	31.19	13321.95	28.53	15.18
右江区	838603	1878749	122.40	43691.84	8.70	2.20
田阳县	257078	444494	86.43	19325.83	11.35	6.53
田东县	577100	1435686	104.75	53173.56	0.00	8.84
平果县	720934	1742262	104.68	48396.17	11.39	2.64
德保县	260225	662709	91.99	34879.42	0.00	3.21
靖西县	661725	1800074	198.20	81821.55	0.00	5.77
那坡县	17333	33395	47.37	6679.00	0.00	1.17
凌云县	56377	126199	64.45	9014.21	0.00	4.79
乐业县	19293	6718	21.26	3359.00	0.00	8.48
田林县	53471	132046	71.96	14671.78	58.52	3.52
西林县	14783	24182	18.59	4030.33	0.00	6.68
隆林各族自治县	187606	190681	97.89	19068.10	0.00	1.64
八步区	500051	1025739	99.73	30168.79	8.71	2.14
平桂区	379990	830571	117.49	16285.71	3.82	5.09
昭平县	108058	178610	80.35	8930.50	1.96	8.93
钟山县	208203	417050	76.78	13032.81	6.36	14.85
富川瑶族自治县	150444	484568	92.56	17306.00	51.10	8.51
金城江区	254606	730184	35.31	20862.40	4.74	2.84
南丹县	347546	621671	82.29	41444.73	0.77	3.31
天峨县	202824	299442	277.00	29944.20	0.00	152.76
凤山县	27661	63080	33.22	3942.50	0.00	58.70
东兰县	23463	36243	27.23	3294.82	0.00	7.08
罗城仫佬族自治县	61357	132392	24.10	5295.68	0.00	4.59
环江毛南族自治县	43994	107110	22.07	5355.50	0.00	2.83
巴马瑶族自治县	63008	108375	58.68	6375.00	4.64	5.73
都安瑶族自治县	43921	82873	25.91	6906.08	0.00	4.88

续表

指标 县域	工业增加值 （万元）	规模以上 工业总产值 （万元）	人均规模以上 工业总产值 （万元/人）	规模以上企 业平均规模 （万元/个）	规模以上 工业外向度 水平（%）	单位电力消耗 工业增加值 （元/千瓦时）
大化瑶族自治县	146834	176771	77.50	14730.92	0.00	10.17
宜州市	144697	416669	42.00	8865.30	33.29	2.81
兴宾区	874764	2751627	129.17	58545.26	11.62	1.82
忻城县	138915	272677	82.78	22723.08	6.81	9.62
象州县	363367	899487	133.65	15780.47	10.92	22.16
武宣县	374686	935096	146.15	18701.92	23.33	8.39
金秀瑶族自治县	47273	94887	54.88	6777.64	0.00	4.66
合山市	142275	403261	52.79	44806.78	22.05	17.11
江州区	418941	1032552	86.10	33308.13	68.39	19.05
扶绥县	345913	900481	126.81	36019.24	32.14	18.63
宁明县	308663	810437	195.00	42654.58	52.41	34.94
龙州县	193479	457715	86.41	32693.93	1.57	19.18
大新县	404013	762047	98.24	33132.48	0.00	5.06
天等县	115691	220587	69.50	15756.21	1.64	2.36
凭祥市	61779	153678	103.70	17075.33	0.00	10.33
县域统计	31221135	79565580	76.35	21049.10	15.05	6.90
全区统计	52792625	156572173	44.13	29885.89	17.97	6.34

附表5　广西县域竞争力原始数据表——民生竞争力

指标 县域	人均社会消费 品零售额 （元/人）	城镇居民 人均可支配 收入（元/人）	农村居民 人均纯收入 （元/人）	城乡居民 收入统筹 系数	每万人医院、 卫生院床位数 （张/万人）	每万人医院、 卫生院技术人 员数（人/万人）
邕宁区	3758	19764	7055	0.357	22.78	24.98
武鸣县	7168	21504	7981	0.371	29.11	25.44
隆安县	3097	17768	5340	0.301	34.69	27.31
马山县	2613	17683	4865	0.275	19.33	18.33
上林县	2643	17137	5082	0.297	19.04	20.63
宾阳县	6134	20321	7187	0.354	23.26	23.06
横县	4792	21016	7038	0.335	16.42	16.46
柳江县	5334	21010	8099	0.385	19.17	22.07
柳城县	5560	18573	7777	0.419	23.99	21.42
鹿寨县	4617	20520	7276	0.355	26.91	29.25
融安县	5391	18603	6494	0.349	33.82	34.23

续表

县域＼指标	人均社会消费品零售额（元/人）	城镇居民人均可支配收入（元/人）	农村居民人均纯收入（元/人）	城乡居民收入统筹系数	每万人医院、卫生院床位数（张/万人）	每万人医院、卫生院技术人员数（人/万人）
融水苗族自治县	3393	19244	4640	0.241	22.23	23.49
三江侗族自治县	3547	18495	4826	0.261	17.99	20.34
阳朔县	5705	26584	8377	0.315	14.67	19.96
临桂县	5541	26175	8643	0.330	13.83	23.04
灵川县	9105	23297	7700	0.331	27.76	30.23
全州县	2747	18763	7435	0.396	16.81	17.54
兴安县	7706	22456	9071	0.404	24.38	33.76
永福县	6821	22984	6824	0.297	25.39	27.36
灌阳县	4263	19403	4991	0.257	27.42	21.01
龙胜各族自治县	3777	21368	4602	0.215	21.64	30.68
资源县	4700	19873	5841	0.294	22.71	24.77
平乐县	3648	19265	6844	0.355	22.92	24.68
荔浦县	9427	22310	7476	0.335	25.38	26.71
恭城瑶族自治县	6178	20158	6473	0.321	19.23	25.15
苍梧县	5039	20209	6668	0.330	16.32	19.84
藤县	5005	19032	6312	0.332	16.40	16.44
蒙山县	4736	18926	5298	0.280	38.23	25.09
岑溪市	5115	21149	6720	0.318	18.97	18.28
合浦县	5250	20676	7063	0.342	29.54	22.31
防城区	6857	23289	7786	0.334	39.35	45.65
上思县	5515	14567	6274	0.431	22.90	25.19
东兴市	11582	26110	9264	0.355	25.70	34.41
钦南区	13142	22242	7588	0.341	54.70	64.20
钦北区	4179	21761	6781	0.312	18.85	9.87
灵山县	4052	20865	7049	0.338	24.10	18.74
浦北县	5948	20932	7329	0.350	20.54	18.85
港北区	12698	20223	7883	0.390	33.11	36.42
港南区	5036	20528	7684	0.374	14.57	16.85
覃塘区	4894	19832	8086	0.408	16.64	16.75
平南县	3683	19087	6976	0.365	21.51	18.71
桂平市	4368	18494	6867	0.371	16.02	18.66
玉州区	17498	25111	8371	0.333	53.58	55.81
福绵区	2791	23454	7055	0.301	31.20	34.56
容县	4928	19150	7012	0.366	19.80	21.05

续表

指标 县域	人均社会消费品零售额（元/人）	城镇居民人均可支配收入（元/人）	农村居民人均纯收入（元/人）	城乡居民收入统筹系数	每万人医院、卫生院床位数（张/万人）	每万人医院、卫生院技术人员数（人/万人）
陆川县	3546	19937	7207	0.361	17.39	14.94
博白县	3672	18897	7127	0.377	16.77	14.75
兴业县	2831	18539	6483	0.350	14.18	14.08
北流市	4411	23505	7795	0.332	19.04	17.21
右江区	11141	19242	6401	0.333	87.43	97.24
田阳县	5602	20131	5693	0.283	25.30	24.87
田东县	3604	22334	6419	0.287	32.41	29.67
平果县	4201	22526	5420	0.241	26.47	26.13
德保县	2067	21734	4414	0.203	20.69	20.66
靖西县	3008	16733	4235	0.253	20.24	16.17
那坡县	2504	14852	3559	0.240	22.73	21.14
凌云县	1856	18141	3798	0.209	22.05	20.27
乐业县	2645	18803	3778	0.201	16.95	19.40
田林县	2717	18278	4365	0.239	24.55	15.94
西林县	2566	15876	4113	0.259	30.39	22.90
隆林各族自治县	2296	19974	3923	0.196	21.12	18.11
八步区	5549	21005	5924	0.282	34.77	46.59
平桂区	3443	18862	6262	0.332	27.30	29.32
昭平县	3672	19043	5514	0.290	19.05	18.62
钟山县	4660	18723	5710	0.305	21.38	22.90
富川瑶族自治县	3195	18490	5380	0.291	20.88	23.27
金城江区	12761	20767	5048	0.243	66.50	65.70
南丹县	5861	21600	5739	0.266	25.80	23.37
天峨县	4736	16019	4602	0.287	20.79	27.93
凤山县	2588	14606	3922	0.269	22.61	24.29
东兰县	3133	14372	3771	0.262	22.43	17.80
罗城仫佬族自治县	3078	13864	3938	0.284	19.58	20.91
环江毛南族自治县	3819	16017	4978	0.311	19.18	15.46
巴马瑶族自治县	3011	14929	3788	0.254	19.14	14.43
都安瑶族自治县	2029	14854	4047	0.272	17.77	17.16
大化瑶族自治县	2435	14752	4299	0.291	19.17	15.88
宜州市	4867	19341	6300	0.326	36.88	35.43
兴宾区	4421	22235	6977	0.314	26.46	26.10
忻城县	3861	20659	5360	0.259	20.44	20.08

续表

指标 县域	人均社会消费品零售额（元/人）	城镇居民人均可支配收入（元/人）	农村居民人均纯收入（元/人）	城乡居民收入统筹系数	每万人医院、卫生院床位数（张/万人）	每万人医院、卫生院技术人员数（人/万人）
象州县	4655	22065	6733	0.305	25.86	24.19
武宣县	3417	20911	6175	0.295	35.41	24.28
金秀瑶族自治县	3818	21336	4399	0.206	36.39	30.81
合山市	5308	19709	5970	0.303	37.19	34.56
江州区	4888	19976	6886	0.345	27.51	30.89
扶绥县	3207	19858	7048	0.355	24.12	22.67
宁明县	2272	17420	6208	0.356	19.11	19.79
龙州县	4535	17699	5484	0.310	32.46	29.37
大新县	2233	20211	6488	0.321	19.61	21.33
天等县	1569	16469	5353	0.325	19.76	19.85
凭祥市	13258	21582	6280	0.291	21.11	31.22
县域统计	4960	19742	6170	0.313	23.57	23.35
全区统计	8619	21243	6008	0.283	29.90	42.14

附表6 广西县域竞争力原始数据表——基础竞争力

指标 县域	单位面积公路里程（公里/平方公里）	单位面积高等级公路里程（公里/平方公里）	单位面积铁路里程（公里/平方公里）	每万人移动电话用户数（户/万人）	每万人互联网用户数（户/万人）	每万人口中中学生数（人/万人）
邕宁区	0.7934	0.0040	0.0041	8563	1719	416
武鸣县	0.5130	0.0283	0.0000	7517	4606	409
隆安县	0.4204	0.0208	0.0282	5678	3567	370
马山县	0.4396	0.0165	0.0000	962	235	417
上林县	0.4802	0.0000	0.0000	5295	2924	450
宾阳县	0.4264	0.0232	0.0522	5325	3020	562
横县	0.5287	0.0207	0.0212	4682	2621	431
柳江县	0.4822	0.0376	0.0397	5624	866	352
柳城县	0.6294	0.0126	0.0350	5942	5578	323
鹿寨县	0.4884	0.0351	0.0148	4167	953	230
融安县	0.3139	0.0000	0.0117	6934	583	403
融水苗族自治县	0.3789	0.0000	0.0054	5281	416	430
三江侗族自治县	0.4428	0.0012	0.0327	5266	383	391
阳朔县	0.5405	0.0316	0.0000	667	652	344

续表

县域 \ 指标	单位面积公路里程（公里/平方公里）	单位面积高等级公路里程（公里/平方公里）	单位面积铁路里程（公里/平方公里）	每万人移动电话用户数（户/万人）	每万人互联网用户数（户/万人）	每万人口中中学生数（人/万人）
临桂县	0.4896	0.0326	0.0093	5788	486	402
灵川县	0.3516	0.0216	0.0135	6901	1010	342
全州县	0.4390	0.0280	0.0211	2735	219	341
兴安县	0.4579	0.0290	0.0171	605	440	303
永福县	0.2599	0.0180	0.0179	4390	750	329
灌阳县	0.3770	0.0000	0.0000	5163	441	330
龙胜各族自治县	0.3458	0.0000	0.0000	7877	811	348
资源县	0.3738	0.0013	0.0000	4121	687	357
平乐县	0.3917	0.0277	0.0000	5569	538	333
荔浦县	0.5021	0.0000	0.0000	7188	786	377
恭城瑶族自治县	0.3685	0.0000	0.0000	4718	496	412
苍梧县	0.4413	0.0407	0.0097	5094	623	637
藤县	0.4116	0.0023	0.0090	4110	432	561
蒙山县	0.3739	0.0000	0.0000	4588	322	495
岑溪市	0.5423	0.0473	0.0238	3520	589	628
合浦县	0.6332	0.0396	0.0145	6449	588	535
防城区	0.4330	0.0123	0.0082	8765	1001	398
上思县	0.4081	0.0184	0.0000	5116	817	459
东兴市	0.4847	0.0559	0.0000	18545	3345	594
钦南区	0.5061	0.0450	0.0000	4553	820	300
钦北区	0.5148	0.0247	0.0307	576	843	368
灵山县	0.5781	0.0000	0.0180	786	521	522
浦北县	0.5488	0.0000	0.0000	3927	322	507
港北区	0.5636	0.0397	0.0201	277	106	541
港南区	0.6766	0.0170	0.0364	585	203	465
覃塘区	0.9030	0.0000	0.0207	645	242	658
平南县	0.4637	0.0072	0.0000	3390	368	646
桂平市	0.5736	0.0034	0.0000	4098	433	653
玉州区	0.7674	0.0321	0.0318	10299	1543	212
福绵区	0.4982	0.0000	0.0000	1120	782	427
容县	0.5470	0.0328	0.0099	4765	519	560
陆川县	1.0610	0.0000	0.0203	5307	388	536
博白县	0.6816	0.0017	0.0062	2618	278	623

续表

县域\指标	单位面积公路里程（公里/平方公里）	单位面积高等级公路里程（公里/平方公里）	单位面积铁路里程（公里/平方公里）	每万人移动电话用户数（户/万人）	每万人互联网用户数（户/万人）	每万人口中中学生数（人/万人）
兴业县	0.7587	0.0464	0.0228	8055	431	377
北流市	0.6235	0.0253	0.0190	2773	414	605
右江区	0.3618	0.0422	0.0234	6581	2726	379
田阳县	0.4364	0.0144	0.0126	3055	424	344
田东县	0.4305	0.0214	0.0213	5940	1082	393
平果县	0.4936	0.0154	0.0155	5262	396	467
德保县	0.4194	0.0000	0.0000	2428	1625	355
靖西县	0.4500	0.0000	0.0000	3902	540	404
那坡县	0.4681	0.0000	0.0000	2562	403	344
凌云县	0.4851	0.0000	0.0000	5507	432	588
乐业县	0.3967	0.0000	0.0000	4438	351	579
田林县	0.3097	0.0156	0.0156	4528	439	433
西林县	0.2702	0.0000	0.0000	4879	439	512
隆林各族自治县	0.4959	0.0087	0.0000	2273	455	474
八步区	0.3305	0.0195	0.0107	11276	1007	446
平桂区	0.2589	0.0000	0.0232	542	873	395
昭平县	0.3406	0.0180	0.0000	2159	378	436
钟山县	0.5954	0.0418	0.0180	4510	423	447
富川瑶族自治县	0.4783	0.0000	0.0286	4103	650	542
金城江区	0.3770	0.0380	0.0465	11208	2979	606
南丹县	0.3172	0.0157	0.0154	4153	683	477
天峨县	0.3070	0.0000	0.0000	7548	494	573
凤山县	0.4509	0.0000	0.0000	4589	2205	537
东兰县	0.5031	0.0000	0.0000	3239	548	440
罗城仫佬族自治县	0.2969	0.0000	0.0162	4681	420	386
环江毛南族自治县	0.2463	0.0000	0.0182	4584	492	419
巴马瑶族自治县	0.4618	0.0000	0.0000	3456	211	519
都安瑶族自治县	0.3797	0.0038	0.0000	2882	292	506
大化瑶族自治县	0.4470	0.0000	0.0000	1855	498	459
宜州市	0.3359	0.0343	0.0280	4355	1048	466
兴宾区	0.5739	0.0170	0.0427	9448	857	375
忻城县	0.3517	0.0007	0.0000	5349	430	338
象州县	0.4575	0.0024	0.0000	4838	659	399

附录3　广西县域竞争力原始数据表

续表

县域\指标	单位面积公路里程（公里/平方公里）	单位面积高等级公路里程（公里/平方公里）	单位面积铁路里程（公里/平方公里）	每万人移动电话用户数（户/万人）	每万人互联网用户数（户/万人）	每万人口中中学生数（人/万人）
武宣县	0.4928	0.0000	0.0000	6506	709	461
金秀瑶族自治县	0.3309	0.0000	0.0000	8163	787	360
合山市	0.6055	0.0000	0.1367	3297	866	295
江州区	0.3580	0.0183	0.0151	2111	776	223
扶绥县	0.4203	0.0273	0.0201	1103	662	359
宁明县	0.3819	0.0120	0.0138	5457	449	290
龙州县	0.4081	0.0000	0.0000	3762	538	322
大新县	0.3424	0.0000	0.0000	5042	672	307
天等县	0.4045	0.0000	0.0000	2763	330	307
凭祥市	0.6068	0.0557	0.0481	9775	2165	372
县域统计	0.4456	0.0140	0.0120	4371	818	462
全区统计	0.4559	0.0574	0.0134	5504	968	527

图书在版编目(CIP)数据

广西县域竞争力报告.2014/杨鹏主编.—北京:社会科学文献出版社,2014.8
ISBN 978-7-5097-6352-0

Ⅰ.①广… Ⅱ.①杨… Ⅲ.①县级经济-区域经济发展-研究报告-广西-2014 Ⅳ.①F127.67

中国版本图书馆CIP数据核字(2014)第178614号

广西县域竞争力报告(2014)

主　　编 / 杨　鹏
副 主 编 / 袁珈玲　曹剑飞　宁常郁

出 版 人 / 谢寿光
出 版 者 / 社会科学文献出版社
地　　址 / 北京市西城区北三环中路甲29号院3号楼华龙大厦
邮政编码 / 100029

责任部门 / 经济与管理出版中心 (010) 59367226　　责任编辑 / 蔡莎莎　冯咏梅
电子信箱 / caijingbu@ssap.cn　　　　　　　　　　　责任校对 / 谭晓明
项目统筹 / 恽　薇　蔡莎莎　　　　　　　　　　　　责任印制 / 岳　阳
经　　销 / 社会科学文献出版社市场营销中心 (010) 59367081　59367089
读者服务 / 读者服务中心 (010) 59367028

印　　装 / 北京季蜂印刷有限公司
开　　本 / 787mm×1092mm　1/16　　　　　　　　印　张 / 20.75
版　　次 / 2014年8月第1版　　　　　　　　　　　字　数 / 339千字
印　　次 / 2014年8月第1次印刷
书　　号 / ISBN 978-7-5097-6352-0
定　　价 / 75.00元

本书如有破损、缺页、装订错误,请与本社读者服务中心联系更换

版权所有　翻印必究